기후위기
계급전쟁

기후위기 계급전쟁

지은이	매슈 T. 휴버
옮긴이	심태은
감수	국제전략센터

1판 1쇄 발행 2025년 3월 20일

펴낸곳	두번째테제
펴낸이	장원
등록	2017년 3월 2일 제2017-000034호
주소	(13290) 경기도 성남시 수정구 수정북로 92, 태평동락커뮤니티 301호
전화	031-754-8804
팩스	0303-3441-7392
전자우편	secondthesis@gmail.com
홈페이지	secondthesis.com
블로그	blog.naver.com/secondthesis

ISBN   979-11-90186-44-5 03300

책값은 뒤표지에 있습니다. 잘못된 책은 바꾸어 드립니다.

기후위기 계급전쟁

Climate Change as Class War:
Building Socialism
on a Warming Planet

매슈 T. 휴버 지음
심태은 옮김
국제전략센터 감수

난장

로레타Loretta에게

일러두기

1. 이 책은 Matthew T. Huber, *Climate Change as Class War: Building Socialism on a Warming Planet*, Verso, 2022를 우리말로 옮긴 것이다.
2. 지은이 및 옮긴이의 주석은 모두 각주로 처리했으며 본문의 이탤릭체는 굵은 글씨 체로 표기했다. 도서, 저널, 언론사명의 경우 겹화살괄호로, 논문 및 기사명은 홑화살 괄호로 표기했다.
3. 인명 및 단체명 등의 고유명사는 외래어 표기법을 따르되 널리 사용되는 표현이 있 는 경우 그에 따랐다. 이해에 필요한 경우 원어나 한자를 병기했다.

한국 독자들에게

이 책이 출판된 지 거의 3년이 지났다. 그 이후로 상황이 나아졌다고 말할 수 있었더라면 좋았을 것이다. 그러나 때맞춰 내 주장을 증명하기라도 하는 듯, 2022년은 화석연료 산업이 막대한 이익을 얻어 횡재를 한 해로 드러났다(러시아의 우크라이나 침공이 어느 정도 영향을 미쳤다). 탄소 배출량은 2022년에 역대 최고치를 기록했고, 2023년에는 그보다 더 늘었으며, 2024년에도 기록을 경신할 것으로 보인다. 전 세계의 기온 상승률도 상징적인 섭씨 1.5도라는 한계를 일시적으로나마 초과했고, 2023년과 2024년은 가장 비관적인 견해를 가진 과학자가 예상한 것보다도 훨씬 기온이 높은 해였다. 미국에서는 인플레이션 감축법을 통해 바이든 정부가 거둔 얼마 되지 않는 성과조차 보복주의를 표방하는 트럼프 2기 행정부에 의해 사라질 것으로 보인다. 이 책의 주장과 더 관련하여 살펴보면, 트럼프는 무엇보다도 생활비 상승 문제(이 책에서는 이를 '프롤레타리아 생태학'이라고 지칭했다)를 제대로 해결하지 못한 바이든에 분노하고, 엘리트 계급이 지배하는 현 상황에 반대하는 유일한 후보가 트럼 프라고 판단한, 노동자 계급 유권자의 표를 상당수 얻어 집권했다. 그런 상황에도 민주당은 이제는 거의 모두가 진정한 민주주의라고는 여기지 않는 자유민주주의liberal democracy의 수호자로 여전히 남아 있다.

내가 이 책의 집필을 끝냈을 무렵, 화석연료 자본은 일종의 종교로서 지위를 확립하고 온갖 종류의 '넷제로' 공약을 만들어 냈다. 더 높은 석유, 가스, 석탄 가격과 이윤 창출 기회만 있으면 그러한 공약의 신빙성을 보여줄 수 있었다. 자본이 노동자 계급을 대하는 방식에 관해서는 카를 마르크스가 "그러므로 자본은 사회에 의해 강요받지 않는 한 노동자의 건강과 수명은 조금도 고려하지 않는다"[1]라고 주장한 바 있다. 이는 지구에도 동일하게 적용할 수 있다. 이 책에서 내가 질문하는 것은 '자본이 멈추도록 강제할 만한 힘이 이 사회 어디에 존재하는가?'이다. 이 질문은 우리가 현재의 기후정의운동이 그러한 힘은 아니라는 점에 직면할 수밖에 없게 만든다.

이 책은 기후정의운동의 전문직 계급 기반에 대한 격렬한 비판을 담고 있다. 그렇다고 기후운동이 성공하려면 전문직 계

---

1   Karl Marx, *Capital* Volume 1. London: Penguin, 381[국역:《자본/자본론》, 여러 판본이 있다].

급을 빼고 해야 한다거나 더 심하게는 전문직 계급에 **반대하여** 진행해야 한다고 생각한다면, 이는 큰 오해다. 내 의도는 다른 데 있다. 역사적으로 성공한 모든 노동자 계급운동에는 교육 수준이 높은 지식인과 전문직 혁명가가 함께했다. 기후 관련 운동이 성공하려면 이미 그 싸움에 나선 이들과 함께하는 것이 맞다. 그러나 나는 기존의 기후정의운동이 매우 고립된 채로 고고한 체하며 수많은 불안정한 노동자 대중을 향해 **밖으로** 지향점을 확장하여 진정으로 대중적인 다수의 기후정치를 구현하지 못하는 점을 우려했다. 오히려 2010년대에 (그리고 특히 2018~2020년 사이 영어권 국가에서) 좌파가 대중정치와 국가권력에 보여 왔던 관심이 사라지면서 문제는 더욱 심각해졌다. 다시금 미국만이 아니라 전 세계에서 우파가 득세했고, 기후 좌파를 포함한 좌파 전체는 또다시 주변으로 밀려난 것을 기꺼이 받아들이는 듯하다.

이렇게 우울한 전 세계 정치 상황에도, 노동자 계급이 권력/힘power을 행사하는 데 국가나 법에 의존할 필요가 없다는 점을 기억해야 한다. 그동안 노동운동이 되살아나는 긍정적인 조짐이 보였다. 2022년 영국에서 일어난 파업 물결부터 2023년 가을 미국 자동차 노동자의 '스탠드 업Stand Up' 파업까지, 노동자들은 노동하지 않음으로써 자기의 권력을 행사하는 법을 다시

학습하고 있다. 미국 자동차 노동자의 파업은 제너럴 모터스GM
가 노동조합과의 포괄적 합의에 주요 전기 자동차 배터리 공장
을 포함하도록 강제할 정도였다. 이는 노동자들이 '녹색 전환'
이 '정의로운 전환'이 될 수도 있음을 이해할 수 있게 했다. 마찬
가지로 독일 자동차 부문에서는 단결하고 조직된 사업장평의
회와 노동조합의 힘을 통해 전례 없는 규모의 주요 자동차 공장
폐쇄로 양질의 일자리 수천 개를 없애려던 폭스바겐이 그러한
계획을 철회하도록 만들었다. 개중 가장 고무적인 사례는 아마
도 독일에서 기후 활동가와 공공 운수 노동자가 힘을 합친 일일
것이다. 독일 운수 노동자들은 이전부터 임금과 노동 조건 개선
및 대중교통에 대한 투자 확대(모두가 본받아야 할 기후 목표)를
요구했다.

한국에서도 마찬가지로, 노동자들은 기후정치의 안팎에서
자기 권력을 행사하고 있다. 내가 서문을 쓰는 지금(2025년 2
월), 한국은 윤석열 대통령이 권력을 유지하기 위한 명백한 의
도로 뻔뻔하게 '계엄령'을 선포하면서 심각한 정치적 위기를 겪
고 있다. 그렇지만 한국의 노동조합들은 (거리에서의 대중 집회
와 함께) '총파업'을 선포하며 윤석열의 노림수를 물리치는 데
필요한 화력을 제공했다. 에너지 부문을 살펴보면, 한국의 노
동조합들은 오래전부터 석탄에서 벗어난 '정의로운 전환'과 이

를 현실화하기 위한 공공 부문의 중요성을 주장했다. 또한 2018년에 24세에 불과했던 발전소 노동자 김용균 씨의 죽음은 에너지 부문에서 비정규직 노동자가 얼마나 불안정하며 제대로 대우받지 못하는지를 보여주었다. 그의 죽음은 모든 한국 에너지 부문 노동자의 임금과 노동 조건 개선에 대한 요구로 이어졌고, 그러한 운동은 시간이 지남에 따라 그 힘이 커지면서 기후에 대한 요구도 포함할 수 있었다.

　이 책이 나온 이후로 기후변화를 해결하는 데 필요한 막대한 산업적 변혁을 달성하는 유일한 길이 전반적인 노동운동의 강화라는 내 생각은 더욱 확고해졌다. 투쟁하고 파업하는 강력한 노동운동이 있어야만 노동자 계급이 정치권력을 갖고 자신이 창출하는 사회적 잉여에 대해 자기 몫을 주장하기 위해 싸울 수 있다. 이 움직임은 협소한 '기후운동'에 기반을 두고 승리하는 것이 아니라 공공재, 녹색 인프라 투자, 보육, 보건의료, 교육, 그 외 노동자 계급의 삶에 중요한 측면들에 대해 요구하는 보다 광범위한 반긴축 운동에 기반해야 한다. 지금의 생계 위기와 자본주의에 따른 삶의 극심한 피폐화를 생각하면 그래야 한다. 그러한 운동이 금방 나타나기는 힘들 테지만, 그럼에도.

차례

들어가며: 계급전쟁으로서 기후변화

우리는 여전히 지는 싸움을 하는 중이다

대체로 이런 부류의 책들 대부분이 기온 상승, 녹아내리는 북극 빙하, 극심한 가뭄 등 기후변화의 끔찍한 과학적 사실을 늘어놓으며 시작한다. 그렇지만 이 책에서는 그러지 않을 생각이다. 독자 여러분은 이미 상황이 절박하다고 생각했기에 이 책을 펼쳤을 것이다. 우리에게 남은 시간이 얼마 되지 않는다는 점도, 여러분은 알고 있을 것이다. 2018년, 기후변화에 관한 정부 간 협의체IPCC에서 "전례 없는 사회적 변화를 신속하고 전방위적으로 광범위하게" 이행할 수 있는 시간이 12년(2022년 기준 8년!)밖에 남지 않았다고 선언했으니[1] 말이다.

빌 맥키번이 기후변화와의 싸움에서 인류가 "지고 있다"고 끊임없이 지적한[2] 것 또한, 여러분은 이미 알고 있을 것이다. 심지어 그냥 지는 게 아니라 참패하고 있다는 것까지도.

1　Intergovernmental Panel on Climate Change, "Summary for Policymakers of IPCC Special Report on Global Warming of 1.5°C approved by governments," 2018년 10월 8일.

2　Bill McKibben, "Winning slowly is the same as losing" *Rolling Stone*, 2017년 12월 1일.

코로나19라는 전 세계 보건 비상 상황 덕분에 [탄소] 배출량이 급격히 줄어들었지만, 2020년 후반부터 다시 배출량이 늘고 있다.[3] 국제에너지기구IEA는 석유와 가스, 석탄 발전 신규 투자를 즉각 중지해야 한다고 주장했을 뿐 아니라 화석연료가 2020년 기준 전체 에너지 공급의 80퍼센트를 차지한다고 밝혔다.[4] 한 재생에너지 단체는 2021년 6월에 발표한 보고서에서 "최종 에너지 소비에서 화석연료가 [전 세계에서] 차지하는 비율은 2009년 이후 변함이 없다"라고 단언했다.[5]

기후변화 문제를 살필 때 '승리' 여부를 측정하는 유일한 요소가 배출량이기는 하지만, 많은 이들이 기후 행동에 나서는 쪽으로 기울고 있는 듯하다. 미국에서는 2019년에 청소년 기후 파업과 미래를 위한 금요일Friday for Future 등 대규모 거리 집회가 있었지만, 팬데믹으로 흐름이 꺾이고 말았다. 2021년에는 많은 화석연료 기업이 투자자의 압박에 못 이겨 새로운 배출량 목표를 야심차게 제시했다. 일부 석유 및 가스 기업은

3 Nina Chestney "IEA says global CO_2 emissions rising again after nearly 6% fall last year," *Reuters*, 2021년 3월 2일.

4 International Energy Agency, *Net-Zero by 2050: A Roadmap for the Global Energy Sector* (Paris: International Energy Agency, 2021).

5 "Renewables 2021 Status Report: Key Messages for Decision Makers," 온라인 출처: https://www.ren21.net/gsr-2021/pages/keymessages/keymessages/[2024년 12월 30일 접속 가능].

2050년까지 배출량 넷제로를 달성하겠다고 밝혔다.[6] 금융자본 부문은 환경·사회·지배구조ESG 투자라는 이름으로 투자 포트폴리오에 기후 위험을 고려하겠다고 약속했다.[7] 지난 몇 년간 기후변화를 부정했던 암담한 도널드 트럼프 행정부가 끝나고(2021년) 새로 선출된 조 바이든 대통령은 "기후위기에 전 국가적으로 접근하겠다"고 약속했다. 또한 2030년까지 온실가스 배출량을 2005년 수준의 50퍼센트로 줄일 것을 제안했다.[8] 게다가 주요 배출국인 중국도 2060년까지 배출량 넷제로를 달성하겠다고 대대적으로 공언했다.

이렇게 2030년, 2035년, 2050년, 2060년이라는 시한까지 특정 목표를 달성하겠다는 약속이 지난 1990년대와 2000년대에 국제 기후 협상에서 각각 2005년과 2020년까지를 목표 시한으로 잡았던 것과 유사하다는 점을 알아차려야 한다. 가장 중요한 것은 전면적으로 화석연료로부터 신속하게, 실질적으로 전환하는 것이다. 한데, 실상 진전은 없다.

공언한 것과 다르게 바이든 행정부의 주요 기후 정책은

6 Myles McCormick, "US producers begin to follow Europe with emissions pledges," *Financial Times*, 2020년 12월 6일.

7 Lizzy Gurdus, "Climate change will be a 'really big' focus for ESG investors in 2021, market analyst says," 2020년 12월 16일. CNBC.com

8 White House, "Fact Sheet," 2021년 1월 26일. Whitehouse.gov 및 "Fact Sheet," 2021년 4월 22일. Whitehouse.gov.

실제로는 인프라 법안이었으며, 2030년까지의 목표[9]를 달성하려면 필요하리라 여겨지는 재정 공약 수준에 한참 못 미치는 것이었다. 그리고 이 책을 쓰는 현재(2022년), 긴축 성향의 공화당과 민주당 의원이 주도하는 양당 합의에서는 투입할 재정을 더욱더 줄이고 있으며, 이에 여러 기후 활동가가 기후 관련 조치를 하나라도 **포함**해 달라고 간청하는 지경에 이르렀다. 그동안의 패턴을 감안하면, 미국에서 기후 행동을 공약한 유일한 정당인 민주당이 2022년 의회 선거에서 질 것으로 보인다. 언론에서는 바이든 대통령이 석유와 가스 기업의 신규 임대를 "중단"한다고 대대적으로 보도했지만, 바이든 행정부의 기존 부지 임대 건수는 트럼프 행정부 시절과 비슷하다. "2월 초부터 4월 말까지 바이든 행정부는 공공 부지에서 1179건의 시추를 허가했다. 이는 트럼프 대통령 임기 말 3개월간 최대(약 1400건)로 시추를 허가한 것과 크게 차이가 나지 않는다."[10] 이 수치는 공공 부지 시추 허가만 추린 것으로, 민간 부지에서 계속되는 화석연료 추출은 포함되지 않았다.

이 책은 기후운동이 싸움에서 지고 있다는 전제에서 시작하며, 지지 않을 방법이 무엇인지 탐구해 보려고 한다. 이는

9 Adam Tooze, "America's race to net-zero," *New Statesmen* 2021년 4월 21일 참조.

10 Branko Marcetic, "Joe Biden Is Almost as Pro-Drilling as Trump," *Jacobin*, 2021년 6월 3일.

권력power의 문제다. 제인 매클레비가 지적하듯, 사회운동이 힘을 기르려면 "성공하기 위해 이기거나 극복해야 할 대상 또는 설득해야 할 대상이 정확히 누구인지"를 알아내기 위한 "권력 구조 분석"을 먼저 실시해야 한다.[11] 그런 점에서 세계 역사상 가장 부유한 기업들에 맞서기 위한 힘을 길러야 한다. 이 권력 투쟁이란 물질적 생산의 소유권과 통제 간의 관계, 즉 인류가 자연, 기후와 맺는 사회적·생태적 관계의 토대에 관한 **계급투쟁**이라는 것이 책에서 내가 주장하고자 하는 핵심이다.

이 책에서 나는 계급을 새롭게 '생태'적이고 마르크스주의적으로 이해할 것을 주장한다. 이를 위해 기후변화가 계급 문제라는 점을 세 가지 측면에서 다루겠다. 첫째, 기후 투쟁이 **생산**에 초점을 맞춰야 한다는 점. 그러려면 계급이란 "생산수단"과의 관계라는, 전통적인 이해로부터 출발해야 한다. 이 명제가 구시대적이고 19세기 후반에서 20세기 초중반의 대규모 산업화와 노동자 조직화에나 어울린다고 생각할 수도 있겠다. 그러나 기후변화와 생태 붕괴를 걱정한다면, 현재의 산업 생산을 여전히 문제 삼을 수 있다. 사실 인류가 자연과 맺는 모든 관계는 생산관계, 즉 식량, 에너지, 주택, 기타 생필품

11 Jane McAlevey, *No Shortcuts: Building Power in the New Gilded Age* (Oxford: Oxford University Press, 2016), 4.

의 생산 방식으로 귀결된다. 21세기 자본주의하에서 이뤄지는 생산에는 온갖 종류의 소위 비물질 노동-immaterial labor[12]이 포함된다. 그러나 이런 형태의 지식 생산도 배출량, 기후위기와 연관된 물질적 기반으로부터 나오는 것이다(예를 들어 인터넷이라는 디지털 세상은 에너지 집약적인 서버 팜server farm이라는 물질세계에 의존한다). 이렇듯 생산 중심 접근 방식은 조직화의 에너지를 집중해 맞서 싸울 대상이 자본가 계급 중에서도 화석연료 에너지 생산을 통제하는 부문이나 철강, 시멘트, 2장에서 나열하는 산업(질소 비료)처럼 탄소 집약적인 산업 부문의 특정 계급임을 알려 준다. 6장에서는 전기 생산과 더불어 투자자가 소유하는 민간 전기 산업, 즉 여전히 화석연료를 태우고 있고 미국 온실가스 배출량의 약 4분의 1 이상을 차지하는 산업[13]을 살핀다.

둘째, 특정 계급, 즉 **전문직 계급**[14]이 기후운동의 형성에

---

12 [옮긴이] 지식, 정보, 소통, 정서적 반응 등 비물질적 생산물을 창출하는 노동.

13 United States Environmental Protection Agency, "Sources of Greenhouse Gas Emissions," https://www.epa.gov/ghgemissions/sources-greenhouse-gas-emissions[2024년 12월 30일 접속 가능].

14 이 책을 제안한 때는 2017년이었다. 한편 '전문직·관리직 계급Professional-Managerial Class, PMC'이라는 개념은 좌파와 자유주의자 사이에서뿐 아니라 좌파의 다양한 정파(예: 버니 샌더스와 엘리자베스 워런의 2019-2020 민주당 대선후보 토론)에서 의견이 갈리는 핵심 논제였다. 3장에서도 이 논쟁을 다루겠지만, 여기에 내 입장을 밝혀 두겠다. 우리 시대의 계급정치는 노동자로 분류

압도적인 영향력을 미친다는 점. 기후 활동가 대부분은 NGO 활동가, 과학자, 언론인, 싱크탱크 분석가, 예비 전문직(학생)으로 구성되어 있다. 이런 전문직 계급은 역사적으로는 전후 고등교육의 급속한 확대와 미국 등의 국가에서 대규모 **탈산업화**deindustrialization가 이뤄지면서 급성장했다.[15] 따라서 전문직 계급을 그들이 생산과 맺는 관계로도 정의할 수 있다. 이들은 노동자 계급과 마찬가지로 생산과 분리되어 있다. 그러나 노동자 계급과 달리 전문직 계급은 마르크스가 이야기했던 '정신노동', '지식노동' 혹은 '인지노동'을 수행함으로써 노동시장

되는 광범위한 계급 사이에 분열을 만들어 내거나 그 안에서 독자적인 계급을 만들어 내는 데 교육이 어떤 역할을 하는지에 주의를 기울여야 한다(정치적, 이데올로기적 분열은 PMC를 '계급'이라 부르지 말지와는 관계없이 존재한다). 계급에 관한 논쟁은 현학적일 수 있고 정치적으로 실용성이 없을 수 있다. 그러나 나는 물질적 생산에 대한 특정 관계로 규정되는 전문가 계급 개념에 대해 이야기할 것이다.

15 20세기, 노동자 계급의 권력/힘이 가장 강했던 시기에는 사회주의 운동이 산업 생산 현장(공장)에 뿌리를 내리고 있었다. 따라서 생산수단을 '장악'하고 자본주의의 결핍을 사회주의의 풍요로 바꾸는 일이 가능하다고 본능적으로 느낄 수 있었다. 기본적으로 '프롤레타리아' 노동 인구 대부분은 과거의 농업 사회를 직접 경험했거나 그 문화에 대한 기억을 가지고 있었다(또한 이들은 그 시절로 다시 돌아가길 원하지 않았다). 그러나 전문직 계급의 기후정치는 아론 베나나브가 "탈산업화로 인한 우울"이라고 부르는, 포스트모더니즘 사상과 생태 위기로 많은 사람이 **더 말할 것도 없이** 산업적 현대성을 거부하게 된 상황에서 생겨났다. 이런 정서는 자동화나 생산시설의 국외 이전 등으로 산업 생산이 현실에서 일상생활과 완전히 분리되어 전문직 계급의 눈에 보이지 않게 되면서 발생했다. Aaron Benanav, *Automation and the Future of Work* (London: Verso, 2020, 56)[국역:《자동화와 노동의 미래》, 윤종은 옮김, 책세상, 2022] 참조.

에서 좀 더 유리한 위치를 차지한다.[16] 생태학적 관점에서 보면 지식경제는 산업적 대량생산과의 시공간적인 **거리**로 규정되는 특정한 '탈산업화'된 노동 형태다. 이는 기후정치에 두 가지 결과를 가져왔다. 하나는 전문직 계급의 기후정치에서 자신들의 비교적 편리한 소비 습관만을 기후변화의 주요 원인으로 보게 되었다(그러면서 이들은 산업 생산에 대해서는 무시한다). 다른 하나는 교육이 계급 형성에 미친 영향으로 인해, 전문직 계급의 기후정치는 기후위기와 생태 붕괴에 관한 과학에만 집중하게 되었다. 전문직 계급은 자원과 권력에 관한 물질적인 투쟁이 아니라 기후변화 그 자체에 관한 '지식'이나 믿음 혹은 불신을 기후정치의 중심에 둔다. 또한 전문 지식을 모아 충돌을 피하는 '스마트'한 정책 개정안을 제안하려는 경향이 강하다. 그러나 온갖 논리와 훌륭한 인센티브가 넘치는 이런 정책 개정안도 대중에게 어필하거나 더 명확하게 물질적인 이점을 제시하지는 못하고 있다. 전문직 계급의 기후정치에는 '체제 변화', '기후정의', '탈성장' 등을 요구하는 '급진적'인 부류도 있지만, 이들도 화석연료 산업에 맞서 승리하는 데 필

---

16 Nick Dyer-Witheford "Struggles in the Planet Factory: Class composition and Global Warming," In, jan jagodzinski (ed.) *Interrogating the Anthropocene: Ecology, Aesthetics, Pedagogy, and the Future in Question* (Cham, Switzerland: Palgrave Macmillan, 2018), 75-103; 85-88 참조.

요한 대중운동을 어떻게 건설할지에 관해서는 전략을 내놓지 못하고 있다.

이 계급이 교육과 '자격'을 노동시장에서 우위를 차지하는 핵심 요소로 보는 것은 분명하다. 그러나 나는 그런 교육 수준이 어떻게 그들의 정치적 전망을 형성했는지에 초점을 맞추려 한다. 미국을 비롯한 대부분의 서구권 국가에서 지난 수십 년간 교육 수준에 따라 (특히 대졸자와 비대졸자 간) 당파적 양극화가 심해졌다.[17] 그 탓에 기후정치는 교육 수준 상위 (약) 3분의 1에 해당하는 계급만이 관심을 두는 문제가 되었다. 즉, 기후정치가 전체 인구 중에서도 **소수**(미국의 경우 성인 인구의 3분의 1만이 대졸자다)에게만 어필한다는 말이다.[18] 이는 기후정치에서 근본적인 **민주주의의** 문제를 낳는다.

셋째, 뿌리 깊은 자본가 계급의 권력에 맞서 승리를 거두려면 대규모 대중운동이 필요하다는 점. 나는 노동자만이 이런 대중운동을 만들 수 있는 역량을 가졌다고 생각한다. 노동자란 생산수단과 분리되어 생존을 위해 자기 노동력을 판매할 수밖에 없는 사람으로 정의할 수 있다. 그러나 이 정의

---

17 Thomas Piketty, *Capital and Ideology* (Cambridge, MA: Harvard University Press, 2020)[국역: 《자본과 이데올로기》, 안준범 옮김, 문학동네, 2020] 참조.

18 Eitan D. Hersh, *Politics Is for Power: How to Move beyond Political Hobbyism, Take Action, and Make Real Change* (New York: Simon and Schuster, 2020).

를 삶의 조건에 관한 생태적 관계로서는 이해하지 못하는 경우가 많다. 스테파니아 바르카가 말하듯, 이런 노동자 계급은 "생계수단으로부터 폭력적으로 분리되는 고유하고도 전 세계적인 과정'으로 정의된다.[19] 삶의 생태적 조건으로부터 분리된 노동자는 경제적 불안정의 근본 원인인 시장을 통해서 살아갈 수밖에 없게 된다. 또한 전문직 계급과 달리 노동자 계급은 육체노동을 하는 경우가 더 많고, 노동시장에서 우위를 점할 수 있게 해 주거나 때로는 노동과정에서 자율성을 보장해 주는 자격도 부족하다.

그렇다면, 기후 투쟁에서 왜 노동자 계급이 핵심일까? 노동자 계급의 권력/힘이 세 가지 요소에 바탕을 두기 때문이다. 첫째, 인구의 대다수가 노동자 계급이라는 점. 이는 모든 **민주적** 또는 **다수결에 따른** 기후 행동이 노동자 계급과 연합해야 한다는 것을 의미한다. 둘째, 생산에서 노동자 계급은 자신이 갖는 전략적인 지위 덕분에 자본의 이윤과 일반적인 사회 재생산의 원천에 대하여 구조적인 권력/힘을 갖는다는 점. 노동자 계급의 권력/힘은 대규모 파업과 그에 따른 지장disruption을 초래함으로써 엘리트 및 자본가 계급이 대중의 요구에 굴복

---

19   Stefania Barca, *Forces of Reproduction: Notes for a Counter-Hegemonic Anthropocene* (Cambridge, UK: Cambridge University Press).

하도록 만들 때 가장 효과적으로 작용한다.[20] 셋째, 경제적 불안정성이 자신의 삶을 규정하기 때문에, 노동자 계급은 생산 관계에서 일어나는 변혁에 근본적으로 물질적인 **이해관계**를 갖는다는 점. 최근 그린 뉴딜 정치 프로그램이 부상했는데, 이 프로그램이 전제하는 것은 경제적 보장과 관련하여 이런 물질적 이해관계가 탈탄소decarbonization와 주거, 에너지, 교통, 기타 요구 등의 경제적 권리와 관련한 대중운동을 건설하는 데 도움이 되리라는 생각이다. 그러나 5장에서 살펴볼 것처럼, 제러미 코빈과 버니 샌더스 같은 그린 뉴딜 후보자들의 패배를 통해 그런 '이해관계'가 그냥 주어지는 것이 아니라 정당, 노동조합, 언론 인프라 등 견고한 노동자 계급 조직으로 만들어 내야만 하는 것임을 깨닫게 되었다.

전 세계에서 계속 화석연료를 태운다면, 미래의 역사가들은 지금 우리 사회를 혼란스러운 눈으로 바라볼 것이다. 기후변화의 중요성을 누구보다 잘 알고 있음에도, 아무것도 하지 않기 때문이다. 필요한 변화를 가로막는 것은 바로 자본 그리고 자본과 연관된 이데올로기이다. 가장 분명한 장벽은 사

---

20 아다너 우스마니는 이를 두고 "지장을 초래하는 역량"이라고 불렀다. Adaner Usmani, "Democracy and Class Struggle," *American Journal of Sociology* Vol. 124, no. 3 (2018): 664-704. 추가 참조: Tarun Banerjee, Michael Schwartz, and Kevin A. Young, *Levers of Power: How the 1% Rules and What the 99% Can Do about It* (London: Verso, 2020).

유재산 이데올로기일 것이다. 안드레아스 말름이 기술한 바와 같이 "자본주의적 사유재산은 신성불가침의 영역과도 같은 지위에 올랐다."[21] 사유재산에 관한 이런 관점은 민간자본가가 이윤을 위해 화석연료를 채굴하고 판매할 근거를 마련해 준다. 이 글을 쓰는 지금도 전 세계에서 각국 정부가 화석연료 채굴 사업 수천 건을 허가하고 있다.[22] 위기의 심각성이 점점 높아지는데도 오늘날 정책 입안자들이 화석연료라는 사유재산의 몰수를 선택지로 상상하지 못하는 것은 신자유주의 이데올로기가 거둔 가장 큰 성과일 것이다.[23] 마르크스는 자본가 계급이 노동자 계급의 생산수단을 수탈했다고 지적했지만, 오늘날 자본가는 우리의 생존수단, 즉 지구의 미래를 수탈한다.[24] 자본은 우리의 대기를 빼앗아 사적인 쓰레기장으로 만

---

21 Andreas Malm, *How to Blow up a Pipeline* (London: Verson, 2021), 68.

22 이 책을 쓰는 현재, 케임브리지의 멸종저항Extinction Rebellion에서 현재 진행 중이거나 새로 개발 중인 화석연료 채굴 현황을 모아 X(구 트위터)에 게시했다. https://twitter.com/xr_cambridge/status/1404010271094579203?s=20[2024년 12월 30일 접속 가능].

23 그러나 화석연료 산업의 국유화가 마침내 사회주의 좌파 진영에서 거론되기 시작하기는 했다. Peter Gowan, "A Plan to Nationalize Fossil-Fuel Companies," *Peoples Policy Project*, 2018년 3월 21일.

24 Karl Marx, *Capital* Volume 1. (London: Penguin, 1990), 929[국역: 《자본/자본론》, 여러 판본이 있다].

들어 버렸다. 이렇게 지구의 미래를 수탈하는 것이다.[25]

또한 기후위기에 맞서 빠르게 화석연료 사용을 중단하려면 공공투자와 중앙집중식 계획이 필요하지만, 대부분 국가의 정부는 여전히 민간자본과 무정부주의적 시장경쟁으로 에너지 전환을 이루려고 한다. 정부가 주도해서 그런 식의 노력을 기울이면 필연적으로 민간의 투자 통제권에 제동을 걸게 되기 때문이다. 우리는 민간자본이 시간(예: 연방 도로망) 또는 수익성 부족(예: 농촌 전력 공급)을 이유로 장기간에 걸친 공공투자를 거부했던 사례를 그간 수없이 목격했다. 많은 기후 활동가들이 뉴딜이나 2차 세계대전 같은 역사적 사례에 주목한 까닭은 이 시기에 공공투자와 중앙집중식 계획이 대규모 사회 구조조정 프로그램의 핵심으로 부상했기 때문이다. 6장에서는 사유재산권과 수익성에 관한 우려에 맞서는 공공 소유권과 계획 시행 의지를 핵심으로 하는 새로운 전력 체계를 건설(나는 이를 "한 부문에서의 사회주의"라고 부른다)하는 방법을 다룬다. 예를 들어 청정에너지를 개발하려면 훨씬 많은 송전선에 기반한 완전히 새로운 전력망이 필요하다. 그러나 사유재산권과 비용 문제가 그 길을 가로막는 중이다.[26] 기후 목표

---

25 Ibid, 930.

26 David Roberts, "Transmission week: why we need more big power lines," *Volts. Wtf*, 2021년 1월 25일.

를 달성하려면 석유 및 가스 부문에 신규 투자를 전혀 하면 안 된다고 국제에너지기구IEA에서 발표했던 2021년에, 바이든 행정부의 기후 특사 존 케리는 "이 문제를 해결할 수 있는 정부는 없다… 해법은 민간 부문에서 도출될 것이다"[27]라고 주장했다. 막대한 규모의 "녹색 투자"가 필요함을 역설하면서 재닛 옐런 재무부 장관도 "민간자본이 대부분의 부족분을 메울 것"[28]이라며 비슷한 기조로 말했다. 많은 정책 전문가가 이런 주장을 불변의 진리처럼 여기면서 민간자본을 올바른 방향으로 유도하는 세련된 우회 방안을 만들었다. 그렇지만 시장 변동성과 이에 따른 청정에너지 부문의 호황과 불황이 인류 생존에 필수인 신중하고 면밀한 에너지 전환을 이뤄 내지 못하고 있음이 여러 증거를 통해 뒷받침되고 있다.

마지막으로, 시장이 주도하는 전환에서 나타나는 거의 종교에 가까운 믿음 때문에 청정에너지 생산을 평가하는 모든 기준의 핵심에 자본의 편협한 걱정거리, 즉 비용과 수익성이 자리 잡게 되었다. 모든 청정에너지 옵션은 다른 더러운 에너지 옵션 대비 비용에 대한 우려가 상당히 크다. 이러한 '비용'

---

27 Avery Ellfeldt, "Kerry: Markets, not government, will solve climate change," *E&E News*, 2021년 3월 25일.

28 Sarah Ewall-Wice, "Yellen says private sector will need to fill the 'gap' in the transition to a green economy," CBSNews.com, 2021년 4월 21일.

문제가 에너지 체계를 주도하는 한, 화석연료를 계속해서 사용할 수밖에 없을 것이다.

재생에너지 비용이 전보다 많이 낮아졌다는 이야기를 들어 보았을 것이다.[29] 그러나 이러한 비용 예측은 태양과 풍력 에너지가 간헐적으로 운영이 중단될 수도 있기 때문에 지원이 필요하다는 사실을 고려하지 않는다. 현재 이를 가장 저렴하게 지원하는 것은 천연가스 등의 화석연료를 태우는 화력발전소다. 지열 재생 발전도 기저부하[30]를 지원할 수는 있지만, 현재로서는 생산단가가 너무 높다.[31] 배터리는 어떨까? 그래봤자 몇 시간밖에 사용하지 못한다. 현실적으로 사용할 수 있는 재생에너지 전력망에는 이른바 '장기 저장'이 필요하다. 그렇지만 그런 옵션은 대체로 너무 비싸다.[32] 또 다른 옵션은 원자력 발전이지만, 많은 시장 분석가들이 값싼 천연가스와 보조금이 적용된 재생에너지 대비 원자력이 '경쟁력이 없다'

29 Max Roser, "Why did renewables become so cheap so fast? And what can we do to use this global opportunity for green growth?," *Our World in Data*, 2020년 12월 1일.

30 [옮긴이] 발전할 때 시간적 또는 계절적으로 변동하는 발전 부하 중 가장 낮은 경우의 연속적인 수요 발전 용량을 뜻하는 말.

31 David Roberts, "Geothermal energy is poised for a big breakout," *Vox*, 2020년 10월 21일.

32 David Roberts, "Long-duration storage can help clean up the electricity grid, but only if it's super cheap," *Volts.wtf*, 2021년 6월 9일.

고 지적한다.[33]

어느 시점이 되면, 기후 행동은 '이윤 지상주의'를 만족하지 않는 에너지 인프라의 대규모 확장을 요구하게 될 것이다. 이는 비용과 관계없이 안정적인 기후라는 공공재의 생산을 의미한다. 다시 말해, 민간이 통제하는 에너지 생산 그 자체에 문제를 제기해야 한다는 것이다.

그러나 이러한 모든 내용을 이야기하기 전에 명확히 할 것이 있다. 기후운동은 책임에 관한 질문, 즉 **누가 지구의 온도를 높이는가?**라는 질문을 던진다. 이 질문 앞에서 다들 매우 혼란에 빠지곤 한다. 보통 '모든 인류'라는 답이 나오곤 한다. 기후 책임에 관해 흔히 듣는 이야기는 수백만으로 분산된 개인의 선택, 즉 탄소발자국 수백만 개가 쌓여서 지구 전체에 영향을 미친다는 것이다. 그렇다면 과연 이 이야기에서 잘못된 점은 무엇일까?

누가 여러분의 탄소발자국을 만들었는가?

2017년 여름, 《환경연구회보》에 게시된 한 연구가 언론의

33 Marton Dunai, Geert De Clercq, "Nuclear energy too slow, too expensive to save climate: report," *Reuters*, 2019년 9월 23일.

지대한 관심을 받았다.[34] 이 연구는 기후변화를 물리치는 데 "가장 효과적인 개인의 행동"이 무엇인지를 알아보고자 했다. 연구 결과는 단호했다. 출산을 줄여라. 선진국의 경우 평균적으로 한 명의 아이를 덜 낳으면 매년 배출량을 58.6tCO$_{2e}$ 줄일 수 있다고 한다. 그다음으로 좋은 행동은 "자동차 없는 삶"이었는데, 그에 따른 탄소 절감 효과는 매년 2.4tCO$_{2e}$에 불과했다. 이렇게 큰 차이가 난 까닭은 방법론 때문이다. 이 연구는 한 사람이 아이를 낳아 기르는 전체 삶의 주기에서 나타나는 개인의 선택을 강조했다. 이 아이가 자라면서 많은 탄소를 배출하는 것뿐만 아니라 개인이 자녀를 잘 키워 놓으면 그 아이가 자식을 낳고 또 수많은 탄소를 배출하게 되는 문제가 생긴다. 이는 기후변화와 관련하여 신멜서스주의적인 사고방식이 다시 대두하면서 펼쳐진 어처구니없는 상황을 보여주는 단적인 예에 불과하다.[35]

이 연구를 비롯하여 기후정치에 관한 우리의 사고방식 대

---

34 Seth Wynes, Kimberly A. Nicholas "The climate mitigation gap: Education and government recommendations miss the most effective individual actions," *Environmental Research Letters* Vol. 12, no. 7 (2017).

35 오예다, 사세, 런스트럼은 "아기세baby levy"와 탄소 가격을 연동하자고 제안한 학자를 비롯하여 수많은 사례를 검토했다. Diana Ojeda, Jade. S. Sasser, Elizabeth Lunstrum, "Malthus's specter and the anthropocene," *Gender, Place and Culture*, Vol. 27, no. 3 (2020): 316-332; 320.

부분에 이 연구논문 초록의 첫 문장에 서술된 것과 같은 가정이 기본적으로 깔려 있다. 즉, "현재 인류가 만든 기후변화는 수십억 개인의 선택으로 발생한 온실가스가 대기에 축적된 결과"[36]라는 것이다. 이는 아이를 낳고 자동차를 구매하며 고기를 섭취하는 것과 같은 개인 선택의 총합이 대기 중에 배출된 탄소의 총량과 일치함을 의미한다. 이런 합계 방식의 관점으로 보면 대기는 탄소 처리장과 같고, 개별 탄소 입자를 발생시킨 개별 주체도 누구인지 특정할 수 있다. 이런 식의 사고방식이 기후변화의 정치에도 내포되어 있다. 그래서 자동차 시동을 걸었을 때 배출되는 탄소는 순전히 개인의 책임이 되고 만다. 사회 통념상 기후변화 해결이 어려운 이유가 바로 이것 때문이다. 기후변화의 책임이 근본적으로 분산되어 있다는 것이다. 따라서 문제를 해결하려면 개인의 행동을 대대적으로 혁신해야 한다. 수십억 개인의 선택을 어떻게 바꿀 수 있겠는가? 많은 이들이 교육이 핵심이라고 생각한다. 앞서 언급한 연구에서는 기후변화를 해결하는 최선의 행동이 무엇인지 청소년에게 교육하지 않는다면서 학교 교과서가 잘못되었다고 지적한다. 그런데 정작 이 연구는 연구에서의 권고 사항과 가장 밀접하게 연관된 성교육에 대해서는 언급하지 않는다.

36 Ibid.

아이들에게 기후변화 부정론에 맞서 기후변화의 현실을 가르
치는 것으로부터 교육적인 정치 프로젝트가 시작해야 한다는
생각이 이 연구의 핵심 주장이다. 개인이 먼저 기후변화를 **믿
어야** 더 적절하고 더 나은 선택을 할 수 있다는 것이다.

　이러한 사고방식은 '탄소발자국' 계산[37]이라는 기초적인
정량적 도구이자 방식에 기반한다. 개인이 라이프스타일상
하는 선택(자가용의 종류, 난방 방식, 항공편 이용량 등)을 입력하
면 구체적인 값(예: 매년 약 16.33톤의 탄소 배출)이 산출된다. 그
러면 개인은 여러 가지 방식으로 탄소 다이어트를 실천하여
자신의 탄소발자국을 줄이려고 노력하게 된다. 탄소발자국
데이터는 일종의 좌파적인 계급 분석으로도 이어질 수 있다.
이 맥락에서는 기후정치가 탄소 배출에 상당히 많은 책임이
있는 부유한 소비자 계급의 책임에만 집중하게 되기 때문이
다. 일례로 케빈 엄멜은 "상위 10퍼센트의 미국 내 오염 유발
자[가구]가 전체 배출량의 약 25퍼센트를 배출한다"[38]라고 말

37　이 방법론은 더 광범위한 생태발자국 분석에 기초했다. 참고 자료: Nicky Chambers,
　　Craig Simmons, Mathis Wackernagel, *Sharing Nature's Interest: Ecological Footprints as an
　　Indicator of Sustainability* (London: Routledge, 1996).

38　Kevin Ummel, "Who Pollutes? A Household-Level Database of America's greenhouse gas
　　footprint-Working Paper 381," *Center for Global Development.* cgdev.org/publication/
　　who-pollutes-household-level-database-americas-greenhouse-gas-footprint-working-
　　paper[2024년 12월 30일 접속 가능].

했다. 이 관점에서 최고의 악당은 탐욕스러운 소비자다. 가장 대표적인 사례는 아마도 교외에 거주하면서 허머를 운전하는 사람일 것이다. 이 사고방식을 전 세계로 확장해 보면 '부유한 국가'(부유한 소비자가 많은 국가)에서 가장 많은 책임을 져야 하는 것이 분명하다. 2015년, 옥스팜에서 《극심한 탄소 불평등》이라는 보고서를 발표했다. 이 보고서에 따르면 전 세계 인구 중 상위 10퍼센트가 전체 탄소 배출량의 50퍼센트를 배출하는 반면, 하위 50퍼센트 인구가 배출하는 양은 10퍼센트밖에 되지 않았다.[39] 보고서의 초록에는 이 연구가 "다양한 국가의 부유한 시민과 가난한 시민 간의 평균적인 라이프스타일의 소비 발자국을 비교한 것"이라고 밝히고 있다.[40] 여기서도 탄소 배출의 개념을 '라이프스타일'과 연관 짓는 것을 볼 수 있다. 우리가 살아가면서 배출하는 탄소는 이렇게 전적으로 개인의 책임이 되어 버린다.[41]

---

39 Timothy Gore, "Extreme carbon inequality: Why the Paris climate deal must put the poorest, lowest emitting and most vulnerable people first," *Oxfam International*, 2015년 12월 2일, 1. d1tn3vj7xz9fdh.cloudfront.net/s3fs-public/file_attachments/mb-extreme-carbon-inequality-021215-en.pdf[2024년 12월 30일 접속 가능].

40 Ibid, 1.

41 가장 급진적인 기후정치 분석에서조차 소비에서 나타나는 부유층과 빈곤층의 차이라는 모호한 분석을 재생산한다. 조엘 웨인라이트와 제프 만은 "자본가 계급"에 책임이 있음을 올바르게 지적하지만 동시에 "모든 국민국가에서 가장 부유한 사회 그룹(자본가 계급의 핵심인 최고 부유층과 권력층)이 기후변화를 일으키는 소비와 탄소 배출의 책임이 있다"며, 자본가 계급의 소비에 대해 이

부유한 소비자와 가난한 소비자 간의 탄소 불평등에 관한 '진보적'인 분석 뒤에 어떤 계급 이론이 있는 것일까? 이 분석에서는 우선 계급과 소득을 동일시하여 고소득자가 탄소 집약적인 소비를 더 많이 할 것이라고 유추한다. 한데 탄소발자국 분석은 특유의 '소비자주권'이라는, 경제에서의 권력에 대한 이론과 함께 신고전주의 경제학을 그 바탕으로 한다. 그래서 기본적으로 이들은 소비자의 선택이 경제와 생산을 움직인다고 본다. 이런 점은 "탄소 배출에서부터 생산을 유발하는 각 가구의 소비 선택까지 추적하는 것이 목표"[42]라는 케빈 엄멜의 말에서도 잘 드러난다. 생산에서 일어나는 결정을 주도하는 권력이 소비자에게 있으므로, 소비자 선택지를 형성하는 데 초점을 맞춰야 한다는 주장이다. 옥스팜 보고서도 그랬지만 "전 세계 탄소 배출량의 64퍼센트는 개인의 소비로 인한 것이며 나머지 36퍼센트는 정부 소비, 인프라 투자, 국제 운송 등으로부터 유발된다"[43]면서 개인이 탄소 배출에 구체적으로

야기한다. Joel Wainwright and Geoff Mann, *Climate Leviathan: A Political Theory of our Planetary Future* (London: Verso), 73[국역:《기후 리바이어던: 지구 미래에 관한 정치 이론》, 장용준 옮김, 앨피, 2023]. 이렇게 글을 쓴 후, 다음과 같은 예외적인 사례를 발견하게 되어 안도했다. 닉 다이어위더포드의 옥스팜 보고서 비판. Nick Dyer-Witheford, "Struggles in the Planet Factory," 77.

42   Ummel, "Who Pollutes?" 1.

43   Gore, "Extreme carbon inequality," 3.

'지분'이 있음을 합리화한 유일한 논리가 이것이다.

소비자주권 이론은 생산자가 소비자의 요구에 얽매여 있고 이에 반응할 뿐이라고 가정한다. 생산이 소비자의 선택을 제한하는 것이 사실인데도 말이다. 많은 소비(운전 등)는 '선택'이 아니라 사회 재생산(출근)의 필수품이다. 또한 소비자는 상품을 선택할 때, 애초에 돈을 벌어들일 수 있게 만들어진 상품들 가운데서만 선택할 수 있다. (탄소발자국이 적고) '환경적으로 지속 가능한' 상품은 비싸다는 모순이 있다. 그렇다면 진짜로 던져야 할 질문은 '사회의 경제적 자원을 좌우하는 진짜 **권력**을 누가 쥐고 있다고 생각하는가?'일 것이다. 소비자주권 이론은 권력이 개별 소비자에 분산되어 있다고 제시한다. 그러나 실제로 경제 권력은 분산되어 있지 않으며, 생산자원을 통제하는 자의 손에 집중되어 있다.

따라서 에너지 체계를 통제하는 산업자본가 계급이 탄소발자국 이데올로기를 노골적으로 **전파**하는 것은 전혀 놀랄 일이 아니다. 최근 한 연구에서는 엑손모빌 광고가 체계적으로 "세계 온난화의 책임을 화석연료 산업에서 소비자에게로 돌리려 했다"고 밝혔다.[44] 해당 연구는 "개인의 '탄소발자

---

44 Geoffrey Supran, Naomi Oreskes, "Rhetoric and frame analysis of ExxonMobil's climate change communications" *One Earth* 4: 696-719; 696. 이 분석은 중요하지만, 나는 나오미 오레스케스의 이러한 분석 이전의 연구가 '수사', '개념', '지식' 그 자체 영역을 지나치게 중시했다는 점을 3장에서 설명할 것이다.

국'이라는 개념은… 2004년에서 2006년 사이 정유사 BP[British Petroleum]가 매년 1억 달러 이상을 들여 진행했던 미국 언론 캠페인 '석유를 넘어[beyond petroleum]'를 통해 처음으로 대중화되었다"[45]라고 서술하며 탄소발자국이라는 개념의 기원을 되짚어 본다. 2019년 10월에 BP는 "여러분의 탄소 배출량을 줄이는 첫 번째 단계는 현재 상황을 파악하는 것입니다. 오늘 BP의 새로운 계산기로 여러분의 #탄소발자국을 알아보시고 약속을 공유하세요"라는 트윗을 게시했다. 해당 트위터(현 X) 게시물에는 따뜻하고 포근한 느낌의 자전거, 전구, 풍차의 사진과 함께 "모든 약속은 소중하답니다!"라는 문구도 포함되었다.

소비와 탄소발자국의 방정식은 2차 세계대전 이후 사회와 정치가 더욱더 소비 지향적으로 된 역사에 깊은 뿌리를 두고 있다. 그러나 '소비자 사회'에서조차 소비자가 생산 기업을 소유하거나 통제하지 못하는 경우가 태반이다. 더 정확하게 말하면, 소비자는 사회적 재생산 수단[46]을 소유하고 통제한다. 미국 중산층 유산계급 소비자의 경우, 이는 탄소 집약적인 기계(자동차, 식기세척기, 냉장고, 의류 건조기, 중앙 냉난방 등)와 현대사회에 차고 넘치는 전자기기를 더 많이 소유하게 됨을 의

---

45   Ibid, 712.

46   Tithi Bhattacharya (ed.) *Social Reproduction Theory Remapping Class, Recentering Oppression* (London: Pluto, 2017) 참조.

미한다. 다른 책에서 말했듯이, 사회적 재생산 영역에서의 이러한 상대적인 물질적 부는 1930년대 대공황 이후 자본주의를 살리려는 정치적인 노력이었다.[47] 자본이 생산을 계속 통제하려면 사회적 재생산 영역에서 일종의 자유와 물질적 편의를 일부 노동자 계급에게 제공해야 했다. 그러나 1970년대 이후 자본가 계급은 상대적으로 소외되고 사유화된 노동자 계급의 '편의'조차도 공격했다. 줄어 가는 전문직 계급 중 일부만이 대출을 통한 고등교육과 주택 소유, 내가 4장에서 '사적 조달privatized provisioning'이라고 부른 전제를 고수할 수 있었다. 또한 1970년대 이후로 노동자 계급이 물질적인 이득을 얻은 국가에서 대규모 산업 공동화가 일어났다. 오늘날 북반구Global North는 대부분의 산업 생산을 자동화하거나 다른 나라로 이전한 나라들이다. 여기서 일상생활에서 **보이는** 세상은 소비의 세상밖에 없다. 그러니 탄소 배출의 책임을 소비 영역에서 찾는 것도 당연해 보인다.

일부가 누리는 상대적인 물질적 편의는 많은 사람이 부유한 소비자가 사실상 경제를 좌지우지하고 이를 바꿀 수 있다고 생각하기 쉽게 만든다. 그러나 자본주의하에서의 사회적

---

47 Matthew T. Huber, *Lifeblood: Oil, Freedom and the Forces of Capital* (Minneapolis, MN: University of Minnesota Press, 2013).

재생산과 생산 간의 근본적인 차이를 탐구해 볼 필요가 있다. 가장 부유한 사람에게조차 사회적 재생산의 목표는 인간의 필요를 충족하고 (아마도 이를 통해) 삶을 즐기는 것이다.[48] 여기에는 집 청소나 양육 등 젠더화된 무급 노동도 많이 포함된다. 또한 레저, 오락, 유희도 포함된다. 마르크스식으로 설명하자면 노동자는 상품(C)으로서의 노동력을 임금이나 소득(M)으로 교환한다. 그리고 이 돈으로 살아가는 데 필요한 상품(C)을 구매한다. 이 C-M-C 순환과정은 사용가치에서 시작하고 끝난다. 생산(그리고 더 넓게는 자본주의 기업) 영역에서는 목표가 다르다. 거액의 돈(M)을 기업이 필요로 하는 상품(C)에 투자하고 이 과정이 끝나면 더 많은 돈(M')이 들어오기를 바란다(M-C-M'). 자본주의 기업은 이윤을 창출하려고 서로 무자비한 경쟁을 벌인다. 이때 노동자와 환경이 희생되는 일이 다반사로 일어난다. 마르크스가 "그가 자본의 화신인 한, 그의 원동력은 사용가치의 획득과 즐거움이 아니라 교환가치의 획득과 증대이다. 그는 가치 증대에 광적으로 열중한다"[49]라고 계

48　필요needs, 욕구wants, 욕망desires 간에는 중요한 차이가 있지만 여기서는 다루지 않겠다. 마르크스는 사용가치의 영역이 사회적으로 구성되고 역사적으로 위치 지어진 요구라고 명확하게 말했다.

49　Karl Marx, *Capital* Vol. 1 (London: Penguin, 1990), 739[국역: 《자본/자본론》, 여러 판본이 있다].

속해서 강조했듯이 축적은 사용가치, 필요, 유희와는 전혀 상관이 없다. 구글 사내에 탁구대가 놓여 있더라도 말이다. 핵심은 돈이 더 많은 돈을 벌어들이는 것이다.

또한 상품으로 소비되는 모든 것은 이윤 지향적인 생산과정을 먼저 거쳐야만 한다. 소비자는 자신이 구입한 자동차에서 사용가치를 얻지만, 이 차로부터 이윤을 얻어 가는 것은 민간 영리기업이다. 따라서 이 차의 배기관에서 배출되는 탄소는 온전히 소비자의 책임이 아니다. 그 어떤 탄소도 개인이 혼자서 배출하지 않는다. 오히려 이는 탄소 배출의 순간을 가능하게 만든 사회적 관계망의 산물이다. 핵심은 우리가 소비하는 모든 것에 이 소비로 이윤을 얻는 자본가 계급이 있다는 것이다. 소비되는 모든 상품에는 상품 사슬을 따라 두 종류의 주체(사용자, 부당 이득자)가 있다. 소비자의 선택이나 주체로서의 소비자를 완전히 무시하자는 말이 아니다. 다만 여기서는 부당 이득자에 한번 집중해 보자는 것이다.

앞서 예시에 등장했던 에너지를 많이 사용하는 교외 거주자를 다시 떠올려 보자. 연료 효율이 높지 않은 허머를 구입하기로 한 것은 그의 결정이 맞다. 그리고 여름이면 한 달에 냉방에만 4500킬로와트시의 전기를 사용하는 면적 6천 스퀘어(557.4제곱미터)짜리 집에서 사는 것도 그의 결정이다. 그는 아주 비난받을 만한 반사회적인 사람임에 틀림없다…. 그러나 이러한 상품에서 얻는 혜택에는 안락함, 이동성과 같은 인간에게 필요한 사용가치와 (깊은 곳에 깔린 절망과 불만을 진짜로 극복하지는 못하더라도) 힘을 가졌다는 느낌, 자부심 따위의 주관적인 감정이 깔려 있다. 이 소비자를 자세히 살펴보면 그 뒤에 자동차 기업, 정유사, 민간 전력사 등 이러한 상품으로 이윤을 얻어 가는 다른 주체들이 보인다.

우리는 소비자 탓을 하는 데 너무나 익숙하지만, 애초에 이 교외 거주자들을 부유하게 만든 활동으로부터 발생한 탄소발자국에 관해서는 질문을 거의 하지 않는다. 이 비난받을 만한 교외 거주자가 자신의 허머를 타고 자신이 CEO로 있는 화학비료 대기업(2장에서 살펴볼 산업) 본사로 출근한다고 생각해 보자. 그는 매일 이렇게 아무 생각 없이 연료를 낭비하고 탄소를 뿜어내면서 출근한다. 그러고서는 질소 상품 생산으로 이윤을 창출하는 것만을 목표로 하는 대규모 탄소 집약적인 공장 네트워크를 매우 신중하게 관리한다. 이러한 공장 하나가 배출하는 탄소량만큼 사람이 탄소를 배출하려면 평균 10만 3920명의 보통 미국 소비자가 필요하다.[50] 이 사람은 하루 8시간 동안 산업자본주의 기업을 경영하는데, 출근에는

50 내 웹사이트(unequalcarbonfootprints.org)에서 대략적으로 계산한 수치다.

40분 정도밖에 걸리지 않는다. 그런데 왜 통근 시간에만 주목하는 걸까? 이 개인의 탄소발자국을 계산할 때 왜 생산과 투자에 관계된 활동은 주목하지 않는 걸까?

이는 마르크스가 말한 "생산의 은밀한 장소"에 우리 사회의 정치가 접근할 수 없기 때문이다. 자본주의는 생산(횡포와 사적 통제가 특징인 '노동'의 영역)을 사회적 재생산(자유, 레저, 그리고 물론 고되고 매우 젠더화된 노동이 특징인 '삶'의 영역)에서 분리한다. 기후정치는 우리의 선택과 라이프스타일을 정치적 문제로 삼아야만 하는 곳으로 주로 사회적 재생산의 영역만을 주목한다.

또한 탄소발자국 방식은 생태적 책임에 관한 더 심층적이고 직관적인 이론을 내면화하게 한다. 이 이론은 인간도 곰이나 나비처럼 생태계 안에 있는 유기체라는 점을 지적하는 생물학 이론이다. 이 관점에서 보면 개인이 일정한 자원 소비에 책임을 져야 한다는 것은 부인할 수 없는 사실이다. 초창기 생태발자국 실천가들이 "박테리아, 고래, 인간 등 모든 유기체는 지구에 영향을 미친다"[51]라고 했던 것처럼 말이다. 곰은 생선을 먹고 인간은 생선 타코를 먹지만, 생태계에 미치는 생태

51　Nicky Chambers, Craig Simmons, Mathis Wackernagel, *Sharing Nature's Interest: Ecological Footprints as an Indicator of Sustainability* (London: Routledge, 1996), xix.

적 결과는 똑같다. 우리가 소비하는 모든 자원은 수확과 추출에 실제로 살아 있는 생태적 공간이 필요하다. 그러나 이 생물학 이론은 중요한 차이점을 간과하고 있다. 곰은 필요한 식량을 얻기 위해 돈이나 다른 상품 형태를 사용하지 않는다.[52] 일부 계급의 곰이 생선 생산을 사유화해서 다른 곰에게 생선을 얻으려면 임금노동을 하라고 강제하지도 않는다. 그런데 인간 사회는 계급에 기반하여 조직되어 있다. 우리는 생선을 소비할 때, 이를 상품으로써 소비한다. 그리고 생선이 식탁에 오르기까지 수많은 권력관계가 작용한다. 이러한 관점에서 보면, 계급은 단순히 부유하거나 가난한 소비자 사이의 불평등이 아니라 더 많은 의미를 가져야 한다. 정확히 누가 기후위기에 책임이 있는지 이해하려면 계급에 관한 심층적인 이론이 필요하다.

계급의 생태학

우리는 계급을 이야기하는 것이 무례하다고 여겨지던 오랜 세월에서 벗어나고 있다. 미국의 정치 분야에서는 계급이

52 이를 실제로 입증한 것이 다음 연구이다. Sagar A. Pandit, Gauri R. Pradhan, Carel P. van Schaik, "Why class formation occurs in humans but not among other primates," *Human Nature* Vol. 31 (2020): 155-173.

라는 주제를 꺼내들면 계급전쟁을 촉발한다며 비난의 대상이

되곤 했다.[53] 1960년대에 일어난 '신사회운동' 이후, 유력한 학

문적/정치적 주장들은 분석과 정치운동 속에서 계급의 역할

에 관해 의문을 제기하거나 이를 '중심에서 떨어뜨려' 놓았다.

그저 억압의 수많은 '축'에 속한다고 본 것이다.[54] 이러한 모든

53 이 책에서 행하는 계급 분석은 미국의 맥락을 중점적으로 살펴본다. 이것이 전
    세계적인 문제를 다룰 때 주요한 한계점이라는 것을 잘 알고 있다. 특정 계급이
    한 나라의 국경 안에만 한정되는 것처럼 계급을 영토의 측면에서 분석하는 데
    합리적인 근거는 없다. 그러나 이렇게 하는 이유는 전 세계 기후 행동의 가장 큰
    장애물이 미국의 정치 문화이기 때문이다. 역사적으로 가장 탄소를 많이 배출한
    국가, 국제 협상을 가로막는 주요 국가, 부정주의denailism 정치 문화가 가장 널
    리 퍼진 국가, 매우 다양한 화석 자본의 국가인 미국은 기후변화 해결을 위한 노
    력의 핵심이다. 또한 나의 학문적(그리고 개인적) 전문성도 미국학과 미국 정치
    분야다. 기후변화의 계급적 분석이 더욱 필요하다는 일반적인 주장을 계기로 다
    른 이들도 전 세계 또는 각 국가를 비교한 분석을 더 많이 내놓기를 바란다.

54 엘런 메익신스 우드는 일찌감치 저서(*The Retreat From Class: A New 'True' Socialism*
    (London: Verso, 1986)[국역: 《계급으로부터의 후퇴》, 손호철 옮김, 창비, 1993])
    에서 이를 인정했다. 마르크스주의자 사이에서 나타나는 '신좌파' 경향은 노동
    자 계급의 자주적 해방 가능성을 포기한 '포스트마르크스주의'가 되었다. 대표적
    인 사례가 에르네스토 라클라우와 샹탈 무페의 《헤게모니와 사회주의 전략: 급
    진민주주의 정치를 향하여》[국역: 《헤게모니와 사회주의 전략》, 이승원 옮김, 후
    마니타스, 2012]이다. 이후 포스트마르크스주의는 사회주의의 '보편주의' 정치
    를 거부하고 파편화, 차이, 사회적 정체성의 다양성을 지지하는 포스트모더니즘
    과 포스트구조주의가 범람하는 길을 터 주었다. 정체성, 문화, 담론에 집중하게
    되자 계급의 물질성을 덜 강조하게 되었다. 명확하게 계급을 이론화한 학자들
    조차 계급에 관한 정통 마르크스주의적 이해를 거부했다. 포스트구조주의 페미
    니스트인 J. K. 깁슨-그레이엄은 "따라서 우리는 계급이 본질이 없는 프로세스라
    는 이론을 제시한다. 즉, 계급 프로세스에는 그 무엇보다도 가까이서 계급의 발
    달을 관장하고 한마디로 나타낼 수 있는 핵심(존재 조건)이 없다"면서 (나는 빈
    약하다고 생각하는) "반본질주의" 이론을 제시한다(J. K. Gibson-Graham, *The End*

담론으로 인해 계급이 분석의 중심에서 멀어졌지만, 자본가 계급의 '계급 권력 회복'은 상당히 많이 진행되었다.[55] 워런 버핏의 말을 빌리자면 지난 50년간 "계급전쟁이 있었던 것이 맞다. … 그런데 그 전쟁을 일으키고 승리를 거두고 있는 쪽은 내가 속한 부자 계급"[56]이었다. 계급정치를 무례하고 세련되지 못하며 진부하고 배타적이며 경직된 것으로 해석했던 것이 자본가 계급의 엄청난 성공을 견인한 듯 보인다. 그렇지만 점점 많은 분석가들이 대호황 시대 수준의 불평등과 제 기능을 못하는 정치 전반을 설명하기 위해 계급의 중요성에 직면하고 있다. 신자유주의적인 자유무역과 규제완화를 가장 선두에서 외치는 로런스 서머스 같은 사람도 애나 스탠스베리와 공동 저술한 2020년 논문에서 지난 수십 년간 발생한 미국 경제의 여러 병리적 현상의 원인이 "노동자 권력/힘의 약화"라

of Capitalism (As We Knew It) (Minneapolis, MN: University of Minnesota Press, 1996), 55)[국역:《그따위 자본주의는 벌써 끝났다》, 엄은희, 이현재 옮김, 알트, 2013]. 그러나 마르크스주의적 계급 이론은 인간은 자신의 물질적 존재를 생산하고 재생산해야 한다는 본질, 핵심, 조건에 기반한다.

55 데이비드 하비는 A Brief History of Neoliberalism (Oxford: Oxford University Press, 2005), 31[국역:《신자유주의: 간략한 역사》, 최병두 옮김, 한울아카데미, 2014]에서 이와 같이 신자유주의를 규정한다.

56 Ben Stein, "In Class Warfare, Guess Which Class Is Winning," New York Times, 2006년 11월 26일.

고 했을 정도였다.[57] 트럼프의 당선과 브렉시트, 유럽의 구 산업노동자 계급 지역에서 나타나는 우파 포퓰리즘을 향한 지지 등으로 여러 유력한 분석에서 '계급전쟁'이라는 개념이 다시 등장하게 되었다.[58]

한데 계급**이란** 무엇인가? 대체로 계급을 단순히 소득이나 부라고 이야기한다. 어떤 사회를 5분위로 나누고 상, 중, 하위 계급으로 나누거나 에릭 올린 라이트가 "단계적gradational"이라고 하는 계급 개념[59]을 쓸 수도 있다. 이러한 방식을 활용하면 사람들의 소비력을 명확하게 파악할 수 있어 앞서 설명했던 탄소발자국 불평등을 이해할 수 있다. 그렇지만 사회의 계급은 이보다 훨씬 복합적이다. 조교수의 소득이 패스트푸드점 노동자와 같을 수 있다. 정교수가 배관공만큼 벌 수도 있

---

57 그들은 이러한 요소가 독점기업 권력의 증대보다 더 중요하다고 주장한다. 그러므로 계급적 당파성이 그대로 유지된다고도 주장할 수 있다. Anna Stansbury, Lawrence Summers, "Declining worker power and American economic performance," *Brookings Papers on Economic Activity* (Spring 2020).

58 두 가지 사례만 예를 들어 보겠다. Michael Lind, *The New Class War: Saving Democracy from the Managerial Elite* (London: Penguin, 2020); Matthew C. Klein, Michael Pettis, *Trade Wars Are Class Wars: How Rising Inequality Distorts the Global Economy and Threatens International Peace* (New Haven: Yale University Press, 2020)[국역:《무역 전쟁은 계급 전쟁이다》, 이은경 옮김, 시그마북스, 2021].

59 Erik Olin Wright, *Understanding Class* (London: Verso, 2015), 33[국역:《계급 이해하기》, 문혜림, 곽태진 옮김, 산지니, 2017].

다. 계급은 직업, 지위, 교육이나 얼마나 소비하느냐보다 무엇을 소비하느냐에서 더 잘 드러난다.[60] 이런 관점에서 보면, 계급은 주관적이다. 자신의 의복, 거주하는 동네, 말하는 방식으로 정체성을 나타내는 것이다. 이렇게 계급이 정체성**이기도 하기에**, 교차성intersectionality은 계급, 인종, 젠더, 섹슈얼리티, 기타 여러 정체성 범주 간의 관계를 분석하는 강력한 방식으로 자리 잡게 되었다.[61]

이 책에서는 마르크스주의적으로 계급을 이야기하려고 한다. 이러한 계급 이론은 계급의 주관적인 측면에는 덜 주목한다(여전히 중요함에도). 그리고 계급을 생산과의 객관적이고 물질적인 관계라고 정의한다. 에릭 올린 라이트가 주장하듯,

60　이러한 계급에 관한 주관적인 이해는 여러 측면을 내포하고 있다. 피에르 부르디외가 삶에서의 실천과 '문화 자본'을 중심으로 주장을 펼친 *Outline of a Theory of Practice* (Cambridge, UK: Cambridge University Press, 1977). 앤드루 세이어 Andrew Sayer가 개괄적으로 설명하는 *The Moral Significance of Class* (Cambridge, UK: Cambridge University Press, 2005)을 참고하라.

61　컴바히강 공동체는 1970년대에 '연결된interlocking' 형태의 억압을 이야기했으며 '교차성'이라는 말은 킴벌리 크랜쇼가 만든 것이다. The Combahee River Collective. "The Combahee River Collective Statement" (1977), in *Home Girls, A Black Feminist Anthology*, Barbara Smith (ed.) (New York: Kitchen Table: Women of Color Press, 1983), 264-275[국역: 〈컴바히강 집단 선언문〉,《우리는 다 태워버릴 것이다》, 브리앤 파스 엮음, 양효실, 이라영, 이진실, 황미요조 옮김, 바다출판사 2021]. Kimberlee Crenshaw, "Demarginalizing the intersection of race and sex: A Black feminist critique of antidiscrimination doctrine, feminist theory, and antiracist politics" *University of Chicago Legal Forum*: Vol. 1989, No. 1, Article 8 (1989): 139-167.

"자본주의 사회에서는 경제적인 생산수단의 소유와 통제 여부에 따라 핵심적인 계급 분화가 일어난다."[62] 마르크스주의 이론에서도 생산을 통제하면서 사회 전체에 행사하는 권력을 과도하게 소유한 계급에 대해 이야기한다. 마이클 츠바이크가 말한 것처럼 계급의 "가장 근본적인 특성은 각자가 소유한 권력의 차이"[63]이다. 마르크스주의에서 계급은 무엇을 어떻게 소비하는가와는 관련이 거의 없고, 그런 소비를 가능하게 만드는 돈이 어떻게 만들어지는지와 관련이 있다. 누가 무엇을 소유하는가, 누가 그 소유권을 가지고 부와 이윤을 창출하는가, 그리고 소유한 것이라곤 거의 없고 생존을 위해서 노동해야만 하는 사람은 누구인가가 중요하다.

이 책에서 나는 생산과 소유에 기반한 계급이라는 마르크스주의적인 접근 방식으로 돌아가야 한다고 명확하게 주장한다. 기후와 생태 위기가 근본적으로 이러한 객관적이고 물질적인 관계에서 기인하기 때문이다. 거의 모든 주요 배출 및 환경오염의 원인을 이윤 창출을 목표로 하는 생산에서 찾을 수 있다. 반면, 삶의 기본 요건(식량, 에너지, 토지, 주택 등)에 대한

---

62   Erik Olin Wright, *Understanding Class* (London: Verso, 2015), 11[국역: 《계급 이해하기》, 문혜림, 곽태진 옮김, 산지니, 2017].

63   Michael Zweig, *The Working Class Majority: America's Best Kept Secret* (Ithaca, NY: Cornell University Press, 2000), 9.

통제권 상실은 노동자 계급의 삶을 정의한다(나는 이를 **프롤레 타리아 생태학**이라고 부른다). 다음 장에서 살펴보겠지만 이상 하게도 오늘날의 환경정치는 '새로운' 것으로, 계급에 중심을 두지 않은 사회운동으로 분류된다. 그러나 생산을 중심으로 하는 유물론적인 계급 이론은 토지, 자원, '생산수단'의 소유권 문제를 분석의 핵심으로 삼는다.[64] 자본주의는 소수가 생산을 통제하도록 하지만, 노동자 계급의 생태정치는 생필품을 민 주적으로 통제하기 위해 노력한다.

물론 요즘에는 계급을 순전히 '기호'와 '문화'에 기반한다 고 주장하는 것이 멋있어 보인다. 그러나 이러한 문화적 요인 은 대기의 이산화탄소 농도ppm를 이야기할 때는 별로 중요하 게 여겨지지 않는다.[65] 최근의 계급 이론은 '자산 경제'뿐 아니 라 부동산 소유 및 금융자산(주식 등)이 수많은 방법으로 계급 을 양극화하는 방식을 분석한다.[66] 이러한 이론은 정치경제학

---

64 Matthew T. Huber, "Reinvigorating Class in Political Ecology: Nitrogen capital and the means of degradation," *Geoforum* Vol. 85 (2017): 345-352.

65 Pierre Bourdieu, *Distinction: A Social Critique* (New York: Routledge, 1984)[국역:《구 별짓기 상, 하》, 최종철 옮김, 새물결, 2005]. 조금 더 날카로운 비평을 보고 싶 다면 다음을 참조하기 바란다. Dylan Riley, "Bourdieu's Class Theory," *Catalyst*, Vol. 1, No. 2 (2017): 107-136.

66 Lisa Adkins, Martijn Konings, and Melinda Cooper, *The Asset Economy: Property Ownership and the New Logic of Inequality* (Cambridge, UK: Polity, 2020)[국역:《이 모든 것은 자산에서 시작되었다》, 김현정 옮김, 사이, 2021]. 리사 앳킨스와

적 관점에서 보면 상당히 통찰력이 있지만, 그렇게 추상적인 금전 형태의 부에 기반한 계급 이론은 탄소 배출과 세계적 온난화가 전 지구에 미치는 영향과는 별로 관계가 없다. 이 영향을 이해하려면 생산에 기반한 자본주의 체제의 물질적(또는 사용가치) 측면을 중심으로 하는 계급 이론이 필요하다. 즉, 진짜 물건을 만드는 실제 산업 생산 속 탄소 배출원에 초점을 맞춰야 한다.

여기서 다룰 생산을 중심으로 하는 생태적 계급 이론은 인종차별이나 성차별 같은 다른 형태의 억압과 계급이 어떻게 연관되는지에 관한 이론과 정면으로 배치된다. 엘레나 루이자 랭은 오늘날의 학문적 이론 상당수가 인종, 계급, 젠더를 중심으로 하는 '삼위일체 정식'에 동의하고 "계급의 분석 범주와 자본 축적의 역학을 개인에 대한 지배의 '하위'에 둔다"[67]라고 말한다. 마찬가지로 웬디 브라운도 1990년대에 "계급은 불변하는 이름임에도 '인종, 계급, 젠더, 섹슈얼리티'라는 다문화

공저자는 다음 글에서 마르크스주의 방식과는 반대되는 계급 이론을 펼친다. Lisa Adkins, Melinda Cooper, Martijn Konings, "Class in the 21st century: Asset inflation and the new logic of inequality," *Environment and Planning A*, Vol. 53, No. 3 (2021): 548-572.

67 이는 이윤, 임금, 지대에 초점을 맞춘 마르크스 정치경제학의 '삼위일체 정식' 비판에서 가져온 것이다. Elena Louisa Lange, "The Conformist Rebellion," *Substack*, 2021년 3월 6일.

주의 속에서 이론화되거나 발전된 적이 거의 없다"[68]라고 지적하며 이러한 다양한 억압의 "축"을 이야기하는 것이 계급을 무시하는 결과로 이어질 때가 많다고 주장한다. 교차성 접근 방식이라고도 할 수 있는 이러한 '삼위일체 정식'은 근본적으로 계급이나 인종 또는 젠더에 따른 지배가 개별 변수나 정체성이 교차하는, **유사한 유형의 현상이라고** 주장한다.

그러나 계급을 생산과의 관계로 놓고 보면 이러한 형태의 억압이 계급 권력과 별개의 것이 아니라 오히려 이를 구성한다는 점을 알 수 있다. 예를 들어 노예제 플랜테이션을 인종화된 계급적 생산체제 말고 뭐라고 할 수 있을까? 이 체제는 막대한 부를 창출했고 미국이 주요 강대국으로 발돋움할 수 있게 지원했다. 바버라 필즈와 캐런 필즈는 "면화, 설탕, 쌀, 담배의 생산보다 백인우월주의의 생산이 노예제의 주요 사업인 듯했다"[69]라고 말하면서 노예제 플랜테이션이 순전히 인종차별주의 체제만은 아니라고 지적했다. 이와 유사하게 멜리사 라이트는 멕시코와 중국의 산업 공장에 관한 민족지학 연구

---

68 섹슈얼리티까지 포함하면 '사위일체 정식'이라는 어색한 용어가 생긴다. Wendy Brown, *States of Injury: Power and Freedom in Late Modernity* (Princeton, NJ: Princeton University Press, 1995), 61.

69 Barbara Fields, Karen Fields, *Racecraft: The Soul of Inequality in American Life* (London: Verso, 2012), 117.

에서 남성 관리자와 여성 프롤레타리아 간의 젠더화된 관계를 조명했다.[70] 분명히 말해 두지만 모든 인종차별과 성차별이 계급과 생산에 기반한다고 말하려는 게 아니다. 생산에서나 사유화된 직장 밖에서 나타나는 혐오와 차별은 다양하게 존재한다. 다만 생산에 바탕을 둔 계급 이론이 인종차별, 성차별, 기타 억압이 계급 권력을 어떻게 구성하는지 이해하는 데 도움이 된다는 점을 이야기하고 싶다. 이러한 물질적 생산관계는 인종, 젠더, 시민권, 심지어는 사회적 계급 정체성의 표현까지도 개인적인 영역으로 보는 임의의 정체성 범주와는 전혀 다르다.

계급 구조와 기후변화: 예비적 프레임워크

보통 마르크스주의자는 자본가는 이윤을 추구하고 노동자 계급은 임금, 사용가치, 사회적 재생산을 추구한다는, 두 가지 계급 이론을 이야기한다. 물론, 21세기의 계급관계는 이보다 훨씬 더 복잡하고 다면적이다. 이 책 제1부에서는 생산수단을 소유하고 통제하는 소수의 자본가가 기후변화를 **생산**한다는

---

70 Melissa Wright, *Disposable Women and Other Myths of Global Capitalism* (New York: Routledge, 2006).

점을 이야기할 것이다. 최근 연구에 따르면 단 100개 기업이 1988년 이후 전체 탄소 배출량의 71퍼센트를 차지한다[71]고 한다. 산업혁명 이후로 누적된 총배출량 중 절반이 1988년을 기점으로 배출된 것이라는 점이 중요하다. 안드레아스 말름의 **화석 자본** 개념은 개략적으로 탄소 배출을 **통해** 이윤을 창출한 자본 또는 그가 "화석 자본은… 화석연료의 이산화탄소로의 변신을 통해서 자가확장하는 가치"[72]라고 정의했던 자본을 설명하는 데 유용하다.

여기에는 화석연료를 채굴하고 이윤을 위해 판매하는 **채굴 자본**(석탄, 석유, 천연가스 생산)이 포함된다. 화석 자본에는 **산업자본**도 포함되는데, 화석연료를 주원료로 사용하는 정유소, 철강, 화학, 2장에서 사례 연구로 살펴볼 화학비료 산업(전 세계 온실가스 배출량의 2.5퍼센트 차지)[73] 등이 포함된다. 6장에서 살펴보겠지만, 산업자본 중에서도 특히 **전기**electricity **자본**이

---

71 Paul Griffin, "The Carbon Majors Database: CDP Carbon Majors Report 2017," *CDP Worldwide*. Carbom-Majors-Report-2017.pdf.

72 Andreas Malm, *Fossil Capital: The Rise of Steam Power and the Roots of Global Warming* (London: Verso, 2016), 290[국역:《화석 자본》, 위대현 옮김, 두번째테제, 2023].

73 International Fertilizer Association, "The Role of Fertilizers in Climate-Smart Agriculture," Contribution of the International Fertilizer Association (IFA) to the UN Climate Change Conference in Marrakesh—COP22/CMP12 (2016), fertilizer. org, "The Role of Fertilizers in Climate-Smart Agriculture.cdr."

라는 특정 계급에 주목해야 한다. 전기 자본에는 화석연료(주로 천연가스와 석탄)를 태워 전기를 생산하는 투자자 소유 전기 발전소와 개별 전기 발전소를 통제하는 소유주와 관리자가 포함된다. 이들의 '자연적 독점' 상태 때문에 전기 발전소는 규제가 강하고 공개 조사 대상이 되는 경우가 많다. 마지막으로, 이 책의 분석 내용은 기후변화를 만드는 주범이 자본가임을 증명하는 것이지만, 일명 '청정기술'과 연관된 자본가 혹은 **녹색 자본**이라고 부를 수 있는 자본, 즉 재생에너지 개발자, 탄소 상쇄를 외치는 사기꾼, 탄소 제거(탄소 네거티브negative carbon)와 지구공학까지 활용해 혁신을 추구하는 신생 분야까지도 분석에 포함한다.[74]

특히 공개적으로 거래되는 기업의 소유권과 기업 지배 간의 관계는 상당히 복잡하다. 흔히 현대사회에서는 모두가 주식시장에 투자하고 401(k) 연금을 보유하는 '소유권 사회'에 살고 있다고 한다. **금융자본**은 방대하고 복잡한 거미줄처럼 얽혀 있고, 여기에는 화석 자본의 소유권도 포함된다. 실제로 앞서 말했던 것처럼 현재 금융자본의 상당 부분이 '위험한' 화

---

74 청정기술 자본에 관해서는 다음을 참조하기 바란다. Jesse Goldstein, *Planetary Improvement: Cleantech Entrepreneurship and the Contradictions of Green Capitalism* (Cambridge, MA: MIT Press, 2018). 탄소 제거에 관한 다양한 자본주의적, 비자본주의적 전략에 관해서는 다음을 참조하기 바란다. Holly Jean Buck, *After Geoengineering: Climate Tragedy, Repair, and Restoration* (London: Verso, 2019).

석연료 자산에서 벗어나 환경·사회·지배구조ESG 투자라는 미명하에 투자처를 옮기고 있다. 공개 거래 기업의 주식을 소유한 블랙록BlackRock, 뱅가드Vanguard, 스테이트 스트리트State Street 같은 몇 안 되는 거대 자산관리 기업은 기업이 탄소 배출을 감축하도록 압박하는 데서 실질적인 힘을 발휘했다.[75] 현실적으로 (블랙록을 비롯한) 이러한 투자자 계급 대부분이 화석 자본 투자에 여전히 '노출'되어 있다. 그리고 최소한 단기적으로 봤을 때 초기 코로나19 팬데믹 단계 이후 현재의 경제 회복으로 엑손모빌, 세브론Chevron, 셸Shell 같은 기업의 주가는 급등했다.[76] 여기서 투자자-소유자 계급 또한 사회의 소수에 불과하다는 점을 짚고 넘어가야겠다. 미국의 부자 중 상위 10퍼센트가 84퍼센트의 주식을 소유[77]하고 있으며 이보다 더 중요한 점은 보통 아주 적은 수의 이사진과 CEO(보통 대다수의 주식 또는 의결권을 보유함)들이 기업 지배를 통제하고 있다는 것이다.[78] 일단

---

75 "On the average BlackRock alone controls about 7 percent of every S&P 500 company." Madison Condon, "Climate change's new ally: Big finance," *Boston Review*, 2020년 7월 28일.

76 Jeff Sommer, "Big Oil takes a beating, but its investors are riding high," *New York Times*, 2021년 6월 18일.

77 Rob Wile, "The Richest 10% of Americans Now Own 84% of All Stocks," *Time*, 2017년 12월 19일.

78 *Economist*, "Facebook and the meaning of share ownership," 2017년 9월 30일.

은 어떤 기업을 지배할 수 있을 정도의 주식을 가진 CEO, 이사진, 주주가 상대적으로 소수[79]라는 것까지만 말해 두겠다.

분명 자본주의 사회에서는 '생산수단'을 소유하는 것이 유익한 일이지만, 더 나아가 보다 일반적으로 부와 재산의 소유만으로도 상당한 소득 흐름을 창출할 수 있다. 지대는 (생산이 아니라) 단순히 소유권에서 소득이 창출된다는 개념이다.[80] 자본주의는 거대한 '불로소득 계급'으로 정의된다. 이러한 불로소득 계급에는 막대한 부에서 이자 수익을 거두는 다양한 개인, 월세를 받는 임대인, 주요 매출원이 일부 핵심 인프라 또는 배타적 콘텐츠의 독점에 가까운 소유권인 기업 등이 포함된다. 얼마 되지 않는 푸드 스탬프food stamp[81]나 기간제 근로 복지보다 훨씬 중요한 불로소득자야말로 일하지 않고도 돈을 버는 진정한 계급이다.[82] 기후정치의 중심 계급은 불로소득자

---

79 자본가 계급을 수치화하려는 기초적인 시도에 관해서는 다음을 참조하기 바란다. Zweig, *The Working Class Majority.* 직원 수 500명 이상인 대기업과 여러 기업의 이사로 재직하는 슈퍼 엘리트 자본가 소유주에 초점을 맞춰 분석한 결과, 뉴욕의 양키 스타디움을 충분히 채울 정도인 52000명이 도출되었다(17).

80 Brett Christophers, *Rentier Capitalism: Who Owns the Economy, and Who Pays for It?* (London: Verso, 2020)[국역:《불로소득 자본주의 시대》, 이병천, 정준호, 정세은, 이후빈 옮김, 여문책, 2024].

81 [옮긴이] 미국의 대표적 저소득층 식비 지원 제도.

82 앤드루 세이어는 '불로소득'은 좌우를 막론하고 비판의 대상이 될 수 있다고 했다. 좌파 시각에서의 비판을 보려면 다음을 참조하기 바란다. Andrew Sayer,

중에서도 임대인 계급인데, 이들은 여러분이 거주하는 건물의 주인을 말하는 것이 아니다. 지하에 매장된 화석연료에 대해 권리를 가진 소유주를 말한다.[83] 미국에는 자기 땅에서 석유와 가스, 기타 광물 채굴하는 대가로 사용료(지대)를 받는 개별 토지 소유자가 수백만 명 있다(일부에서는 1200만 명까지 된다고 한다. 이들이 화석연료를 찬성하는 정치 블록의 상당수를 차지한다).[84] 지난 10년 동안 수압파쇄법을 지지했던 여론의 대부분은 이렇게 지리적으로 흩어져 있는 민간 화석연료 불로소득자들이었다.[85] 이보다 더 핵심적이고 중요한 것은 페르난도 코로닐이 말한 지주 국가landlord states[86]이다. 미국 이외의 나라에서

Why We Can't Afford the Rich (Bristol, UK: Policy Press, 2015)[국역:《불로소득 시대 부자들의 정체: 우리는 왜 부자들을 감당할 수 없는가?》, 전강수 옮김, 여문책, 2024]. 지대를 비판하는 자유주의자, 우파라면 다음을 참고하기 바란다. Brink Lindsey, The Captured Economy: How the Powerful Enrich Themselves, Slow Down Growth, and Increase Inequality (Oxford: Oxford University Press, 2017).

83 여러 이유로 이 책에서는 산업자본가 계급, 전문직 계급, 노동자 계급에 초점을 맞추었지만 화석연료 불로소득자에 관한 내용만 다루는 것도 가능하다.

84 이 수치는 전미로열티소유주협회National Association of Royalty Owners라는 이익 단체에서 분석한 것이다. Marie Cusick, Amy Sisk, "Millions own gas and oil under their land. Here's why only some strike it rich," National Public Radio 15, 2018.

85 Gwen Arnold, Benjamin Farrer, Robert Holahan, "Measuring environmental and economic opinions about hydraulic fracturing: A survey of landowners in active or planned drilling units," Review of Policy Research, Vol. 35, No. 2 (2018): 258-279.

86 Fernando Coronil, The Magical State: Nature, Money, and Modernity in Venezuela (Chicago: University of Chicago Press, 1997), 8.

는 화석연료 같은 지하자원을 국가가 소유한다. 이는 집단적으로 기후 행동에 저항하는 국제적인 석유 수출국 블록을 형성한다. 사우디아라비아, 나이지리아, 베네수엘라, 러시아 등 산유국은 화석연료로 창출되는 부를 소유하고 여기서 발생하는 지대를 바탕으로 경제 전체를 일궈 왔다. 과거에는 석유로 창출되는 부를 다국적 민간 석유 자본에 임대하는 형식이었다면, 1970년대 오일 쇼크 이후에는 많은 국가가 석유 매장지를 국유화하고 사우디 아람코Saudi Aramco처럼 '국영석유회사'를 만들어 관리했다.[87] 그러다 보니 산유국이 (민간 정유사와 갈등을 빚는 경우가 잦더라도) 화석연료 자본주의 블록의 중심축이 되는 묘한 상황이 생겨났다.

소유권은 복잡한 문제다. 생산의 '통제' 역시 마찬가지다. 자본주의 규칙을 실행하려면 관리자, 감독관, 이외에도 보병에 해당하는 '중산층'이 있어야 한다. 킴 무디는 이러한 관리직 계급이 미국 노동 인구의 14퍼센트를 차지한다고 추산했다.[88] 관리직 계급은 최종적으로 기업의 통제권을 쥔 사람에게 보고해야 할 의무를 지고 있지만 채굴지, 파이프라인 프로젝트, 화석연료로 가동되는 공장의 생산과정을 좌우하는 자율성을

---

87 Bernard Mommer, *Global Oil and the Nation State* (Oxford: Oxford University Press, 2002) 참조.

88 Moody, *On New Terrain*, 40.

어느 정도 가지고 있다. 비료 공장 관리자와의 대화(2장 참조)에서 나타나듯이 관리직 계급은 자본의 정치와 이데올로기에 동조할 때가 많다. 마지막으로 보통 '프티부르주아지'로 불리는 소기업 소유주가 있다. 화석연료 생산 단지에는 화석연료 자본의 재생산에 기여하는 수많은 '개별' 석유 생산업체, 하청업체, 부동산 기업, 소매 기업이 있다.

자본가 계급은 그 수가 적기 때문에 정치 기반을 강화하기 위해 이러한 관리직과 소기업 소유주에게 의존한다. 무디는 미국의 프티부르주아지를 다음과 같이 설명한다.

전미소기업연합National Small Business Association에서 2016년에 설문조사한 것에 따르면 소기업 소유주의 86퍼센트가 백인이고, 그중 공화당 지지자가 민주당 지지자보다 두 배 많았으며, 스스로 보수라고 생각하는 사람이 거의 3분의 2(경제 문제의 경우 78퍼센트)에 달했고, 92퍼센트가 선거 시 투표를 한다고 답했다. 이들의 평균 연봉은 2016년에 11만 2천 달러로, 전국 평균 연봉이 4만 8320달러였던 것에 대비된다.[89]

대부분 언론이 공화당(레이건에서 트럼프까지)의 새로운

89 Ibid., 176.

기반으로 '백인 노동자 계급'에 초점을 맞추지만, 이 설문조사 결과는 미국 정치에서 공화당과 자본의 진정한 기반이 어디인지를 보여준다.[90] 프티부르주아지는 자기 사업체를 소유할 뿐 아니라 더 중요하게는 자기 집과 부동산을 보유하고 있다(일각에 따르면 소기업 소유주의 80퍼센트 정도가 주택을 소유한다고 한다).[91] 미국에서 광범위하게 나타나는 주택 소유 현상은 재산, 소유권, 자본의 지배하에 있는 삶과 노동에 관한 '기업가적' 관점이라는 훨씬 폭넓은 이데올로기의 기반을 마련해 주었다.[92]

기후변화를 반대하는 이들은 노동자 계급이 아니라 주로 이러한 '중산층' 중에서도 전문직 계급이다. 무디는 미국에서 전문직 계급이 차지하는 비율이 전체 노동 인구의 22퍼센트(소수이기는 하나 그 수가 상당한 편이다)라고 본다.[93] 바버라 에런라이크와 존 에런라이크처럼 "전문직-관리직 계급PMC"이라

---

90 프티부르주아지에 기반한 트럼프의 지지 세력을 가장 잘 설명한 글을 보려면 다음을 참조하기 바란다. Jesse Myerson, "Trumpism: It's Coming From the Suburbs," *The Nation*, 2017년 5월 8일.

91 Ahmad El-Najjar, "Small business in the US by the numbers," *Townsquared*. townsquared.com/ts/resources/small-business-united-states-numbers[2024년 12월 30일 접속 불가].

92 Huber, *Lifeblood*.

93 Moody, *On New Terrain*, 40.

고 부르든 니코스 풀란차스처럼 "신프티부르주아지"라고 부르든 에릭 올린 라이트처럼 "모순적 계급 위치"라고 부르든, 이러한 전문직 계급은 전후 시대에 급격히 많아진 화이트칼라 지식 노동자를 가리킨다.[94] 이 책에서는 주요 정책 토론을 만들고, 기후협약 협상을 진행하며, '기후운동'을 주도하는 이들을 언론인, 과학자, 법조인, 공무원, NGO 또는 비영리 단체 직원, 대졸 지식 노동자 등으로 본다. 앞서 말했던 것처럼 '정신노동'과 '지식노동'은 그 정의상 물질적 생산과는 **분리**되어 있으므로, 전문직 계급의 기후정치는 '과학'을 앞세우며 생산과 관계된 정치를 회피하고 소비를 줄이려는 경향이 있다. 게다가 전문직 계급은 탈산업화라는 역사적 과정이 벌어짐과 동시에 폭발적으로 늘어났다. 자신의 직업이 환경이나 기후 문제를 이해하는 것과 직접 관련이 있지 않더라도, 전문직 계급 구성원은 언론과 기후위기 관련 논픽션 글을 소비하며 환경위기의 본질을 '인식'하고 '숙지'하려고 한다.

전문직 계급은 정년이 보장된 교수직, 공무원으로서 받는 연봉과 복지 혜택 또는 매우 전문적인 학위 등을 통해 상대적

---

94 Barbara Ehrenreich, John Ehrenreich, "The professional-managerial class," in Pat Walker (ed). *Between Capital and Labor* (Boston: South End Press), 5-45, Nicos Poulantzas, *Classes and Contemporary Capitalism* (London: NLB, 1975), Erik Olin Wright, "Intellectuals and the Working Class," *Critical Sociology*, Vol. 8, No. 1 (1978): 5-18; 10.

인 물질적 안정을 누린다. 따라서 전문직 계급의 삶은 상당한 수준의 소비(앞서 탄소 집약적 사회 재생산의 축으로 말했던 주택과 차량을 주로 구매한다)로 정의된다. 소비와 탄소발자국을 기후변화의 동인으로 보는 지배적인 시각은 전문직 계급이 갖는 탄소 죄책감에서 비롯된다. 이는 4장에서 더 다룰 것이다.

그러나 이보다 중요한 점은 전문직 계급이 능력주의, 즉 사회 대다수(노동자 계급)에 대한 지배와 착취를 돕는 자본주의 이데올로기를 재생산한다는 것이다. 토머스 프랭크는 전문직 계급이 민주당을 장악했다는 내용의 긴 글에서 다음과 같이 전문직 계급을 설명했다.

학교에서 공부를 잘해서 자격을 얻는다. 그렇게 자격을 얻으면 전문직 반열에 오르게 된다. 전문직이 되면 대중에게 존경받을 뿐만 아니라 교외의 좋은 집에 살면서 멋진 자동차 등을 소유할 수 있다.[95]

개인의 노력을 중시하는 능력주의 이데올로기와 상대적으로 안락한 '중산층'의 소비에 대한 염려가 결합하면서 전문

---

95   Thomas Frank, *Listen, Liberal: Or, What Ever Happened to the Party of the People?* (New York: Picador, 2016), 31-32.

직 계급은 **자신**이 기후변화를 일으킨 장본인이라는 망상에 빠지게 된다. 상당히 정교한 탄소발자국 계산 도구(다시 말하지만 여기에 이윤과 생산은 완전히 빠져 있다)로 무장한 전문직 계급은 소비 습관 때문에 부유한 오염 유발자 계급의 일원이 되어 버린 자신의 지위로 인해 고민한다. 최신 팟캐스트 시리즈 〈인류세 세대Generation Anthropocene〉를 들어 보면, 아기들이 탄소발자국의 주범이라고 주장했던 연구자가 나와서는 연구에서 지적했던 '부유한 오염 유발자'가 바로 자신이었다는 것을 깨닫고 끔찍한 기분이 들었다고 설명하는 부분이 등장한다.

가만, 이거 제 얘긴데요! 저야말로 부유한 오염 유발자이고 제 친구들이나 대학교, 대학원을 같이 다닌 사람 전부가 오염 유발자였어요. … 저야말로 이 정보를 알아야 하는 대상이었던 거죠. 너무 이상해요. 이 주제를 가장 잘 아는 사람들이라 관련해서 이야기도 많이 하고… 깊게 관여했는데 말이에요. … 그런데도… 이 내용이 저 자신에게 어떤 의미인지 생각하는 건 회피하게 되네요.[96]

96 Michael Osborne, "Individual Reckoning," Generation Anthropocene Podcast, 2021년 4월 18일. genanthro.com/2021/04/18/individual-reckoning[2024년 12월 30일 접속 불가].

그러고선 이 뒤에는 이 연구자의 할아버지가 "산업 공장 식 축산 개발을 지원했다"는 내용이 나온다(이것으로 얻은 이윤 이 아마도 '부유한 오염 유발자'라는 그녀의 라이프스타일을 형성하 는 데 일조했으리라). 그런데도 이 연구자는 비행기를 덜 타고 고기를 덜 먹는 것에 집중한다. 이와는 별개로 그녀가 자기 친 구들이 "이 주제를 가장 잘 아는 사람들"이라고 발언한 것은 전문직 계급의 **뛰어난**par excellence 기후 이데올로기를 잘 보여준 다. 전문직 계급에게 기후정치는 **배우고 이해한 다음, 행동하 는** 과정인 것이다.

그렇다고 전문직 계급이 물질적인 안락함과 관련하여 단 일한 계급이라고 생각해서는 안 된다. 에런라이크 부부가 주 장하듯이 전문직 계급은 급격히 **프롤레타리아화**하고 있다. 교육 수준이 높은 법학사 또는 박사학위를 소지한 개인이 저 임금과 과로에 시달리거나 푸드 스탬프를 받는 등 계급적으 로 '하향 이동'하게 되면서, 전문직 계급이 신봉하는 능력주의 에 대한 믿음이 급속히 사그러들고 있다.[97] 무디는 교사와 간 호사 들이 직장 내 자율성을 침해하는 관리 목적의 감시가 점 점 더 기업 차원에서 자행되는 상황에 놓였다고 말한다. 그는

---

97   Barbara Ehrenreich, John Ehrenreich, *Death of a Yuppie Dream: The Rise and Fall of the Pro-fessional-Managerial Class*, Rosa Luxemburg Stiftung, New York Office, 2013년 2월.

약 36퍼센트의 전문직 종사자가 프롤레타리아화되었다고 한다.[98] 오늘날 더욱 급진적인 대안으로 정치를 '양극화'하는 것은 좌파 전문직 계급과 우파 프티부르주아지의 프롤레타리아화이다.

제2부에서는 전문직 계급 기후정치의 세 가지 유형을 분류한다. 첫 번째 유형은 내가 **과학 전파자**science communicators라고 부르는 과학자와 언론인 들이다. 이들은 기후 투쟁을 크게 **지식** 혹은 신념 대 부인denial이라는 대결 프레임으로 만든다. 전문직 계급 형성에서 교육과 높은 자격을 중요시하는 이유는 기후 부인climate denial이라는 궁극적인 적과 정치적 전쟁을 벌이는 과정에서 전문직 계급의 신념을 보완하는 역할을 하기 때문이다. 두 번째 유형은 기후 정책 해법을 토론하는 학자, 법조인, 공무원, NGO 및 싱크탱크 직원인 **정책 테크노크라트**이다. 이 전문직 계급들은 자본가와 시장 관계를 통해 기후변화 문제를 해결하기 위해서 충돌을 피하는 기술적인 정책 도구를 선호한다. 정책 테크노크라트는 '스마트'한 정책으로 기후변화를 해결할 수 있다고 여긴다. 이 또한 전문직 계급의 자격 중시 성향에 바탕을 둔다.

세 번째 유형은 기후변화가 자본주의 체제 자체에 기인한

---

98 Moody, *On New Terrain*, 40.

다고 생각하는 **반체제 급진주의자**이다. 이러한 전문직 계급에는 급진적인 학자, 언론인, NGO 활동가, 대졸 노동자이지만 프롤레타리화에 직면한 '하향 이동'된 구성원이 포함된다. 이런 사람들이 예를 들면 미국 민주사회주의자DSA 그룹을 형성한다.

이 책의 주 독자들이 이러한 '유형'에 속할 듯하기에, 지면을 할애하여 설명할 필요가 있겠다. 기후변화와 관련해서 전문직 계급의 반체제 급진 정치는 두 가지 정치 지향을 핵심으로 한다. 첫 번째로 이들은 "기후변화가 아니라 체제 변화"에 대한 요구를 지향한다. 한데 체제를 변화시키는 정치는 자본주의 전체에서 나타나는 **합계**의 문제에 더 집중하는 경향이 있다. 그렇다면 자본주의 체제에 어떤 문제가 있는 것일까? '성장' 혹은 국가의 상품과 서비스 교역의 총합을 통계 수치로 나타낸 GDP를 필요로 하는 자본주의 체제가 문제라는 것에는 모두가 동의한다. 나오미 클라인은 자본주의를 "끊임없는 경제성장을 계속해서 추구하는"[99] 체제라고 설명했다. 4장에서 살펴보겠지만 '탈성장'을 주장하는 모든 운동은 "정책 목표

---

99 Naomi Klein, *This Changes Everything: Capitalism vs. the Climate* (New York: Simon and Schuster, 2014), 81[국역:《이것이 모든 것을 바꾼다》, 이순희 옮김, 열린책들, 2016].

의 큰 틀로 GDP를 중요시하는 것에 문제를 제기"[100]하기 위해 등장했다. 그러나 탈성장 정치는 자본의 몫이 줄고 노동자의 몫이 늘어야 한다고 주장하기보다는 제이슨 히켈이 "합계 처리량의 감소"[101]라고 부르는 '탈성장'을 외치며, 성장에 집중하는 **합계**의 관점을 부인해 버린다. 합계에 대한 이런 식의 관점으로는 계급투쟁이 효과를 발휘하지 못한다. 계급투쟁이라면 다수(노동자)의 몫은 늘어나고 소수(자본가)의 몫은 줄어드는 것을 의미해야 하기 때문이다. 이런 식의 반체제 급진주의를 외치는 사람들은 전문직 계급에 속한다. 그렇기에 자신들이 누리는 상대적인 물질적 안락함과 연관된 (탄소)발자국을 염려하는 것이다. 이는 **합계** 수준(이를 '부유한 국가'로 추상화하여 겨냥하는 경우가 많다. 그런 곳에서도 상당수 인구가 경제적으로 불안정한데도 말이다)에서 소비를 줄이자는 주장으로 이어진다. 따라서 전문직 계급의 '반체제 급진주의'는 이미 수십 년간 없이 사는 사람들에게 '덜 쓰고 잘 살기'를 요구하는 것이 되어 버린다.[102]

---

100   "Research & Degrowth: Definition." degrowth.org/definition-2.

101   Jason Hickel, "Degrowth: A theory of radical abundance," *Real-World Economics Review,* No. 87 (2019): 54-68.

102   "Degrowth: Is it time to live better with less?" *CNBC Explains Video Series*, 2021년 5월 20일.

또한 인간 해방을 위해서 산업 생산을 장악할 것을 상상하는 전통적인 사회주의 정치와는 매우 대조적으로 전문직 계급 급진주의자들은 산업에 반대하는 해법을 제시하는데, 그 해법이 그다지 매력적이지 않다. 체제 변화를 주장하는 쪽은 라스 리가 "소규모 개별 재산에 기반한 경제 자립이 실현되는 '반동적 유토피아'"[103]라고 부르는 것을 위하여 산업 생산을 전체적으로 **해체**하는 것을 상상한다. 이렇게 제시된 새로운 '체제'에서는 소규모로 농사를 짓고 장인이 수공업으로 생산하며 자원의 활용도 지역에서 이루어진다. 이는 닉 서르닉, 알렉스 윌리엄스가 말했던, 세계화된 자본에 반대하여 '풀뿌리'와 '지역'으로 보이는 모든 것을 아우르는 '통속 정치folk politics'(노동 집약적인 공동체 텃밭과 태양광 마이크로 그리드micro-grid가 이에 해당한다)[104]에 뿌리를 두고 있다. 이러한 '차세대 체제' 정치는 생산수단을 소유한 계급과 맞서는 것이 아니라 오히려 전선에서 **후퇴**한다. 조디 딘의 말처럼 "골드만 삭스는 여러분이 닭을 기른다고 해서 신경 쓰지 않는다."[105] 이 모든 '체제 변

---

103   Lars Lih, *Lenin Rediscovered: What Is to Be Done in Context* (Chicago: Haymarket, 2006), 47.

104   Nick Srnicek and Alex Williams, *Inventing the Future: Postcapitalism and a World Without Work* (London: Verso, 2015).

105   ibid., 25에 인용됨.

화' 주장은 프리드리히 엥겔스가 **유토피아적** 정치라고 했던 것의 전형적인 사례다. 엥겔스는 유토피아 사회주의자가 "인간의 두뇌에서 진화를 시도하는" 이상적 사회를 그리는 경향이 있지만, 물질적 조건을 고려할 때 어떤 사회를 만들 수 있는지에 대해서는 제대로 설명하지 못한다고 강조했다.[106] 엥겔스는 과학적 사회주의에서는 현실의 적대적 계급관계에 대한 유물론적 이해를 통해서만 해법을 도출할 수 있다고 주장한다. 이러한 적대 관계는 '체제 변화'라는 모호한 요구로는 해결될 수 없고, 필연적으로 갈등과 투쟁을 요구한다. 이 모든 점을 감안하면, 반체제 급진주의가 오늘날 노동자 대중의 필요와 열망과는 동떨어져 있다는 점을 알 수 있다. 레닌이 노동운동과 유리된 사회주의자들을 설명한 대목, 즉 "이 사회주의자들은 노동운동과는 거리를 두고선 현대의 자본주의적 부르주아지 사회체제를 비판하는 논리를 만들어 냈고, 더 고귀한 사회주의 체제로 바꿀 것을 요구했다"[107]라는 대목은 오늘날의 수많은 자칭 '생태사회주의자eco-socialist'에게도 적용할 수 있다.

---

106 새로운 체제에 관한 최근의 유토피아적 상상을 보려면 다음을 참조하기 바란다. "The Next System Project." thenextsystem.org. 추가로 다음을 참조하라. Frederick Engels, *Socialism: Utopian and Scientific* (Chicago: Charles H. Kerr and Co., 1918), 58[국역:《공상에서 과학으로》, 나상민 옮김, 새날, 2006].

107 Lih, *Lenin Rediscovered*, 144에서 인용.

급진적 기후정치의 두 번째 주요 지향점은 '기후정의'이다. 기후정의 정치는 기후변화가 부유한 계급이 일으킨 문제이며 이로 인한 해수면 상승, 가뭄 증가, 심각한 폭염 등 최악의 영향으로 가난하고 소외된 대중이 고통받는다는 올바른 분석에 기초한다. 이러한 기본적인 관점이 기후운동의 주요 투쟁에 영향을 주었다. 그러나 정의를 둘러싼 수많은 논의와 마찬가지로, 이 관점 또한 계급과 생산관계가 아닌 **분배의 효과**에 집중한다. 기후변화의 주범이 누구인가를 논할 때 기후정의 지지자들도 탄소발자국 이데올로기를 주장하는 이들과 마찬가지로 부유한 **소비자**와 '부유한 국가'로 대변되는 '부유한 계급'이 문제라고 생각한다.

실제로도 부유한 국가는 (전체 인구와는 달리) 전 세계 가난한 국가에 막대한 '기후 채무'를 지고 있다. 이 빚은 인간과 산업을 위한 기본적인 인프라를 건설하고 전 세계에서 벌어지는 탈탄소화 노력을 돕는 것으로 갚아야 한다(실제로 볼리비아에서 열린 2010 코차밤바 민중회의에서도 이러한 원칙을 주장했다[108]). 그렇지만 기후정의 정치에서 전 세계의 화석연료를 소

---

108 "People's Agreement of Cochabamba: Adopted at the World People's Conference on Climate Change and the Rights of Mother Earth, 2010년 4월 22일, 볼리비아 코차밤바." links.org.au/bolivia-full-text-peoples-agreement-world-peoples-conference-climate-change-and-rights-mother-earth[2024년 12월 30일 접속 가능].

유하고 통제하며 이로부터 이윤을 창출하는 계급을 정조준하는 일은 드물다. 따라서 기후정의 정치는 기후변화 투쟁을 자본과 전 세계 노동자 계급 간의 세계적인 계급투쟁이 아니라 영토적 개념에서 북반구와 남반구 간의 투쟁으로 보는 경우가 많다. 예를 들어 제이슨 히켈과 그 동료들은 "고소득 국가"들이 남반구로부터 "제국주의적 전유"를 한다고 주장한다.[109] 그런데 이들은 소위 '고소득 국가' 내의 임금에 기반한 '소득'과 자본 소유로 인한 '소득'을 구분하지 않는다(이보다 더 좁은 시각으로 남반구와 북반구의 임금 격차만 살피는 경우도 있다). 이들은 자본가의 몫인지 노동자의 몫인지 관계없이 모든 소득이 생태제국주의에 해당한다고 본다.

더 나아가 이들은 기후정의 정치가 기후 투쟁에서 **승리**하기 위해서는 이 책에서 주장하는 것처럼 광범위한 노동자 정치가 필요하다는 입장에는 모호한 태도를 보인다. 기후정의 정치의 핵심 구성원은 기후 난민으로 볼 수 있는 이민자(그 수는 점점 늘고 있다) 등 기후변화에 따른 혼란을 직접 경험하는 '소외된 공동체'이다. 이는 내가 "생계 환경주의livelihood environmentalism"라고 부르는 것과 일맥상통한다. 생계 환경주의

---

109 Jason Hickel, Dylan Sullivan, Huzaifa Zoomkawala, "Plunder in the Post-Colonial Era: Quantifying drain from the Global South through unequal exchange, 1960-2018," *New Political Economy* (초판, 2021년 3월 30일).

는 토지, 자원, 오염, 기타 여러 환경적 변화와 직접 물질적인 관계가 있는 당사자에게서만 진정한 물질적 환경 투쟁이 일어난다고 보는 관점이다.[110] 시장에서 돈을 벌고 생계에 '환경적'인 위협이 직접 또는 가시적으로 영향을 미치지 않는 노동자 계급 대중에게 이와 같은 정의를 중심으로 삼은 정치는 호소력이 떨어진다. 노동자 계급에 가장 큰 생계의 위협은 **시장** 그 자체이기 때문이다. 비벡 치버가 말한 것처럼, 좌파 대부분이 소외라는 개념에 천착하는데 "노동자 계급이 중요한 이유는 이 계급이 소외되어서가 아니다. ··· 노동자 계급이 중요한 이유는 이 계급이 바로 중심이기 때문이다."[111]

기후정의운동을 구성하는 계급을 냉철하게 분석해 보면 전문직 계급 기반의 NGO와 학계 그리고 자본주의에서는 보통 노동자 계급으로 분류되지 않는 **소외된** 계급 간의 계급적 연합이 드러난다. 아리엘 살레는 이러한 소외된 계급을 "여성 가사 노동자, 생계형 농민, 원주민 등 지배적인 헤게모니 내/외부 모두에 포함되는··· 메타 산업 계급"[112]이라고 불렀다. 지

---

110 Matt Huber, "Ecological politics for the working class," *Catalyst*, Vol. 3, No. 1 (2019): 7-45.

111 그의 발언을 글로 옮긴 것이다. Vivek Chibber, "Why do socialists talk so much about workers? ABCs of Socialism, Lecture 1." www.youtube.com/watch?v=mzhVLRbbvVA[2024년 12월 30일 접속 가능].

112 Ariel Salleh, "The meta-industrial class and why we need it," *Democracy & Nature*,

금 기후정의Climate Justice Now[113] 웹사이트에 게재된 수많은 회원 단체명을 보면 "조합"이라는 단어가 스물다섯 번 등장한다. 그런데 그중에서 명확하게 노동조합으로 보이는 곳은 30퍼센트가 채 되지 않는다. 대부분이 농민과 소농 조합이다.

가장 중요한 생산수단이라고도 할 수 있는 토지를 놓고 투쟁하는 소농과 원주민 같은 소규모 자작농 인구를 특히 살펴볼 필요가 있다. 어느 조사에 따르면 대대적인 프롤레타리아화가 진행되는 이 시대에도 전 세계에서 20억 명(4억 7500만 가구)이 여전히 소규모 농업이나 다른 영세한 규모로 농업 생산을 하는 것으로 나타났다.[114] 마르크스가 이야기한 프롤레타리아 기준에 미치지는 않더라도, 이러한 소농과 원주민을 넓은 의미의 노동자 범주에 포함시켜야 할 것이다. 그들도 **노동**해야만 살아갈 수 있고, 기본 생필품을 시장에 의존하는 가구가 대부분이기 때문이다.

이렇게 소외된 계급 사람들은 보통 기후변화를 직접 경험

Vol. 6, No. 1 (2000): 27-36; 30. 넓은 의미의 노동자 계급은 위에서 말한 그룹을 포함하겠지만, 생계를 유지하는 데 임금에 의존하지 않는 가정이나 비공식 경제 부문의 인구를 구분하는 것이 중요하다.

113   climatejusticenow.org/cjn-network-members-november-2010[2024년 12월 30일 접속 가능].

114   George Rapsomanikis, *The Economic Lives of Smallholder Farmers* (Rome: Food and Agriculture Organization of the United Nations, 2015), 1.

한다. 가뭄, 홍수, 극단적 기상 현상 등이 이들의 생계와 다른 여러 형태의 토지 기반 생산에 영향을 즉각적으로 미치기 때문이다. 대부분 농촌에 사는 이들은 기후변화로 토지를 중심으로 일구던 삶의 터전을 떠나 현금을 창출할 수 있는 소득을 찾아서 도시나 다른 국가로 이주해야만 하는 상황에 직면하기도 한다. 즉, 이제 기후변화가 프롤레타리아화를 촉진하는 새로운 요소가 되었다는 말이다. 그런 이유로 이러한 '최전선 공동체'가 기후정의 정치의 중심에 서게 된 것이다. 또한 반체제 급진주의 세력은 스스로 사랑하는 자급자족과 사회적 필요를 충족하는 지속 가능한 방식을 강조하며 자연과 맺는 생계 관계의 '대안'을 제시한다. 그렇지만 이 계급 기반은 **제한적**이다. 사회주의 정치는 언제나 토지를 기반으로 살아가는 사람들의 자결권을 주장해야 하지만, 그렇다고 기후변화의 직격타를 맞은 사람들로부터 대중 대다수가 참여하는 기후정치가 시작되지는 않을 것이다. 한 설문조사 결과 미국인의 57퍼센트가 기후변화가 자신에게 어떤 위해를 가하지 않는다고 응답했다.[115] 대중적인 기후정치는 이미 프롤레타리아가 되어 토지가 아닌 시장을 통해서 살아가야만 하는 수십억 인구에

---

115 "Yale Climate Opinion Maps—US 2020," *Yale Program on Climate Change Communication*, climatecommunication.yale.edu/visualizations-data/ycom-us[2024년 12월 30일 접속 가능].

게 보여줄 것이 있어야 한다. 시장에서 하루하루 살아가기 위해 투쟁한다는 말은 그들에게 기후변화가 '추상적'으로 들리고 당장의 물질적 걱정거리보다 훨씬 먼 이야기로 느껴진다는 것을 의미한다.

이는 자본주의하에서 프롤레타리아가 된 수많은 대중, 즉 노동자 계급을 어떻게 생각해야 하는가라는 어려운 현실적인 문제로 이어진다. 마르크스주의 관점에서 보면 노동자 계급에는 생산수단을 소유하지 않는 대다수 인구가 포함된다. 앞서 말했듯이 계급을 정의할 때 **생태적** 기반을 강조하는 일은 드물다. 자본주의하에서 노동자 계급은 **삶**의 수단에 접근하기 어렵다. 그동안의 역사에서는 직접 생계를 꾸릴 수 있는 원천인 토지로부터 분리된 계급을 노동자 계급으로 보았다. 나는 노동자 계급의 기후정치를 발전시키려고 할 때, 노동자 계급이 자연에서 소외되어 시장에 의존해 살아갈 수밖에 없는 계급이라는, 이러한 계급의 생태적 정의가 그 중심이 되어야 한다고 생각한다.

20세기 중반부터 노동자 계급정치가 쇠퇴하고 있다고 많이들 이야기한다. 그럼에도 파샤드 아라기가 "전 세계적인 탈소농화"[116]라고 부르는, 생태적인 자급자족 수단을 박탈

---

116 Farshad A. Araghi, "Global depeasantization, 1945-1990," *The Sociological Quarterly*, Vol. 36, No. 2 (1995): 337-68.

당한 전 세계 프롤레타리아의 수가 급격하게 **증가**했던 시기가 대략 1980년대 이후라는 점은 주목할 만하다. 한 연구 조사 결과에 따르면 1980년부터 2010년 사이에 전 세계의 노동 인구가 12억에서 29억 명으로 늘었고, 2030년이면 35억 명이 될 것이라고 한다.[117] 중국에서만 무려 2억 5천만에서 3억 명에 달하는 인구가 농촌에서 일구던 생계를 뒤로하고 공식 임금 노동 또는 비공식 노동을 찾아 도시와 산업 지구로 이주한 것은 인류 역사상 가장 큰 규모의 이주였다.[118] '프롤레타리아화 된'(토지에 기반한 생계를 잃은) 사람들 중 많은 이들이 공식 부문의 '임금노동' 일자리를 찾지 못하고 마이크 데이비스가 말한 '비공식 프롤레타리아'[119]가 되었다. 이들은 마르크스의 전통적인 임금노동 개념에 부합하지 않는다 하더라도, 생산수단을 박탈당하고 시장에 의존해서 생존하고 있기 때문에 노동자 계급으로 볼 수 있다. 또한 무급 돌봄노동(사회적 재생산의 필수 요소)을 수행하는 개인도 노동자 계급으로 넣을 수 있

---

117   Richard Dobbs, Dominic Barton, Anu Madgavkar, Eric Labaye, James Manyika, Charles Roxburgh, Susan Lund, Siddarth Madhav, *The World at Work: Jobs, Pay, and Skills for 3.5 Billion People,* McKinsey Global Institute (June 2012).

118   John Wagner Givens, "The Greatest Migration: China's Urbanization," *Huff Post,* 2013년 2월 28일.

119   Mike Davis, *Planet of Slums* (London: Verso, 2006), 201[국역: 《슬럼, 지구를 뒤덮다》, 김정아 옮김, 돌베개, 2007].

다.[120] 이와 관련해서 킴 무디는 다음과 같이 말한다.

단순한 노동 인구와 달리, 노동자 **계급**은 피고용인은 물론 그 외에도 직장을 다니지 않는 배우자, 부양가족, 친지, 실업자, 노동 예비군에 속하는 모든 사람으로 구성된다.[121]

이렇게 폭넓은 관점에서 노동자 계급을 보면 백인 남성 공장 노동자라는 기존의 관점보다 민족적, 인종적으로 훨씬 다양한 구성원을 노동자 계급에 포함할 수 있다. 소매업, 보건의료, 교육, 물류, 창고, 기타 돌봄노동 등의 분야에서 저임금을 받는 서비스 노동자들이 포함되니 말이다.

노동자 계급을 정의하는 것이 정치적인 측면에서 중요한 이유는 노동자 계급이 다수이기 때문이다. 무디가 추산한 미국 인구 중 노동자 계급을 살펴보면 63퍼센트가 누군가에게 고용되어 일하는 사람인데, 여기에 무급 돌봄노동까지 합하면 그 수는 75퍼센트까지 늘어난다. 민주주의를 진짜로 믿는다면, 진정한 사회권력을 수립할 수 있는 다수가 노동자 계급밖에 없음을 알 수 있다. 그렇기에 이 책의 핵심 주장에는 기

---

120   Tithi Bhattacharya (ed.), *Social Reproduction Theory: Remapping Class, Recentering Oppression* (London: Pluto, 2017).

121   Moody, *On New Terrain*, 41.

후변화를 중심으로 하는 다수의 대중적인 운동을 만들려면 다양하고 광범위한 노동자 계급에 호소해야 한다는 내용이 포함되어 있다. 더 중요한 점은, 노동자 계급이 낮은 임금 정체와 소외되고 위험한 노동에 직면하고 있다는 사실이다. 이러한 빈곤과 불안정성은 획기적인 변화를 통해 자기 삶을 더 낫게 만들고자 하는 물질적인 이해관계를 갖게 만든다.

이것이 기후정치에 시사하는 바는 무엇일까? 끊임없이 소비자와 소비를 탄소 배출의 궁극적 원인으로 보는 사고방식은 필연적으로 내가 **줄이기 정치**politics of less라고 부르고 리 필립스가 환경주의 대부분이 가진 "긴축 생태학austerity ecology"[122]이라고 부르는 것으로 귀결된다. 소비자가 부유한 것이 문제라고 생각하면 화석연료로 만드는 에너지의 값을 올리는 탄소세와 같이 소비를 줄이는 방식을 지지하게 될 것이다. 필립스가 직격하듯, 정말로 소비를 너무 많이 한다고 생각한다면 결국에는 지난 수십 년간 신자유주의가 임금과 소득에 가했던 공격에 동의하게 되어 버린다.[123] 실제로, 줄이기라는 긴축의 정치는 전문직 계급과 그들이 갖는 탄소 죄의식에 어필한다. 그들은 과도하다고 느끼는 것이다. 그러나 '줄이기'와 '제한'의

---

122 Leigh Phillips, A*usterity Ecology and the Collapse-Porn Addicts* (London: Zero, 2015).

123 Ibid., 37.

정치는 이미 불안정한 노동자 계급의 삶을 사는 대다수 사람에게는 공허한 외침일 뿐이다. 기본적으로 물질적 박탈감에 젖어 있는 노동자 계급을 상대로는 기후 프로그램으로 얼마나 더 많이 얻어 내야 하는지를 설명하는 **늘리기 정치**를 주장해야 한다.

소비자에 집중하면 노동자 계급의 소비를 기후변화의 주범으로 손가락질하게 된다.[124] 그러나 사실 미국 대중은 빈곤하고 소외된 삶을 살고 있으며 스스로를 재생산하는 데에만 에너지를 소비하고 있다. 이는 선택이라기보다는 구조적으로 필수적인 소비다. 실제로 최근 연구에 따르면 요즘 들어 빈곤 가구가 가장 많이 늘어나는 곳은 바로 교외 지역이다.[125] 교외 지역에서 가난하게 사는 사람이라면 기름, 전기, 난방유를 상당량 소비할 것이다. 정치적으로 봤을 때 이러한 인구를 기후변화의 주범이라고 하는 것은 합리적이지 못하다. 민주주의에서 노동자 계급이 다수라고 생각한다면, 다수의 소비가 잘못됐다고 꾸짖는 방식으로 기후변화를 해결할 수 있다고 보

---

124 식량 정치에 관한 이 내용을 더 알고 싶으면 다음을 참조하기 바란다. Elaine Graham-Leigh, *A Diet of Austerity: Class, Food, and Climate Change* (London: Zero, 2015).

125 Elizabeth Kneebone, Alan Berube, *Confronting Suburban Poverty in America* (Washington, DC: The Brookings Institution, 2013).

는 것은 본질적으로 반민주적인 관점일 것이다. 2018년 가을에 프랑스에서 일어난 일은 기후 정책으로 발생하는 부담을 노동자 계급에 전가하면 어떤 일이 벌어질지 단적으로 보여준 사례다. 당시 프랑스에서는 '노란 조끼' 운동이 일어나 신자유주의적인 에마뉘엘 마크롱 대통령이 추진한 탄소 연료세 부과에 반대했다. "우리는 한 달의 끝을 걱정하는데 정치인들은 세상의 끝을 걱정한다"[126]라는 시위대의 슬로건은 반노동자 계급적인 기후 정책의 모순을 잘 표현했다. 시위대 몇몇은 "세상의 끝, 한 달의 끝─같은 체제, 같은 싸움"[127]이라면서, 더 급진적으로 이러한 슬로건을 **결합하여** 자본 권력에 맞서 싸울 것을 강조했다.

과연 노동자 계급의 기후정치가 가능할까? 바로 이 점을 제3부에서 살펴볼 것이다. 핵심적인 질문은 다소 구식이다. 노동자 계급은 기후 행동에 어떠한 **물질적 이해관계**를 가지는가? 노동자에게 **기후와 관련한 이해관계**가 있는가? 물론 대부분 과학자들은 지구를 구하고 미래 세대가 살아갈 수 있

---

126 Jon Weiner, "Naomi Klein: The Green New Deal Is Changing the Calculus of the Possible," *The Nation*, 2019년 2월 22일.

127 인용된 글: Élodie Chédikian, Paul Guillibert, Davide Gallo Lassere, "The Climate of Roundabouts: The Gilets Jaunes and Environmentalism," *South Atlantic Quarterly*, Vol. 119, No. 4 (2020): 877-887; 886.

도록 만드는 데 전 인류의 이해관계가 걸려 있다고 말할 것이다. 그건 당연한 이야기다. 그러나 여기저기서 이야기했듯이 기후변화는 추상적인 문제다. 갈수록 날씨가 이상해지고 세계 곳곳에서 자연재해가 발생했다는 뉴스도 많아졌다. 그러나 그것만으로 지금 당장 기후 행동에 나서야 한다고 수많은 다수 대중을 설득하기는 어렵다. 이를 극복하려면 일상의 물질적 걱정에 어필하는 일반적인 노동자 계급의 기후변화 정치를 분명하게 말해야 한다.

이 책을 쓰는 동안 바로 이러한 노동자 계급의 기후 프로그램이 알렉산드리아 오카시오코르테스 하원의원과 다른 의원들이 제안한 그린 뉴딜이라는 이름으로 나타났다. 그린 뉴딜은 기후변화와 불평등 해소와 일자리 보장, 공공의료, 돌봄, 여가(보통 '공적 사치public luxury'라고 부른다) 확대라는, 두 마리 토끼를 잡고자 한다.[128] 이러한 프로그램은 저렴한 에너지와 대중교통, 보건의료, 주거 등의 형태로 고통받는 다수의 노동자 계급 가구에 실질적이고 물질적인 혜택을 줄 수 있다. 나오미 클라인이 지적하듯, 전에는 "한 달의 끝"에 관한 투쟁과 "세상

---

128 Kate Aronoff, Daniel Aldana Cohen, Allyssa Battistoni, Thea Riofrancos, *A Planet to Win: Why We Need a Green New Deal* (London: Verso, 2019)를 참조하라. 그린 뉴딜 해법에 관해서는 다음을 참조하기 바란다. H.Res.109, "Recognizing the duty of the Federal Government to create a Green New Deal." congress.gov/bill/116thcongress/house-resolution/109/text[2024년 12월 30일 접속 가능].

의 끝"에 관한 투쟁을 계산하는 형태였다면, 그린 뉴딜은 사람들에게 어느 한쪽을 선택하라고 강요하지 않는다는 점이 최대 장점"[129]이다. 5장에서 살펴보겠지만, 노동자의 이해관계에 초점을 맞춘 그린 뉴딜은 노동자 계급의 **기후 의식**을 더욱더 제고할 수 있다. 노동자의 일상을 실질적으로 개선하는 방안과 기후변화의 해법을 연계하면 기후정치는 대중이 온실효과의 영향 등의 '진실을 학습'하거나 기후 붕괴의 영향을 경험하는 것에 의존할 필요가 없게 된다. 그렇게 기후정치는 단순하게 사람들의 물질적 삶(대다수 사람들이 중요하게 생각하는 생태학)을 개선하는 것을 의미하게 될 것이다.[130]

노동자 계급의 기후정치는 자본주의 사회에서 살아가는 대다수 사람의 물질적 이해관계에 호소할 뿐만 아니라 직장에서 그들이 자신의 권력을 **전략적**으로 수립할 방법을 찾는 것을 목표로 한다. 이는 쇠퇴한 노동 및 노동조합 운동을 되살리고 파업을 진행하여 엘리트 계층이 급진적인 요구를 받아들이게 만들도록 노동자의 투쟁성을 회복하는 일을 의미한다. 이와 관련해서는 긍정적인 신호가 나타나고 있다. 2018~2019년에 교사를 중심으로 일어난 대규모 파업 물결은 1986년 이

---

129 Weiner, "Naomi Klein: The Green New Deal…"

130 물론 모든 사람이 인류 이외의 자연에도 깊은 존중감을 가지게 되면 좋겠지만, 대다수에게는 자본주의하에서 인간답게 살아가는 것조차 굉장한 투쟁이다.

래로 가장 큰 파업이었다.[131] 미국교사연맹AFT과 북미서비스노
동조합SEIU 같은 주요 전략 조합은 이미 그린 뉴딜을 지지하
고 나섰다.[132] 매사추세츠 교사협의회Massachusetts Teachers Association
는 2019년에 그린 뉴딜을 위한 전국 교사 파업을 제안했다.[133]
2020년부터 시작된 코로나19 팬데믹으로 대량실업이 발생했
으며 한편으로는 식료품 상점, 물류창고, 보건의료 부문의 '필
수 노동자'의 투쟁성이 높아졌다.[134] 2020년 5월, 조지 플로이
드가 참혹하게 살해당하면서 #BlackLivesMatter(#흑인의 생명
은 소중하다)를 중심으로 대대적인 인종차별 반대 시위와 봉기
가 일어났다. 이는 1960년대 이후, 그리고 전 세계적 팬데믹
기간에 일어난 시위 중 가장 큰 규모였다.[135] 2021년에는 미국
민주사회주의자DSA의 생태사회주의 워킹 그룹에서 그린 뉴딜

---

131 US Bureau of Labor Statistics, "25 major work stoppages in 2019 involving 425500 workers," 2020년 2월 14일.

132 Mindy Isser, "The Green New Deal just won a major union endorsement. What's stopping the AFL-CIO?" *In These Times*, 2020년 8월 12일.

133 "Massachusetts Teachers Union Calls for Strike for the Green New Deal," *Labor Network for Sustainability.* labor4sustainability.org

134 Steven Greenhouse, "Coronavirus is unleashing righteous worker anger and a new wave of unionism," *Los Angeles Times*, 2020년 7월 28일.

135 Larry Buchanan, "Black Lives Matter May Be the Largest Movement in US History," *New York Times*, 2020년 7월 3일. 미국 전역에서 노동자들이 이 운동에 연대를 보내며 2020년 7월 20일, 파업을 실시했다. j20strikeforblacklives.org.

실현에 핵심인 노동조합의 부활을 위해 여러 조합과 함께 단결권보호법PRO Act을 통과시키기 위한 캠페인을 벌였다.

지난 2~3년 사이에 노동자 계급의 투쟁성이 높아졌다는 사실은 과거에 변혁적인 정치 변화가 일어났을 때와 마찬가지로 아래로부터의 대중운동이 일어날 조건이 성숙했다는 것을 의미한다.[136] 그러나 기후위기는 매우 시급한 문제이므로 그저 그런 변화가 저절로 일어나기를 앉아서 기다릴 수만은 없다. 제인 매클레비가 주장했듯, 노동자 계급의 권력을 수립하려면 특정한 전략적 경제 부문을 겨냥하여 노동조합의 조직에 나서야 한다.[137] 6장에서는 전기 발전 부문 노동자의 투쟁성 조직에 초점을 맞춘 집중적인 **부문별** 기후 전략을 이야기할 것이다. 모든 에너지 전문가들이 한목소리로 전기가 탈탄소 전략의 '핵심'이라고 말한다. "모든 것을 전기로"라는 모토는 사실 기존의 발전 방식을 청정하게 만들고 이를 교통, 산업, 난방 부문으로 확대하는 두 단계 과정으로 이뤄져 있다.[138] 이

---

136 Frances Fox Piven, Richard Cloward, *Poor People's Movements: Why They Succeed, How They Fail* (New York: Vintage, 1977).

137 McAlevey, *No Shortcuts*, 203.

138 Jesse D. Jenkins, Max Luke, Samuel Thernstrom, "Getting to zero carbon emissions in the electric power sector," *Joule*, Vol. 2 (2018): 2498- 2510; 2498 참조. David Roberts, "The key to tackling climate change: electrify everything," *Vox*, 2017년 10월 27일.

러한 기술적인 에너지 담론에서 잘 다뤄지지 않는 내용이 바로 발전 부문이야말로 미국 민간 부문 중에서 가장 노동조합 조직률이 높은 부문이라는 점이다.[139] 노동조합이 전기 부문에서 이미 확보하고 있는 제도적인 권력을 활용하면, 탈탄소 프로그램을 더 빠르게 시행하도록 만들 수 있을 것이다.

그러나 이러한 노동조합은 상당히 보수적인 경우가 많다. 이들은 발전 사측과 함께 선 스위니와 존 트리트가 충돌을 피하는 "사회적 대화"라고 부르는 방식[140]에 동참한다. 이 책에서는 킴 무디가 주장한 "조합원 전략"과 급진적인 일반 조합원 조직에 주력하는 **레이버 노트**Labor Notes[141]의 전통을 채택해야 한다고 주장할 것이다.[142] 아래로부터 일어나는 투쟁적인 노동자의 행동만이 발전 부문의 변혁적인 변화를 이룰 수 있다. 국제전기노동자조합International Brotherhood of Electrical Workers, IBEW 조합원에 따르면, 발전 노동자를 대표하는 핵심 조합에서 이미 이러

---

139 US Bureau of Labor Statistics, "Utilities industry has highest union membership rate in private sector in 2017," 2018년 2월 23일.

140 Sean Sweeney and John Treat, "Trade unions and just transition: The search for a transformative politics," *Trade Unions for Energy Democracy: Working Paper No. 11.* (2018): 3, 18-30.

141 [옮긴이] 노동운동의 부활을 위해 노동조합원 조직 운동을 꾀하는 미국의 운동 단체. labornotes.org

142 Kim Moody, *The Rank and File Strategy* (Solidarity, 2000).

한 전략을 제안했다고 한다.[143]

노동자 계급정치의 또 다른 주요 측면은 차이를 뛰어넘는 연대라는 개념이다. 전통적으로도 마르크스주의적 방식에서는 전 세계적 자본주의의 지배에 맞서려면 국경을 넘어선 **국제적인 노동자 계급**의 연대가 필요하다고 강조해 왔다. 이 점이 기후변화에도 똑같이 중요하다는 것이 상당히 놀랍다. 그러나 이전 마르크스주의 세력들이 전 세계 노동자만 단결하여 자본을 물리치고 사회주의를 실현하기를 바란 것은 아니었다. **인터내셔널가**를 보면 "전 인류여, 단결하라!"라고 노래한다. 마르크스주의 세력은 노동자 계급 프롤레타리아야말로 **계급 자체를 타파**하고 인류를 모든 형태의 지배에서 해방할 수 있는 '최후의 계급'이라고 주장해 왔다. 이전 마르크스주의 세력들이 인간이 인간을 지배하는 특수한 지배 형태를 없애는 것을 목표로 삼았다면, 이제는 자본이 인간 생존에 필요한 비인간 자연적 조건까지 위협하고 있다는 사실이 자명해졌다. 따라서 '국제 연대'뿐 아니라 전 세계 노동자가 인류라는 생물 종의 생존 조건 자체가 위험에 처했고, 생산을 통제하는 소수와 맞서 이기는 것에 인류의 생존이 달려 있다는 사실을

---

143 Ryan Pollack, "The case for an ecosocialist rank & file strategy in the building trades," *The Trouble*, 2019년 11월 28일.

깨닫는, **종들 간의 연대**가 필요하게 되었다. 대체로 환경 및 기후 정치에서는 여전히 인류를 자급자족경제와 같은 식으로 토지와 지역의 생태적 생산관계에 종속된 것으로 본다. 그러나 지역과 편협함, 자기 공동체를 뛰어넘어 인류 전체를 생각할 수 있는 능력을 갖춘 이들이 바로 전 세계 프롤레타리아(인류의 절대다수 또는 '보편 계급')이다.

마지막으로 노동자 계급의 기후정치를 옹호하면서, 책에서는 라스 리가 전문직 계급 기후정치를 상대로 벌인 "두 가지 담론 전투"[144]에 대해 논하고자 한다. 하나는 '과학을 믿으라'고 이성에 호소하면 행동을 유발할 수 있다거나 탄소세 같은 기술 관료 정책으로 어떤 충돌이나 대중 투쟁 없이 시장을 논리적으로 이끌 수 있다는 생각이고, 다른 하나는 소비를 줄이고 도시 농업을 시작하라는 급진 기후 활동가의 논리인데, 이 논리는 이미 소비를 적게 하고 있고 텃밭을 가꿀 시간이 없는 가난한 노동자 계급에게는 공감을 얻지 못한다. 결국 노동자 계급의 기후정치는 티머시 미첼이 말한 것처럼 사회의 다수에게 대중적으로 호소하는 기후정치에 기반한 **반反탄소 민주주의**를 만들어 내야 한다.[145] 놀라운 점은 지금까지 이러한 방법

144 Lih, *Lenin Rediscovered*, 144

145 Timothy Mitchell, *Carbon Democracy: Political Power in the Age of Oil* (London: Verso, 2011)[국역:《탄소 민주주의》, 에너지기후정책연구소 옮김, 생각비행, 2017].

을 사용한 적이 거의 없었으며, 시간이 얼마 남지 않았다는 것
이다.

책의 개요

이 책은 분석의 핵심인 자본가 계급, 전문직 계급, 노동자
계급을 다룬 세 부분으로 나뉜다. 제1부에서는 자본가 계급을
살펴본다.

1장에서는 기후변화에 개입하려는 정책 대부분이 시장
교환 영역에만 집중하고 마르크스가 《자본》에서 분석했던
"생산의 은밀한 장소"라는 계급 권력의 핵심 문제를 다루려고
하지 않는다는 점을 다룬다. 앞서 말한 것처럼 탄소 배출 책임
론은 대체로 소비에서 나타나는 개인의 '발자국'에만 집중한
다. 그렇지만 화석연료를 활용하는 생산을 포함한 **산업자본**
부터 시멘트 등에 이르는 탄소 집약적인 제조 부문이 유발하
는 탄소 배출의 핵심을 파악해야 한다. 생산에 기반한 탄소 배
출의 책임을 계급적으로 분석한 다음으로는 '환경' 정치에서

5장에서 설명하겠지만, 케이트 애러노프가 '탈탄소 민주주의'라는 기치 아래 미
첼이 말한 내용을 비슷하게 활용하고 있음을 우연히 발견했다. *Overheated: How
Capitalism Broke the Planet and How We Fight Back* (New York: Bold Type Books, 2021),
241-270.

'계급' 정치를 분리해 온, 지난 수십 년에 걸친 이상한 현상에 대해 설명할 것이다. 이 현상은 기후나 환경 문제의 해결이 근본적으로 계급투쟁이라는 점을 은폐하는 '일자리 대 환경'이라는 논란을 통해 더욱 구체화되었다.

2장에서는 질소 비료 생산이라는 탄소 집약적인 산업자본의 사례 연구를 통해 계급 관점을 확대한다. 정치 경제에 관한 거의 모든 생태적 접근법은 생태 문제가 생산과 착취 문제와는 근본적으로 별개라고 가정한다. 그러나 여기서는 마르크스의 착취와 잉여가치 생산 이론을 중심으로 생태 이론을 세워야 한다는 점을 주장할 것이다. 그 방법에는 여러 가지가 있지만, 나는 **상대적 잉여가치** 생산, 즉 노동 생산성 증대를 생태학적 관점에서 분석하는 방식을 선호한다. 산업자본은 먼저 (대체로 화석연료에 의존하는) 자동화된 기계를 통해 노동 생산성을 늘리려고 한다. 그러면서 동시에 생필품의 가격을 **낮추는** 데도 기여한다. 질소 비료의 산업적 생산은 노동자의 몸값을 낮추는 데 핵심 역할을 했다. 농업에 투입되는 질소 가격과 식량 가격이 낮아지자 노동자의 재생산 비용이 낮아졌기 때문이다. 이를 이해하기 위해서 한편으로 착취와 잉여가치 생산과정이 자체적으로 어떤 생태적 영향(막대한 양의 탄소 배출 포함)을 미치는지 살펴볼 것이고, 또 한편으로 산업이 생태 및 환경에 끼치는 영향에 상대적으로 **무관심**하게 되는데 자본 축적의 논리가 어떤 역할을 했는지 설명할 것이다.

제2부에서는 전문직 계급의 기후정치를 진단한다. 3장에서는 마르크스주의 관점에서 전문직 계급을 심층 분석하는데, 2차 세계대전 이후 폭발적으로 높아진 교육 수준이 노동시장에서 어떻게 실질적인 장벽을 만들었고 노동시장을 분할해 왔는지 살펴볼 것이다. 이를 통해 교육과 지식이 전문직 계급의 물질적 삶과 정치 이데올로기 모두에서 핵심이며, 여기에 기반하여 기후정치란 과학과 지식을 둘러싼 투쟁일 뿐이라는 프레임이 만들어진다고 주장할 것이다. 우선, 전문직 계급 기후정치가 기후 투쟁을 믿음 대 부정 혹은 진실 대 거짓이라는 구도로 프레임을 형성하는 과정을 살펴본다. 다음으로 전문직 테크노크라트 계급이 어떻게 기후위기를 '시장 실패'로 규정하는지, 즉 부적절한 가격 신호를 '수정'하는 '스마트'한 정책 설계와 조치를 가지고 충돌을 피하고 바로잡을 수 있는 것으로 바라보는지 설명한다. 이러한 전문직 계급의 기후 활동의 대표적인 사례로 시민기후로비Citizen's Climate Lobby, CCL를 간략하게 소개할 것이다.

4장에서는 전문직 계급으로부터 어떻게 급진적인 기후정치가 나타났는지 살펴본다. 1930년대에 자본과 노동자 계급 간의 근본적인 투쟁의 해법이 된 것은 전후 일어난 교외 붐의 확대 때문이었다. 전문직 계급은 사적 조달이라는 교외 붐의 혜택을 받고 자랐다. 4장에서는 사적 조달로 물질적 안정을 누리면서도 이러한 생활을 가능케 하는 체제가 생태 위기를 불러일으킨다는 사실을 알게 되었을 때, 전문직 계급이 누리는 삶의 핵심적 모순이 발생한다는 점을 설명한다. 이 모순은 중산층 소비자가 기후위기의 가장 큰 주범이자 문제 해결의 핵심이라고 보는 '탄소 죄책감'에 기반한, 스스로에게 책임을 돌리는 정치로 이어진다. 소비에 대한 죄책감에서 비롯된 스스로에게 책임을 돌리는 정치(다른 곳에서 나는 이를 '라이프스타일 환경주의'라고 불렀다[146])는 사회 전체적으로 과도하게 보이는 것들에 대한 자신들의 염려를 표현해 주는 **줄이기 정치**를 지지한다. 그러나 줄이기 정치는 물질적 안정을 즐기면서도 죄책감을 느끼는 소수의 전문직 계급에게만 어필할 뿐이다. 부채, 임금 정체, 물질적 불안정이 만연한 불평등한 사회에서 살아가는 노동자 계급에게 이러한 정치는 대중적으로 지지받기 어렵다. 그 대표적인 사례로 탈성장 운동을 조명해볼 것이다. 탈성장 운동은 사회 전체적으로 '줄이기'를 주장하며, 이 운동의 주요 지지 세력 거의 전부가 중산층 전문직(대체

146　Huber, "Ecological politics for the working class."

로 학계)이다.

제3부에서는 노동자 계급 기후정치의 가능성을 살펴본다. 우선 노동자 계급을 (보통 이야기하는) 생산수단에서 분리된 계급일 뿐만 아니라 생태적 삶의 수단 그 자체(대체로 토지)에서 분리된 계급이라고 **생태적**으로 규정한다. 따라서 여기서는 노동자 계급이 삶의 수단에 접근하려는 '물질적 이해관계'를 객관적으로 가지고 있으며 자본주의가 노동자 계급 대중의 기본적인 삶의 필요, 즉 식량, 보건의료, 주거와 아그네스 헬러가 "근본적 필요radical needs"라고 부르는 사랑, 여가, 창의적 표현, 자유[147]를 충족하지 못하게 한다는, 오랫동안 버려져 있던 개념을 다시 회복해야 한다고 주장할 것이다. 장담하건대 이러한 기본적인 물질적 이해관계에 호소하는 기후 프로그램이어야 탈탄소와 더 나은 삶을 연관시키는 더욱 폭넓은 **기후 계급의식**을 구축할 수 있다. 여기서는 그린 뉴딜 정치가 어떻게 기본적인 노동자 계급의 이해관계에 호소하여 기후 정책에 관한 대중적 지지를 얻을 가능성을 보여주었는지 살펴본다. 전문직 계급 기후정치와는 대비되는 이러한 접근 방식은 지지자가 복잡한 기후 관련 과학적 사실을 '알아야' 한다거나

---

147 Agnes Heller, *The Theory of Need in Marx* (London: Verso, 1974)[국역:《마르크스에 있어서 필요의 이론》, 강정인 옮김, 인간사랑, 1990].

'이해해야' 한다고 가정하지도, 요구하지도 않는다. 이 같은 민주적 방식은 국가를 통해 대중 권력을 구축하는 전략이기도 하다. 이 장은 미국에서 노동자 계급정치를 국가권력 획득에 활용하려 했던 가장 최근의 시도(2020년 버니 샌더스 대통령 후보 선거운동)가 보여준 가능성과 한계를 살펴보며 끝난다.

5장을 사회의 절대다수인 노동자 계급의 권력을 바탕으로 서술했다면, 6장은 노동조합 운동에서 노동자 계급 권력을 건설하는 좀 더 구체적인 부문 전략을 제시한다. 제인 매클레비처럼 더 폭넓은 노동운동이라는 관점에서 기후 투쟁의 **전략 부문**을 규명해야 한다.[148] 여기서는 발전 부문을 다룬다. 공공 전기 발전론자 대부분이 지역 공동체가 분산된 재생에너지 발전 시설을 소유해야 한다는 지역적 전망을 이야기한다. 그러나 이들은 공동체를 차례로 바꿔 나가면서 어떻게 탈탄소에 필요한 속도와 규모를 달성할 수 있을지에 대해서는 설명하지 못한다. 그래서 이러한 방식보다는 기존의 중앙집중식 발전 체계에 있는 노동자 계급의 권력을 활용하여 공공 부문이 주도하는 대대적인 전력망 재편을 요구할 것을 주장하려고 한다. 원자력과 수력을 활용하는 중앙집중식 청정 발전과 재생에너지 분산 발전을 병행하자는 것이다. 미국 민주사회

148　McAlevey, *No Shortcuts*, 203.

주의자DSA나 다른 환경 활동가들도 전기 발전을 공공 소유로 만드는 것이 기후 투쟁의 핵심 목표라고 말하지만, 이 과정에서 이미 존재하며 조직된 사회적 권력인 노동조합을 무시하는 경향이 있다.[149]

7장에서는 미국 발전노동조합이 구사했던 전략의 역사와 지금 가능한 전략을 살펴본다. 발전노동조합의 관료주의가 변혁을 가져올 것이라고 생각해서는 안 된다. 전기 부문 노동조합 조직사를 간단히 살펴본 후, 전기 부문에서의 세 가지 노동조합 전략을 설명해 보겠다. 이 세 전략은 킴 무디와 레이버 노트에서 제시한 조합원 전략, 노동조합의 자원을 활용한 대중적인 정치 교육 캠페인, 생산 단계에서 파업과 조업 중단의 전략적 활용이다.

결론에서는 지구가 망가질 것이라는 가능성을 바라보며 인류가 하나의 생물종으로서 서 있는 갈림길을 고찰해 보겠다. 처음에는 자본주의가 토지, 생태계와 맺고 있던 직접적인 삶의 관계로부터 인류 대부분을 분리했지만, 이를 가능케 한 것은 화석연료를 사용한 산업화 덕분이었다. 그리고 이러한 산업화 때문에 자연과의 지속 가능한 관계를 의식적으로 재

---

149   C.M. Lewis, "Opinion: Public utility campaigns have a labor problem," *Strikewave*, 2021년 7월 29일.

정립해야 하는 상황에까지 직면했다. 환경보호를 외치는 좌파 대다수가 우리가 식량, 에너지 체계와 맺는 관계를 다시 지역화하는 것이 그 방법이라고 생각한다. 그러나 나는 그 반대를 이야기한다. 기후변화의 속성이 **전 지구적**이므로, 우리는 전 세계 규모로 자연과의 관계를 재정립해야 한다. 굉장히 어려운 일인 것 같지만, 이미 자본주의는 전 세계 공급망과 생산 체제를 갖추어 놓았다. 마르크스가 살던 시대에도 그랬지만, 우리가 사는 이 시대에도 모든 사회주의자와 노동자 계급운동의 목표가 산업화 이전의 농업 공동체로 되돌아가는 것이 되어서는 안 된다고 본다. 우리는 이미 사회화되어 있는 생산 체제의 사회적 통제권을 획득하는 것을 목표로 삼아야 한다. 인류가 생존하려면 전 인류에 걸친 생산에서의 폭넓은 조정이 필요하다.

1. 기후위기의 은밀한 장소: 산업자본과 기후 책임

기후변화의 계급적 구성을 분석할 때 가장 우선해야 할 핵심 명
제는 자본주의가 기후변화를 일으키며, 그 자본주의를 이끄는
계급이 자본가 계급이라는 것이다.

_ 닉 다이어위더포드, "Struggles in the Planet Factory:
Class Composition and Global Warming," in jan jagodzinski (ed.),
Interrogating the Anthropocene: Ecology, Aesthetics,
Pedagogy, and the Future in Question

들어가며: 노동자 계급을 위한 기후 행동은 없는 현실

계급정치는 이미 기후 투쟁에서 핵심적이다···. 여러분이
맞다면 말이다. 기후 정책을 반대하면서 기후 행동에 저항하
는 이들은 끊임없이 정책의 **경제적 비용**을 이야기한다. 특히
그들은 기후 행동이 어떻게 일자리 감소나 에너지 비용 증가,
서민의 고통을 유발할 수 있는지 말한다. 기후 악당 찰스 코크
가 "[기후 정책이] 심히 우려스럽다. 가장 가난한 미국인이 소
득에서 에너지 비용으로 지출하는 비율이 평균적인 미국인에

비해 3배는 높기 때문이다. 이는 빈곤 계층에 지나친 어려움을 야기할 것이다"[1]라고 주장했던 것을 생각해 보라. 헤리티지 재단은 오바마 대통령의 대표적인 기후 정책인 청정전력계획 Clean Power Plan을 분석한 보고서에서 "2조 5천억 달러의 GDP 손실과 백만 개 이상의 일자리가 사라질 것"[2]이라고 예측했다. 2018년 4월 25일에는 공화당의 스티브 스컬리스Steve Scalise 루이지애나 하원의원과 데이비드 매킨리David McKinley 웨스트버지니아 하원의원[3]이 "탄소세가 미국 경제에 치명적일 것이라는 의회의 우려를 대표하여"[4]라는 제목의 의회 결의안 119호를 제출했다. 이 결의안에는 탄소세가 "각 가구와 소비자가 식량, 연료, 전기 등 필수품에 더 큰 비용을 지출해야 함을 의미"하며 "빈곤 계층, 노년층, 고정 수입에 의존하는 사람들에게 가장 큰 타격을 줄 것"[5]이라는 주장이 담겼다. 이런 주장은 환경

---

1 Matea Gold, "Charles Koch on the 2016 race, climate change, and whether he has too much power," *Washington Post*, 2015년 8월 4일.

2 Nicholas D. Loris, "The Many Problems of the EPA's Clean Power Plan and Climate Regulations: A Primer," *The Heritage Foundation*, 2015년 7월 7일. heritage.org.

3 이들은 화석 자본에 점령당한 주(루이지애나는 석유와 가스, 웨스트버지니아는 석탄과 가스)를 대표한다.

4 H.Con.Res. 119: Expressing the sense of Congress that a carbon tax would be detrimental to the United States economy. govtrack.us/congress/bills/115/hconres119/text/ih[2024년 12월 30일 접속 가능].

5 Ibid.

정책이 자유를 공격하고 생활비를 높이려는 해안가 엘리트 계층의 음모라고 오랫동안 말해 왔던 우파 포퓰리즘의 이야기 방식에 딱 들어맞는다.

우파들이 경제적 비용이라는 계급정치를 들고나온다면, 자유주의적인 중도 좌파는 기후변화를 "인류가 아는 한 가장 큰 시장 실패"[6]로 본다. 왜 시장 실패일까? 배출 비용이 가격 메커니즘에 포함되지 않기 때문이다. 본질적으로 오염 유발자는 공짜로 탄소를 배출하고, 나머지 인류(및 지구)가 점점 변화하는 기후의 대가를 치르고 있다는 것이다. 앨 고어는 1993년에 출간한 저서 《위기의 지구》에서 "우리의 선택에 따른 환경적 결과에 가격을 매길 방법을 찾아야 한다. 그리고 이 가격이 시장에 반영되어야 한다"[7]라며 이런 논리를 주류화했다. 빌 맥키번은 "탄소가 공짜로 대기에 배출되어서는 안 된다. 쓰레기를 길거리에 그냥 버리면 안 되는 것처럼 말이다"[8]라고 말

---

6   라스무스 헬비Rasmus Helveg 덴마크 기후에너지건설부 장관의 말이다. Clare Saxon Ghauri, "Climate change is the biggest market failure in history and must be tackled to spur growth, finance, and policy leaders agree," *The Climate Group*, 2014년 9월 27일.

7   Al Gore, *Earth in Balance: Ecology and the Human Spirit* (London: Earthscan), 341[국역: 《위기의 지구》, 이창주 옮김, 삶과꿈, 2000].

8   맥키번은 탄소 가격제를 강력히 지지했지만, 그것만으로 문제를 해결할 수 없다는 점을 다음 글에서 인정했다. Bill McKibben, "Why We Need a Carbon Tax, and Why It Won't Be Enough," *Yale Environment* 360, 2016년 9월 12일. e360.yale.edu/features/why_we_need_a_carbon_tax_and_why_it_won_be_enough[2024년 12월 30일 접속 가능].

하며 시장 실패를 명확하게 설명했다. 탄소 기반 연료세에 저항하는 프랑스 노동자 계급의 투쟁(노란 조끼 운동)이 계속되는 가운데 2019년, 일련의 경제학자들이 "탄소세는 잘 알려진 시장 실패를 개선할 것. 이를 통해 시장의 보이지 않는 손을 활용하여 여러 경제주체가 저탄소 미래로 나아가도록 강력한 가격 신호를 보낼 것"[9]이라는 내용의 성명을 발표했는데, 여기에서도 그런 논리가 잘 드러난다. 시장에 기반한 기후 정책의 핵심은 '시장의 보이지 않는 손'의 간접적인 영향으로 기업과 소비자가 행동을 변화시킬 수 있으리라는 믿음이다. 급진적 기후 활동가이자 저명한 기후 과학자인 제임스 핸슨도 시장에 기반한 탄소세와 배당금을 옹호하며 정부의 에너지 정책을 공공연하게 비판했다. 그는 "현재 화석연료가 주류 에너지로 활용되는 것은 환경적, 사회적 비용이 가격에 포함되지 않고 사회에 전가되었기 때문"[10]이라고 주장했다. 탄소세(탄소 요금)를 홍보하는 것은 그렇다 치자. 그러나 핸슨은 오바마 대통령의 청정전력계획에 반대하는 우파에 동조했다. 국가권력이

9 "Economists' Statement on Carbon Dividends." econstatement.org[2024년 12월 30일 접속 가능].

10 James E. Hansen, "Environment and Development Challenges: The Imperative of a Carbon Fee and Dividend," in Lucas Bernard and Willi Semmler (eds.), *The Oxford Handbook of the Macroeconomics of Global Warming* (Oxford: Oxford Handbooks Online, 2015).

에너지 부문의 변화를 강제한다는 이유에서였다. 그는 "정부가 [에너지원 선택] 결정을 좌우해서는 안 된다"[11]라고 말했다. 이런 정서를 보면 시장과 가격 메커니즘에 대한 믿음이 얼마나 큰지 알 수 있다.

이 '시장 실패'라는 개념의 밑바탕에는 기후변화가 시장 교환의 문제라는 인식이 있다. 화석연료 에너지는 '너무 저렴'하고 청정에너지는 '너무 고가'라는 것이다. 이런 논리는 교환 영역 자체의 실패를 바로잡을 수 있다는 확신으로 이어진다. 탄소에 가격을 매기고 청정에너지에 보조금을 지급하면 **놀랍게도** 소비자가 화석연료 대신 청정에너지를 선택할 것이라고 말이다. 시장과 교환에 집중하면 앞서 말했던 '우리 모두'에게 책임이 있다는 정서도 강화된다. 모든 교환 행위가 어느 정도의 배출, 즉 탄소발자국과 연결될 수밖에 없기 때문이다. 따라서 시장 실패는 시장에서 상호작용하는 모든 판매자와 구매자의 실패가 된다.

이런 담론에서 이야기하지 않는 것은 시장 교환에 집중하느라 보이지 않는 것이다. 실제로 고전 자유주의에서 현대의 신자유주의에 이르기까지 자본주의 헤게모니의 사상적 핵

---

11 Pamela King, "EPA policy won't solve climate woes—James Hansen," *E&E News*, 2015년 11월 2일.

심은 소위 판매자와 구매자 간의 자유롭고 자발적인 교환이다. 이런 식의 교환에 집중하는 것을 비판한 것이 바로 마르크스 《자본》의 핵심이다. 마르크스는 자본의 이론을 탐구하며 M-C-M'이라는 공식을 도출했다. 고전파 경제학자가 상품 교환에서의 **평등**을 찬양했다면, 마르크스는 M과 M' 사이의 **불평등**에 관한 답, 즉 이 부가가치가 도대체 어디에서 나오는지를 찾으려 했다. 마르크스는 그 답을 찾으려면 교환의 영역에서 완전히 벗어나야 한다고 생각했다.

> 그러니 돈의 소유자와 노동력의 소유자와 함께 모두가 보는 표면적인 곳에서 모든 일이 일어나는 이 시끄러운 곳을 벗어나야 한다. 그리고 이들을 따라 생산의 은밀한 장소, 즉 '기업 이외에는 출입 금지' 팻말이 걸린 곳까지 가야 한다. … 교환의 … 영역은 … 인간의 선천적 권리가 펼쳐지는 매우 에덴동산 같은 곳이다. 그곳은 철저하게 자유, 평등, 소유, 그리고 벤담의 영역이다. 자유로운 이유는 판매자와 구매자 모두 … 자신의 자유로운 의지로 결정하기 때문이다. 이들은 법 앞에 동등한 자유로운 인간으로서 계약한다.[12]

---

12 Marx, *Capital*, Vol. 1, 279-280[국역:《자본/자본론》, 여러 판본이 있다].

교환 영역은 자유와 평등을 가정하지만, 마르크스가 파고든 '생산의 은밀한 장소'는 자본과 노동 간의 내재적인 불평등과 적대를 드러낸다.

기후도 마찬가지다. 교환 영역에 집중하면 기후위기란 원래 효율적이고 합리적인 시장 체제가 일탈한 것에 불과하다고 생각하게 된다. 그런데 '생산의 은밀한 장소'로 파고들면 기후위기의 근간에 적대적 계급관계가 있음을 알아차리게 된다. 시장에서 소비자가 하는 선택에 초점을 두지 않고 보면 이윤(M-C-M')이라는 단 하나의 목표를 위해 에너지, 자원 그리고 탄소 배출의 거대한 흐름을 통제하는 생산자 계급이 눈에 들어온다. 교환 영역으로부터 관심을 돌려야지만 사회가 기능하는 데 필요한 에너지, 식량, 원자재, 인프라의 생산을 통제하고 이로부터 이윤을 얻는 소수의 소유자가 기후위기의 진정한 원인이라는 점을 깨달을 수 있다. 그리고 생산관계, 즉 계급 **권력**을 살펴봐야지만 가격 메커니즘을 고치는 게 아니라 소수 소유자와 맞서는 것이 기후 투쟁의 핵심이라는 점을 발견할 수 있다. 이번 장에서는 어떻게 산업 생산의 '은밀한 장소'가 기후변화를 일으키는 핵심 요인이 되는지 자세히 설명하려 한다. 그렇지만 우선은 신자유주의 시대에 이 은밀한 장소가 어떻게 우리의 정치와 시야에서 사라졌는지 살펴보겠다.

(신)자유주의와 교환의 정치

고전 자유주의와 '신'자유주의의 연결고리는 아마도 개인과 사회 전체의 완전한 자유와 상호 이득이 보장되는 교환을 찬양한다는 점일 것이다. 애덤 스미스는 "인간 본성에는 특정한 경향이 있다. … 교역, 물물교환, 거래하려는 경향이다"[13]라는 유명한 주장을 했다. 교환이라는 개념은 개인이 서로의 이해관계, 요구, 욕망을 충족시킬 수 있다는 전제가 성립해야만 교환이 이루어진다고 본다. 각 개인이 자신의 이해관계를 추구한다는 간단한 원칙에 만족하면, 모든 교환의 총합이 사회를 더 낫게 만든다는 것이다. 이 관점의 매력은 모든 교환이 판매자와 구매자 간의 '자유'에만 바탕을 둔다[14]는 점이다. 밀턴 프리드먼이 설명한 것처럼, 교환에 기반한 경제에서는 "협

---

13 Adam Smith, *An Inquiry Into the Nature and Causes of the Wealth of Nations*, Vol. 1 (London: Alex Murray and Co., 1872), 26[국역: 《국부론》, 이종인 옮김, 현대지성, 2024].

14 물론 이런 자유로운 판매자와 구매자라는 가상의 시나리오는 자본주의 경제의 진정한 본성을 오해하고 있다. 엘리자베스 앤더슨이 지적하듯, 자유주의 경제학은 자기 생산수단을 소유하고 자기가 만든 상품을 시장에 판매하는 자영업 생산자 사회에서 탄생했다. 마르크스가 지적한 것처럼 자본과 노동 간의 '자유로운' 교환은 자신의 생계수단이 없는 노동자 계급의 비자유에 따라 결정된다. '자유롭고 자발적'이라고 여겨지는 교환에서는 자본이 모든 권력을 갖고 있다. Elizabeth Anderson, *Private Government: How Employers Rule Our Lives (and Why We Don't Talk About It)* (Princeton, NJ: Princeton University Press, 2017).

력이 매우 개인적이고도 자발적"으로 일어나고, "어떤 특정한 집단이 개인의 요구를 정해 주는 것이 아니라, 개인이 스스로 원하는 것을 갖게 된다"는 장점이 있다.[15]

교환 숭배는 이보다 더 나아간 가정에 기반한다. 프리드 먼이 일깨워 주듯이 교환 시스템은 "비인격적으로 중앙 권력 없이"[16] 작동한다. 또한 상품과 서비스 생산자는 구매자를 사로잡기 위해 다른 분산된 생산자와 경쟁해야만 한다. 따라서 이 논리에 따르면 전체 시스템은 분산된 생산자의 경쟁심과 기업가적 동기 그리고 소비자의 자유로운 선택의 힘으로 작동한다. 이는 시장 교환 활동을 분산된 선택을 통한 자율적 규제로 **도입**하는 정치로 이어진다.

교환을 찬양하는 이들도 문제가 발생할 수 있음을 시인한다. 독점 권력이 가격과 시장 형성에서 분산된 경쟁의 역할을 전복할 수 있다. 차별은 독단적이고 불공정한 이유(자격을 갖춘 구직자 등)를 달아 교환을 막을 수 있다. 환경과 기후에 가장 중요한 문제는 '외부화', 즉 사적 행위자가 자신은 금전적 교환에서 부담을 지지 않는 비용을 생산하는 것이다. 밀턴 프리드먼조차 "개인의 행위는 다른 개인에게 영향을 미치지만 이에

---

15 Milton Friedman, *Capitalism and Freedom* (Chicago: University of Chicago Press, 1962), 14[국역:《자본주의와 자유》, 심준보, 변동열 옮김, 청어람미디어, 2007].

16 Ibid., 15.

관한 비용을 물리거나 보상할 수 없도록 만드는… 이웃 효과"
가 발생한다면서 이 문제의 잠재적 위험성을 시인했다.[17]

본질적으로 이런 이데올로기에서 나타나는 것은 명확한 하나의 목표에 바탕을 둔 일관된 교환의 정치다. 그 목표란 교환이 작동할 수 있도록 경쟁심이나 능력이 아닌 권력으로 가격이나 시장을 통제할 수 있는 모든 형태의 중앙 권력을 시장에서 쫓아내는 것이다. 중앙 권력은 우파가 보기에는 국가와 조합이다. 그러나 좌파가 보기에는 독점 권력, 화석연료와 농기업에 주는 불공평한 보조금, 뿌리 깊은 불공정한 차별이다. 교환의 정치는 시장 내 모든 **독단적 권력**을 거부한다. 도둑질, 독점, 인종 그리고 기업가적 동기나 집요한 경쟁심 이외의 이점을 활용하여 자원을 얻는 특별한 이익집단을 싫어하는 것이다. 시장 교환이 제대로 작동하고 공정해지려면 다른 사람과 비슷한 권력을 가지고 행동하는 개인의 분산되고 개별적인 선택이 이루어져야 한다. 교환의 정치는 언제나 시장의 자유롭고 공정한 경쟁 조건을 재수립하는 것을 중요시한다. 오바마 대통령은 "모두가 공정하게 기회를 보장받고, 자신의 몫을 다하며, 같은 규칙을 따를 때 이 나라가 성공할 것이라고

---

17 Ibid., 14.

믿는다"[18]라고 말하며, 미국 정치의 핵심이 공정성이라고 몇 번이나 강조했다. 공평한 경쟁의 장을 만든다는 말은 권력 불균형이 있는 시장을 정화하는 정치적 프로젝트를 의미한다.

따라서 3장에서 살펴보겠지만, 교환의 정치는 궁극적으로는 **교정**correction의 정치가 된다. 시장에서 보이지 않는 외부화된 비용을 바로잡고 독단적이거나 불공정한 정치와 권력을 바로잡는 정치가 되는 것이다. 그 바탕에는 시장 교환이 교정되면 바람직하고 공정한 결과로 이어질 것이라는 믿음이 있다. 이런 교환과 교정의 정치와는 다르게, 마르크스의 계급정치는 교환 관계가 원래부터 **이미** 적대적이고 착취적이라고 생각한다. 교환의 정치는 자유롭고 평등한 개별 구매자와 판매자로 이루어진 사회에서 각자가 이 시스템에 투입한 것에 대한 대가를 얻는 일이 가능하다고 생각한다. 반면, 계급정치는 자본주의가 불평등한 계급 간의 적대적 **갈등**으로 구조화되었다고 본다. 《자본》에서 볼 수 있는 마르크스의 분석이 갖는 가장 큰 힘은 바로 마르크스가 자유롭고 평등하며 경쟁이 일어나는 시장을 상정했다는 점이다. 이렇게 가정했음에도 마르크스는 그런 자유롭고 평등한 교환이 착취와 지배를 바

---

18 Barack Obama, "Full text of President Obama's economic speech in Osawatomie, Kansas," *Washington Post*, 2011년 12월 6일.

탕으로 한다는 점을 밝혀낸다. 이를 두고 조너 버치는 "자본주의하에서 착취는 주로 시장을 통해 일어난다. 겉으로 드러난 노동자와 고용주 사이의 비강제적인 계약관계는 뿌리 깊게 자리한 계급 불평등을 가린다"[19]라고 말했다. 더구나 마르크스는 이런 지배와 착취를 제대로 이해하려면 교환 장소만 살펴봐서는 안 된다고 생각했다. 생산의 장소를 파고들어야만 시장에서 자본과 노동이 자유롭고 동등한 플레이어가 아니라 생명과 시간을 두고 싸움을 벌이는 매우 불공평한 적대적 관계임을 알 수 있다. 마찬가지로 기후변화에서도 교환 관계를 벗어나 생산의 은밀한 장소를 탐구하면 자본과 기후 간의 **내재적 적대 관계**를 볼 수 있다.

은밀한 장소의 생태학

생산의 '은밀한 장소'는 말 그대로 ('관계자 외 출입 금지' 팻말과 함께) 숨겨져 있다. 이렇게 숨겨져 있는 이유는 이곳이 자본가의 사유재산으로 관리되기 때문이다. 게다가 이는 일상에서도 완전히 숨겨져 있다. 상품이 어디에서 어떻게 만들어지

---

19   Jonah Birch, "Ending their wars," *Jacobin*, 2018년 5월 28일. jacobinmag.com/2018/05/war-socialists-debs-vietnam-internationalism[2024년 12월 30일 접속 가능].

는지 알지 못하더라도 일상을 사는 데 사실 큰 지장은 없다. 잠시 주변을 살펴보자. 시야에 들어오는 물건 중에 산업 공장에서 생산된 제품이 몇 개나 되는가? 이제 일상생활에서 사용하는 산업 생산으로 만들어진 물건과 인프라를 생각해 보자. 우리가 걸어다니는 인도, 잠을 자는 침대, 밥을 먹는 식탁, 입에 들어가는 음식까지. 킴 무디가 주장했던 것처럼 산업 생산은 다음과 같다고 말할 수 있다.

> [산업 생산은] 말 그대로 다른 모든 경제활동의 '근간'이다. 그런 관점에서 보면 축적과 일상생활이 일어나는 모든 인프라와 '인공 환경(도로, 항구, 공항, 철도, 공장, 오피스 빌딩, 거리, 대중교통, 주택 등)'을 생산(및 운영)하는 것은 산업노동자 계급이다.[20]

마르크스가 살던 시대에 노동자 계급은 공장에서 걸어 다닐 수 있는 거리에 있는 공동주택에 모여 살았다. 현대의 거주 지구와 상업 지구는 산업 지구와 떨어져 별도로 구획되어 있다. 그리고 더 중요한 점은 산업 생산 자체가 전 세계 공급망을 통해 분산되었다는 사실이다. 산업 생산은 대체로 우리 눈

---

20 Kim Moody, "The industrial working class today: why it still matters—or does it?," *against current*, 9-10월 (1995): 20-26.

에 보이지 않기 때문에 우리의 의식과 정치적 관심에서 멀어졌다. 우리가 **보는** 것, 즉 "모두가 완전히 볼 수 있는 표면에서 모든 일이 일어나는 곳"은 결국 교환, 소비 그리고 일상적으로 사회적 재생산이 이루어지는 과정이다. 그러니 기후정치에서 이런 영역이 정치적으로 여겨지고 논쟁거리가 되는 것은 당연하다.

생산에서 숨길 수 없는 사람은 물론 이 은밀한 장소에서 노동하며 착취당하는 노동자다. 노동자는 임금을 대가로 자본과 '자유롭게' 교환에 참여하는 것처럼 보인다. 그러나 《자본》은 이런 자유가 잉여가치와 이윤의 핵심인 착취를 가린다고 강조한다. 노동자에게는 정해진 임금 수준을 받아들일지 말지의 자유가 있지만, 자본에게는 그 노동자가 임금보다 더 많은 가치를 생산하도록 만들 자유가 있다. 마르크스는 생산의 은밀한 장소가 가치(경쟁과 시간에 대한 집착)라는 추상적인 요소와 태업, 파업, 투쟁이 가능한 살아 있는 노동력이라는 구체적인 요소 사이의 긴장으로 구조화된다고 설명했다. 잉여가치를 효과적으로 생산하려면 자본은 살아 있는 노동력이라는 중요한 요소를 **소비**해야만 한다. 이때 노동자를 더 오랫동안 열심히 일하도록 밀어붙여야 한다. "자본은 살아 있는 노동을 빨아먹으며 살아가는데, 더 많은 노동을 빨아먹을수록 수

명을 연장하는 마치 뱀파이어와 같은 죽은 노동이다."[21]

산업 생산을 고려해 보면, 잉여가치를 향한 자본의 추상적인 욕구가 열과 노동을 일으키는 수단으로서의 구체적인 에너지라는 사실과 맞닥뜨리게 된다. 현대 생산력의 중심에서 화석연료는 축적의 지렛대가 된다. 자본의 본성적인 축적 욕구를 감안하면 그만큼 화석 에너지를 소비하려는 욕구가 있으리라고 생각할 수 있다. 그리고 그 과정에서 더 많은 탄소를 내뿜으리란 것도 생각할 수 있다. 잉여가치를 향한 욕구가 생산과정을 견인한다고 보고, 마르크스는 두 가지 전략을 도출했다. 이 전략은 기후위기의 맥락에서도 해석이 가능하다. 첫째, 노동자는 자기 노동력을 고정된 가치와 교환하므로, 자본은 노동자가 더 오래 노동하게 만들어 자본가를 위해 더 많은 가치를 생산하게 할 수 있다. 이렇게 노동시간을 늘리는 전략을 **절대적 잉여가치**라고 부른다. 이는 근본적으로 **에너지**, 즉 인간 에너지에 관한 문제이기도 하다. 인체는 정해진 양의 음식(열량)을 소비하고 노동, 여가, 수면을 위해 정해진 양의 시간과 에너지를 써야 하는데, 마르크스는 자본이 인체의 생물학적 한계까지 밀어붙인다는 점을 끊임없이 연구했다.[22] 노

---

21   Marx, *Capital*, Vol. 1, 342[국역:《자본/자본론》, 여러 판본이 있다].

22   Marx, *Capital*, Vol. 1, 341[국역:《자본/자본론》, 여러 판본이 있다] 참조.

동시간을 늘리려는 자본가의 계획은 결과적으로는 노동자의 삶과 에너지를 저하해 고갈되게 만든다.[23] 노동자 계급정치는 언제나 노동자 자신을 위한 시간과 에너지를 되찾기 위해 투쟁했다.

둘째, 개별 자본가는 노동 생산성을 높이고 현재 상품의 가치보다 가격을 낮추어 일시적으로 잉여가치를 얻을 수 있다. 이렇게 노동 생산성을 향한 본성적인 욕구는 식량, 에너지, 주거 등 노동력 재생산에 필요한 제품 등 상품의 가격을 **낮추는** 경향성이 있다. 노동력 비용을 낮추면 노동자의 재생산 비용보다 잉여가치가 높아질 수 있다. 노동 생산성을 높이기 위해 자본이 활용할 수 있는 여러 전략 중에서도, 마르크스는 노동 생산성을 높이는 동시에 자동화를 통해 비협조적인 노동자를 대체하는 "인간 노동의 적수"로서 **기계**의 혁신적인 역할에 주목했다.[24]

그러나 기계(기계화된 산업 노동력)의 비밀은 인간이나 동물의 근력을 대체하기 위해 무생물 에너지원이 필요하다는

23　John Bellamy Foster and Paul Burkett, *Marx and the Earth: An AntiCritique* (Chicago: Haymarket, 2016), 137-164 참조.

24　"개스켈에 따르면 증기기관은 처음부터 자본가가 나날이 높아지는 노동자의 요구를 짓밟을 수 있는 '인간 노동'의 적수였다." Marx, *Capital*, Vol. 1, 562[국역: 《자본/자본론》, 여러 판본이 있다].

것이다.[25] 증기기관 시대에는 석탄에 의존했지만, 오늘날에는 거의 모든 기계가 전기로 작동한다. 이 전기는 압도적으로 화석연료에 의존한다. 노동 활동가이자 학자인 폴 햄턴은 "살아 있는 노동을 기계(또 다른 과거의 노동의 산물)로 대체하는 과정에서 그 노동 과정에 동력을 공급하기 위해 에너지를 엄청나게 확장해야 했다"[26]라고 설명한다. 따라서, 자본의 **상대적 잉여가치**를 향한 욕구, 즉 더욱 **착취**하려는 욕구는 결국 더 많은 화석연료를 태우고 기후위기를 심화한다.

누가 기후를 만들었는가?: 산업자본의 생태학

마르크스 이야기에서 잠시 벗어나 배출량 데이터를 살펴보면, 산업자본(생산의 은밀한 장소)이 자본주의 사회의 탄소 배출에 상당히 많은 책임이 있음을 알 수 있다. 다시 말하지만, 교환 영역에서 벗어나 산업자본이 생산에서 에너지, 탄

---

25 수력도 하나의 선택지이자 영국과 미국에서 산업화 초기에 활용되었던 에너지였다. 그러나 자본주의적 사회관계에서 적용하기에는 몇 가지 한계가 있었는데, 안드레아스 말름이 이를 전문적으로 설명했다.

26 Paul Hampton, *Workers and Trade Unions for Climate Solidarity: Tackling Climate Change in a Neoliberal World* (London: Routledge, 2015), 27; 추가로 다음을 참조하라. Renfrew Christie, "Why does capital need energy?" in Petter Nore and Terisa Turner (eds.), *Oil & Class Struggle* (London: Zed, 1980), 10-25.

소 배출과 어떻게 연관되는지를 살펴보아야 한다. 산업 생산에서 에너지 소비는 선택이 아닌 구조적 필수 사항이며 심지어 생산을 조직할 때는 **열역학**이 필수가 되었다. 산업자본에는 모든 대규모 생산 형태(미국에너지정보국US Energy Information Agency에서는 "광업, 제조업, 농업, 건설업"으로 규정한다[27])가 포함된다. 2015년에 전 세계 산업 부문 에너지 소비량(54.8%)은 상업(7%), 주거(12.6%), 교통(25.5%) 부문을 합친 것보다 훨씬 많았다(그림 1.1 참조).[28] '탈산업화'된 미국에서조차 산업 부문은 3분의 1(34%)에 해당하는 에너지를 사용한다. 이보다 더 많은 에너지를 소비한 부문은 교통(39%)밖에 없다. 교통 부문의 소비량이 많은 이유는 미국 사회가 교외로 주거 지역이 분산되어 있고, 자동차 이용률이 높으며, 장거리 트럭 운송이 많기 때문이다.[29]

이 데이터를 보면 산업 부문이 다른 부문보다 탄소 배출량

---

27 Energy Information Administration, International Energy Outlook 2017 (Washington, DC: Government Printing Office), 18.

28 데이터 출처: 미국에너지정보국, 2018. "Table F1. Total world delivered energy consumption by end-use sector and fuel, Reference case, 2015-50." 이 계산에서 합계(분모)는 '전기 관련 손실(이것까지 포함한 경우 전기 관련 손실이 총합의 25 퍼센트를 차지한다)'은 뺀 것이다.

29 Energy Information Administration, Annual Energy Outlook 2018, "Table A2: Energy Consumption by Sector and Source."

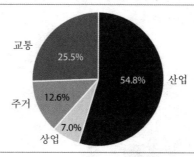

그림 1.1 2015년 부문별 전 세계 에너지 소비량

교통 25.5%

주거 12.6%

7.0%
상업

54.8% 산업

출처: 미국에너지정보국, 2018년

이 많음을 알 수 있다. IPCC의 2014년 보고서에는 모든 탄소 배출원(농업, 임업, 토지 이용 포함)이 나열되어 있는데, 산업 부문이 탄소 직접 배출에 차지하는 비율이 21퍼센트, 전기 사용으로 간접 배출에 차지하는 비율이 11퍼센트라고 밝혔다.[30] 총 배출량은 32퍼센트로 가장 높으며, 이에 필적할 만한 탄소 배출원은 농업, 임업, 기타 토지 이용AFOLU으로 배출량의 24.87 퍼센트를 차지한다(다음 쪽 그림 1.2 참조). 게다가 다른 부문(상업, 주거, 교통, 심지어 토지 용도 변경까지)이 근본적으로 산업 부문의 생산에 얼마나 의존하는지를 생각해 보자. 앞서 언급한 무디의 통찰력을 대입하면 산업적 탄소 배출이 다른 모든 탄소 배출의 **토대**임을 알 수 있다. 자동차와 트럭을 대량생산하

---

30 Intergovernmental Panel on Climate Change (IPCC), Working Group III, *Climate Change 2014 Mitigation of Climate Change* (New York: Cambridge University Press, 2014), 9.

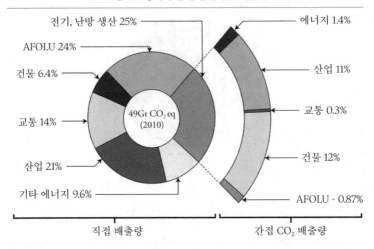

그림 1. 2 경제 부문별 온실가스 배출량

전기, 난방 생산 25%
AFOLU 24%
건물 6.4%
교통 14%
산업 21%
기타 에너지 9.6%

49Gt CO₂ eq
(2010)

에너지 1.4%
산업 11%
교통 0.3%
건물 12%
AFOLU - 0.87%

직접 배출량   간접 CO₂ 배출량

출처: IPCC, 워킹 그룹 III,
"Climate Change 2014: Mitigation of Climate Change" (New York: Cambridge University Press, 2014)

는 산업 체제가 없었다면 교통 부문에서의 탄소 배출은 없었을 것이다. 트랙터나 땅을 갈아엎는 기계를 산업적으로 대량 생산하지 않았다면 토지 이용에 따른 탄소 배출도 없었을 것이다. 앞서 설명했던 탄소발자국 비판을 감안해 봤을 때 '주거 부문'에 속하며 소비 생활을 하는 '우리 모두'라는 주요 탄소 배출원은 전 세계 탄소 배출의 11.5퍼센트밖에 차지하지 않는다. 우리가 교통 부문에서 탄소 배출에 기여하는 면도 있겠지만, 그렇다 해도 소비에 기반한 탄소 배출량을 총배출량의 15퍼센트 이상으로 끌어올리지는 못한다.[31]

그러면 기후 관점에서 산업 부문을 어떻게 나눠 볼 수 있

31　Ibid., 123.

을까? 우선, 기후를 바꾸는 주요 생산자는 화석연료 산업, 즉 석유, 가스, 석탄을 채굴하여 이를 팔아 이윤을 남기는 기업이다. 이런 기업들이 화석연료를 생산하지 않는다면 화석연료를 대량으로 태우는 일은 불가능할 것이다. 윌리엄 캐럴과 공동 연구자들은 이 산업을 형성하는 권력과 자본주의적 소유 간 관계를 설명하는 것이 가능함을 증명했다.[32] 기후운동에서 이 적대 계급을 명확하게 규정하고 있으므로, 이제 초점을 확대하여 유해한 탄소 자본가, 즉 화석연료의 **산업 소비자**(앞서 나는 이를 "산업 화석 자본"이라고 명명했다)를 포함해야 한다. 화석연료를 채굴하면 수많은 소비자에게 거주용으로 소비하도록 배달된다고 단순하게 생각하는 경우가 많다. 그러나 화석연료를 투입하여 이윤으로 변화시키는 거대한 산업적 중간 지대가 있다. 화석연료 소비의 중간 단계에서 가장 중요한 부문이 바로 전력 생산 부문이다. 전 세계에서 탄소 배출량의 25.4퍼센트가 전기 발전소에서 나온다. 그리고 그 전기는 64.3 퍼센트가 화석연료로 생산된다(나머지는 원자력, 수력, 기타 재생에너지 활용이다).[33] 정치적으로 보면 전기 자본은 지리적으

---

32 William Carroll (ed.), *Regimes of Obstruction: How Corporate Power Blocks Energy Democracy* (Edmonton, Alberta: Athabasca University Press, 2020) 참조.

33 배출량 데이터 출처: IPCC, 2014, 9. 전 세계 화석연료 대 재생에너지 비율 출처: EIA, 2018 (각주 27번 참조).

로 매우 다양하게 구성되어 있다. 대부분 국가가 이를 어느 정도 공공이 소유하거나 영리기업으로 두되 규제를 매우 강하게 하는 방식을 채택한다. 전기는 사회의 기간 인프라이기 때문에 이미 매우 **정치화**된 부문이다. 따라서 기후운동은 전력망을 철저하게 다시 만드는 것으로 전기 인프라를 혁신하는 일을 요구의 핵심으로 삼아야 한다(이와 관련해서는 6장에서 자세히 다룰 예정이다).

그런데 이렇게 발전소에서 생산된 전기를 누가 쓰는 것일까? 전기 소비로 '간접적'인 탄소 배출량이 가장 많은 부문은 산업 부문(전체의 44퍼센트)이다.[34] 기후변화에서 산업자본이 하는 역할을 살펴보려면 산업 제조 부문을 폭넓게 봐야 한다. 사실, 탄소를 대량으로 배출하는 산업은 철강, 시멘트, 화학, 기타 에너지 집약적 생산 등 몇 개 되지 않는다. IPCC는 다음과 같이 설명한다.

산업에서 탄소 배출은… 주로 원자재 가공에서 발생한다…. 산업에서… 철강과 비금속 광물(주로 시멘트) 생산만 전체 이산화탄소 배출량의 44퍼센트를 차지한다. 다른 탄소 배출 집약적인 부문은 화학(플라스틱 포함)과 비료, 펄프 및 제지, 비철금속(특

---

34 IPCC, 2014, 9.

히 알루미늄), 식품 가공… 그리고 섬유다.[35]

《파이낸셜타임스》에 실린 최근 기사는 철강과 시멘트가 전 세계 탄소 배출에서 차지하는 비율이 15~17퍼센트라고 보도했다.[36] 모든 내용이 기후변화를 일으키는 핵심 요소가 생산임을 증명한다. 그러니 이 몇 안 되는 산업(전기, 철강, 시멘트)의 소유자만 규제하거나 산업을 몰수하기만 하면, 기후위기의 핵심을 공략할 수 있다는 것이다. 책임을 '나눈다'는 어처구니없는 말은 뒤로 하고서!

전문가들이 전 세계 탄소 배출량의 약 7퍼센트를 차지한다고 이야기하는 시멘트 산업[37] 하나만 놓고 생각해 보자. 시멘트 생산에 탄소가 많이 배출되는 까닭은 단순히 화석연료를 많이 태우기 때문만이 아니다. 탄산칼슘$CaCO_3$을 시멘트를 제조하는 화학적 과정에서 이산화탄소가 부산물로 생성되고, 이것이 배출량의 3분의 1에서 2분의 1 사이를 차지하기 때문이다. 이렇게 명백한 기후 위협이 존재하는데도 시멘트 업계

35 Ibid., 745-746.

36 Sylvia Pfeifer, "Hydrogen: can the lightest gas turn heavy industry green?" *Financial Times*, 2021년 3월 19일.

37 Chelsea Harvey, "Cement Producers Are Developing a Plan to Reduce CO_2 Emissions," *E&E News: Climate*, 2018년 7월 9일.

는 이 문제를 깡그리 무시하는 모습을 보여 왔다. 2000년 이래로 전 세계 시멘트 생산량은 17억 톤에서 41억 톤으로 241퍼센트 늘었다.[38]

최근에는 시멘트 업계가 새로운 원자재 처리 과정과 탄소 포집 및 저장 기술을 도입하여 배출량을 획기적으로 낮추려 한다는 고무적인 소식이 들려왔다. 그러나 그 길을 자본의 자유가 가로막고 있다. "[혁신을 방해하는] 요소 중 하나는 시멘트 제조업체가 신기술에 투자하도록 설득할 정책 인센티브가 없다는 것이다."[39]

또 다른 문제가 있다. 건설 산업 자체의 경로 의존성이 그것이다. "건물과 교량 같은 필수 인프라를 건설할 때는 안전에 심혈을 기울이고, 검증이 덜 된 새로운 원자재 도입에는 큰 우려를 보인다."[40] 따라서 시멘트와 건설 업계가 이런 변화를 스스로 만들지는 않을 것이다.

시멘트 생산의 급증지는 대체로 중국에 해당한다. 중국의 시멘트 생산량은 2000년 이래로 416퍼센트 증가했고, 오늘날 전 세계 총 시멘트 생산량의 59퍼센트를 차지하고 있다(2000

---

38 US Geological Survey for data on cement, minerals.usgs.gov/minerals/pubs/commodity/cement[2024년 12월 30일 접속 가능] 참조.

39 Harvey, "Cement producers."

40 Ibid.

년에는 33퍼센트였다).[41] 실제로 중국에서 2011~2013년에 소비한 시멘트량은 미국이 20세기 전체에 걸쳐 소비한 양에 맞먹을 정도로 어마어마했다.[42]

계급이 생산에 관한 것이라면, 그에 관한 분석 역시 산업의 세계화와 그에 따라 새롭게 출현한 노동의 국제적 분업을 중심으로 이루어져야 한다. 노동의 국제적 분업으로 중공업 대다수가 동아시아로 옮겨 갔다. 따라서 조엘 웨인라이트와 제프 만이 중국 경제학자 리민치Minqi Li를 인용하면서 이야기한 것처럼, 중국은 "전 세계 기후 역사의 지주支柱다. … 중국은 세계 상품 생산의 중심지이지만, 그렇게 생산된 상품 대부분은 중국이 아닌 다른 곳에서 소비된다. 그렇다면 이와 관련하여 배출의 책임은 누구에게 있는가?"[43] 앞서 도입부에서 논한 것처럼 책임 소재를 따지는 문제는 중국(공산당 국가, 인민)이라는 나라 또는 중국산 제품의 소비자로 귀결된다. 안드레아스 말름이 주장하듯, 소비자를 비난하는 관점은 "서구의 소비자가 이산화탄소 덩어리를 세계의 다른 지역으로 밀어내

41   US Geological Survey.

42   Ana Swanson, "How did China use more cement between 2011 and 2013 than the US used in the entire 20th century?" *Independent*, 2015년 3월 25일.

43   Joel Wainwright, Geoff Mann, *Climate Leviathan: A Political Theory of Our Planetary Future* (London: Verso) 39, 122[국역:《기후 리바이어던》, 장용준 옮김, 앨피, 2023].

는 절대적 주권자"[44]라고 본다. 그러나 다른 나라로 수출되는 상품의 생산과정에서 탄소를 배출하는 중국을 과연 어떻게 비난할 수 있겠는가? 국가나 소비자 둘 중 하나에 책임을 묻는 프레임은 생산을 소유, 통제하고 그로부터 이윤을 얻는 자본가들이 책임에서 빠져나갈 수 있도록 만든다. 자본가 계급은 중국이나 북반구에만 국한된 것도 아니다. 그들은 홍콩, 중국, 미국, 유럽 등등에 초국적으로 존재한다.[45] 그러므로 북반구 소비자가 최종 종착지인 상품과 관련된 배출을 추적할 것이 아니라 전 세계 투자자에게로 흘러가고 북반구로 집중되는 돈과 이윤에 따른 배출을 살펴봐야 한다. 아이폰의 탄소 배출에 과연 누가 책임이 있을까? 소비자인 나일까 아니면 대만 폭스콘의 CEO 궈타이밍Terry Ghou과 미국 캘리포니아주 쿠퍼티노의 티머시 쿡Timothy Cook일까?

시멘트로 이윤을 얻는 자본가는 누구인가? 중국 시장을 제외하고 전 세계에서 시멘트를 생산하는 기업은 671곳이다.[46] 그중 총생산량의 60퍼센트 정도를 생산하는 것은 상위 10개

---

44 Malm, *Fossil Capital*, 324[국역:《화석 자본》, 위대현 옮김, 두번째테제, 2023].

45 Leslie Sklair, *The Transnational Capitalist Class* (Oxford: Wiley, 2001).

46 Peter Edwards, "Global Cement Top 100 Report 2017-2018," *Global Cement Magazine*, 2017년 12월 4일.

기업이다.[47]

이 중에서 특히 한 기업이 두드러진다. 2013년에 세계 2대 시멘트 기업인 프랑스의 라파지Lafarge와 스위스의 홀심Holcim이 합병한 라파지홀심LafargeHolcim은 세계에서 가장 큰 시멘트 기업이 되었다. 이 업계 거인은 2021년에 사명을 홀심Holcim Limited으로 변경했다. 이 기업의 연간 시멘트 생산량은 3억 4520만 톤으로 중국 이외 지역에서 생산된 총시멘트의 20퍼센트, 전세계 총생산량의 8퍼센트를 차지한다. 기업 웹사이트에서 홀심은 "수익성 있는 성장을 추구하고 주주에게 끊임없는 수익과 매력적인 가치를 제공하기 위한 비즈니스 단순화를 목표로 하는 성장을 위한 건설"[48]이라는 새로운 전략을 대대적으로 내세운다. 이 기업은 성장 지향과 "시멘트 1톤당 순 이산화탄소 배출량 저감"[49] 등의 지속가능성 목표 간에 모순이 있는지도 모르는 듯하다. 물론 "톤당 배출량"이야 저감하겠지만, 생산량을 늘리면 결과적으로 배출량은 계속 많아질 테니 말이다.

---

47 Ibid; 추가로 다음을 참조하라. "China: First in cement," *Global Cement Magazine*, 2013년 7월 23일.

48 "Our Strategy," https://www.holcim.com/who-we-are/our-strategy[2024년 12월 30일 접속 가능].

49 Ibid., lafargeholcim.com/climate[2024년 12월 30일 접속 가능].

이는 홀심이라는 하나의 기업(CEO 얀 예니쉬Jan Jenish와 이사진 10명)이 전 세계 총배출량의 0.5퍼센트에 책임이 있다는 뜻이다. 얼마 안 되는 것 같지만, 11명이 운영을 통제하는 기업에서 2017년에 배출한 탄소가 약 8890만 톤에 달한다고 설명해보면 어떨까. 핵심은 단 하나의 기업에만 집중해도 막대한 탄소가 배출되는 원천을 공격할 수 있다는 것이다. 시멘트 부문에서 탄소 배출을 통제하는 기업당 10명의 자본가만 모아도 6710명밖에 되지 않는다. 즉, 기후변화의 책임이 '분산'되어 있다는 담론과는 정반대로, 책임은 굉장히 **집중**되어 있다.

시멘트와 중국 문제는 좀 더 복잡하다. 중국 시멘트 산업을 움직이는 것은 '국영기업'이기 때문이다. 그렇지만 이렇기 때문에 기업의 자유가 신성하게 여겨지는 완전한 자본주의 시장경제보다 중국 시멘트 산업을 정치적으로 문제 삼기가 훨씬 쉽다. 중국 최대 시멘트 기업인 안휘해나시멘트海螺水泥의 2017년 생산량은 2억 1700만 톤으로, 2011년 대비 97퍼센트 상승했다.[50] 공식 데이터를 신뢰한다면 이는 중국 전체 시멘트 생산량의 거의 10퍼센트에 해당한다. 그런데 중국 시멘트 산업은 중국에만 국한되지 않는다. 두 번째로 규모가 큰 중국건자재연합CNBM은 나이지리아, 사우디아라비아, 기타 여

---

50 "China: first in cement."

러 나라의 주요 건설 사업에 참여하고 있는 시노마Sinoma와 합병을 진행 중이다. "시노마는 중국을 제외하고 전 세계 시멘트 공장 건설 시장에서 65퍼센트를 점유하고 있다."[51] 중국 공산당이 기후변화에 더욱 진지한 모습을 보이고 있다는 점에서, CNBM은 **이미** 시멘트 산업의 권력과 이윤을 제한할 힘을 갖고 있다.

시멘트 기업의 확장을 멈추고 규모를 상당히 축소하거나 생산과 원자재 가공을 근본적으로 혁신하도록 만들어야 한다는 것이 이 모든 데이터를 바탕으로 내릴 수 있는 단 하나의 현실적인 결론이다. 그러나 성장과 이윤을 목표로 하는 영리 사기업 혹은 국영기업이 모든 생산을 주도하고 있는 가운데 어떻게 이를 현실화할 수 있을까?

선택지는 [산업 자체의] 폐지, 국유화, 또는 강력한 규제밖에 없다.[52] 현재 세계에서 시멘트 **없이** 살아가기란 상상할 수 없는 일이기에 산업 자체를 폐지한다는 것은 실현 가능성이 없다. 그렇다면 두 가지 선택지가 남는다. 이 선택지들은 시멘

---

51   Eric Ng, "China giants CNBM and Sinoma merge to become world's largest cement maker, eye Silk Road growth," *South China Morning Post*, 2017년 12월 6일.

52   최근 발표된 CDP 보고서에서는 어떻게 이런 규제를 실현할 수 있는지를 강조했다. 바로 저탄소 도시 계획에 탄소 집약도가 낮은 가공 과정을 거쳐 생산한 건축 자재를 사용하도록 하는 것이다. Marco Kisic, Carole Ferguson, Christie Clarke, James Smyth, *Building Pressure* (CDP: 2018).

트 산업을 통제하는 소유자 계급을 상대로 정면으로 충돌하며 투쟁하는 정치적 과업을 만들어 낸다. 어떻게 이 충돌에서 승리할 수 있을까? 국유화나 강력한 규제는 국가라는 강력한 권력의 구심점을 전제로 한다. 크리스천 퍼렌티가 주장하듯이 "국가만이 그런 [에너지] 전환을 강제할 수 있는 권력을 지니고 있다. … [그러나] … 국가는 아래로부터의 대규모 여론 압박이 없으면 움직이지 않을 것이다."[53] 이 "아래로부터"의 대중운동의 토대를 형성하는 사회적 구성체란 무엇일까? 제2부에서는 전문직 계급 활동가와 가장 소외된 기후변화 피해자를 주축으로 하는 오늘날 기후운동의 구성이 산업자본 권력에 진정한 위협을 주기에는 너무 협소하다는 점을 설명할 것이다. 제3부에서는 노동자 계급이 대규모 대중 기반뿐만 아니라 생산을 중단할 전략적인 역량을 제공하여 퍼렌티가 말하듯 행동에 나설 정도로 "충분한 위협"[54]을 자본과 국가가 느끼도록 해 줄 수 있다는 점을 주장할 것이다. 자본주의로부터 해방되기 위해서는 노동자 계급이 중요하다는 것이 사회주의 정치의 핵심이기 때문이다.

---

53   Christian Parenti, "Why the State Matters," *Jacobin*, 2015년 10월 30일.

54   Ibid.

'생산 단계'의 계급정치와 단절된 환경

앞선 내용을 고려해 보면, 왜 산업 생산에 대항한 계급투쟁에 초점을 맞춘 환경정치는 없을까?라는 질문이 떠오른다. 좌파 대다수가 보기에 기후와 환경 투쟁이 계급 기반 운동과는 동떨어진 '운동'이기 때문이다. 이런 운동 간의 긴장은 보통 '일자리'와 '환경' 간의 제로섬 게임으로 여겨진다. 실제로 노동조합 지도자들도 그렇게 구분한다.

그러나 이 책에서 설명하는 관점으로 보자면, 기후변화는 생산 단계의 계급 권력에 기반하는 것이다. 더 넓게 말해, 환경문제의 원인이 자원을 활용하여 이윤을 추구하는 민간자본가가 아닌 경우를 찾기란 상당히 어렵다. 벌목, 채굴, 대규모 농업뿐만 아니라 화학과 금속 생산 등 2차 제조 산업에 이르기까지 모든 생태적 악화가 자본주의 생산에 기반한다. 그러나 환경 문제가 생산에서 기인하는 데도 그 결과는 생산의 영역을 훨씬 뛰어넘는다. 기후와 환경의 악화는 명백하게 생산 단계 **외부**에서 발생한다. 경제학자들이 말하듯이 환경은 상품화되지 않은 '생태계 서비스'의 집합으로, 생산에 투입되는 다양한 원료의 근간을 이룸과 동시에 생산으로 발생하는 폐기물과 오염물을 흡수한다.[55] 더 중요한 것은 이에 따라 자연 경관, 공동체, 하천, 대기 등등을 보호하는 운동이 많이 일어 난다는 점이다. 이런 운동은 보통 '생산 단계'와는 분리된, '외부'에서 하는 운동으로 보인다. 따라서 대개 '환경운동'(기후운동 포함)을 1960년대에 반전, 시민권, 페미니즘, 퀴어 운동 등 기존 사회주의 좌파와는 차별화하며 폭발적으로 나타난 '신사회운동'의 일환으로 이해한다.

2018년, 저명한 생태사회주의자 미카엘 뢰비는 "적록(노동운동과 환경운동)이 혼합될 수 있는가?"라는 주제에 관한 라운드 테이블의 일환으로 글을 작성했다. 이 대화의 주제가 주로 "적색"이 "녹색"으로부터 분리된 일(생태사회주의자와 생태마르크스주의자의 일반적인 사고방식)이었다는 점에 주목하자. 뢰비는 "그러나 이 전망을 실현하려면 환경주의자와 사회주의자는 공동의 투쟁을 인식해야 하고, 이것이 대전환을 추구하는 '운동의 운동'과 어떻게 이어지는지 이해해야 한다"[56]라고 제안한다. 이 관점으로 보면 '계급'은 '환경주의', '페미니즘', '반

---

55 Nicolás Kosoya, Esteve Corbera, "Payments for ecosystem services as commodity fetishism," *Ecological Economics*, Vol. 69, No. 6 (2010): 1228-1236.

56 Michael Löwy, "Why Ecosocialism: For a Red-Green Future," *Great Transition Initiative*. greattransition.org/publication/why-ecosocialism-red-green-future[2024년 12월 30일 접속 가능].

전', '시민권' 등의 운동 중 하나에 불과한 것이다.

기후운동도 이런 관점에서 정치를 인식한다. 가장 유명한 기후정의 단체 350.org에서 말하는 내용에서도 이를 엿볼 수 있다.

기후변화는 개별적인 환경문제, 사회정의 문제, 경제 문제가 아니라 한꺼번에 이 모든 문제가 일어나는 일이다. 인류가 여태껏 직면했던 그 어떤 문제보다 심각한 일이며 이를 해결하려면 모두의 힘을 모아야 한다. 즉, 환경주의자만이 아니라 학생, 기업 소유주, 종교 단체, 노동조합, 대학 등에서 사람을 모으고, 정부에 압박을 주고 화석연료 산업에 맞설 수 있을 정도로 강력하고 다양한 운동의 연합을 만들어야 한다.[57]

'화석연료 산업에 맞설' 사회적 힘을 갖춘 '다양한 운동의 연합'(다시 말하지만 '운동의 운동')을 만들 수 있으리라는 생각이 좌파 사이에 만연하다. 모두가 그런 폭넓은 연합을 구축하면 좋겠다고 생각하지만, 그동안의 과정에서 실제 이런 단일성을 만드는 일은 상당히 어려운 것으로 나타났다.

계급운동과 환경운동은 서로를 별개로 여겼을 뿐만 아니

---

57 "About 350." 350.org/about[2024년 12월 30일 접속 가능].

라 좌파 대다수는 생산 중심의 계급정치 자체가 구식이라고 생각했다. 이는 엘런 메익신스 우드가 "계급으로부터의 후퇴"라고 부르는 현상으로 이어졌다.[58] 그런데 이렇게 후퇴가 일어난 1970년대에 우파와 자본은 명백한 **계급** 기반을 만들기 시작했다. 데이비드 하비는 신자유주의를 이론화하면서 이를 두고 "계급 권력의 복원"이라고 했다. 당시 자본은 세력을 조직하고 권력을 획득했으며 규제 완화, 조세 감면, 긴축 정책 등을 실현했다.[59] 이 과정은 1980년에 로널드 레이건 대통령이 당선되면서 더욱 가속화했고, 환경 규제가 축소되었으며 중요한 규제당국의 예산이 삭감되었다. 당시 내무부 장관이었던 제임스 와트James Watt는 "주요 정책 결정의 이유로 예산 체제를 들 것"[60]이라고 말했다. 노동이 방어적인 위치에 서자 노동조합 지도부가 자본과 손잡고 환경 안전이나 규제보다 '일자리'를 우선하는 일이 많아졌다.[61]

58 Ellen Meiksins Wood, *The Retreat From Class: A New "True" Socialism*, (London: Verso, 1986)[국역:《계급으로부터의 후퇴》, 손호철 옮김, 창비, 1993].

59 David Harvey, *A Brief History of Neoliberalism* (Oxford: Oxford University Press, 1985)[국역:《신자유주의: 간략한 역사》, 최병두 옮김, 한울아카데미, 2014].

60 Daniel Faber, *Capitalizing on Environmental Injustice: The Polluter-Industrial Complex in the Age of Globalization* (Lanham, MD: Rowman and Littlefield, 2008), 128에서 인용.

61 Erik Loomis, "Why labor and environmental movements split—and how they can come back together," *Environmental Health News*, 2018년 9월 18일.

한편, 우파는 **계급**의 언어로 환경 정책에 반대하는 운동을 조직했다. '일자리'가 사라진다든가 경제적 '경쟁력'을 저해한다는 식으로 말이다. 조지 W. 부시 대통령이 교토기후협정에서 탈퇴하고 도널드 트럼프 대통령이 파리기후협약에서 탈퇴하는 결정을 내린 주요한 논리는 기후변화의 과학적 근거에 대한 부정이 아닌, 이런 우파의 계급적 논리였다.

일자리 대 환경이라는 딜레마는 지난 수십 년간 환경운동의 발목을 잡았다. 환경 정책은 고용을 창출하는 특정한 생산방식을 규제하는 데 초점을 맞추는 경우가 많다. 대다수 사람에게 안정적인 생계수단이 없는 자본주의 사회에서 '일자리'는 도덕적으로 가장 중요한 가치이며 다른 모든 이슈를 압도할 수 있다. 1980년 이래로 민주당과 공화당 모두 복지국가요소를 없애 왔다는 점을 생각해 보면, 노동자 계급이 추상적인 '환경'이라는 개념보다 신자유주의적 자본주의에서 유일한생존 수단(일자리)을 선택한 행동을 비난할 수 있겠는가?

제2부에서 살펴보겠지만, 환경 정책은 탈산업화에 따른전문직 계급의 부상과 침체에 기반한 계급 기획 그 자체가 되었다. 사실 전문직 계급의 학문적 이론화 작업은 과학적 분석을 통해 계급을 환경 정책과 단절시키는 결과를 낳았다. 계급이론에서 후퇴한 모습을 명백하게 드러낸《프롤레타리아여

안녕》의 저자 앙드레 고르스는 다른 곳에서 "생태적 투쟁은…
사회주의 정치 목표에 굴복해서는 안 된다"[62]라고 말했다. 이
관점에 따르자면 마르크스주의의 가장 기본적인 내용을 개정
하거나 '녹색화'해야 한다. 테드 벤턴은 생산 자체가 아니라 생
산이 외부 환경과 지역에 미치는 영향을 중심으로 하는 환경
정책 전망을 발전시켰다. 벤턴은 다음과 같이 설명한다.

> 젠더, 거주 지역, 고용 상태, 라이프스타일 등의 분열에 따른 갈
> 등의 패턴화 관점에서 환경의 정치적 중요성을 이해해야 하며
> '생산 단계'에서 발생하는 계급 분열이라는 다소 전통적인 관점
> 과 이를 통합해야 한다.[63]

여기서 핵심은 '환경문제'를 '생산 단계' 외부에서 일어나
는 별개의 문제로 분리했다는 것이다. 생산 영역의 밖에서 환
경 논쟁을 벌이면 계급과 환경정치는 이론적으로 **분리**된다.
제임스 오코너는 '신사회운동'을 마르크스주의 이론과 통합
하려고 상당히 많은 노력을 기울였다. 그는 "전통적인 노동
및 사회주의 운동의 쇠퇴"와 "사회 변혁의 주체로 떠오른 신

---

62 André Gorz, *Ecology as Politics* (Montreal: Black Rose Books, 1980), 20.

63 Ted Benton, "Marxism and natural limits: An ecological critique and reconstruction,"
New Left Review I/178 (1989년 11–12월): 51–86; 80.

사회운동"이 분석의 시작[64]이라며 상당히 솔직하게 자기 주장의 정치적 함의를 밝혔다. 또한 환경정치가 생산이라는 전통적인 사회주의의 문제가 아니라 "생산의 외부 조건"에 집중한다고 주장했다.[65] 자본주의의 생태 위기는 생산이 환경에 저지른 일에 따른 결과이다. 이런 논리는 단지 표면적으로 생산을 중단하고 특정한 경관이나 하천 생태계를 보호하려는 특정한 형태의 환경정치와 일맥상통한다. 생산을 **변혁**하는 문제는 절대 제기되지 않는다. 고르스가 말하듯, "모든 생산은 파괴적"이기 때문이다.[66]

그렇지만 오늘날까지도 자본에 관한 최신 생태 이론은 전통적 계급정치의 장인 생산이 문제가 아니라고 주장한다. 낸시 프레이저는 마르크스주의 페미니즘과 생태마르크스주의가 "마르크스가 말한 은밀한 장소의 이면"에 있으면서 자본주의를 뒷받침하는 환경의 작동 과정과 가사노동을 살펴봐야 한다고 지적한다.[67] 이원론에 관한 비판은 이미 잘 정립되어

---

64 James O'Connor, *Natural Causes: Essays in Ecological Marxism* (London: Guilford, 1998), 158.

65 Ibid., 148.

66 Gorz, *Ecology as Politics*, 20.

67 Nancy Fraser, "Behind Marx's Hidden Abode," *New Left Review* 86 (2014년 3-4월): 55-72.

있지만, 제이슨 W. 무어는 자신의 연구가 자연과 사회 간의 데카르트식 이원론을 무너트리려 했다는 점에서 새롭다고 말한다.[68] 그러나 그는 "유급 노동과 무급 노동의 변증법"이라면서 자기만의 이원론을 만들어 버린다.[69] 무어는 이 이원론을 생산과 재생산의 구분, 즉 "노동력의 착취와 값싼 자연의 전유"에 적용한다.[70] 이를 통해 무어는 여성이나 노예의 가사노동처럼 자본주의적 생산관계 밖에서 일어나는 무급 노동과 자연을 같은 위치에 놓을 수 있었다.[71] 무어는 생산 영역에서 나타나는 잉여가치 착취와 생산 영역 밖에서 이뤄지는 자연의 '무급 노동'을 구분한다. 무어는 다음과 같이 자신의 이원론을 상당히 명확하게 제시한다.

(자본주의에서) 유급 노동은 가치의 분배를 두고 자본과 노동이 충돌하는 영역으로, 착취의 문제다. 무급 노동은 현금으로 환산되지 않는 사회적 재생산('가사노동'의 형태)과 '자연의 노동

---

68 Jason Moore, *Capitalism in the Web of Life* (London: Verso, 2015)[국역:《생명의 그 물 속 자본주의》, 김효진 옮김, 갈무리, 2020].

69 Ibid., 64.

70 Ibid.

71 그는 마리아 미즈의 견해를 따른다. *Patriarchy and Accumulation on a World Scale: Women in the International Division of Labour* (London: Zed, 1986), 77[국역:《가부장제와 자본주의》, 최재인 옮김, 갈무리, 2014].

work'이 자본과 맺는 관계 및 그 양식을 두고 벌어지는 투쟁이다.[72]

이런 이원론은 생산과 착취가 환경과는 관계가 없을 뿐더러 생산 단계의 '자본과 노동' 관계에서 발생하는 투쟁이 환경 투쟁과는 별개라고 생각하게 만든다.

현재 환경적으로 중요한 문제 대다수가 가치와 생산의 '외부'에 존재한다는 관점에서 본다면, 이런 이론가들의 분석은 옳다. 그들이 말하는 많은 부분은 외부효과와 생태계 서비스에 집중하는 환경 경제학자의 견해와 별반 다르지 않다. 그러나 이 모든 복잡한 이론은 계급정치가 환경정치와 분리되어 있다는 생각 그리고 생산 중심 사고방식이 환경적 '조건'이라는 외부 세계와 분리되어 있다는 생각을 고착화했다. 이렇게 되면 환경이 악화하는 조건을 바꾸려면 생산이 조직되는 방식을 바꿔야 한다는 근본적인 진실을 무시한다.

'운동의 운동'을 추구하는 것은 매우 매력적으로 보인다. 다양한 단체와 요구에 어필하기 때문이다. 그러나 이제는 그 방식이 효과적이지 않다는 점을 인정해야 한다. 좌파 전략 담

72 Jason Moore, "Cheap food and bad climate: From surplus value to negative value in the capitalist world-ecology," *Critical Historical Studies*, Vol. 2, No. 1 (2015): 1-43; 6.

론에서도 **권력**을 수립하는 데 광범위한 연합이 필수적이라는 인식이 점점 늘어나고 있다. 나오미 클라인은 "승리할 수 있을 정도로 강건한 대항 세력"을 건설하려면 "다양한 이슈와 운동을 엮는 실을 강화"하기 시작해야 한다고 제대로 짚었다.[73] 또한 그는 다양한 투쟁을 "서로 연결"해야 한다고 거듭해서 주장했다.[74]

그렇기에, '계급'을 단순한 '운동의 운동' 중 하나로 보아서는 안 될 것이다. 오히려 계급정치는 강력한 **연결고리**다. 이는 우리의 운동이 자본가 계급이라는 공동의 적을 맞닥뜨리고 있고, 우리의 투쟁이 인간의 존엄, 자유 그리고 살기 좋은 지구에 기반한 공동의 목표를 추구해야 한다는 점을 더욱 명확하게 밝혀 준다. 공동의 이해관계를 실현하고 차이를 통한 권력을 만들어 내는 것이 바로 계급 연대 사업이다. 엘린 메익신스 우드는 이미 1986년에 이를 내다보았다.

계급정치가 모든 해방 투쟁을 하나로 통일하지 못한다면 '신사회운동'은 기존 사회질서의 주변부에 남을 것이며 기껏해야 주

---

73 Naomi Klein, *On Fire: The Burning Case for a Green New Deal* (New York: Simon and Schuster, 2019), 167[국역:《미래가 불타고 있다: 기후 재앙 대 그린 뉴딜》, 이순희 옮김, 열린책들, 2021].

74 Ibid., e.g., 29, 196, 251.

기적으로 또는 일시적으로 대중의 지지를 이끌어낼 수 있을 뿐, 자본주의 사회질서는 그대로 유지될 것이다.[75]

신자유주의 시대의 좌파 정치를 그야말로 정확하게 짚어 낸 분석이다.

나가며: '환경위기라는 만악의 근원'

코너 킬패트릭Connor Kilpatrick은 미국 석유화학원자력노동조합Oil, Chemical, and Atomic Workers International, OCAW 위원장 토니 마조치Tony Mazzocchi의 노동 환경 정책에 관해서 설명하면서 전혀 다른 환경주의를 우리에게 이야기해 준다. 그는 "마조치는 노동자가 생산을 통제하는 것이 환경주의라고 생각했다"[76]라고 말한다. 마조치의 자서전을 집필한 레스 레오폴드는 이를 "마조치의 개념적 돌파구는 **오염은 언제나 직장에서 시작되며**, 지역사회와 자연환경으로 퍼져 나간다는 점을 발견한 것이었다"[77]

---

75 Wood, *The Retreat from Class*, 199[국역:《계급으로부터의 후퇴》, 손호철 옮김, 창비, 1993].

76 Conor Kilpatrick, "Victory over the sun," *Jacobin* 26 (2017): 22-27; 24.

77 Les Leopold, *The Man Who Hated Work and Loved Labor: The Life and Times of Tony Mazzocchi* (White River Junction, VT: Chelsea Green, 2007), 246.

라고 설명한다. 생산이 환경에 미치는 영향이 환경문제를 일으키는 생산 현장을 전략적 지향으로 삼지 못하게 하지는 않는다. "마조치가 이해한 것처럼, 소속 조합원을 중독시킨 화학물질은 결국 대기, 토양, 수로 등을 통해서 지역사회로 흘러 들어간다. 그러므로 공장은 환경위기라는 만악의 근원이다."[78] 즉, 생산의 **영향**이 분산되어 있고 그나마도 (특히 유색인종이 살아가는) 가난한 지역사회에 편중되어 있지만, 그럼에도 오염이 그 시작부터 생산의 '은밀한 장소'에서 발생한다는 것이다. 토니 마조치의 생산 중심 환경주의production-oriented environmentalism는 기존 좌파의 노동자 계급정치(정당 건설과 조합 구성원의 계급투쟁을 바탕으로 하는 조합주의)에서 탄생했다. 그의 사상은 계급을 중시하는 좌파의 마지막 절박한 외침처럼 느껴진다.

생산 영역 밖에서도 오염의 영향을 느낄 수 있으므로 지역사회를 조직할 때는 생산 단계를 중심으로 하지 않는 전략적 방향성이 필요할 수 있지만, 그렇다고 해서 생산 단계가 지역사회와 환경운동을 조직하는 에너지의 **근원**이자 전략적 목표라는 사실이 변하는 것은 아니다. 게다가 제3부에서 살펴보겠지만, 생산 단계의 노동자는 지역사회나 다른 활동가 그룹 등 연대 세력과는 달리 생산에 영향을 미칠 수 있는 전략적인 수

78   Ibid., 23.

단을 갖고 있다. 노동자 계급의 권력은 도덕적인 것이 아니며 **구조적**이다.[79]

불행히도, 거의 모든 환경 및 기후 운동은 '일자리'를 보호한다는 명목으로 자본이 노동자를 환경운동에 반대하는 전략에 써먹을 수 있도록 만들어 버렸다. 따라서 실질적인 승리를 거두려면 환경 및 기후 활동가들이 생산 자체에서 노동자가 직면하는 직접적이고 유해한 위협에 관한 노동자 계급의 우려와 연관된 운동을 조직해야 할 것이다. 제3부에서는 '생산 단계'를 겨냥한 기후정치가 어떤 모습인지 살펴볼 예정이다. 한편, '은밀한 장소'에서 자본이 어떻게 기능하는지 더 깊게 살펴볼 필요가 있다. 탄소 배출이 자본의 기능에 따른 안타까운 부산물 또는 의도치 않은 '외부효과'일 뿐만 아니라 자본 축적 과정의 토대이자 필수 요소가 되는 이유를 알아야 한다.

79 Vivek Chibber, "Why the working class?" *Jacobin*, 2016년 3월 13일.

2. 탄소 착취

: 질소의 순환은 어떻게 화석 자본이 되었나

들어가며: 질소 자본의 은밀한 장소

차를 타고 가면서 보니 질소 공장에서 하얀 연기가 대량으로 뿜어져 나오는 것이 눈에 들어왔다. 나중에서야 이것이 걱정할 만한 오염물질이 아니라 수증기라는 점을 알아차렸다. 질소 공장을 견학할 때, 가이드에게 어디에서 이산화탄소를 배출하는지 물어보았다. 몇 분 후에 가이드는 옅은 회색 연기가 올라오는 가느다란 배출 파이프를 가리켰다. 몇 시간 동안 질소 비료 공장을 견학하더라도 이런 배출 파이프를 못 볼 수도 있다. 이산화탄소 배출구를 상대적으로 잘 보이지 않게 해 놓았지만, 이 공장 하나만 해도 미국 전역에서 탄소 배출량 상위 40위 안에 든다.[1]

나는 질소 생산이 어째서 그렇게 탄소 집약적인지 그리고

---

1   이 연구에 관해서 연구윤리심의위원회Institutional Review Boards의 승인을 받았으며, 해당 공장 관리자의 협조는 이런 연구 출판물에 기업명을 거론하지 않는다는 전제하에 이루어졌다.

공장 관리자와 엔지니어가 해당 공장의 탄소 문제를 어떻게 생각하는지(이에 관해 생각은 했는지) 알고 싶었다. 생산 현장과는 거의 1600킬로미터 떨어진 곳에서 기업을 소유하고 있는 자본가의 관점과 이들의 관점이 정확하게 일치하지는 않았다. 그렇지만 이들은 천연가스, 질소, 암모니아 제품의 물질적 흐름을 관리한다. 이런 관리자야말로 화석 자본의 핵심이다.

가장 먼저 해야 할 질문은 아마도 질소 생산에 왜 그렇게 많은 탄소가 필요한지일 것이다. 해답은 전체 생산과정에 투입되는 주원료가 천연가스라는 것이다. 공장 관리자는 비료 업계의 세 가지 주요 요소가 "가스, 가스 그리고 또 가스"라고 농담을 던졌다. 공장 관계자도 가스 비용이 전체 운영 비용의 85퍼센트를 차지한다고 말했다. 이 수치는 업계 전반적으로 비슷하다. 파워포인트로 발표하던 공장 엔지니어는 막대한 양의 천연가스를 소비하는 화학 단지가 많은 루이지애나주에서도 이 공장에서 소비하는 천연가스량이 주 전체 천연가스 소비량의 9퍼센트를 차지한다고 자랑스럽게 말했다.

눈에 보이지 않는 천연가스는 해당 공장이 있는 도시의 시장이 "스파게티 네트워크"라고 부르는 이 지역 전체에 퍼진 가스관을 통해서 공장으로 공급된다. 가스관을 타고 공장 제조 공정에 직접 투입되는 것이다. 가스는 '수증기 변성' 과정을 통해 수소를 생산하기 위한 '공급 원료'로써 주로 사용된다. 또한 다른 여러 공정에 필요한 열을 발생시키는 연료로도 쓰인다. 수증기 변성과 열 발생 모두 이산화탄소를 만들어 낸다. 공공 데이터를 살펴본 결과 이 공장의 온실가스 배출량은 미국 전체 화학 부문 중에서도 가장 많은 것으로 나타났다.

전반적으로 비료 업계는 전 세계 온실가스 배출량의 2.5퍼센트를 차지한다.[2] 수소 생산 원료로 천연가스가 아닌 석탄을 쓰는 석탄발전소와 철강 제조업체가 즐비한 중국에서도 비료 업계의 온실가스 배출량은 전체의 7퍼센트에 달한다.[3] 분명히 질소의 순환은 화석 자본으로 상당히 변모했다.[4]

탄소 집약적인 공정을 보고 나니 공장 관계자에게 천연가스의 대체재를 물어보지 않을 수 없었다. 그들은 이 문제를 생각해 본 적 있다며 흥분해서 이야기했다. 2000년대에 천연가스 가격이 많이 올랐고 그에 따라 비용이 상승하자 많은 질소

---

2 International Fertilizer Association, "The Role of Fertilizers in Climate-Smart Agriculture," Contribution of the International Fertilizer Association (IFA) to the UN Climate Change Conference in Marrakesh, COP22/CMP12 (2016). fertilizer.org.

3 Wei-feng Zhanga, et al., "New technologies reduce greenhouse gas emissions from nitrogenous fertilizer in China," *PNAS*, Vol. 110, No. 21 (2013): 8375-8380; 8375.

4 Andreas Malm, *Fossil Capital: The Rise of Steam Power and the Roots of Global Warming* (London: Verso, 2016)[국역:《화석 자본》, 위대현 옮김, 두번째테제, 2023].

비료 기업이 공장 문을 닫아야 했기 때문이다.[5] 그러나 이 기업은 그런 비용 상승에도 살아남을 수 있도록 공장 효율성을 개선했다고 자랑했다. 기업 관계자는 제조 공정에서 천연가스를 다른 원자재로 대체하는 것까지도 생각했다고 말했다. 그러나 대체재로 물망에 오른 것은 가장 더럽고 가장 탄소 집약적인 연료인 석탄이나 페트콕이었다.[6]

순간 이들이 탄소 책임론에 상당히 다른 태도를 취하고 있다는 것을 깨달았다. 그들은 자기 회사의 탄소발자국을 전혀 걱정하지 않았고, 더 책임감을 갖고 기후변화에 맞서는 소비자가 되기 위해 행동을 바꿔야 한다고 생각하지도 않았다. 그들은 우리와는 전혀 다른 논리로 움직였다. 우리가 기후위기를 이해하려면 자본의 논리에 따라 생산이 어떻게 조직되는지 그리고 환경이라는 구체적인 세계에 대한 근본적인 **무관심**이 어떻게 이러한 추상적인 자본 논리의 필수 요소가 되는지를 알아야 한다.

자본의 유일한 목표는 잉여가치 창출이다. 이는 '돈이 돈

---

5 Wen-yuan Huang, "Impact of rising natural gas prices on US ammonia supply," *Report of the Economic Research Service* (Washington, DC: United States Department of Agriculture, 2007).

6 페트콕(석유 정제 후 나오는 부산물_옮긴이) 사용은 앨버타의 역청 모래를 채굴해서 바로 공정에 투입하는 것과 같다.

을 낳는'[7] 돈의 자가증식이라는 추상적 과정(M-C-M')에 기반한다. 질소 자본은 천연가스나 페트콕으로 잉여가치를 창출할 수만 있으면, 그것으로 만족한다. 다른 모든 자본 역시 온난화되는 세상에서 혹은 온난화되는 세상**이기 때문에** 잉여가치를 창출할 수만 있다면, 전 지구적 위기 따위는 별다른 문제로 여기지 않는다. 자본은 현실 세계의 물질성에 추상적인 폭력을 가하는 과정이다.[8]

1장에서 설명했듯이 마르크스주의 정치경제학에 대한 환경적 접근법 대부분은 생산의 은밀한 장소에 초점을 맞추지 않거나 이를 완전히 배제한다. 따라서 마르크스의 잉여가치론을 생태학에 적용하려는 시도가 없는 것도 놀랄 일이 아니다.[9] 최근에서야 마르크스의 가치론 전반과 더 구체적인 자연과 가치 간의 상관관계가 다시 주목받고 있다.[10] 이는 교환 영

---

7   Marx, *Capital*, Vol. 1, 256[국역:《자본/자본론》, 여러 판본이 있다].

8   다음을 참고하라. Derek Sayer, *The Violence of Abstraction: The Analytical Foundations of Historical Materialism* (London: Brill, 1987).

9   예외적인 경우로 참고할 수 있는 도서는 다음과 같다. John Bellamy Foster, Paul Burkett, *Marx and the Earth: An Anti-Critique* (Chicago: Haymarket, 2016), 137-164.

10   특히 참고할 만한 자료는 다음과 같다. Joel Wainwright, Morgan Robertson, "The value of nature to the state," *Annals of the Association of American Geographers*, Vol. 103, No. 4 (2013): 890-905, 켈리 케이와 마일스 케너라자가 엮은 특별호, "Value in capitalist natures," *Capitalism, Nature, Socialism*, Vol. 28, No. 1 (2017): 33-38. 나의 의견은 다음을 참고하라. "Value, Nature, and Labor: A Defense of Marx," *Capitalism, Nature, Socialism*, Vol. 28, No. 1 (2017): 39-52.

역, 즉 자본주의적 가치가 전면에 드러나는 영역이 정치경제학에 대한 우리의 이해에 지배적인 영향을 미치게 된 신자유주의 시대에 나타난 현상이다. 그리고 많은 이들이 바로 이 교환 영역을 통해 기후변화 문제를 해결할 수 있다고 주장한다. 이는 곧 탄소나 여타 생태계 서비스의 가치를 측정하려는, 새롭고도 기이한 여러 연구 시도로 이어진다.[11]

마르크스의 가치론이 중요하기는 하지만, 마르크스가 《자본》에서 궁극적으로 도달하려는 곳은 가치론이 아니다. 《자본》에서 가치론은 자본이 **잉여가치**를 어떻게 창출하는지 증명하기 위한 도약대 역할을 한다. 프리드리히 엥겔스가 마르크스의 추도문에서 말했듯이 "마르크스는… 현대 자본주의 생산양식을 지배하는 특수한 운동 법칙을 발견했다… 잉여가치의 발견은 이전의 모든 연구가… 어둠 속에서 헤매던 문제를 해결하는 데 한 줄기 빛이 되어 주었다."[12] 마르크스의 가치론은 스미스와 리카도처럼 노동에 초점을 맞추지만, 그 어떤 정치경제학자도 이윤(생산의 유일한 목표)이 노동 착취에 기반

11　개괄적인 내용을 보려면 다음을 참조하기 바란다. Gareth Bryant, *Carbon Markets in a Climate-Changing Capitalism* (Cambridge, UK: Cambridge University Press, 2019).

12　Frederick Engels, "Frederick Engels' Speech at the Grave of Karl Marx, Highgate Cemetery, London. March 17, 1883." marxists.org/archive/marx/works/1883/death/burial.htm[국역: 〈맑스 장례식에서의 연설〉, 《맑스 엥겔스 교육론》, 김태성 옮김, 한울림, 1989].

한다는 것을 생각하지 못했다. 그들 대부분은 이윤이 자본의
정당한 몫이라고 지레짐작했다.

착취의 생태학이 과연 있을까? 잉여가치를 향한 자본의
욕구가 기후위기를 설명할 수 있을까? 질소 비료 산업을 분석
하면서 이 업계의 **상대적 잉여가치**가 기후변화를 만드는 중
요한 요소라는 점에 집중해 보려 한다.[13] 여기서는 질소 업계
가 상대적 잉여가치 창출 전략을 어떻게 개발했는지 살펴볼
것이다. 이는 농업에서는 질소 투입 **비용을 낮추었고**, 자연히
농민이 더 싸게 식량을 생산할 수 있게 만들어 주었다. 그리고
결과적으로 노동자 계급의 생계유지와 영양 공급에 들어가는
비용을 **낮추었다**.

'값싼 자연'의 원천은 무엇인가?
상대적 잉여가치의 생태학

1장에서 언급했듯이 자본은 노동 생산성에 투자해야 상
대적 잉여가치를 획득할 수 있다. 마르크스는 그렇게 투자하
는 자본가가 자기 상품을 사회적 가치 이하로 판매하고 시장

---

13 이런 논리를 주장하는 사람이 비단 나만은 아니다. 다음을 참고하라. Paul
    Hampton, *Workers and Trade Unions for Climate Solidarity: Tackling Climate Change in a
    Neoliberal World* (London: Routledge, 2015), 27.

점유율을 늘려 잠시나마 잉여가치를 창출하는 방법을 보여주었다. 이 과정은 다른 자본가가 신기술을 도입하게 만들고 상품 전체의 가치 하락, 즉 **가격 하락**으로 이어진다. "따라서 자본은 상품가를 낮추기 위해 노동 생산성을 높이고 상품가를 낮추는 것으로 노동자의 임금을 낮추려는 내재적인 욕구와 지속적인 경향성을 가지고 있다."[14] 이 시나리오는 적어도 처음에는 노동 비용을 절감하는 혁신으로 시장을 효과적으로 확보할 수 있는 비교적 경쟁이 치열한 산업구조를 전제로 한다.

그러나 마르크스는 개별 자본가에게 흘러 들어가는 일시적인 잉여 이윤이 자본 축적에서 상대적 잉여가치의 중요성을 이해하는 데 핵심 요소는 아니라고 보았다. 개별 자본가가 노동 생산성을 높이려 한다는 사실이 자본의 잉여가치 창출 전반에 걸쳐 새로운 지평을 열기 때문이다. 마르크스는 "노동 생산성이 높아지면 노동력의 가치는 떨어지고, 그만큼의 가치를 재생산하는 데 필요한 노동 일수의 비중은 줄어들게 된다"라고 말한다.[15] 개별 상품의 가격 저하는 노동자 자신의 재생산에 필요한 상품 가격의 하락으로 이어진다. 마르크스는 이렇게 노동자의 재생산에 필요한 상품을 집합적으로 가리켜

---

14   Marx, *Capital*, Vol. 1, 436-437[국역:《자본/자본론》, 여러 판본이 있다].

15   Ibid., 432.

"노동력의 가치"라고 불렀다.[16] 자본은 노동력의 가치를 떨어 트림으로써 잉여가치로 전유할 수 있는 부분을 확대한다. 정 치적으로 보자면, 자본가 계급이 값싼 임금이라는 상품에 지 대한 관심을 둔다는 말이다. 마르크스가 살던 시대의 부르주 아지는 영국에서 높은 곡물가를 통해 지주의 이해관계와 지 대를 보호하던 곡물법의 폐지를 지지했다.[17] 그들은 '자유무역' 및 식량 수입의 증대를 원했다. 그러면 노동자에게 임금을 덜 줘도 될 것이기 때문이었다. 이는 또한 더욱 심오하고 문화적 인 문제를 야기한다. 노동자도 값싼 상품과 자신의 '이해관계' 를 연관 짓기 때문이다.

그렇다면 여기서 '생태학'은 어디에 있는가? 노동자가 생 물학적으로 동물인 한, 자연이 직접 만든 상품도 노동력의 가 치에 포함된다. 식량, 에너지, 의류용 섬유 등 원자재의 추출 에서 노동 생산성으로 막대한 이윤을 창출하는 것은 상대적 잉여가치를 향한 자본의 욕구이다. 가장 기본적인 경제적 결 과가 바로 **값싼** 식량, 에너지, 의류, 기타 생필품 덕분에 노동 자가 자신이 원하는 생활수준에 중요하다고 여기는 다른 상 품을 살 수 있게 된 것이다. 북반구에서 스마트폰이 대중화된

16 Ibid., 274.

17 Ibid., 404.

것이 대표적인 사례다. 가격 하락은 더 많은 소비로 이어진다. 그 결과 생산과 축적이 환경에 미치는 영향이 증가한다. 소비가 환경오염에 어떤 역할을 하는지에 대해서 초점을 많이 맞추고는 하지만, 사실 이 역학의 기저에는 생산양식에서 상대적 잉여가치를 얻으려는 자본의 욕구가 있다.

앞서 설명한 것처럼 노동 생산성을 높이는 가장 중요한 방법은 (트랙터가 식량 생산 비용을 낮춘 것처럼) 기계를 도입하는 것이다. 19세기 이후로 기계의 도입에 따른 인간 외의 에너지 지원(보통 화석연료)이 필수 불가결하게 되었다. 게다가 자본이 기계로 자연에서 원자재를 추출하는 방법을 더 많이 개발하려 함에 따라, 자본은 쓰레기와 오염의 형태로 생태 파괴를 자연에 전가하게 되었다. 상대적 잉여가치를 만드는 과정에서 **값싼** 상품이 만들어진다. 많은 환경경제학자들이 지적하듯, 그 방법은 많은 더 큰 생태계에 상당한 대가 또는 외부효과를 발생시켰다.

제이슨 W. 무어는 축적의 전제로 '값싼 자연'을 만드는 전략(값싼 식량, 에너지 등)을 통해 자본주의가 번영한다고 주장한다.[18] 그러나 그의 이론에는 모든 상품의 가격 저하를 추동하

---

18 Jason Moore, *Capitalism in the Web of Life: Ecology and the Accumulation of Capital* (London: Verso, 2015)[국역:《생명의 그물 속 자본주의》, 김효진 옮김, 갈무리, 2020].

는 주요 자본주의 메커니즘인 상대적 잉여가치가 빠져 있다. 그 대신, 무어는 값싼 자연을 만드는 주요 요소로 '무급 노동/에너지'에 초점을 맞춘다. 그는 실제 돈으로 환산되지 않는 **자연의 노동**(토양 미생물의 활동, 습지의 정화작용, 탄소격리 또는 경제학자들이 일명 '생태계 서비스'라고 부르는 것)뿐만 아니라 자본주의 전체를 구성하는 다양한 형태의 **무급 노동**(무급 육아, 노예 노동 등)도 이 범주에 넣는다. 바로 이런 '무급 노동'이 상품의 가격을 낮춘다는 것이다. '자연'에 관해서라면 자본은 지구를 샅샅이 뒤져 숲이나 광물 매장지 등 새롭게 착취할 천연자원 개척지를 찾아다닌다. 무어는 이 '개척지'가 있는 지역이야말로 무급 노동의 보고가 있는 곳이라고 주장한다. 이런 자원을 뒷받침하는 토양이나 다른 중요한 생태적 요소를 자본이 손대지 않았기 때문이다.

그러나 이런 가설은 이미 마르크스가 자연의 '노동'이 어떻게 전유되는지를 설명하는 지대와 토지 소유 이론을 가지고 있었다는 점을 인정하지 않는다는 점에서 문제가 있다.[19] 폴 버켓은 "(마르크스의 지대 이론을 무시하고) 마르크스가 한정된 자연조건이 생산에 기여하는 바를 축소했다고 비판하는

---

19 다음을 참고하라. Karl Marx, *Capital*, Vol. III (London: Penguin, 1981), 751-952[국역:《자본/자본론》, 여러 판본이 있다].

이들은 《자본》에서 이와 정반대되는 내용을 말하는… 단락을 알지 못하는 것이 분명하다"[20]라고 신랄하게 비판했다. 마르크스의 지대 이론은 상당히 복잡하지만, 기본적으로 리카도의 차액지대론(마르크스는 '차액 지대 I'이라고 부른다)을 차용한 것이다. 이 이론은 더 '비옥한' 토지나 다른 특성을 갖춘 토지의 질에 따라 발생하는 **잉여 이윤**을 지주가 어떻게 전유하는지 설명한다(예: 중동의 원유 매장지는 다른 곳보다 훨씬 생산성이 높거나 생산이 용이하다).[21] 마르크스는 옥수수 또는 토지에서 생산되는 모든 상품의 가치가 **가장 열악한** 토지에서 이 상품을 생산하는 데 사회적으로 필요한 노동시간으로 결정된다고 주장한다. 비옥한 토지에서 생산하는 사람은 생산 비용이 낮기 때문에 더 많은 이윤을 누릴 수 있고, 이런 잉여 이윤을 지대라는 이름으로 지주가 가져간다는 것이다.

즉, 토지나 자원 매장지의 비옥함이나 생산성은 자연의 '추가' 노동 덕분이며, 이 노동은 불완전하게나마 지주에게 지대로 지급된다. 마르크스가 "현대적 형태의 토지 소유는 그들

---

20 Paul Burkett, *Marx and Nature: A Red and Green Perspective* (Chicago: Haymarket, 2014), 93[국역:《마르크스와 자연》, 김민정, 황정규 옮김, 두번째테제, 근간].

21 David Ricardo, *On the Principles of Political Economy and Taxation* (London: John Murray Albemarle Street, 1821), Chapter 2, "On Rent," 53-75[국역:《정치경제학과 과세의 원리에 대하여》, 권기철 옮김, 책세상, 2019].

이 다른 모두를 배제하는 사적인 의지의 배타적인 영역으로서 지구의 특정 부분을 독점적으로 처분할 권리를 전제로 한다"[22]라고 설명하듯, 지주가 지대를 가져갈 수 있는 권력은 부동산 그 자체가 권력이기 때문이다. 토지 소유의 독점 권력을 국가가 가지고 있는 경우가 많다. 대부분 나라에서 정부는 자국 영토에 매장된 **모든** 광물 자원의 '지주'(소유주)다.[23]

무어의 주장과는 달리 기생적인 토지 소유가 자연의 노동을 지대의 형태로 빨아들인다면, 이는 천연자원의 가격 하락에는 조금도 영향을 미치지 않는다. 실제로, 지대를 뽑아낼 수 있는 토지 소유의 권력은 사실은 싸게 생산할 수 있는 자원으로 값싼 상품을 만들지 못하게 만든다. 마르크스에 따르면 (천연자원만이 아니라) 모든 상품의 **가격 하락**을 주도하는 것은 자연이나 지주가 아니라 자본과 잉여가치 창출 욕구이다. 마르크스는 살아 있는 노동에서 뽑아낸 잉여가치를 가장 중요한 형태의 '무급 노동'이라고 보았다! 따라서 값싼 자연의 기원과 더 큰 생태 및 기후위기를 이해하려면 이 은밀한 장소를 살펴봐야 한다. 즉, 마르크스가 잉여가치에서 노동 착취를 발견한 것처럼, 생산과정에 내재하지만 밝혀지지 않은 은밀한 형태

22   Ibid., 752.

23   다음을 참고하라. Fernando Coronil, *The Magical State: Nature, Money, and Modernity in Venezuela* (Chicago: University of Chicago Press, 1997).

의 생태 악화를 밝혀내야 한다.

이제부터는 질소 업계의 상대적 잉여가치 창출 전략이 어떻게 탄소 집약적인 질소 생산을 농업에 도입하도록 했는지, 식량 가격을 비롯해 더 넓게는 노동자 계급의 가치를 **하락**시키는 데 기여했는지 알아보자.

질소의 순환은 어떻게 화석 자본이 되었나

질소는 생물의 기능에 필수적인 단백질을 형성하는 아미노산의 기본 구성 요소로 생명의 기초가 되는 물질이다. 따라서 모든 동물이 식물에 의존하는 한, 생명의 기본은 식물의 성장에 필수적인 질소이다.

대기의 79퍼센트가 질소 가스N_2를 함유하고 있을 정도로 질소는 풍부하지만, 그것은 식물이 성장하는 데 활용할 수는 없는 비활성기체로 존재한다. 식물이 질소를 사용하려면 NH_3(암모니아) 등의 질소화합물 형태로 **고정**되어야 한다. 지구 역사의 99.9퍼센트 동안 토양 미생물이 질소를 고정하는 역할을 해 왔으며, 일부는 대기 중의 번개로 인해 고정되었다.[24] 이런 미생물은 특정 식물과 공생관계를 형성하며 토양을

---

24   G. J. Leigh, *The World's Greatest Fix: A History of Nitrogen and Agriculture* (Oxford: Oxford University Press, 2004), 13.

더 비옥하게 만든다.

따라서 인간이 연도 단위로 특정 작물을 재배하기 시작하면서부터 질소는 언제나 한계 요인으로 작용했다. 똑같은 작물을 매년 심다 보면 토양 내 질소가 고갈되고 결국 불모지로 변했다. 이에 관한 주된 해법은 더 비옥한 토양으로 옮겨 작물을 심는 것이었다. 화전농업에서는 삼림을 태워('베고 태우는' 경작법) 경작지를 비옥하게 만들었다. 농민들 역시 콩과 작물(클로버, 자주개자리, 콩)을 윤작하면 질소를 고정하는 박테리아와 공생관계를 형성하여 비옥도를 높일 수 있음을 알게 되었다. 그리고 우리가 먹는 음식에 생명의 필수 요소인 질소화합물이 포함되어 있기 때문에 대변에도 질소가 많이 함유된다. 농민들은 동물 배설물로 만든 거름을 뿌리면 토양이 비옥해진다는 것도 알게 되었다.[25]

이렇게 토양을 비옥하게 만드는 방식 대부분이 삼림, 토양 미생물, 동물의 소화 및 분변 등 '자연의 공짜 선물' 또는 무어의 표현으로는 '무급 노동'에 의존하는 것이었다. 그러나 점점 더 많은 땅이 사유화되고 공유지에 울타리를 둘러치게 되면서 화전농법을 쓰기가 점점 힘들어졌다. 그렇게 되자 농민

---

25 위 문단은 다음 책을 참조했다. Vaclav Smil, *Enriching the Earth: Fritz Haber, Carl Bosch, and the Transformation of World Food Production* (Cambridge, MA: MIT Press, 2001), 1-39.

들은 토양 침식과 불모화라는 심각한 문제에 직면하게 되었다. 이 같은 19세기 자본주의의 전반적인 토양 위기(마르크스는 "물질대사 균열"이라고 부른다) 속에서 비료가 **상품** 투입물로서 점점 더 많이 팔리게 되었다.[26] 처음에는 골분 혼합물, 어박, 도축장 폐기물[27]을 서서히 활용하기 시작했으나 1800년대 중반부터 구아노 무역이 증가하면서 전 세계적 상업 비료 산업이 발달하게 되었다.[28]

페루 남부 해안의 친차 섬에 있는 구아노 산지(새의 배설물이 어마어마하게 퇴적된 지역)는 독특한 지리적 특성 덕분에 생겨났다. 비가 잘 오지 않기 때문에 질소가 풍부한 배설물이 씻겨 내려가지 않은 것이다. 그렇지만 구아노를 상품으로 제조하는 과정은 매우 노동 집약적이었고 수입된 중국 노동력에 크게 의존했다. 브렛 클라크와 존 벨라미 포스터는 이들의 노동조건이 "노예제보다 심각"했다고 설명한다.

구아노를 채취하려면 돌섬을 뒤덮은 배설물 더미를 파야 했다.

26 Richard A. Wines, *Fertilizer in America: From Waste Recycling to Resource Exploitation* (Philadelphia: Temple University Press, 1985).

27 Lewis B. Nelson, *History of the US Fertilizer Industry* (Muscle Shoals, AL: Tennessee Valley Authority), 34-45.

28 Gregory Cushman, *Guano and the Opening of the Pacific World: A Global Ecological History* (Cambridge: Cambridge University Press, 2013).

자본이 구아노 채취에 할당하는 비용은 최소한이었다. 가장 비싼 물품은 구아노를 담는 자루였다. 노동자는 곡괭이와 삽으로 구아노를 파내어 자루와 수레를 채워야 했다. 각 노동자는 매일 80~100개의 수레에 구아노를 채워야 했는데, 이는 거의 5톤에 가까웠다. 수레를 채우면 이를 배로 옮기는 활송 장치에 실었다. 노동자는 만약 일일 할당량(5톤)을 채우지 못한다면, 체벌을 받았다.[29]

"노동자가 할당량을 채우지 못하면 태형, 채찍질, 뙤약볕 아래 몇 시간이고 서 있기 등 가혹한 처벌로 다스렸다"[30]라고 설명한 것처럼, 구아노 들판의 질서는 강압과 공포로 유지되었다.

유럽과 미국에서 황폐해진 땅을 경작하는 일은 페루 구아노 들판에서 심각한 착취 노동을 일삼는 제국주의적 관계에 의존하게 되었다. 그러나 구아노 붐은 1840년에서 1870년까지만 유지되었다. 가장 접근성이 좋은 매장지의 구아노가 빠르게 고갈되었기 때문이다. 1870년 이후로는 주로 질산염이나

---

29 Brett Clark and John Bellamy Foster, "Ecological imperialism and the global metabolic rift: unequal exchange and the guano/nitrates trade," *International Journal of Comparative Sociology*, Vol. 50, No. 3-4 (2009): 311-334; 322-323.

30 Ibid., 323.

칼리치^{caliche} 광석에서 추출하는 초석(둘 다 칠레 아타카마 사막 지역에서 발견된다)에서 질소를 얻었다.

아타카마 사막에서의 초석 채굴 과정은 친차 섬에서 구아노를 채취할 때보다는 아주 조금이나마 덜 노동 집약적이었다. 손으로 구멍을 뚫고 거기에 폭발물을 넣어 터뜨린 다음, 폭발로 노출된 광물 중 질산염 함유량이 높은 광물을 수작업으로 분류한다. 이를 끓인 후 건조해 질산염 결정을 만들고 손으로 짠 가방에 담는다.[31] 구아노 채취에서의 가혹한 수작업에 비해 칠레의 질산염 생산에는 숙련된 노동이 필요했지만, 착취는 매한가지였다. "임금은 턱없이 낮았지만 노동자는 자신의 업무에 숙련되었고, 다른 비숙련 노동자 또는 훈련되지 않은 노동자로 쉽게 대체되지 않았다."[32]

이와 관련해서는 더 깊이 파고들어 자세하게 설명할 수도 있겠지만, 넘어가겠다. 질소의 지리학을 이해하는 핵심 요소는 바로 **지대**^{rent}다. 천연자원이 일부 지역에만 집중될 경우, 해당 천연자원의 매장지 소유주는 쉽게 높은 지대를 요구할 수 있다. 바로 이런 일이 칠레에서 벌어졌다. 당시 칠레 정부는 질산염 생산에 과도한 세금(70%)을 부과하여 일명 '지대 국가

---

31 Paul Marr, "Technology, labor, and the collapse of Chile's nitrate industry," *Middle States Geographer*, Vol. 46 (2013): 19-26.

32 Ibid., 21.

rentier state'(지금은 원유 지대에 의존하는 국가를 지칭할 때 많이 쓰인다)의 원형을 만들었다.[33] 자원 지대에 국가권력이 개입하면서 질산염 매장지 관리 문제는 지정학적, 외교적 전략과 갈등 문제로 비화했다. 1856년에 미국은 미국 시민이 '발견한' 구아노 섬을 미국 영토로 병합할 수 있다고 선언한다.[34] 1865년에서 1866년 사이에 스페인은 구아노 섬을 점령했지만 칠레, 페루, 볼리비아, 에콰도르 연합군에 패퇴하고 만다. 1880년대에 칠레는 질산염 산지의 관리를 두고 페루, 볼리비아와 전쟁을 치렀다.

그렇다면 질소의 순환이 어떻게 불로소득 자본주의rentier capitalism에서 잉여가치 창출을 바탕으로 하는 **산업자본**의 형태로 바뀌었을까? 1898년에 영국 과학자 윌리엄 크룩스 경은 질소 비료의 희소성이 "밀을 먹는 사람에게는 기아와 다름없는 재앙"을 의미한다고 경고했다.[35] 그는 질소의 '자연적' 원천이 유한하며 빠르게 고갈되고 있음을 알고 있었다. 또한 그는 대기의 79퍼센트가 질소로 구성되어 있으니 대기 중 질소를 화

---

33 Ibid., 19.

34 Dylan Matthews, "This 1856 law makes it legal to seize islands for America if they have lots of bird crap," *Vox*, 2014년 7월 31일.

35 Sir William Crookes, *The Wheat Problem: Based on Remarks Made in the Presidential Address to the British Association at Bristol in 1898* (London: Longmans Green, 1898), 44.

학적으로 '고정'하는 방식을 개발하면 대규모 기아 사태를 막을 수 있으리라 생각했다. "굶주림이 결국에는 풍요로 바뀔 수 있는 곳은 바로 연구실이다"[36]라고 말할 정도였다.

질산염 불로소득자 세력의 권력을 무너뜨린다는 것은 곧 대기에 풍부한 질소를 비료나 탄약(질소의 또 다른 용도)을 생산할 수 있는 형태로 '고정'하는 방법을 찾는다는 것을 의미했다. 마침내 1909년에 프리츠 하버와 카를 보슈의 연구실에서 공기로부터 합성 암모니아NH_3를 추출하는 일에 성공하며 돌파구가 마련되었다. 1920년대가 되자 미국 민간 화학 자본이 이 공정의 세부 사항(특히 촉매제)에 접근할 수 있게 되었다.[37] 하버-보슈 공정은 구아노와 칠레의 질산염과는 눈에 띄게 달랐다. 우선 불로소득 세력과 토지 문제가 해결되었다. 공기는 **어디에나** 있으니까 말이다. 또한 이 방법은 노동 집약적이지 않았으며 자본 집약적인 생산 방식이었다. 이제 질소 생산은 강제노동이 아니라 대형 보일러, 파이프, 밸브, 압축기에 막대한 투자를 하면 되는 자본 집약적 방식에 의존하게 되었다.

이렇게 고정자본을 투자하고 나면, 남는 주요 문제는 대기 중의 공짜 질소와 합성하여 암모니아를 만들어 낼 수 있는

---

36 Ibid., 3.

37 Smil, *Enriching the Earth*, 73-74.

수소 공급원을 찾는 것이다. 수소는 이 세상에서 가장 풍부하지만 생산 비용이 상당히 비싸다. 지구에서는 수소가 탄소나 산소 같은 다른 요소와 결합한 형태로만 나타나기 때문이다. 이런 수소 화합물에서 수소만 추출하는 과정에는 비용, 에너지, 원료가 많이 든다. 따라서 질소 자본은 수소 공급원 문제를 가장 저렴한 수소 생산 방식을 찾는 경제적인 문제로 본다.

기후에는 안된 일이지만, 에너지와 수소의 가장 싼 공급원은 화석연료를 사용하는 것이다. 물을 전기분해하여 수소를 얻을 수도 있지만, 그러려면 전기가 필요하다. 그런 이유로 화학 기업은 이보다 싼 탄화수소를 선호한다. 바로 이렇게 질소의 순환이 안드레아스 말름이 말한 화석 자본[38]에 편입되는 것이다. 질소의 자연적인 공급원이 희소하다는 문제를 해결하는 전체 과정은 지금은 풍부하지만 결국에는 유한한 수소 공급원, 즉 화석연료로의 전환을 전제로 했다. 또한 대기에서 추출한 합성 질소 생산이 늘어나면서 과잉 질소가 자연의 질소 순환을 압도하게 되었다. 그 결과 아산화질소 배출, 수질 오염, 부영양화, 데드존Dead Zone[39]이 생겨났다. 본질적으로 보면, 합성 질소 생산을 통해 자연 질소 순환의 범위를 초과한 것

---

38   Andreas Malm, *Fossil Capital: The Rise of Steam Power and the Roots of Global Warming* (London: Verso, 2016), 290[국역:《화석 자본》, 위대현 옮김, 두번째테제, 2023].

39   [옮긴이] 물속의 산소가 부족하거나 고갈되어 해양생물이 살 수 없게 된 해역.

이 원인이다. "오늘날 질소가 토양에 고정되는 속도는 매년 300Mt(N) 정도로, 산업화 이전의 거의 2배에 해당한다."[40]

1920년대와 1930년대에 미국 역사상 최초의 합성 암모니아 공장을 건설한 듀퐁DuPont사는 기업 연혁을 통해 화석연료에서 추출하는 '저비용 수소'에 관해 관심을 보였다.

하버 공정으로 암모니아를 제조한다는 것은 질소 공급원과 저비용 수소를 의미한다…. 전자는 물론 공기에서 가져올 수 있지만, 후자는 에너지의 소비를 통해서만 추출할 수 있는 탄소나 산소와 연관되어 있다. 전기 분해 수소는 미국에서 사용하기에는 너무 비싸다. 탄화수소나 석탄을 분해하면 수소를 경제적으로 생산할 수 있다.[41]

1931년, 캘리포니아 소재 셸 케미컬사는 암모니아 합성용 수소를 석탄이 아닌 천연가스에서 얻는 공정을 개발했다.[42] '수증기 변성'이라 불리는 이 공정에서는 메테인CH_4을 물H_2O

---

40   Robert H. Socolow, "Nitrogen management and the future of food: Lessons from the management of energy and carbon," *PNAS*, Vol. 96, No. 11 (1999): 6001-6008; 6002.

41   E. P. Bartlett, *The Chemical Division of the DuPont Ammonia Department, 1924-1936* (Wilmington, DE: E.I. du Pont de Nemours & Co., 1949), 9-10.

42   Nelson, *History of the US Fertilizer Industry*, 229.

과 합성하여 수소 가스H_2를 만든다. 이 화학 반응의 주요 부산물은 이산화탄소CO_2다. 현재 전 세계 암모니아 생산의 약 4분의 3(72.4%)이 천연가스에 의존한다. 그러나 중국은 여전히 석탄을 공급 원료로 사용하는 탄소 집약적인 방식을 사용한다.[43] 또한 천연가스는 자본의 **주요** 비용이기도 하다. 대부분 기업에서 천연가스가 비용의 72~85퍼센트를 차지한다고 한다.[44] 현재, 풍부하면서도 값싼 재생에너지를 물의 전기분해에 이용하여 수소를 만들어 낼 수 있으리라 여겨지는, 일명 '녹색 암모니아'를 두고 기대가 높다.[45] 그러나 다른 청정에너지가 그러하듯, "대부분의 연구에서 녹색 암모니아가 기존 암모니아 생산 방식 대비 비용이 2~4배 정도가 될 것"[46]이라는 결론이 나오는 상황에서, 질소 자본이 유의미한 전환을 이룰 수 있을지는 미지수다. 이를 증명해 주는 듯한 사례가 있었다. 바로 이번 장 서두에서 언급한 공장을 소유한 기업에서 최근 녹

---

43 Institute for Industrial Productivity. n.d. Ammonia. ietd.iipnetwork.org/content/ammonia.

44 Wen-yuan Huang, "Impact of rising natural gas prices on US ammonia supply," *Report of the Economic Research Service* (Washington, DC: United States Department of Agriculture, 2007), 5.

45 Alexander H. Tullo, "Is ammonia the fuel of the future?" *Chemical and Engineering News*, Vol. 99, No. 8 (2021): 20-22.

46 Ibid., 20

색 암모니아를 생산하기 위해 전기분해 공장 설립 사업을 하겠다고 밝힌 것이다. 그러나 웹사이트에 기재된 것으로 보면 예상 생산량은 전체 질소 생산량의 0.25퍼센트 정도밖에 되지 않는다.

이런 공정(보일러, 파이프, 물, 가스)을 도입하게 되면, 자본은 다른 기업도 동일한 원자재를 쓰는 상황에서 어떻게 이윤을 창출해낼 것인지의 문제에 직면하게 된다. 마르크스주의 전통에서 답변은 잉여가치의 살아 있는 공급원인 노동을 더욱 착취하는 것일 테다. 그렇지만 암모니아 생산공정에는 노동력이 거의 들지 않는다. 잉여가치를 창출하는 다른 방식은 상대적 잉여가치를 창출하여 노동력을 **간접적으로** 싸게 만든다.

질소 자본과 1940-1970년 사이
미국의 식량 가격 및 임금 하락

미국 화학 기업이 천연가스에 기반한 수증기 변성 공정을 개발하던 시기에 유럽과 아시아에서는 전쟁이 발발했다. 질소는 비료에만 필수적인 요소가 아니라 탄약 제조 산업에도 중요하다. 프리츠 하버가 합성 암모니아를 개발하려 했던 것은 토양 비옥도 문제를 해결하기 위함이었지만, 1차 세계대전에서 독일군을 강화하기 위한 목적도 있었다. 나중에 2차 세계대전에 미국이 참전할 가능성이 높아지자, 육군 병기 부대는 전쟁을 준비할 목적으로 암모니아 공장 10곳을 신설하라고 명령했고, 다양한 화학 기업에 공장 운영을 외주로 맡겼다.[47] 이는 사실상 질소 생산에 가장 큰 비용인 건설 비용을 보조해 준 것이었고 그 결과 1940년과 1946년 사이 미국에서 하버식 암모니아 공장이 9개에서 18개로 늘어났다.[48] 이 중 4곳은 천연가스(미국 암모니아 업계의 주요 공급 원료로 사용량이 늘어났다)를 사용하는 공장이었다.[49]

이미 1943년에 미국 정부는 잉여 질산암모늄을 보유하고 있었으며 그 잉여분을 농민에게 비료로 공급할 수 있을 정도였다. "미국 농민이 활용할 수 있을 정도로 충분한 양의 질소가 확보된 것은 이때가 처음이었다."[50] 전쟁의 상흔이 가시자 미국 정부는 질소 공장을 민간 화학 기업에 매각하기로 했고 1954년에 모든 매각 과정이 종결되었다. 한편, 1950년이 되자 암모니아 합성을 통해 생산된 질소가 미국 질소 소비량의 70

---

47   Nelson, *History of the US Fertilizer Industry*, 325-326.

48   Ibid., 324.

49   Ibid., 325.

50   Ibid., 325.

퍼센트 정도를 차지했고, 미국 농민은 "콩과가 아닌 작물 농사에 화학적으로 생산된 질소를 대량 투입하는 일의 경제적 가치를 빠르게 습득"[51]했다. 무역 관련 저널에는 농민에게 직접 질소를 판매하는 사업이 산업 성장에 얼마나 중요한지를 말하는 암모니아 산업 관계자의 인터뷰가 실렸다. "무수 암모니아처럼 많은 장점이 있는 제품의 경우, 농민이 그 사실에 빠르게 주목하도록 만들어 내는 데 핵심적인 역할을 할 수 있는 것은 광고라고 본다."[52] 그림 2.1에서 볼 수 있듯이 비료 회사들은 농민을 대상으로 한 공격적인 무수 암모니아 용액 마케팅을 이윤 '증대'의 기회로 보았다(Agricultural Chemicals 광고, 1956년, 앨라이드Allied). 또한 질소 업계는 화학적으로 생산된 질소를 사용하면 어떻게 이윤이 증대되는지 증명하는 연구를 홍보했다. 《농업용 암모니아 뉴스》지에는 "미주리주에서 진행된 5년간의 테스트로 암모니아가 에이커당 14달러의 이윤 증대 효과가 있음이 입증되다"[53]라는 글이 실렸다. "NH$_3$에 열광하다"라는 글에서는 에이커당 평균 35부셸의 옥수수를 수확하던

51   Ibid., 323.

52   "Distributor advertising is the quickest way to give farmers facts about ammonia-use of different media discussed by distributors," *Agricultural Ammonia News*, 1-3월호 (1955), 10, 56.

53   Miller Carpenter, "Five-year tests prove ammonia boosts profits by $14 per acre," *Agricultural Ammonia News* 3월-4월호 (1956): 16-20.

그림 2.1 출처: *Agricultural Chemicals*, 1956년 3월, 7쪽.

팻 매트칼프Pat Metcalf라는 농민의 에이커당 수확량이 86부셸이 되었다는 일화가 소개된다.[54] 이 농민은 "비료를 쓰고 나서 정말 달라졌습니다"[55]라고 말한다. 이것은 과장된 이야기가 절대 아니었다. 미국의 평균 옥수수 생산량은 1945년에서 1949년 사이 에이커당 36부셸에서 1972년과 1973년에는 94부셸로 늘

---

54   Ellis Stout, "He's sold on NH₃ ," *Agricultural Ammonia News* 7-8월호 (1957): 11-12.

55   Ibid., 11.

어났다.[56]

농민을 상대로 한 비료 판매는 암모니아 산업의 (자본) 축적
에 핵심적이었다. 따라서 1950년대에 암모니아 공장 수는 19
개에서 57개로 늘었다.[57] 기업 간 경쟁이 심화되었고 2차 세계
대전과 전후 시기(1960년대까지)에는 가격도 하락했다.[58] 1940
년대와 1950년대에 있었던 대규모 산업 확장은 농민 수백만
명이 화학적으로 생산된 질소 비료를 사용하기 시작했기 때
문에 가능했다. 이렇게 질소를 투입하려면 새로운 기계, 도구
가 필요했고 토지의 경작과 작물 심기, 수확 주기도 달라져야
했다.[59] 업계 관계자는 곧 생산 능력 과잉이라는 전통적인 문
제를 고민하기 시작했다. 《농업용 화학제품》이라는 무역 저널
사설에서는 "무수 암모니아를 비롯하여 모든 형태의 질소가
과잉되기 전에 과연 언제까지 계속해서 생산을 확대할 수 있
을 것인가"라고 설명했다.[60] 이런 경고에도 해당 저널은 "현재

56   Willard W. Cochrane and Mary E. Ryan, *American Farm Policy, 1948-1973* (Minneapolis:
     University of Minnesota Press, 1976), 3.

57   Nelson, *History of the US Fertilizer Industry*, 324.

58   William H. Martin, "Public policy and increased competition in the synthetic ammonia
     industry," *The Quarterly Journal of Economics*, Vol. 73, No. 3 (1959): 373-392.

59   Adam Romero, "'From oil well to farm': Industrial waste, shell oil, and the
     petrochemical turn (1927-1947)," *Agricultural History*, Vol. 90, No. 1 (2016): 70-93.

60   "Nitrogen: A study of productive capacity," *Agricultural Chemicals* 9 (September
     1954): 55-57, 149; 55

경제적으로 유익하다고 권장되는 수준으로 미국 농민이 소비하기만 한다면 과잉 공급은 일어나지 않을 것이다"[61]라며 낙관적인 태도를 유지했다.

'경제적으로 유익한' 수준으로 사용한다는 말은 이 업계의 축적 요구에 매우 부합했다. 화학 산업은 이제 미국 농민뿐만 아니라 교외 주택 소유자로 그리고 더 중요하게는 수출 시장으로 눈을 돌려 과잉생산 문제를 해결하려 했다.[62] 1952년에 미국의 질소 수출량은 1만 1천 톤에 불과했다. 그런데 1964년에는 11만 1천 톤, 1970년에는 72만 7천 톤이 되었다.[63] 이는 '녹색 혁명'과 이를 통해 남반구의 소농 경작을 무수 암모니아 등의 화학 투입물 사용으로 전환하려는 노력의 확대 양상과 유사하다.[64]

암모니아 제조업체는 국내외에서 새로운 시장을 개척할 뿐만 아니라 생산을 더 효율적으로 할 수 있는 방법, 즉 상대적 잉여가치를 찾으려 했다. 실질적인 돌파구는 1960년대 초

61   Ibid., 149.

62   Paul Robbins, *Lawn People: How Grasses, Weeds, and Chemicals Make Us Who We Are* (Philadelphia, PA: Temple University Press, 2007)

63   US Geological Survey. 2019. "Historical Statistics for Mineral and Material Commodities in the United States" Nitrogen-Supply-Demand Statistics.usgs.gov.

64   Raj Patel, "The long green revolution," *Journal of Peasant Studies*, Vol. 40, No. 1 (2013): 1-63.

에 "M.W. 켈로그사M.W. Kellogg Company가 점보 사이즈의 싱글 트레인 원심압축기를 사용하는 암모니아 공장을 도입"[65]하면서 마련되었다. 이 공장에서는 이전보다 훨씬 많은 양을 생산할 수 있었다. 이전에 하루 25~300톤을 생산했다면, 이제는 하루 600~1500톤을 생산하게 된 것이다.[66] 또한 단일 압축기 사용과 열 포집 및 회복 효율의 향상으로 이전보다 "절반의 비용으로… 암모니아를 생산할 수 있는"[67] 조건이 마련되었다.

최초로 (이런 기술을 사용하는) 공장이 가동된 것은 1964년이지만 1980년에는 같은 기술을 활용한 곳이 27개 기업 소유 43개 공장으로 늘었으며, 이렇게 생산된 암모니아가 미국 총 암모니아 생산량의 71퍼센트를 차지했다.[68] 마르크스식으로 말하면, 이러한 혁신은 암모니아를 생산하는 데 필요한 '사회적 필요노동시간'을 급격히 줄여 주었고 그 결과 암모니아 제품의 가치를 전반적으로 낮추었다.

즉, 상대적 잉여가치를 향한 욕구가 농업에 투입되는 질소의 **가격 하락**을 불러왔다는 것이다. 한 농업 역사가는 "1950

---

65   Nelson, *History of the US Fertilizer Industry*, 333-334.

66   Ibid., 332, 334.

67   Ibid., 334.

68   Ibid., 335.

년대와 1960년대에 이뤄진 무기 질소 비료 사용의 급격한 확대는 [농업] 투입물이 새로이 개선된 문제라기보다는 기존 투입물의 제조 비용이 크게 절감된 데 따른 것이다"[69]라고 설명한다. 비료 생산량과 상대적 잉여가치를 향한 경쟁의 확대는 1960년대에 비료 가격의 하락을 이끌었다. 1970년대에 천연가스 가격이 급등하여 상황이 복잡해지기 전까지 말이다. 무수 암모니아 가격은 1960년에 미국톤short ton당 141달러에서 1969년 가을경에는 73달러 정도로 약 51퍼센트 하락했다.[70] 트랙터, 살충제, 기타 산업적 농업 투입물을 비롯하여 비료는 미국 농업의 노동 생산성에 상당한 변화를 불러왔다. 1920년대 초에 옥수수 100부셸 생산에 필요한 노동시간이 122시간이었다면, 1960년대 중반에는 7시간이면 충분했다.[71] 그 결과 미국뿐만 아니라 전 세계에서 농업 부문 고용이 급감했다. 아론 베나나브는 이를 날카롭게 분석한다.

69 Bruce Gardner, *American Agriculture in the Twentieth Century: How It Flourished and What It Cost* (Cambridge, MA: Harvard University Press, 2002), 23.

70 United States Department of Agriculture, Economic Research Service, "Fertilizer Use and Price." ers.usda.gov/data-products/fertilizer-use-and-price

71 Susan B. Cater, et al., *Historical Statistics of the United States*: Millennium Online Edition. "Table Da1143-71—Labor hours per unit of production and related factors, by commodity: 1800-1986."

1980년대에는 전 세계 노동자 대다수가 농업 부문에서 일했다. 그러나 2018년에 이 수치는 28퍼센트로 떨어졌다. 따라서 20세기 생계 파괴의 주요 원인은 '실리콘 자본주의'가 아니라 질소 자본주의다.[72]

마르크스의 상대적 잉여가치 이론의 핵심은 전반적인 상품가의 하락이 노동력 **재생산**에 필요한 상품가의 하락으로 이어지고, 이를 통해 노동자로부터 뽑아낼 수 있는 잉여가치가 확대된다는 것이다. 질소 투입물 가격의 하락은 물론 농민의 투입 비용 하락을 의미하는 것이었지만, 이는 가장 중요한 임금재wage goods인 식량 가격의 하락으로 이어졌다. 질소는 데이비드 굿맨과 마이클 레드클리프트가 일명 "옥수수-대두-가축 복합체"(값싼 곡물로 육류 생산 비용을 낮추는 것)라고 부르는 것의 핵심을 이룬다.[73] 2차 세계대전 기간과 직후 식량 가격이 급등하기는 했지만 그림 2.2에서 볼 수 있듯이 전후 기간에 기본적인 곡물 가격이 하락했다.[74] 더 중요한 사실은 전후 시기

72 Aaron Benanav, *Automation and the Future of Work* (London: Verso, 2020), 42[국역: 《자동화와 노동의 미래》, 윤종은 옮김, 책세상, 2022].

73 David Goodman, Michael Redclift, *Refashioning Nature: Food, Ecology and Culture* (London: Routledge, 1991), 109.

74 데이터 출처: 경제학자 데이비드 잭스의 웹사이트, "Data on 1850-Present." sfu.ca/~djacks/data/boombust/index.html.

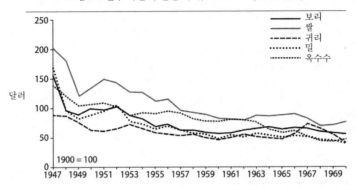

그림 2.2 일부 곡물의 실질 가격, 1947-1970 (1900=100)

출처: David S. Jacks, "From Boom to Bust: A Typology of Real Commodity Prices in the Long Run." Cliometrica, Vol. 13, no. 2 (2019): 202-220.

전반에 걸쳐 식량에 지출하는 비용의 비중이 전체적으로 급감했다는 점이다. 대략적인 평균치에는 계급 불평등이 반영되어 있지 않지만, 1947년에 미국 소비자가 소득 중에 식량에 지출하는 비중은 평균적으로 23퍼센트였는데 1970년에 이 비중은 13퍼센트로 줄었다.[75] 물론 **임금 상승**이 감소의 요인으로 작용하기는 했지만, 식량 지출의 비중은 줄고 실제 식량 소비량(및 낭비되는 양)이 급증했다는 점에 주목해야 한다. 다음 쪽 그림 2.3을 보면 전후 시기에 육류 소비가 대폭 증가했다는 점을 알 수 있다.[76]

75 Our World in Data, "Food expenditure as a share of family disposable income, United States." ourworldindata.org/grapher/food-expenditure-as-share-offamily-disposable-income.

76 United States Department of Agriculture, Economic Research Service, "Per capita availability of chicken higher than that of beef," ers.usda.gov.

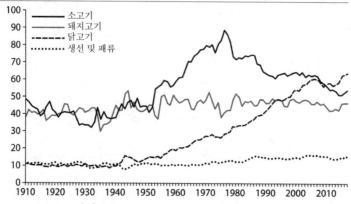

그림 2.3 미국 국민 1인당 소비 가능한 소, 돼지, 닭고기, 생선/패류, 1910-2017

출처: USDA, Economic Research Service, Food Availability Data
https://www.ers.usda.gov/data-products/chart-gallery/gallery/chart-detail/? chartId=58312

* 식용 육류(뼈 제외, 식용 가능 부분) 무게 기준. 식용 잡육, 뼈, 내장,
사냥된 붉은 육류 제외. 닭 껍데기, 목, 내장 포함. 시판 동물 사료용 닭고기 제외.

또한 마르크스는 상품 가격의 하락이 **노동자 자신**의 가격을 낮춘다고 주장했다. 전후 시기는 추상적인 의미에서 식량 가격이 저렴해진 것도 있지만, 영양가는 없고 값싼 감미료나 기름, 방부제, 염분과 지방 함량이 높은 가공식품이 증가하는 특징을 보였다.[77] 전후의 높은 임금과 노동조합으로 보장되는 일자리가 1980년대부터 점차 사라져 지금에 이르면서, 노동시간은 길지만 임금은 정체된 시대가 되었다. 그러면서 노동자는 점점 '빠르고' 편리하며 저렴한 가공식품을 찾게 되었

---

77 Michael Moss, *Salt Sugar Fat: How the Food Giants Hooked Us* (New York: Random House, 2013).

다. 직장 안에서의 노동과 점점 사유화되는 가구 안에서의 사회적 재생산 노동 사이에서 미친 듯이 균형을 잡아 보려 애를 쓰는 일을 더 어렵게 만들고 싶지는 않았기 때문이다.[78]

값싼 식량과 값싼 노동자는 자연의 '무급 노동/에너지'에 의한 것이 아니라 자본이 상대적 잉여가치를 추구하면서 발생한 결과다. 사실 전후 시기가 되기 전까지 농업이 완전히 산업화되었다고는 말하기 어렵다. 1940년만 해도 인구의 4분의 1가량이 농촌에서 농사를 지었다. 1970년이 되자 이런 인구의 비중은 5퍼센트 미만으로 줄어들었다.[79] 노동 생산성을 높이려는 욕구는 농장에서 '농장이 아닌' 곳으로 전파되었다. 잭 클로펜버그가 주장했듯, "농업 생산에서… 생산활동이 농장이 아닌 곳으로 이동하고 고도로 발달한 자본주의 생산관계가 적용되는 조건으로 변했다는 점이 가장 중요하다."[80] 농업의 산업화는 자본 전체에 잉여가치 생산의 지평이 넓어졌음을 의미한다. 값싼 식량과 노동자는 자본에 막대한 이윤을 안

78 Julie Guthman, *Weighing In: Food Justice and the Limits of Capitalism* (Berkeley, CA: University of California Press, 2011).

79 Susan B. Carter, et al., Historical Statistics of the United States, "Table Da1-13, Farms—number, population, land, and value of property: 1910-1999."

80 Jack Kloppenburg, *First the Seed: The Political Economy of Plant Biotechnology, 1492-2000* (Madison, WI: University of Wisconsin Press, 1988), 31[국역:《농업생명공학의 정치경제》, 허남혁 옮김, 나남출판, 2007].

겨 줄 조건을 형성했으므로, 자본은 전후 시기 임금 상승과 노동조합의 단체교섭에 드는 비용을 수용할 수 있었다.

이런 변화는 저렴한 질소 비료의 과용으로 이어졌다. 그러면서 농민은 인류 역사상 최초로 토양 비옥도가 저하되지 않는 조건에서 같은 밭에 같은 작물을 매년 재배할 수 있게 되었다.[81] 이제는 질소를 너무 많이 사용하면 경제적인 인센티브를 받는다. "많은 농민이 재배 환경이 매우 좋은 해에도 높은 수확량을 유지하기 위해 질소 비료를 추가로 사용한다."[82] 그 결과 "매년 경작지에 투입된 8천만 톤의 비료 중에서 식량 작물이 소비하는 질소의 양은 1700만 톤에 불과하다. 나머지는 어디로 가는지 알 수 없다."[83] 이는 엄청난 낭비지만, 단지 농민이 귀중한 비료를 허비한다는 경제적 낭비만을 말하는 게 아니다. 이 과정에서 사라진 질소는 온실가스(아산화질소)로 대기에 배출되고 강수를 통해 수자원 시스템 내에서 순환하며 부영양화, 즉 호수와 강에서 식물이 빽빽하게 자라게 만들

---

81 Romero, "From oil well to farm."

82 G. Phillip Robertson, Peter M. Vitousek, "Nitrogen in agriculture: Balancing the cost of an essential resource," *Annual Review of Environment and Resources*, Vol. 34 (2009): 97-125.

83 Fred Pearce, "The nitrogen fix: Breaking a costly addiction" *Yale Environment* 360 (2009): e360.yale.edu/features/the_nitrogen_fix_breaking_a_costly_addiction[2024 년 12월 30일 접속 가능].

어 산소 부족으로 어패류의 대량 폐사를 일으킨다.

업계에서 농민을 대상으로 질소를 더 효율적으로 사용하는 법을 교육하겠다고는 하지만, 질소 생산 업체가 이런 낭비 역학(질소를 낭비할수록 판매가 더 늘어난다)으로 **이윤을 얻는다**는 불편한 진실은 여전히 남는다. 규제의 대부분이 '낭비벽이 있는' 농민이 질소를 과다 사용하는 것에 초점을 맞추고 있으며 산업 생산이라는 근원을 규제해야 한다고 생각하는 경우는 드물다.[84]

이런 부정적인 환경적 영향은 시장과 합성 암모니아의 양을 확대하는 일에 집중한 **생산 체계**에서 비롯되었다. 전후 시기 비료 생산량이 73만 톤(1946년)에서 1970만 톤(1980년)으로 늘어난 것[85]은 실로 매우 놀라운 일이다. 천연가스를 원료로 한 암모니아 생산 시 배출되는 탄소를 업계에서 널리 쓰이는 기본 배출량 계산법으로 계산(NH_3 1톤당 1.6톤)하면 1946년 당시의 탄소 배출량이 백만 미터톤 CO_{2e}를 조금 넘는 것에서 1980년에는 2850만 미터톤 CO_{2e}로 증가(약 2700% 증가)[86]했음

84   David R. Kanter and Timothy D. Searchinger, "A technology-forcing approach to reduce nitrogen pollution," *Nature Sustainability*, Vol. 1 (October 2018): 544-552.

85   Nelson, *History of the US Fertilizer Industry*, 324.

86   Institute for Industrial Productivity, n.d. Ammonia. ietd.iipnetwork.org/content/ammonia

을 알 수 있다. 앞에서도 말했지만, 오늘날 질소 비료는 전 세계 온실가스 배출량의 2.5퍼센트를 차지한다.[87]

21세기의 '탄소 제약'에 대한 저항

2019년, 미국 코넬 대학교와 환경방어기금Environmental Defense Fund 연구진은 산업적 비료 생산 시설에서 대기로 유출되는 메테인의 양이 기존에 알려진 것보다 100배는 많다는 연구 결과를 발표했다.[88] 이런 공장은 천연가스를 주로 사용하는 곳이므로 유출도 대부분 공장에서 일어난다. 연구에서는 이렇게 유출되는 양이 전체 가스의 0.34퍼센트라고 밝혔다. 숫자만 보면 미미한 양이라고 느껴지겠지만, 애초에 이런 시설에서 사용하는 천연가스량이 얼마나 되는지를 알면 생각이 달라질 것이다. 이는 암모니아 합성으로 인한 이산화탄소 오염과 농업에서 암모니아를 사용해서 생기는 막대한 질소 오염

---

87 International Fertilizer Association, "The Role of Fertilizers in Climate-Smart Agriculture," Contribution of the International Fertilizer Association (IFA) to the UN Climate Change Conference in Marrakesh, COP22/CMP12 (2016).

88 Xiaochi Zhou, Fletcher H. Passow, Joseph Rudek, Joseph C. von Fisher, Steven P. Hamburg, and John D. Albertson, "Estimation of methane emissions from the US ammonia fertilizer industry using a mobile sensing approach," *Elementa*, Vol. 7, No. 1 (2019): Article 19: 1-12.

과는 별개다. 기후변화의 관점에서 보면 이 모든 낭비는 인공적인 기후위기의 주요 원인으로서 질소 자본의 역할을 더욱 더 공고하게 만들 뿐이다.

앞에서 제시한 역사적인 맥락은 자본 집약적인 질소 산업이 어떻게 자본주의, 식량 체계, 노동의 재생산에 내재하게 되었는지를 설명하기 위한 것이었다. 21세기로 다시 돌아와 보면 질소 산업이 가진 탄소 문제를 알고 있으면서도 이를 해결하기 위한 주요 행동에 나설 의지가 없는, 비협조적인 업계가 눈에 보일 것이다. 업계 관계자를 대상으로 연구한 결과, 이들의 전반적인 무관심과 다양한 책임 전가 전략을 발견할 수 있었다.

첫 번째 전략은 암모니아를 합성하는 기술적인 과정이 고정되어 있어 업계가 이를 벗어날 수 없다고 주장하는 것이다. 하버-보슈 공정은 두 과학자가 100여 년 전에 이 공정의 기본 방식을 발견한 데 따라 여전히 그들의 이름을 붙여서 쓴다. 이전에 참석한 한 업계 콘퍼런스에서 홍보하던 모든 최신의 지속 가능 기술은 질소 흡수 효율을 개선해서 손실과 오염을 막는 방법 등으로 비료 사용에 관한 것이었다. 그런데 연사들은 [질소의] 산업적 생산에 대해 말할 때면 고정 불변한 화학 방정식에 따른 '100년 된' 기술을 이야기했다. 캐나다 질소 생산시설의 공장 관리자는 탄소와 관련하여 다음과 같은 논리를 주장했다.

> 온실가스 배출과 관련한 난제는 하버와 보슈라는 과학자가 100년 전에 화학식을 정립했고, 여기에는 변화의 여지가 없다는 것입니다. 그러니까 이 방식으로 암모니아를 생산한다면 그만큼의 이산화탄소가 배출될 수밖에 없는 거죠.[89]

물론, 하버-보슈 공정에서 "정립"된 것이라고는 열과 압력이라는 조건하에서 수소를 대기 중의 질소와 결합하는 것뿐이다. "그만큼의 이산화탄소"라는 것은 수소를 어떻게 생산하느냐에 따라 달라진다. 천연가스, 물의 전기분해, 석탄을 사용할 때 각각 탄소 배출 화학 방정식이 다 다르기 때문이다. 그러니까 실제로 "정립"된 것은 수소를 생산하는 가장 수익성 높은 수단이다. 산업 체제가 다른 방향성을 가지고 움직이게 되면, 수소를 훨씬 더 청정한 방식으로 생산할 수 있을 것이다. 그렇지만 현실에서 비료 산업은 탄소 집약적이다. 이윤을 추구하는 자본가 계급이 비료 생산수단을 소유하고 통제하기 때문이다.

89 인터뷰 1, 2015년 7월 16일.

둘째로, [질소 비료] 업계는 세계화된 시장에서 탄소 규제의 대상이 되는 것이 "부당하다"고 주장한다. 그들이 "탄소 제약"이라고 부르는 것에 업계 리더들이 동의하려면 "전 세계 시장에도 똑같이 적용해야 한다"는 것이다. 어느 싱크탱크의 대변인은 이렇게 설명했다.

비료 가격은 전 세계 가격에 따라 달라지므로 비용 지출이 많은 기업은 다른 곳보다 경쟁력이 낮아질 수밖에 없습니다…. 우리는 탄소 규제의 적용을 받는데 개발도상국의 경쟁사에는 그런 규제가 적용되지 않는다면… 불공정한 경쟁이 되는 겁니다.[90]

다음은 마르크스가 아동노동 규제에 저항하는 자본가를 설명한 구절이다.

그러나 자본은 본성적으로 평등을 주장하고, 내재적인 권리로서 모든 생산 현장에서 착취의 조건이 동일해야 한다고 주장하므로, 법으로 어떤 산업에서의 아동노동을 제한하면 다른 산업에도 이런 제한이 적용된다.[91]

90　인터뷰 2, 2015년 7월 2일.
91　Marx, *Capital*, Vol. 1, 520[국역:《자본/자본론》, 여러 판본이 있다].

당연히 마르크스는 영국의 법을 이야기한 것이다. 그리고 이 지구 전체의 모든 비료 생산 기업에 '동등하게' 적용되는 탄소 규제란 상상하기도 어렵다. 그러니까 비료 업계에서는 기후의 "동일한 착취 조건"을 주장하는 것이다. 이는 기본적으로 이산화탄소를 제한 없이 대기로 배출하는 것을 말한다. 그게 통상적인 일인 것처럼 말이다. 그러면서 업계 리더들은 세계 최대 암모니아 생산국인 중국(공정에 석탄을 활용하기에 훨씬 더 탄소 집약적이다)과의 세계 경쟁을 들먹인다.

최근 미국 규제당국이 발전 부문을 겨냥하자, 비료 업계는 재빨리 선을 긋고 나섰다. 비료 생산 기업은 전 세계에서 경쟁하지만 전기 발전은 공적 규제의 대상이자 시장이 국가나 지역으로 한정되기 때문이다. 비료 업계는 "발전 업계는 강한 규제가 적용되고 [규제로 인한] 비용을 소비자에 전가할 수 있지만, 우린 그렇지 못하다"라고 했다.[92]

셋째, 기후위기가 심화함에 따라 비료 업계도 뭐라도 하는 것처럼 보이려고 한다. 따라서 자발적인 탄소 행동을 통해 전형적인 '그린워싱greenwashing' 전략을 구사한다. 내가 방문했던 공장을 관리하는 기업에서는 미국 전역의 7개 공장 중 한 곳에서 아산화질소 감축 조치를 통해 얻은 '탄소 크레딧'을 자동

92   Ibid.

차 대기업에 판매한다고 대대적으로 광고했다. 이 기업은 아산화질소 감축량을 그만큼의 '탄소 대용품'(크레딧)과 교환하고, 이를 통한 수익을 농업 교육기관에 기부하여 "세계를 먹여 살린다"는 PR 논리를 강화한다. 이것이야말로 전형적인 기후 미끼 기법이다. 농업에 비료를 사용하는 것과 관련하여 비료가 아산화질소를 배출하는 역할을 한다는 점이 가장 많이 알려져 있지만[93] 비료 산업에서 배출되는 대부분은 이산화탄소다. 일례로, 내가 방문했던 공장에서 배출되는 기체의 80퍼센트가 이산화탄소였고 나머지 20퍼센트는 질산 생산에서 배출되는 아산화질소였다.

이 모든 책임 전가 전략 때문에 질소 부문에서 끊임없이 축적되는 화석 자본과 그에 따른 탄소 배출 누적을 보지 못하게 된다. 암모니아 업계는 현재 수압파쇄법(일명 '하이드로프래킹hydrofracking')으로 생산된 값싼 천연가스 덕분에 엄청난 호황을 누리고 있다.[94] 암모니아 시장의 80퍼센트를 5개 기업이 좌우하고 있으며 지난 10년간 이윤은 급증했다.[95] 사실 천연가스

93 Robertson, Vitousek, "Nitrogen in agriculture."

94 Lucy Cramer and Rhiannon Hoyle, "Here's one industry where the US is already catching China—fertilizers," *Wall Street Journal*, 2017년 2월 12일.

95 David Kanter, "A new way to curb nitrogen pollution: Regulate fertilizer producers, not just farmers," *Salon*, 2019년 1월 20일.

채굴 업계는 낮은 가격으로 고통을 겪고 있지만, 수압파쇄법의 최대 수혜자는 천연가스를 주요 원료로 사용하는 화학 및 비료 자본이다. 2009년에서 2019년 사이, 미국에서 질소 생산량은 770만 미터톤에서 1250만 미터톤으로 증가(62%)했다.[96] 이를 바탕으로 배출량을 대략 계산해 보면 배출량은 1230미터톤 CO_{2e}에서 2130미터톤 CO_{2e}로 증가(약 75%)했음을 알 수 있다. 현재 아이오와주와 인디애나주에서는 미국 농장 지대의 소비자 시장 인근에서 생산하기 위해 신규 비료 공장을 건설하여 운영 중이다.[97] 이는 기후위기에 관한 사회, 정치적 관심이 증대되고 개인 소비자가 자기 행동을 바꾸려 하는 가운데 발생한 일이다.

나가며

자본가는 자본의 화신으로서만 존재 의미가 있다. 그러므로 자본가는 수전노와 마찬가지로 자기를 풍요롭게 하려는

96　US Geological Survey 2019, "Nitrogen Statistics and Information." usgs.gov/centers/nmic/nitrogen-statistics-and-information.

97　Energy Information Administration, "New methanol and fertilizer plants to increase already-growing industrial natural gas use," 2015년 7월 29일. eia.gov/todayinenergy/detail.php?id=22272.

절대적인 욕구를 가진다. 그러나 이 욕구는 수전노의 경우 개인의 광기로 나타나지만, 자본가의 경우 그 자신이 톱니바퀴에 불과한 사회 메커니즘 작용의 결과로 나타난다.[98]

이번 장에서는 기후변화 문제를 해결하려면 생산의 '은밀한 장소' 속의 **자본의 소유자**에게 적대적인 태도로 접근해야 한다는 점을 분명히 해 두려 했다. 이것이 탐욕스러운 개별 자본가 무리에게 기후위기의 책임이 있다고 비난하는 **행동주의** 정치로 이어질 수도 있겠다. 그렇지만 이 역시 기후변화를 개별 소비자의 '무책임한' 선택 탓으로 돌리는 것만큼이나 잘못된 방향이다. '인격화된 자본'에 관한 마르크스의 분석에 따르면 개별 자본가의 잉여가치 축적 욕구는 선택의 문제가 아니며 마르크스가 외적인 "강제적 경쟁 법칙"이라고 부르는 것으로 발생하는 구조적 필수 요소이다.[99] 질소 자본에서 살펴보았듯, 이런 법칙 때문에 암모니아 산업은 끊임없이 노동 생산성을 높이고자 한다. 이는 농업 투입물의 가격을 낮추었을 뿐만 아니라 노동자가 의존하는 식량 체계의 가격도 낮추었다. 이렇게 자본이 축적되는 과정에서 대기에 이산화탄소가 축적된 것이다.

98 Marx, *Capital*, Vol. 1, 739[국역:《자본/자본론》, 여러 판본이 있다].

99 Ibid., 433.

따라서 기후변화를 해결하려 할 때 단순히 개인의 것을 몰수하는 것만 필요한 게 아니다. 모든 생산 형태를 자본주의식으로 만드는 **구조적 논리**, 즉 잉여가치 논리를 극복해야 한다. 그렇게 하면 생산을 이윤과 경쟁이라는 구속에서 **해방**할 수 있을 것이다. 그래야만 **탈탄소화**라는 모든 생물종의 생존에 최우선 과제가 생산에도 적용될 수 있다. 지금은 수익성이 있는 곳에서만 탈탄소화가 이루어지고 있다.

　그러나 앞서 강조했듯이 기후운동은 이런 구조적 생산 논리를 전복하는 것과는 명백히 동떨어져 있다. 이 논리를 극복하려면 사회의 생산자원을 통제하는 상대적 소수에 맞서 싸울 사회권력과 함께 대규모 사회운동이 필요하다. 한데 현재의 기후운동은 전문직 계급이라는 소수가 압도적 영향력을 발휘하고 있다. 이제 전문직 계급과 전문직 계급이 기후정치에서 하는 역할을 살펴보자.

2부

전문직 계급

3. 자격의 정치: 기후위기에 관한 지식 이해하기

들어가며: 지식은 권력이 아니다

2000년대 중반, 기후정치의 실질적인 동력이 만들어졌다. 2006년, 앨 고어의 영화 〈불편한 진실〉이 우리 시대의《침묵의 봄》으로 추앙받으며 기후 투쟁에 수백만 명을 모았다. 그리고 같은 해에 경제학자 니컬러스 스턴이 기후변화의 대가가 GDP의 5~20퍼센트 사이일 것이라고 예측한 700쪽 분량의 〈스턴 보고서〉를 발표하며 정치계에 경고를 던졌다.[1] 2007년, IPCC가 발표한 네 번째 평가 보고서에는 암울한 내용의 과학적 사실과 함께 시급한 변화의 필요성이 담겼다.[2] 이 모든 상황은 2009년 코펜하겐 기후변화협약 당사국 총회에서 세계, 특히 미국이 이 문제 해결에 함께 나서리라는 기대감을 심

---

1 Nicholas Stern, *The Economics of Climate Change: The Stern Review* (Cambridge, UK: Cambridge University Press, 2007).

2 Intergovernmental Panel on Climate Change, *Climate Change 2007: A Synthesis Report* (Geneva, CH: Intergovernmental Panel on Climate Change, 2008).

어 주었다.

지구 또한 행동이 필요함을 직접 보여주었다. 2007년 여름, 북극해의 빙하 면적이 413만 제곱마일로 평균치보다 38퍼센트 낮아졌는데 이는 2005년 대비 24퍼센트 더 줄어든 것으로 사상 최저치를 경신한 수치였다.[3] 이듬해 봄에는 제임스 핸슨을 비롯한 과학자로 구성된 연구진이 〈대기 중 이산화탄소 목표 수치: 인류는 어디를 목표로 해야 하는가?〉라는 제목의 연구논문을 발표했다. 여기서 연구진은 "지질 시대 기후 증거와 현재 진행 중인 기후변화에 따르면 이산화탄소 농도를 현재의 385ppm에서 최대 350ppm까지 줄여야 문명이 발달하고 지구의 생명체가 적응할 수 있는 수준과 유사하게 지구의 상태를 유지할 수 있다"고 선언했다.[4]

이렇게 모인 동력과 문제의 시급성을 인지한 기후 활동가 빌 맥키번과 '대학가 친구들'은 핸슨이 주장한 이산화탄소 농도 350ppm 목표를 구호로 삼는 350.org라는 활동가 단체를 만들었다.[5] 맥키번은 이 수치가 "지구상에서 가장 중요한 숫

---

3   NASA Earth Observatory, "Record Arctic Sea Ice Loss in 2007," earthobservatory. nasa.gov. 이 기록은 2012년에 338만 9천 제곱마일(2007년 수준 대비 18퍼센트 줄어듦)을 기록하며 다시금 경신되었다.

4   James Hansen, et al., "Target Atmospheric CO_2: Where Should Humanity Aim?" *The Open Atmospheric Science Journal*, 2 (2008): 217-231; 217.

5   "About 350." 350.org/about.

자"라고 여러 글에서 주장했고, 각국이 이 객관적이고 과학적인 목표치를 따르도록 만들기 위해 2009년 10월 24일 대규모 국제 행동의 날을 조직했다.[6] 그는 2012년에 화제가 된 〈지구 온난화의 끔찍한 새 수치〉라는 《롤링스톤》 기고문[7]에서 또다시 구체적인 숫자(2°C, 565기가톤)를 제시했다. 그러면서 '수치 계산 투어Do the Math Tour'를 개최하여 "미국 전역을 돌며 행사를 열었고, 매진 사례를 기록했다."[8] 맥키번은 이런 수치를 활용하여 화석연료 산업은 사용할 수 있는 마지막 1기가톤의 탄소까지 모조리 태울 것이므로 이를 막아야 한다는 정치적 주장을 펼쳤다.

그러나 이렇게 숫자에 의존하고 과학의 객관성에 호소하려는 모습들은 맥키번을 비롯한 많은 이들이 항상 기후 투쟁에서 정치적이지 **않은 것**에 대해서만 명확한 의견을 제시하려 한다는 것을 보여준다. 코미디 센트럴Comedy Central 채널의 〈콜버트 리포트Colbert Report〉에 출연한 맥키번은 "과학은 정치와

---

6 Bill McKibben "350—the most important number on the planet. We just need to get the politicians to listen to the scientists," *Guardian*, 2009년 10월 23일.

7 Bill McKibben, "Global Warming's Terrifying New Math," *Rolling Stone*, 2012년 7월 19일.

8 "Do the Math." math.350.org.

3. 자격의 정치   193

는 달라요. 화학과 물리는 그런 식으로 협상하지 않죠"[9]라고 말하며 자기 주장을 반복했다. 몇 년 후, 그는 "이 협상은 인간과 물리 간에 이루어집니다. 그러니까 사실 협상이 아니에요. 물리는 협상을 하지 않거든요. 그냥 법칙이 적용될 뿐이니까요"[10]라고 말하면서 기후 투쟁을 물리와의 전쟁으로 묘사했다.

맥키번의 350과 다른 이들은 과학과 지식에 관한 투쟁으로 기후정치의 전략적 초점을 맞추기로 했다. 그들이 보기에는 과학자들이 주장하는 내용이야말로 기후변화의 원인이자 해법이다. 그렇지만 결과적으로, 기후정치의 핵심에 있는 가장 중요한 문제는 언제나 이 과학을 믿느냐 부정하느냐이다.

여기에는 그럴 만한 명백한 이유가 있다. 우리는 대기 중 온실가스 배출량이라는 과학적인 측정 수치와 미래의 기후를 예측하는 복잡한 모델을 통해서만 기후변화를 이해한다. 과학이 기후변화 문제를 **발견했다**고 하는 사실이 항상 기후정치의 중심에 자리한다. 그러나 2007~2008년에 기후변화에 관한 동력이 모인 후, 기후정치는 갈 길을 잃고 말았다. 국제

---

9   *The Colbert Report*: "Bill McKibben, August 17, 2009." cc.com/video-clips[2024년 12월 30일 접속 가능].

10 Bill McKibben, "McKibben to Obama: We can't negotiate over the physics of climate change," Grist.org, 2015년 8월 31일. grist.org/climate-energy/mckibben-to-obama-we-cant-negotiate-over-the-physics-of-climate-change/[2024년 12월 30일 접속 가능].

자본주의 경제가 붕괴했고 미국은 다시금 코펜하겐에서 협상을 지연하는 역할을 맡았다. 그리고 오늘날까지도 기후운동은 여전히 변혁적 변화에 불을 댕기지 못하고 있다. 맥키번이 우리가 기후정치에서 **지는 싸움**을 하고 있고 그것도 처참하게 지고 있음을 줄기차게 지적한 것도, 일리가 있는 말이다.

그렇다면 **지식**에 관해 이야기하는 기후정치가 갖는 한계가 무엇일까? 이번 장에서는 지식의 정치가 전문직 계급이라는 특정 계급에게만 어필한다는 점을 말하고자 한다. 여기서 말하는 전문직 계급이란 노동시장에서 학위나 자격증, 인증서 등을 갖춘 사람을 통칭한다. 맥키번과 그의 '대학가 친구들'처럼, 전문직 계급(과학자, 언론인, 대학생)은 여전히 기후운동의 핵심으로 남아 있다. 다음에서 살펴보겠지만, 전문직 계급은 탈산업화와 노동자 계급 권력이 약화하는 시대에 안정적인 삶을 영위하기 위한 수단으로 지식이 부상해 온, 자본 축적 방식의 변화에 따른 역사적인 산물이다. 지식경제는 학력과 자격을 강조하여 특정 직업을 가질 자격을 제한하는 것으로 뒷받침된다. 전문직 계급은 노동시장 외에 시사에도 관심을 두고 이를 조사하며 잘못된 사실을 바로잡는 등, 지식을 전반적으로 강조하는 사회문화적 환경을 통해 재생산되기도 한다.

또한 기후정치는 '정책'이라는 전문적인 영역에서 형성된다. 나오미 클라인이 지적한 것처럼, 과학자들이 기후변화의 심각성을 두고 의견 일치를 이루었던 때는 '시기가 좋지 않았다.' 1980년대는 규제 완화와 긴축이라는 자유시장 이데올로기로 정치권력이 넘어가는 시기였기 때문이다.[11] 그렇지만 이 시기의 대부분 동안 비영리 단체 및 정치계에 몸담았던 전문가들은 기술적이고 시장에 기반한 해법으로 기후변화 문제를 해결할 수 있다는 생각에 매달렸다. 중도 경제학자 브래드 드롱Brad DeLong은 이를 "시장 수단을 사회민주주의라는 목적을 달성하는 데 활용"하려는 프로젝트라고 설명했다.[12] 이런 유의 정책 테크노크라트가 보기에 기후 투쟁은 물질적 생산을 향한 권력 투쟁이 아니라 아이디어와 논리적 정책 설계를 향한 투쟁이다. 기후 정책 커뮤니티에 속한 이들은 우파가 권력을 잡았음을 이해하고 세련된 시장 기반 정책으로 기후 문제를 대폭 완화하면 그들을 이길 수 있으리라 생각한다. 이런 생각은 틀려도 한참 틀렸다.

11 Naomi Klein, *This Changes Everything: Capitalism vs. the Climate* (New York: Simon and Schuster, 2014)[국역:《이것이 모든 것을 바꾼다》, 이순희 옮김, 열린책들, 2016].

12 Zach Beauchamp, "A Clinton-era centrist Democrat explains why it's time to give democratic socialists a chance," *Vox*, 2019년 3월 4일.

전문직 계급: 계급 구성의 역사

자본주의에는 언제나 어느 정도의 지식인 계급과 지식 노동자 계급(과학자, 변호사, 언론인, 회계사 등)이 포함된다. 대부분의 지식 또는 정신 노동은 물질적 생산 그 자체에 중요하며, 자본은 분업에서 늘 육체노동과 정신노동의 계층을 구분하고자 했다. 마르크스는 이런 계층을 자본의 "변호사, 교수, 말솜씨 좋은 연설가 군단"[13]이라고 불렀다. 조금 더 일반적인 선에서 보아도, 필요한 물질적 생산 형태를 충족하는 한 모든 '생산양식'에 지식인이 포함될 수 있다는 점을 알아야 한다. 할 드레이퍼는 이를 "경제에서 비생산적인 지식 노동자가 살아가는 공간"[14]이라고 설명했다.

그러나 자본주의에서 "살아가는 공간"은 사회의 총잉여가치가 아니라 사적 자본이 만드는 잉여가치에서 지급되는 수입으로 정해진다. 드레이퍼는 다음과 같이 말한다.

심포니 오케스트라, 대학, 교회, 오페라단 등에 기부하는 돈은 집

---

13 Karl Marx, *The 18th Brumaire of Louis Bonaparte* (22), marxists.org/archive/marx/works/download/pdf/18th-Brumaire.pdf[국역: 〈루이 보나파르트의 브뤼메르 18일〉, 《프랑스 혁명사 3부작》, 임지현, 이종훈 옮김, 소나무, 2017].

14 Hal Draper, *Karl Marx's Theory of Revolution, Vol. II: The Politics of Social Classes* (New York: Monthly Review Press, 1977), 500[국역: 《계급과 혁명》, 김근식 옮김, 사계절, 1986].

사, 요트, 개인 요리사, 멋진 그림, 그리고… 교도소장, 군 장성, 정치인, 변호사, 판사, 보이스카우트 지도자, 수용소 관리인 등에 지출하는 비용과 같은 곳에서 나온다.[15]

따라서 자본 축적이 고도로 이루어지는 것이 특징인 시기에는 필요한 물질적 생산 또는 잉여가치 생산으로 묶이지 않는 특수한 유형의 직업 종사자가 많아질 수 있다.

이를 설명하기 위해 2차 세계대전 후 자본의 막대한 축적이 이뤄졌던 특수한 시기를 예로 들어 보겠다. 경제성장과 이윤 획득이 높은 수준으로 이루어지면서 노동조합의 임금 단체협상이 가능해졌지만, 동시에 세율도 비교적 높아졌다.[16] 미국에서는 연방정부의 자금이 '군사적 케인스주의' 형태로 지급되어 민간 군사 업체뿐만 아니라 연구 대학의 이윤을 뒷받침했다.[17] 1957년 스푸트니크 위기 이후, 미국 정부는 고등교육에 엄청난 자금을 투입했다.[18] 1958년 국가방위교육법National

15   Ibid., 499.

16   Thomas Piketty, *Capital in the Twenty-First Century* (Cambridge, MA: Harvard University Press, 2014)[국역:《21세기 자본》, 장경덕 옮김, 이강국 감수, 글항아리, 2014].

17   Alex Mintz and Alexander Hicks, "Military Keynesianism in the United States, 1949-1976: Disaggregating Military Expenditures and Their Determination," *American Journal of Sociology*, Vol. 90, No. 2 (1984): 411-417.

18   R.L. Geiger, "The Ten Generations in American Higher Education," in P.G. Altbach,

Defense Education Act은 대학의 과학 연구에 자금을 지원하여 소련 보다 더 경쟁력을 갖추는 것을 목표로 했다. 이런 군사 분야의 비용 지원 외에도 1963년 고등교육시설법Higher Education Facilities Act 과 1965년 고등교육법Higher Education Act으로 입학생 증가에 따른 대학 시설 개보수 지원금이 크게 늘었다.[19] 이런 지원금이 고등교육의 모습을 바꿔 놓았다. "급증하는 신입생과 주의 지원에 더해 연방정부의 막대한 보조금은 미국 고등교육의 짧았던 황금기를 만들었다."[20]

1945년에서 1980년 사이 미국 고등교육기관의 수는 1768개에서 3231개로 거의 2배(83%) 증가했다.[21] 1904년에는 고등교육을 받는 18~24세 인구가 2.3퍼센트에 불과했다.[22] 1931년에도 7.4퍼센트에 머물렀다. 그런데 1950년이 되자 14.3퍼센트, 1970년에는 35.8퍼센트로 늘어났다.[23] 25~29세 인구

R.O. Berdahl, and P.J. Gumport (eds.), *American Higher Education in the Twenty-First Century: Social, Political, and Economic Challenges* (Baltimore, MD: Johns Hopkins University Press, 1995), 38-70; 60.

19   Ibid.

20   Ibid., 60-61.

21   Susan B. Carter, et al., "Table Bc510-522," In, *Historical Statistics of the United States: Millennial Online Edition* (Cambridge, UK: Cambridge University Press, 2006).

22   Ibid., "Table Bc523-536."

23   Ibid.

중 대졸자 비율도 1940년 5.9퍼센트에서 1970년 16.4퍼센트, 1980년 22.5퍼센트로 눈에 띄게 증가했다.[24] 이렇게 고등교육이 확대되면서 대학 졸업자가 더 많은 급여를 받을 수 있는, 이른바 '대졸 임금 프리미엄'이 생겨나 노동시장이 점점 나뉘기 시작했다.[25] 전문적이고 지식 기반인 서비스 노동에서 점점 대학 졸업장이나 기타 고등교육 학위를 요구하기 시작했다.[26]

모두가 '대졸 임금 프리미엄'을 누릴 수 있는 것은 아니지만, 열심히 공부해서 좋은 성적을 받고 '커리어'를 쌓은 사람들 사이에서는 **능력주의** 이데올로기가 강하게 작용한다. 토머스 프랭크는 전문직 계급의 능력주의를 "성공한 사람은 보상받을 자격이 있으며, 위에 올라간 사람은 최고이기 때문에 그렇다고 믿는 것"이라고 정의한다.[27] 니코스 풀란차스는 임금노동

---

24 National Center for Educational Statistics, "Table 104.20. Percentage of persons 25 to 29 years old with selected levels of educational attainment, by race/ethnicity and sex: Selected years, 1920 through 2017." nces.ed.gov.

25 이 글을 쓰는 현재 대졸자는 고졸자보다 주당 617달러를 더 번다(중위 임금 기준). FRED 블로그, "Is college still worth it?" Federal Reserve of St. Louis, 2018년 7월 9일(그래프 업데이트).

26 Roberto M. Unger, *The Knowledge Economy* (London: Verso, 2019)[국역:《지식경제의 도래》, 이재승 옮김, 다른백년, 2021].

27 Thomas Frank, *Listen, Liberal: Or What Ever Happened to the Party of People?* (New York: Picador, 2016), 31[국역《민주당의 착각과 오만》, 고기탁 옮김, 열린책들, 2018].

자 중에서 새로운 지식인 계층을 "신프티부르주아지"라고 불렀다. 그에 따르면 이 계급은 개인의 커리어 계발을 매우 중요시한다. "이런 신프티부르주아지는 '승진', '커리어', '상위 계층으로의 이동'을 열망한다. 즉, '최고'이자 '가장 유능한' 사람으로서 '개인적으로' 이동하여 부르주아지(부르주아지 모방이라는 이데올로기적 특성)가 되고 싶어 한다."[28] 열심히 공부하는 것과 '안락한 삶'을 거머쥐는 것 간의 주관적인 상관관계는 아주 어린 시절부터 형성된다. 표준화된 시험 점수, 과외 활동, 대학 입학을 놓고 학생 간에 벌어지는 경쟁이 전문직 계급 문화에 만연하기 때문이다. 새뮤얼 보울스와 허버트 긴티스는《자본주의 미국의 학교 교육》에서 "능력주의의 허울"을 비판한다.[29] 그들은 "교실 속 경쟁, 승리와 패배를 통해 학생들은 자신의 사회적 지위를 받아들이게 된다"[30]고 말하며 교육이 자본주의적 불평등을 합리화하는 역할을 한다고 주장한다.

다시 강조하지만, 사회 구성원 대다수는 이런 자격이 **부족하다**. 미국의 경우, 인구의 64.3퍼센트가 학위 소지자가 아니

---

28   Nicos Poulantzas, *Classes in Contemporary Capitalism* (London: NLB, 1975), 292.

29   Samuel Bowles, Herbert Gintis, *Schooling in Capitalist America: Educational Reform and the Contradictions of Economic Life* (New York: Basic Books, 1976), 103[국역:《자본주의와 학교 교육》, 이규환 옮김, 사계절, 1986].

30   Ibid., 106.

다.[31] 그런데도 교육체제는 학위가 없는 사람에게 그들의 삶이 학창 시절 개인의 실패에서 비롯된 결과라고 믿게 만든다.[32]

전문직 계급이 확대되면서, 탈산업화와 자본도피는 고졸 학력(필요하면 그보다 조금 더 높은 교육 수준)이면 충분한 양질의 노동자 계급 일자리를 상당히 많이 없애 버렸다. 이런 과정이 시작된 것은 전후 시기[33]이지만, 1980년 이후 기후변화에 관한 우려가 커지면서 더욱더 가속되었다.[34] 이러한 '산업화 이후 사회'에서 산업 생산이 기후변화 문제에서 갖는 중요성은 더 이상 눈에 보이지 않게 되었다. 앞서 설명한 생태적이면서도 생산 중심적인 계급 이론을 감안해 보면, '지식경제'의 확장은 19세기와 20세기 초의 **산업화**와는 시공간적으로 분리되는 것으로 정의되기 시작했다. 실제로 '정신노동'은 물질적인 생산을 육체노동으로 해야 한다는 요구와는 분리된 '정신적인 삶'이 가능하다는 것을 전제한다. 거기에다가 생산이 단순히 시야에서 사라지면서 "역사 유물론의 기초인 생산의 중요

31 National Center for Educational Statistics, "Table 104.20."

32 Fredrik deBoer, *The Cult of Smart: How Our Broken Education System Perpetuates Social Injustice* (New York: All Points Books, 2020).

33 C. Wright Mills, *White Collar: The American Middle Classes* (Oxford: Oxford University Press, 1951)[국역:《화이트칼라》, 강희경 옮김, 돌베개, 1980].

34 Bennett Harrison, Barry Bluestone, *The Great U-Turn: Corporate Restructuring and the Polarizing of America* (New York: Basic Books, 1990).

성"[35]을 주장하는 정치도 사라졌다. 물론, 물질적 생산에서 일어난 생태적 분리는 산업노동자 계급정치에서 출발한다. 20세기, 노동자 계급의 권력이 최정점에 달했던 때, 사회주의 운동은 산업 공장에서의 생산을 기반으로 했다. 그때는 생산수단을 '점거'하고 자본주의의 결핍을 사회주의의 풍요로 바꾸는 일은 매우 가능해 보였다. 당시 '프롤레타리아' 노동자 대부분은 이전 농업 시대를 직접 겪은 이들이거나 문화적인 기억을 갖고 있었으며, 그 시절로 돌아가고 싶어 하지 않았다.

이와 대비되는 것이 1960년대와 1970년대에 탄생하여 전문직 계급이 가세한 환경 부문의 '신사회운동'이다. 이 유형의 정치는 생산의 물질성을 실제 경험하는 것이라기보다는 추상적으로 여기며 지식과 연구의 형태로 객관화한다. 연구 결과는 보통 먼 곳에 있는 생산체제 안에 숨겨진 비용을 밝히는 일에 활용된다. 연구가 끝나면 특정 산업 개발 형태(벌목, 송유관 건설 등)를 **반대**하거나 산업 개발로부터 특정한 자연 공간을 단순히 **보호**하기 위해 사람들을 조직하는 환경운동으로 이어진다.[36] 인간 해방을 위해 산업 생산을 **변혁**하겠다는

---

35 Ellen Meiksins Wood, *Democracy Against Capitalism: Renewing Historical Materialism* (London: Verso, 1995), 23.

36 Robert Gottlieb, *Forcing the Spring: The Transformation of the American Environmental Movement* (Washington, DC: Island Press, 2005).

사회주의와 노동자 계급의 프로젝트는 아론 베나나브가 "탈산업화로 인한 우울"[37]이라 부르는 것 속으로 서서히 사라졌다. 그러나 제1부에서 말했던 것처럼, 생산을 변혁하는 것이야말로 **진정한** 탈탄소화 프로젝트다.

모든 역사 유물론적 관점은 노동력 시장의 본성에서 일어나는 주요한 변화를 **계급**의 언어로 설명해야 한다. 바버라, 존 에런라이크 부부는 '전문직-관리직 계급PMC'에 관한 유명한 에세이에서 "1960년대 초가 되었을 때, 고학력 임금노동자 계층의 폭발적 증가와 사회적으로 독특한 이들의 지위에 대해 마르크스주의자들도 더 이상 무시할 수 없을 정도가 되었다"[38]라고 지적한다. 에런라이크 부부는 전문직-관리직 계급 PMC을 "이들이 독점자본주의 사회에서 독특한 계급을 구성한다는 관점에서 이해해야 한다"[39]라고 주장한다. 독점자본주의가 세상에 나타난 것은 19세기 후반에서 20세기 초이지만 완전한 모습을 갖춘 시기는 이윤의 역대급 증가와 고학력 지식노동자가 폭발적으로 늘어난 전후 시기다. 그러나 에런라이

---

37 Aaron Benanav, *Automation and the Future of Work* (London: Verso, 2020), 56[국역 《자동화와 노동의 미래》, 윤종은 옮김, 책세상, 2022].

38 Barbara Ehrenreich, John Ehrenreich, "The professional-managerial class," in Pat Walker (ed.), *Between Labor and Capital* (Boston: South End Press, 1979), 5-45; 7.

39 Ibid., 9.

크 부부는 1970년대 이후, 전문직-관리직 계급PMC이 신자유주의라는 새로운 형태의 자본주의에 상당히 약화되었다고 말한다.[40]

지난 수십 년간은 랜디 마틴이 "전문직-관리직 계급PMC의 분해"[41]라고 부르는 현상이 특징이었다. 킴 무디는 미국 내 3080만 명의 전문직 종사자 중에서 1150만 명이 '프롤레타리아화'되고 있다면서 "점점 더 많은 전문직 종사자가 직무 표준화와 직업의 질적 저하에 따른 자본주의적 착취가 확산하는 상황에 직면하고 있다"[42]라고 지적한다. 무디는 많은 전문직 종사자의 "전통적인 자율성이 측정 가능하고 모니터링되는 직무 표준화와 JITJust-in-time[43]를 강조하는 린[44]Lean 경영 요구에 의해 파괴되고 말았다"[45]라고 주장한다. 무디의 분석이 어느 정도 옳다 하더라도, 안정적인 기반을 다진 전문직 계급의 수

40 Barbara Ehrenreich, John Ehrenreich, "Death of a yuppie dream: The rise and fall of the professional-managerial class," *Rosa Luxemburg Stiftung*, New York Office, 2013년 2월.

41 Randy Martin, "Coming up short: Knowledge limits and the decomposition of the professional managerial class," *International Critical Thought*, Vol. 5, No. 1 (2015): 95-110.

42 Kim Moody, *On New Terrain: How Capital Is Reshaping the Battleground of the Class War* (Chicagao: Haymarket, 2017), 32.

43 [옮긴이] 적기에 공급하고 생산하여 재고 비용을 최대한 줄이는 것을 말한다.

44 [옮긴이] 낭비 요소를 최소화한다는 개념의 신경영 기법.

45 Ibid.

는 여전히 전체 노동력의 약 14퍼센트(2천만 명)를 차지한다. 기후정치에 깊숙하게 관여하는 이들은 기후변화 토론에 참여하는 사람 대부분이 이런 계층이 아닌가 늘 생각하곤 한다.

자기 업무에서 어느 정도의 자율성을 가진 대졸 노동자 집단을 어떻게 이론화하면 좋을까? 앞서 살펴본 것처럼 마르크스주의적 계급 관점은 교육이 고소득 또는 높은 사회적 지위로 이어지는 방식보다는 생산수단의 사회적 관계에 더 주목한다. 전문직 계급은 생산수단에 접근할 수 없으며 임금, 더 정확하게는 연봉을 받으며 일을 해야만 생존할 수 있다. 따라서 많은 사람이 전문직 계급을 노동자 계급의 범주에 넣을 수 있다고 생각한다.[46] 한데 자격이 갖는 중요성 때문에 전문직 계급은 노동시장에 좀 더 수월하게 진입할 수 있다. 에런라이크 부부는 **전문직**이 노동자의 노동시장 접근성을 어떻게 형성하는지에 대해서 많이 연구했다. 여기에는 무엇보다도 "오랜 기간의 교육을 통해서만 획득할 수 있는 전문적인 지식의 유무"[47]가 포함된다. 이때 전문적인 학위 과정, 자격시험, 전문가 단체를 특정 직군의 진입 장벽을 규정하는 **계급 조직**의 제

---

46 이와 관련한 다소 격한 논쟁을 보려면 다음 글을 참조하기 바란다. David Camfield, "The 'PMC' does not exist and why it matters for socialists," *New Politics*, 2020년 1월 9일.

47 Ehrenreich & Ehrenreich, 1979, 26.

도적 수단으로 이해하는 것이 매우 중요하다. 리처드 플로리다는 지식과 정신 그 자체를 생산수단의 핵심으로 삼는 이들을 '창조 계급'이라고 규정하며 "오늘날 노동자가 생산수단을 통제할 수 있다고 한다면, 이는 생산수단이 그들의 머릿속에 있기 때문이다. 노동자 **자체**가 생산수단인 것이다"[48]라고 말했다. 이 논리는 개인이 노력, 재능, 끈기로 전문직에 대한 접근성을 가진다고 보는 능력주의 담론을 잘못 따라가고 있다. 이에 반해 에런라이크 부부의 이론은 전문가 체제를 형성하는 사회적 권력관계에 더 초점을 맞춘다.

에릭 올린 라이트는 이런 전문직 종사자를 계급으로 분류하는 것 **자체**를 거부하지만, 이들을 "계급관계에서 복잡하고 모순적인 지위를 점하는"[49] 집단으로 보는 것이 가장 설득력 있을지도 모르겠다. 라이트는 이런 전문직 종사자가 다른 노동자 계급과 달리 노동과정에서 **자율성**을 가지고 있지만, 노동자 계급처럼 생존을 위해 임금에 의존해야 한다는 점을 강조한다. 그는 이들을 "준자율적"인 이들로, 자본주의 사회에서 "적대적 계급 사이에서 객관적으로 분열되는" 노동자로 분류

---

48 Richard Florida, *The Rise of the Creative Class, Revisited* (New York: Basic Books, 2012), 25[국역:《신창조 계급》, 이길태 옮김, 북콘서트, 2011].

49 다음을 참고하라. Erik Olin Wright, "Intellectuals and the working class," *Critical Sociology*, Vol. 8, No. 1 (1978): 5-18; 5.

한다.[50] 라이트는 이런 모순된 계급적 위치가 어떻게 반자본주의(친노동계급) 또는 부르주아지 정치로 귀결되는지 이데올로기 수준에서 설명해 준다. 뒤에서 설명할 부르주아지의 특성과 급진적 특성을 모두 갖는 전문직 계급의 기후정치가 바로 이런 사례에 해당한다. 모순적인 전문직 종사자의 계급적 위치라는 말은 제2부의 제목으로는 어울리지 않지만, 엄밀히 말해 전문직 **계급**이라 지칭하는 것보다는 훨씬 정확하게 의미를 전달해 준다.

에런라이크 부부도 마르크스주의자들이 계급을 생산수단과의 객관적인 관계로만 이해해서는 안 된다고 지적한다. 계급 역시 "일관된 사회, 문화적 존재라는 점이 특징이다. 계급 구성원은 생활방식, 교육 수준, 연대 네트워크, 소비 패턴, 노동 습관, 신념 등에서 공통점을 갖기 때문이다."[51] 소스타인 베블런의 연구를 기초로, 엘리자베스 커리드헬킷은 일명 "야망계급" 이론을 제시한다.

이 새로운 계급 구성원에게 지식은 경제적 분야와는 별도로 주어진 포상이다⋯. 이들은 먹는 것, 환경을 대하는 방식, 더 나은

50   Ibid., 10.
51   Ehrenreich & Ehrenreich, 1979, 11.

부모, 더 생산적인 노동자, 더 정보를 많이 아는 소비자가 되는 법 등에 관해 충분한 정보를 바탕으로 결정을 내리는 데 지식과 문화적 자본을 활용한다.[52]

이 이론은 계급의 '객관적'인 측면을 무시하지만, 이런 사회 문화 요소가 어떻게 기후정치의 이념 및 정치적 측면을 구성하는지 생각해 볼 만하다. 기후변화로 인한 위기와 개인의 탄소발자국을 계산하는 지식은 전문직 계급이 생활에서 '저탄소'를 선택하는 문화적 유행을 만들었다. 게다가 단순히 삶에서 정보를 충분히 알고 선택하는 것만이 아니라 기후위기에 관한 최신 과학을 알아야 한다는 윤리감도 특별히 중요해졌다. 커리드헬킷이 말하듯, "문화 논평을 읽고 최신 시사 지식을 습득하는 것은… 경제적 수단과 관계없이 서로가 연결될 수 있는 하나의 방법이다."[53] 이 계급에게서 정치란 객관적인 물질적 이해관계를 두고 벌이는 투쟁이라기보다는 지식, 조사,

---

52 Elizabeth Currid-Halkett, *The Sum of Small Things: A Theory of the Aspirational Class* (Princeton, NJ: Princeton University Press, 2017), 17-18[국역:《야망계급론》, 유강은 옮김, 오월의봄, 2024].

53 Currid-Halkett, 2017, 18. 유튜브에서 본 〈포틀랜디아Portlandia〉라는 쇼에서 두 명의 '힙스터'가 커피숍에서 "그거 읽어 봤어? 읽어 봤냐고?"라며 미친듯이 서로에게 고함을 치기 전에 《뉴요커》나 《마더 존스Mother Jones》 등에 게시된 특정 글을 읽었는지 확인하는 장면이 떠오른다.

정보 수집에 관한 것이 되어 버리는 것을 쉽게 볼 수 있다.[54] 이런 문화적 요소는 마르크스주의적 계급 이론과는 동떨어진 것이지만, 이 또한 탈산업화와 '새로운 국제적 분업'[55] 시대의 **역사적으로 특정한** 물질적 생산관계에서 나타난다.

자격의 정치

에런라이크 부부가 '전문직-관리직 계급PMC'을 이론화했던 동력은 1960~1970년대 신좌파New Left 운동의 형성에 이들이 중요한 역할을 했기 때문이다. 부부는 "1960년대 전문직-관리직 계급PMC 급진주의의 재탄생은 이 계급의 물질적 지위가 급격하게 상승한 시기에 이루어졌다. 전문직-관리직 계급PMC 직군에서 고용이 급증했고, 연봉도 같이 상승했다"[56]라고 설명한다. 부부는 자본주의적 경제 통제에 맞선 신좌파의 좋았던 부분을 설명했지만, 이를 "노동자 계급을 향한 도

---

54 교육적 취미생활로서의 이러한 정치에 관한 흥미로운 분석을 알아보고 싶다면 다음을 참조하라. Eitan Hersh, *Politics Is for Power: How to Move Beyond Political Hobbyism, Take Action, and Make Real Change* (New York: Scribner, 2020).

55 Folker Froebel, Jürgen Heinrichs, Otto Kreye, *The New International Division of Labour. Structural Unemployment in Industrialised Countries and Industrialisation in Developing Countries* (Cambridge: Cambridge University Press, 1981).

56 Ehrenreich & Ehrenreich, 1979, 30.

덕적 경멸"과도 결부시켰다.[57] 부부는 민주사회학생연합Students for a Democratic Society의 유명한 포트 휴런 선언Port Huron Statement에 담긴 "미국의 모든 신좌파는 대체로 진정한 지적 능력을 갖추고 심층적 사고, 정직, 성찰을 노동의 도구로 활용해야 한다"[58]라는 문구를 인용한다. 전문직 계급의 관점에서 정치란 지식과 아이디어의 일치를 향한 **문화적** 영역이다.[59] 전문직 계급은 자격과 전문성과 함께 '지적 자율성과 사회공헌'을 가장 우선시한다.[60] 게다가 에런라이크 부부의 말대로 대학은 "전문직-관리직 계급PMC의 역사적 재생산 기구"[61]인 한편으로 두 가지 방식의 정치 참여 중심지가 되었다. 우선, 바로 다음으로 살펴볼 것인데, 사회와 환경 문제를 해결하려 할 때 전문성을 중시하는 전문직 계급을 옹호하는 학문적인 테크노크라트와 기타 고등교육을 받은 정책 전문가가 대학을 통해 폭발적으로 늘어났으며, 다음으로 대학이 이전의 계급투쟁 노선보다는 문화

---

57 Ibid., 33.

58 Ibid., 32.

59 Vivek Chibber, "Rescuing class from the cultural turn," *Catalyst*, Vol. 1, No. 1 (2017): 27-55.

60 Ibid., 31.

61 Ibid., 33.

를 중시하는 새로운 급진 정치이론의 요새가 되었다.[62]

그러나 에런라이크 부부가 설명한 대로, 전문직-관리직 계급PMC과 노동자 계급 간의 계급 적대는 해소되지 않았으며, 1970년대 말 신좌파 운동은 "'운동'이라기보다는 하위문화"[63]로 전락했다. 장크리스토프 애그뉴가 제시한 대로, 전문직 계급이 오래된 계급 문제를 등한시했다는 사실은 정치권력이 자본을 향해 오른쪽으로 이동한 것만 봐도 극명하게 드러난다. 그는 이것을 두고 다음과 같이 말한다. "생산, 소유권, 착취 문제에 상대적으로 무관심했던 것을 감안해 보면, 계급 간 부의 이전이 노골적으로 이루어지는 것이 특징인 이 시대에 이러한 문화 정치는 굉장히 부적절하다고 볼 수 있다."[64] 즉, 자본가 계급이 그저 계급의 이름으로 부와 정치권력을 축적하기 위해 모여든 것에 불과하다는 말이다. 한편, 좌파는 전문직 계급의 가치에 사로잡혀 계급정치를 시대에 뒤떨어진 진부한 것으로, 새로운 '탈산업화' 지식경제에는 맞지 않다고 생각하게 되었다.

전문직 계급이 새로운 정치의 형성에 영향을 미친 사례로

---

62 Ellen Meiksins Wood, *The Retreat From Class: A New 'True' Socialism* (London: Verso, 1986)[국역: 《계급으로부터의 후퇴》, 손호철 옮김, 창비, 1993].

63 Ibid., 42.

64 Jean-Christophe Agnew, "A touch of class," *Democracy*, Vol. 3 (1983): 59-72; 72.

환경운동만한 것도 없다. 환경운동에 관한 의식과 요구는 처음부터 과학을 중심으로 형성되었다. 1962년에 《침묵의 봄》[65]이라는 책으로 환경운동에 불을 붙인 이가 바로 전문 해양생태학자 레이첼 카슨이었다. 생태운동은 과학에 관한 자격을 생태정치의 중심으로 삼는다. 1972년에는 《에콜로지스트》지에서 〈생존을 위한 청사진〉이라는 제목의 표지 기사를 냈는데, 이 기사에서는 다음과 같은 특정한 권위에 기반한 정치가 구사되었다. "이 문서는 전 세계 환경문제 연구에 전문적으로 참여하는, 각기 다른 능력을 갖춘 사람들이 모여 작성한 것입니다."[66] 로마클럽에서 작성한 인구 과잉에 관한 유명한 1972년 보고서 《성장의 한계》에도 비슷한 정치 전망(미래를 향한 투쟁은 과학 모델과 전문성에 달려 있다[67])이 담겨 있다. 앞서 말했지만, '지적 자율성'뿐 아니라 '사회공헌'의 의지도 전문직 계급의 특징적인 가치다. 이런 의지는 그 바탕에 전문직 종사자가 지식을 활용하여 더 나은 세상을 만들 수 있다는 생각을 두고 있다.

65 Rachel Carson, *Silent Spring* (New York: Mariner, 1962)[국역: 《침묵의 봄》(개정증보판), 김은령 옮김, 홍욱희 감수, 에코리브로, 2024].

66 공저자 다수, "A blueprint for survival," *The Ecologist*, Vol. 2. No. 1 (1972년 1월): 1-48; 1.

67 Donella H. Meadows, et al., *The Limits to Growth* (New York: Universe Books, 1974), 11[국역: 《성장의 한계》, 김병순 옮김, 홍기빈 해제, 갈라파고스, 2021].

표 3.1 전문직 계급 기후정치의 세 가지 유형

전문직 계급 유형	정치적 목표	변화에 관한 이론
과학 전파자	기후에 관한 진실/과학 전파	지식이 정치 행동/행위에 영향을 미친다.
정책 테크노크라트	기후 정책 이행	시장에 인센티브를 주는 식의 스마트한 정책을 설계하여 우파 정책 입안자도 설득할 수 있다.
반체제 급진주의자	기후변화가 아닌 체제 변화	소규모 대안과 반소비주의가 자본주의를 약화시킬 것이다.

출처: 저자

여기서 전문성과 환경적인 '사회공헌'을 추구하는 기후정치의 전문직 계급 유형을 매우 간단하게 짚고 넘어가겠다(요약은 표 3.1을 참조하라).

첫 번째 유형은 **과학 전파자**이다. 이들은 레이첼 카슨이나 제임스 핸슨 같은 자연과학자나 과학/환경 분야 기자 등 과학적 사실을 심층적으로 조사/연구하여 아는 사람이다. 이런 유형은 환경정치의 주요 문제가 과학 지식을 잘 알지 못하거나 혹은 이를 전면 부정하는 데서 발생한다고 생각한다. 따라서 대중이 진정 과학을 **이해**하게 되면 행동이 뒤따를 것이라고 주장한다.

두 번째 유형은 **정책 테크노크라트**이다. 법이나 정책 연구 전문가나 싱크탱크, 학계, 전문가로 구성된 NGO에서 일하는 사람이 이에 해당한다. 대학뿐만이 아니라 환경정치가 부상하는 시기에 노동조합이나 정당과 달리 행동과 정치의 중심으로 떠오른 NGO를 눈여겨볼 필요가 있다.[68] 이런 유형은 '스마트'한 정책을 설계하여 환경문제를 해결하려 한다. 그리고 논리적이고 이성적으로 정책을 설계하면 정치인과 대중의 마음을 얻을 수 있다고 믿는다.

마지막 유형은 **반체제 급진주의자**이다. 이들은 생태적 붕괴를 보여주는 과학 지식을 접하고서 정치적 급진주의로 나아간 사람들이다. 4장에서 살펴보겠지만, 이런 유형의 급진화는 대체로 전문직 계급 규범에서 핵심적인, 소비 관행에 동참하고 있다는 죄책감에서 비롯한다. 이런 기후 활동가들은 환경문제가 자본주의라는 체제의 문제라는 점을 더 잘 이해하고 있다. 그러나 그들의 정치적 대응은 도덕적 성찰을 통해 소비를 줄이고 산업사회를 거부하며 지역 차원의 소규모 대안을 지지하는 것으로 나타난다. 이런 유형은 급진적인 생각을 표출할 수 있는 공간을 학계에서밖에 찾지 못하거나 전문 직종을 아예 기피하고 DIY로 자급자족하는 삶이나 '퍼머컬쳐

---

68 다음을 참고하라. Benjamin Y. Fong, Melissa Naschek, "NGOism: The politics of the third sector," *Catalyst*, Vol. 5, No. 1 (2021): 93-131.

permaculture' 농법을 공부하는 등 틈새 지식 체계를 옹호하는 경향이 있다.

이 대략적인 세 가지 '유형'을 관통하는 특징은 환경문제와 관련한 정치적 참여에서 이들이 **지식 체계**를 중시한다는 점이다. 여기서 정치에 영향을 끼칠 때 지식과 과학이 중요함을 폄훼하려 하는 것이 아니라는 점을 분명히 밝혀 둔다. 다만, 이런 정치가 물질적 갈등과 계급투쟁을 회피하고 사회에서 일정한 학력을 갖춘 소수에게만 호소하는 방식을 짚고 넘어가고자 했다. 앞으로 2개 절에서 이런 유형의 전문직 계급이 어떻게 기후정치를 형성했는지 살펴볼 것이다.

부정의 정치

기후정치에 관한 대다수 논의에서 가장 핵심은 기후변화를 믿느냐 믿지 않느냐이다. 이 문제는 미국에서는 공화당이 기후변화에 관한 과학계의 중론을 받아들이지 않을 정도로 심각한 문제가 되고 있다.[69] 기후변화의 증거가 점점 많아지면서, 이런 정치인들조차 기후변화가 **인위적** 요인에 기인

---

69 여론조사에 따르면 공화당원 가운데 21퍼센트만이 기후변화가 연방 정책에서 우선순위로 다루어져야 한다고 생각한다. Ben Geman, "The widening partisan divide on climate change," *Axios*, 2020년 2월 14일.

한다는 논리를 부정하더라도 기후변화의 존재 자체를 부정하지는 않게 되었다. 이는 비단 정치인만의 문제가 아니다. 조사 결과에 따르면 미국 인구 중 47퍼센트 정도가 '주로 인간의 활동 때문에' 기후변화가 발생한 것은 **아니**라고 믿는다. 화석연료가 경제 기반인 와이오밍(62%), 웨스트버지니아(61%), 유타(53%) 주에서는 수치가 더 높았다. 전국적으로 인구의 33퍼센트가 여전히 지구 온난화는 허구라고 부정하는 모습을 보노라면, 상당히 놀라울 따름이다.[70]

어쩌다 이 지경이 되었을까? 이제는 영화화된 나오미 오레스케스와 에릭 콘웨이가 쓴《의혹을 팝니다》[71]를 보면 이에 관한 가장 일반적인 설명이 나온다. 이 책은 화석연료 산업이 과학자와 PR 대변인에게 돈을 주고 기후 회의론을 퍼뜨리는 불편한 이야기를 다룬다. 97퍼센트의 기후 과학자가 기후변화의 원인이 인간이라는 점에 동의하더라도, 이에 회의적인 한 줌의 과학자가 담론을 왜곡한다.[72] 언론에서 기후변화를 믿는

70　앞선 문장의 통계 출처는 다음을 보라. Jennifer Marlon, et al., "Yale Climate Opinion Maps 2019," Yale Program on Climate Communication. climatecommunication. yale.edu/visualizations-data/ycom-us[2024년 12월 30일 접속 가능].

71　Naomi Oreskes, Erik Conway, *Merchants of Doubt: How a Handful of Scientists Obscured the Truth on Issues From Tobacco Smoke to Global Warming* (New York: Bloomsbury, 2010)[국역:《의혹을 팝니다》, 유강은 옮김, 미지북스, 2012].

72　Sander L. van der Linden, Anthony A. Leiserowitz, Geoffrey D. Feinberg, Edward

사람과 믿지 않는 사람 간의 '논쟁'으로 기후변화 주제를 다루는 것도 도움이 되지 않는다. 오레스케스와 콘웨이는 이를 "담배 전략"이라고 부른다. 담배와 암 발병 간의 연관성이 불확실하다는 논리를 퍼뜨리는 데 담배 업계가 주요한 역할을 하기 때문이다. 담배와 마찬가지로 기후 분야에서도 기업이 자금을 지원하는 연구를 통해 과학 문제에 의심과 불신의 씨앗을 심고 대중에게 잘못된 정보를 주어 대중의 행동을 늦추는 전략을 구사한다.

지식과 전문 자격의 정치는 오레스케스와 콘웨이의 논지에서 중요한 역할을 한다. 우선, 이들은 이 투쟁을 과학적 지식 그 자체의 객관성에 관한 것으로 규정한다. 오레스케스와 콘웨이는 "그들은 사실을 찾는 일에는 관심이 없다. 오히려 사실에 맞서 싸우는 데 관심이 있다"[73]라고 말하면서, 기후변화 회의론자가 진리 탐구를 배반하는 상황을 묘사한다. 두 저자를 가장 괴롭힌 것은 프레더릭 사이츠Frederick Seitz나 프레드 싱어Fred Singer 같은 유명 기후 회의론자가 '과학자'로서의 권위와 자신이 과학 전문가라는 자격을 들먹이며 기후변화 부정론을 포장하는 것이었다. 화석연료 업계는 편리하게 이윤을 보충

W. Maibach, "The scientific consensus on climate change as a gateway belief: experimental evidence," *PLoS ONE*, Vol. 10, No. 2 (2015): 1-8.

73 Oreskes, Conway, 2010, 5[국역:《의혹을 판다》].

해 줄 '과학'에 비용을 들일 능력을 가지고 있다. "그들은 자신의 과학 자격을 사용하여 권위자로 포장한다."[74] 오레스케스와 콘웨이는 "이들은 환경이나 보건 문제에 그 어떤 전문성도 없다…. 또한 자기가 참여한 논쟁과 관련된 연구를 자기 손으로 한 일이 거의 없다"[75]면서 사이츠와 싱어가 이 문제에 관해 그 어떤 '전문성'도 없다는 점에 더욱 분개한다. 더 나아가 "이 모든 과정에서 언론인과 대중은 이것이 이 분야에서 활동하는 과학 연구자들이 과학의 전당에서 벌이는 과학 논쟁이 **아니라** 잘못된 정보에 불과하다는 점을 알지 못한다"[76]라며, 언론인이 진실을 보도할 전문가의 의무를 저버렸다고 비난한다. 따라서 적절한 자격과 지식을 갖춘 사람이 기후정치에 개입하여 감시하는 것이 필요하다는 주장이 성립하게 된다.

이 주장과 관련하여 두 가지 중요한 지점을 짚어 보겠다. 첫째, 기후변화 투쟁에서 '과학'과 '정치' 간에 굳건한 벽을 세우려는 노력이 끊임없이 계속된다는 점이다. 오레스케스와 콘웨이는 과학자 빌 니렌버그Bill Nierenberg가 IPCC의 연구 결과를 비판하는 서한에 서명한 것을 비판했다. 그들은 니렌버그

---

74 Ibid., 8.

75 Ibid.

76 Ibid., 7.

가 "싱어의 서한에 서명하면서 스스로를… 과학자가 아닌, 정치적 주체로 규정했다"[77]라고 단호하게 평가한다. 이는 과학에서 인간이 기후변화를 유발한다는 문제가 정리되었으니 정치적 주제로 되어서는 안 된다는 의미를 담고 있다. 여기서 핵심은 기후변화의 존재가 '정치적'인 논쟁거리가 되면 안 된다는 것이다.

그러나 이런 논리는 **어떻게 이를 해결할 것인가**라는 실질적인 정치 문제를 배제해 버린다. 기후변화 대응에는 지구에서 가장 강력한 기업을 상대로 하는 엄청난 정치 투쟁이 수반된다. 1990년대와 2000년대에 기후변화 회의론을 도처에서 볼 수 있었던 것은 이런 정치 투쟁에서 회의론자가 승리하고 있었음을 증명한다. 이는 진실과 과학만으로 이 위기를 판단할 수 있다는 또 다른 형태의 부정론이다.

기후정치를 순전히 과학의 문제로 만드는 것은 권력 문제를 회피하는 것이다. 이런 논리는 기후변화에 대응하지 않는 것을 **권력이 없는** 문제가 아니라 단순히 잘못된 정보 때문으로 치부하게 만든다. 오레스케스와 콘웨이는 "지구 온난화는 과학적으로 정립된 사실이다. 정치적으로 보면 지구 온난화는

---

77   Ibid., 213.

사망 선고를 받았다"[78]라고 말하며 과학계의 중론에도 기후변화 부정론자들이 1990년대에 기후 정책 시행을 막았다고 한탄했다. 여기에는 매우 순진하면서도 자유주의적인 사회 변화 이론이 깔려 있다. 이 논리는 인위적인 온난화는 매우 복잡한 생지화학적 과정이기 때문에, 과학적 사실을 대중과 정치인에게 알리는 것이 정치 행동의 바탕이 될 것이라고 가정한다. 대중이 더 많은 사실을 알아 가면 알아 갈수록 지지 행동에 나서게 된다는 것이다. 두 저자는 화석연료 업계가 기후 과학을 왜곡하지만 않았더라면 이 과학에 따라 행동에 나섰을 것이라고 주장하는 듯하다. 이것이 민주적 사회는 지배적인 의견에 따라 행동한다는 순진한 다원주의 이론인지 아니면 이성적인 정보와 과학 전문성에 기관이 어떻게 대응해야 하는지에 관한 막스 베버식 관료주의 이론인지 불분명하다. 어느 쪽이든 간에, 이들은 과학자가 대중에게 과학적 사실을 알리고 유권자와 정치인은 그것에 맞게 대응한다는, 과학계와 테크노크라트의 노력이 기후 행동이라고 가정한다.

기후변화를 부정하는 세력의 이야기는 특히나 정치가 이성적이고 심층적인 사고의 과정이라고 생각하는 전문직 계급의 가치를 건드린다. 그러나 여기서 문제는 자본주의 사회에

78　Ibid., 215.

서 정치가 그런 식으로 작동하지 않는다는 것이다. 화석연료 산업이 기후변화를 부정하는 세력에 자금을 지원하는 것과는 별개로, 많은 업계 리더자가 정치인을 상대로 로비를 벌이거나 선거운동에 기여하는 데 훨씬 많은 에너지와 자원을 쏟는다. 즉, 이들은 이윤 창출을 위한 화석연료의 생산이라는 자기 의제를 추진하기 위해 **정치권력**을 축적하는 데 투자한다.[79] 화석연료 자본가가 과학과 전쟁을 벌이는 만큼, 그들은 연방과 주 차원의 입법기관과 학계 및 언론과 같은 문화적인 기구 등 광범위한 영역에서 더욱더 정확하게 정치권력을 조직한다. 신자유주의 우파 학자인 필립 미로브스키Philip Mirowski는 최근에 "코크 형제 세력은 당당한 레닌주의자다. 그들은 '우리가 장악해야 한다'는 입장이다"[80]라면서 적절한 비교를 제시했다. 그는 "조직되지 않은 간부들로부터 정치활동이 끓어오를 것"이고 "이념 시장"에서 가장 설득력 있게 "주장"하는 사람이 정치적 승리를 거머쥔다고 생각하는 자유주의적 좌파와 코크

---

79 코크 형제와 그들의 정치적 조직 활동, 특히 주 입법 차원에서의 활동에 관한 믿을 만한 내용을 보고 싶다면 다음을 참조하기를 바란다. Jane Mayer, *Dark Money: The Hidden History of the Billionaires Behind the Rise of the Radical Right* (New York: Anchor Books, 2016)[국역:《다크 머니》, 우진하 옮김, 책담, 2017].

80 알렉스 도허티의 필립 미로브스키 인터뷰, "Why the neoliberals won't let this crisis go to waste," *Jacobin*, 2020년 5월 16일.

형제 세력을 대조한다.[81] 조너선 스머커가 말한 것처럼, "권리는 [정치적] 힘과 동일하지 않다."[82]

코크 형제와 다른 화석연료 세력의 권력 장악은 아무리 지식이나 정보가 많더라도 권력 그 자체를 극복할 수 없다는 점을 보여준다. 기후변화를 정치적인 이슈가 아니라고 생각하거나 객관적으로 과학 지식을 전파하는 것만으로 해결할 수 있다고 생각해서는 절대 이를 극복할 수 없다. 다시 강조하지만, 대중에 기후변화의 과학을 알리는 것 **자체**는 매우 중요하며 투쟁이 벌어지는 토대가 될 것이다. 그러나 이는 결국 사회를 생산/재생산하는 방법에 관한 **물질적**인 투쟁의 아주 일부분에 불과하다.

'가격 바로잡기'

기후변화를 믿는 사람과 부정하는 사람 간의 투쟁은 앞서 설명한 '과학 전파자'의 영역이다. 이런 유형이 과학적 판단에 많은 투자를 하는 반면, 정책 테크노크라트는 기후위기를 정치적 개입이 필요한 사회문제로 인식한다. 그러나 이런 개입

---

81 Ibid.

82 Jonathan Smucker, "The problem of collective action in the United States," jonathansmucker.org, 2012년 7월 19일.

은 기득권에 맞서는 정치 투쟁이 아니라 '시장 실패'에 대한 이성적인 **정책 개선 조치**로 여겨진다. 기후와 기타 여러 환경문제에 대해 시장 실패로 접근하는 방식은 1970년대 이후 권력이 자본으로 이동한 시기와 동일한 시기에 등장했다. 정책 테크노크라트는 이런 정치적 승리를 당연한 것으로 여겼고, 에너지 체계가 필요한 변화로 나아가도록 간접적으로 유도하여 시장보다 한발 앞서면 기후변화를 해결할 수 있을 것이라 생각했다.

1970년대 초, 미국의 환경운동은 리처드 닉슨이라는 보수 대통령의 비호 아래 미국 환경보호청EPA 신설과 대기오염방지법Clean Air Act 및 수질환경법Clean Water Act 통과라는 큰 승리를 거두었다.[83] 이런 개입의 주요 법, 규제 구조에서는 **산업**을 환경문제 대부분의 주범으로 가정했고, 그에 따라 정책은 산업이 엄격한 환경기준을 따르도록 강제했다. 그러려면 발전소의 집진기 같은 신기술에 막대한 투자가 필요했다. 전국 차원의 환경보호를 연방정부의 관리하에 두는 이런 정책 개입으로 미국 전역의 대기와 수질을 청정하게 만드는 데 성공했다.[84]

---

83 Jeri Friedman, *The Establishment of the Environmental Protection Agency* (New York: Cavendish, 2018).

84 Judith Layzer, *The Environmental Case: Translating Values Into Policy* (Thousand Oaks, CA: Sage, 2016), 32-33.

그런데 10년이 지난 후 이상한 일이 일어났다. 1970년대 케인스주의의 위기로 신자유주의적 자유시장의 관점에서 모든 정부 지출과 규제에 관한 비판이 제기되기 시작했다. 환경 규제가 성공적인 결과를 낳았음에도 많은 이들이 환경문제를 이런 식으로 해결해서는 안 된다고 생각했다. 대다수가 로널드 레이건의 당선이 이런 변화의 원인이라고 생각하지만, 지리학자 모건 로버트슨은 이런 변화가 일찍이 지미 카터 정부 시절부터 나타났다고 이야기한다.[85] 카터 대통령은 취임 14개월 후인 1978년 3월, 행정명령 12044호를 발표하며 "규제당국은 민간 부문의 부담을 줄이면서 목표를 달성할 방법을 강구하라"라고 명령했다.[86] 그는 끊임없이 정부가 규제의 '대안'을 찾으라고 주문했고, 이런 노력이 정점에 달한 것이 바로 '대안적 규제 접근법 프로그램Program on Alternative Regulatory Approaches, PARA'이다. 이는 카터 혼자만의 이데올로기적 변덕이 아니었다. 정치계로 유입되는 자금의 폭발적 증가가 눈에 띄던 이 시기에 산업은 규제 반대라는 정책 의제를 추진하고 있었다. 주디스 레이저는 "산업계에서는 규제당국 직원이 비효율적 관료이며

85   Morgan Robertson, "Flexible nature: Governing with the environment in the development of US neoliberalism," *Annals of the American Association of Geographers*, Vol. 108, No. 6 (2018): 1601-1619.

86   Ibid., 1606.

열성적으로 기업에 반대한다고 불만을 표하며 이들을 비판했다"라고 언급하며 카터 정부하에서 친기업 세력이 어떻게 영향력을 갖게 되었는지를 설명한다.[87]

카터 정부 말기와 로널드 레이건의 취임 시기가 되자 많은 정치인 및 정책 입안자 들이 엄격한 규제가 융통성 없는 반경쟁적인 정책이라고 생각하게 되었다. 레이건은 대통령 취임 초에 대통령 직속 규제 완화 태스크포스를 설치했다. 조지 H. W. 부시 부통령은 산업 리더를 대상으로 어떤 규제가 가장 '부담이 되는지' 조사했다. 대니얼 파버는 "산업계(특히 자동차, 화학, 살충제 산업)에서 가장 많이 요청한 것은 환경보호청의 규제에 초점을 맞춰 정책을 변경해 달라는 것이었다"[88] 라고, 이들의 반응을 소개했다.

산업이 환경보호에 나서도록 강제한 것은 '지휘와 통제' 식 환경 정책을 펼친 소비에트의 경직성과 사실상 동일시되었다. 다시 말하지만, 이런 경향이 이미 카터 정부 시기부터 나타났다. 레이저는 "'지휘와 통제'식 규제가 경직되고 쓸모없으며 때로는 논리적이지 못하다고 설명"한 환경보호청의 책자

87 Judith Layzer, *Open for Business: Conservatives' Opposition to Environmental Regulation* (Cambridge, MA: MIT Press, 2012), 76.

88 Daniel Faber, *Capitalizing on Environmental Injustice: The PolluterIndustrial Complex in the Age of Globalization* (Lanham, MD: Rowman and Littlefield, 2008), 128.

를 언급한다.[89] 논리적이지 못하다는 비난은 전문직 계급정치에 대한 모욕이었다. 산업이 정치체제보다 더 많은 **권력**을 축적했기에, 전문직 계급의 테크노크라트는 더 저렴하고 효율적인 시장 수단을 활용하여 똑같은 환경 목표를 달성하는 것을 목표로 하는 더 **논리적**인 정책을 설계한다면 환경문제를 해결할 수 있다고 믿기 시작했다. 이전에는 정책으로 산업의 변화를 강제하면 되었다. 그러나 점점 많은 테크노크라트가 환경 정책도 비용 효율적이어야 한다는 긴축에 기반한 주장을 받아들이게 되었다.

그러면서 환경 경제 분야에서 비용과 분배 방식에 관한 문제가 중요해졌다. 다시 말하지만, 앞서 니컬러스 스턴이 말한 것처럼, 기후변화와 모든 환경오염 문제가 정부의 규제 실패가 아니라 시장 실패로 여겨지게 되었다. 민간 시장 행위자는 환경을 오염시키면서 그 '비용'을 사회 전체에 전가할 수 있다. 그러나 이 비용은 시장가격 체계를 벗어나 **외부화**되었다. 따라서 민간 시장 행위자는 돈 한 푼 내지 않고 환경을 오염시킨다. 이런 생각은 경제사상사에 깊은 뿌리를 두고 있다. 1920년에 영국 경제학자 아서 피구는 민간 시장 행위자가 제삼자에게 비용을 전가하는 방식을 설명하기 위해 '외부성'이라는

89 Layzer, 2012, 78.

개념을 도입했다.[90] 그는 생산과정에서 공공에 유해한 영향을 미치는 민간 생산자에게 그에 따른 비용을 상쇄할 목적으로 세금을 부과할 수 있다고 주장했다. 수십 년 후, K. 윌리엄 캅은 저서 《영리기업의 사회적 비용》에서 대기와 수질 오염이 사회적 비용의 전형적인 사례라고 주장했다.[91] 이와 비슷한 시기에 밀턴 프리드먼조차 시장으로는 이런 비용(그는 "이웃 효과"라고 불렀다)을 해결할 수 없음을 인정했다.[92]

시카고 대학의 경제학자 로널드 코스는 1960년에 발표한 논문 〈사회적 비용의 문제〉에서 사회적 비용을 민간 협상과 계획을 통해 해결하는 것을 허용하는 편이 좋을 수도 있다고 주장했다.[93] 그는 자기 논문이 모든 경우의 시장 정책을 정당화하는 데 쓰인다며 불만을 표출한 것으로도 유명하다. 그러나 "경제학자와 정책 입안자는 보통 정부 규제의 장점을 과대평가하는 경향이 있다고 믿는다"[94]라는 말에서 알 수 있듯이 그

90　Arthur Pigou, *The Economics of Welfare* (London: Macmillan, 1920).

91　K. William Kapp, *The Social Costs of Business Enterprise* (Nottingham, UK: Spokesmen, 1963).

92　Milton Friedman, *Capitalism and Freedom* (Chicago: University of Chicago Press, 1962), 31[국역:《자본주의와 자유》, 심준보, 변동열 옮김, 청어람미디어, 2007].

93　또한 환경오염처럼 이런 방식이 적합하지 않은 사례도 많다고 했다. Ronald Coase, "The problem of social cost," *The Journal of Law & Economics*, Vol. 3 (1960): 1-44.

94　Ibid., 18.

의 정치적 성향은 명백하다. 또한 그는 "정부는 원한다면 시장 전체를 회피할 수 있지만, 기업은 그럴 수 없다"[95]면서 시장 행위자가 국가는 하지 않는 방식으로 비용을 고려해야 한다고 주장했다.

코스의 핵심 질문은 규제 비용과 비교하여 민간 행위자와 계약 간의 외부성을 처리하기 위한 '거래비용'이 무엇인가 하는 것이다. 민간 행위자가 사회적 비용 문제를 해결하려면 회의, 계약, 관련 정보 수집 등이 필요하다. 점점 경제학자들은 '비용' 정보를 시장 행위자에게 가장 효과적으로 전파하는 방법은 가격 체계 그 자체를 통한 것이라고 주장하기 시작했다.[96] 1장에서 살펴보았듯이 신자유주의 세력은 가격 신호와 '교환' 체계가 다른 어떤 중앙 정부기관보다도 효율적으로 '정보'를 전파한다고 주장했다. 프리드리히 하이에크는 다음처럼 주장한다.

전체가 복잡할수록 관련 정보를 전파하는 객관적인 체계(가격 체계)로 개별적인 노력이 조율되는 개인 간의 지식 분할에 더

---

95   Ibid., 17.

96   Al Gore, *Earth in the Balance: Ecology and the Human Spirit* (New York: Earthscan, 1993), 348[국역:《위기의 지구》, 이창주 옮김, 삶과꿈, 2000].

많이 의존하게 된다.[97]

가격 체계는 환경을 보호하는 의사결정에 영향을 미치기 위한 **지식**의 궁극적인 원천으로 고안되었다. 그러나 이 가격이 잘못되었다면, 시장이 실패한 것이므로 이를 **수정**해야 하는 것이다.

전문직 계급의 정책 테크노크라트는 환경문제가 시장에 정보나 지식이 부족해서 발생하므로 세련된 정책 설계로 이를 수정할 수 있다는 생각을 이용했다. 1990년에 세계자원연구소World Resources Institute에서 《온실의 덫》이라는 책을 발간했다. 이 책은 기후변화를 해결하려면 "'가격 바로잡기'를 향한 진실하고 굳건한 의지"를 통해 "경제가 정직하게 환경문제를 다루게 해야" 한다고 주장한다.[98] 정책 전문가가 이를 달성할 수 있다고 생각하는 방법은 주로 두 가지다. 하나는 피구식 '탄소세'나 환경오염에 요금을 부과하는 방식으로 환경오염 비용을 에너지와 기타 상품의 가격에 추가하는 것이다. 이 가격은 소비자에게 '올바른' 정보를 알려 주게 된다. 세계자원연구소가

---

97   Friedrich Hayek, *The Road to Serfdom* (Chicago: University of Chicago Press, 1944), 95-96[국역:《노예의 길》, 김이석 옮김, 자유기업원, 2024].

98   Francesca Lyman, et al., *The Greenhouse Trap: What We're Doing to the Atmosphere and How We Can Slow Global Warming* (Boston: Beacon Press, 1990), 98.

발간한 보고서 《녹색 요금》에서는 "소비자가 에너지 사용을 줄이거나 탄소 집약도가 낮은 상품을 구입하는 것으로 새로운 가격에 반응할 것"[99]이라는 논리를 설명한다.

다른 방식은 탄소 배출을 교환할 수 있는 상품으로 다시 만들고 거기에 가격을 붙이는 것이다. 일명 '탄소 배출권 거래제'는 유한한 양(한계)의 배출권(환경을 오염시킬 권리)을 만들고 환경오염 유발자 간에 배출권 거래가 이뤄지도록 한 것이다.[100] 여기서 탄소 가격은 세금처럼 고정된 것이 아니라 시장 변동성에 따라 변한다. 다시 강조하지만, 이 제도는 **정보**에 따라 좌우된다. 즉, 탄소 세율을 정하는 정부기관보다 지역의 오염 유발자가 배출 관행을 가장 잘 알고 있다는 논리인 것이다. 탄소 배출권 거래제는 훨씬 '비용 효율적'이고 기업과 소비자가 자기가 아는 지식에 따라 조정할 수 있는 여지가 있다.

이런 정책은 상당히 복잡하고 이해하기 어려우며 많은 대중의 지지를 얻기 위해 만들어진 것이 아니다. 전문직 계급 테크노크라트에게 순전히 **논리적**인 점만을 가지고 호소하는 정

---

99 Robert Repetto, Roger C. Dower, Robin Jenkins, Jacqueline Geoghegan, *Green Fees: How a Tax Shift Can Work for the Environment and the Economy* (Washington, DC: World Resources Institute, 1992), 55.

100 Richard Conniff, "The political history of cap and trade," *Smithsonian Magazine* (2009년 8월).

책이다. 그리고 시장의 '실패'를 규명하고 정교하게 설계된 메커니즘으로 원하는 방향으로 인센티브를 주어 실패를 수정한다. 테크노크라트는 바로 이런 논리적이고 정책적인 설득의 영역을 통해 원하는 정책적 성과를 거둘 수 있다고 생각한다.

따라서 기후 정책은 여기서는 권력 투쟁이 아니라 지식을 두고 벌어지는 투쟁으로 인식된다. 이런 정책은 자유시장 이데올로기의 헤게모니를 가정한다. 즉, 우파로의 권력 이동을 당연하게 여긴다. 그리고 원하는 결말을 이끌어낼 수 있는 정책을 설계하면 시장보다 앞설 수 있다고 굳게 믿는다. 앞서 인용했던 것처럼 브래드 드롱은 이를 두고 "사회민주주의를 목표로 하는 대체로 신자유주의적이고 시장 지향적인 시장 규제와 조정"[101]이라고 설명했다. 드롱과 다른 자유주의적 중도파들은 신자유주의적 자유시장의 도구로 만든 정책에 관한 초당적 합의를 이룰 수 있으리라 믿었다. 그런 생각은 "그러면 밋 롬니의 의료보험 정책과 존 매케인의 기후 정책, 조지 H. W. 부시의 외교 정책 뒤에 있는 광범위한 정치적 연합을 모을 수 있을 것이다"[102]라고 한 데서도 드러난다. 그러나 이런 합리적인 정책이 우파의 **이념적** 지지만이 아니라 산업의 **정**

---

101   Beachamp, "A Clinton-era centrist Democrat," *Vox,* 2019년 3월 4일.

102   Ibid.

치적 지지를 얻기 위함이라는 것도 추가해야 한다. 버락 오바마 대통령은 2009년에 미국 기후행동파트너십US Climate Action Partnership, USCAP이 로비한 탄소 배출권 거래제 법안에 온 에너지를 쏟았다. 기후행동파트너십은 듀크 에너지Duke Energy, 캐터필러Caterpillar 등 미국 내에서 환경을 가장 많이 오염시키는 기업이 포함된 산업-환경 연합이다.[103] 이 정책 게임은 이미 시작부터 탄소 집약적인 산업에 권력을 주고 시작된 것이다.

값비싼 정치

환경오염 '비용'을 시장에 포함하려는 정책 테크노크라트의 집착은 신자유주의와 친자본주의 자유시장 이데올로기의 헤게모니로부터 비롯되었다. 기후변화 부문에서 경제학자, 정책 연구자 그리고 종국에는 오바마 정권하의 환경보호청은 '탄소의 사회적 비용'을 측정하기 위한 도구와 기준을 정했다. 이는 "이산화탄소 1톤으로 유발되는 장기적인 손해를 달러로

---

103 이런 전략의 어리석은 점을 예리하게 짚은 내용을 보고 싶다면 다음을 참조하라. Theda Skocpol, "Naming the problem: What It will take to counter extremism and engage Americans in the fight against global warming," (2013년 2월 14일 하버드 대학 심포지엄).

환산한 것"[104]이다. 이런 측정 기준은 '농업 순생산성, 인간 건강, 홍수 위험의 증가로 인한 재산상 손해의 변화와 에너지 체계 비용의 변화'[105] 등 쉽게 금액으로 환산하고 양을 측정할 수 있는 '비용'에 초점을 맞추는 편이다. 그리고 배출량 저감 효과 대비 '비용'을 측정하는 규제 인프라 전반에 정보를 제공하는 것을 목적으로 한다. 그러나 너무나 당연하게도, 탄소의 사회적 비용 수준은 누가 권력을 쥐고 있냐에 따라 변하는 매우 정치적인 것임이 드러났다. 오바마 행정부는 이산화탄소 1톤당 45달러로 비용을 책정했지만, 트럼프 행정부는 1달러를 책정했다.[106]

공화당과 민주당이 이렇게 옥신각신하는 이면에는 '비용'이라는 범주에 내재된 더 심오한 정치가 있다. 신자유주의 정치는 핵심부터가 비용에 관한 정치적 존재론을 통해 구성된다. 여기서 존재론이란 금전적인 비용을 추적, 분리 그리고 가장 중요하게는 **절감**하는 것에 집착하는 방식을 말한다. 시장과 경쟁은 비용 절감을 달성하는 최선의 메커니즘으로 만들어진

104 Environmental Protection Agency, "The Social Cost of Carbon." 19january-2017snapshot.epa.gov/climatechange/social-cost-carbon_.html[2024년 12월 30일 접속 가능].

105 Ibid.

106 Umair Irfan, "Climate change is a global injustice. A new study shows why," *Vox*, 2018년 9월 26일.

것이지만, 비용 절감이라는 목표를 달성하기 위한 수단에 불과하다. 따라서 앞서 살펴본 것처럼 '지휘 및 통제'식 규제가 환경오염을 줄이는 데 효과적이어도 핵심 문제는 **비용 효율적**인지의 문제로 바뀐다.

이렇게 비용에 집중하는 방식은 경제위기와 '스태그플레이션'으로 점철된 1970년대에 자본주의가 신자유주의 단계로 이행한 것에서 기인한다. 무엇보다도 이 당시의 경제위기는 **비용 상승**, 즉 인플레이션의 형태로 나타났다. 여론조사에 따르면 미국인 대다수가 이미 걱정거리가 많은 상황에서도 생활비 증가를 가장 큰 걱정거리로 꼽았다.[107] 1971년에 닉슨 대통령은 생활비위원회Cost of Living Council를 만들었다. 이 위원회는 의무 임금 설정과 경제 전반에 걸친 가격 통제로 식량, 에너지, 기타 생필품 가격의 상승을 저지하는 것을 임무로 했다.

데이비드 하비가 주장한 것처럼 신자유주의가 '계급적 사업'이라면, 인플레이션을 둘러싼 광기의 방향이 정치적인 목표로 향해야 했다.[108] 누가 인플레이션을 가장 싫어할까? 부유층과 금융 부문이다. 그들에게 인플레이션은 축적된 부의 가

---

107 "Living Costs Are Held Top Problem in US, a Gallup Poll Reports," *New York Times*, 1978년 7월 30일.

108 David Harvey, *A Brief History of Neoliberalism* (Oxford, UK: Oxford University Press, 2007)[국역:《신자유주의》, 최병두 옮김, 한울, 2017].

치를 좀먹는 것밖에 되지 않는다. 게다가 모두가 '좌파 케인스주의'라고 부를 수 있는 정부 지출 및 노동조합을 인플레이션의 원인으로 지목했다. 1975년에 앨런 그린스펀은 포드 정부 경제 자문단의 일원으로 다음과 같은 메모를 남겼다.

> 1960년대 내내 지배적이었고 결국에는 침체의 씨앗을 가져온 인플레이션 환경은 우리의 공급 능력을 지나치게 낙관한 데서 비롯되었다. 각국 정부는 국내외의 사회 불평등을 완화하고 점점 높아지는 생활수준을 달성하려는 의지가 강했다. 도덕적으로나 사회적으로는 이런 의지를 칭찬할 만하지만, 이 목표는 경제적인 측면(실제 달성하고자 했던 것과 그들이 부풀린 대중의 기대치)에서 봤을 때 지나친 야심이었음이 드러났다.[109]

정부 지출은 원래 지나칠 정도로 대규모의 사회적 비용이다. 그런데 긴축 기조가 전반으로 확산하면서 노동조합도 인플레이션을 일으키는 요인으로 인식되었다. 노동자 임금의 불공정한 독점 가격을 조직하고 이를 달성하는 것이 가격을 상승시킨다고 본 것이다. 생활비위원회가 1974년에 만든 팸플

---

109 Alan Greenspan, "The Impact of the 1973-1974 Oil Price Increase on the United States Economy to 1980," US Council of Economic Advisors, Alan Greenspan, Box 48, Folder 1, Gerald Ford Presidential Library, Ann Arbor, Mich.

릿에는 "지금 더 많은 돈을!"이라는 구호 피켓을 든 시위대(노동조합을 의미한다)를 그린 그림이 실려 있었다.[110] 여기 담긴 메시지는 노동자 계급의 정치권력을 향한 투쟁이 모든 것을 지나치게 비싸게 만들었다는 것이었다.

비용 상승의 원인에 정치적 초점이 집중된 결과, 사회 전반에 걸쳐 끊임없이 '비용 절감'에 집착하게 되었다. 정체된 임금에 따른 가계 지출 절약, 부채 상환을 위한 사회보장 프로그램 비용 삭감, 주가 상승 목적의 인력 절감, 환경보호 규제 완화, 그리고 자동화와 함께 비용이 낮은 지역으로의 생산지 이전을 통한 비용 절감 등이 일어났다. 헤아릴 수 없을 정도의 부와 풍요가 축적되는 시대에, 이상하게도 사회 전체가 긴축 논리를 받아들일 수밖에 없게 된 것이다.

비용 절감 논리는 환경 정책을 비롯한 모든 정책 영역에도 침투했다. 무슨 수를 쓰더라도 비용을 절감해야 한다는 존재론적 집착을 바탕으로 조성된 환경에서 정책 테크노크라트에게 환경오염을 멈출 수 있는 유일한 방법은 환경오염을 '비용'으로 고려하도록 하는 것이었다. 이런 이데올로기적 맥락에서 정책 설계자와 기후운동은 돈으로 환산되지 않는 환경

---

110 Cost of Living Council, *Inflation: On Prices and Wages and Running Amok* (Washington, DC: Government Printing Office, 1973), 14.

파괴(탄소 배출, 가뭄, 해수면 상승, 사막화)를 사회로 외부화된 비용으로 인식하게 되었다. 그래서 이 비용을 시장에 가시화 하면 다른 비용과 마찬가지로 줄어들게 할 수 있다는 데 판돈 을 건 것이다.

다음 장에서 살펴보겠지만 새로운 '비용'을 경제에 부과한 다는 발상은 전문직 계급의 감수성에도 들어맞았다. 전문직 계급 구성원들 스스로가 자신이 대량 소비에 일조하고 있다 는 사실을 염려하기 때문이다. 전문직 계급 테크노크라트들 은 에너지 소비를 덜 해야 한다는 생각을 가지고 있기 때문에 에너지에 더 많은 비용을 들인다는 생각을 **반긴다**. 그러나 사 회 대부분 사람들은 수십 년간 임금 정체, 긴축, 부채에 시달 리고 있었다. 우파는 모든 환경 정책이 개인과 그 가족들에게 얼마나 더 큰 **비용**을 부과하는지 알리는 것으로, 이 모순을 이 용했다.[111]

1장에서도 보았지만, 찰스 코크조차도 자신이 진보적 기후 정책 때문에 높아진 에너지 비용으로 고통받는 빈곤층과 노 동자 계급의 옹호자라고 주장할 수 있었다. 그만 이렇게 생각 했던 것이 아니다. 기후 행동에 힘이 모이는 것처럼 보이자 코

---

111 다음을 참고하라. Matthew T. Huber, *Lifeblood: Oil, Freedom and the Forces of Capital* (Minneapolis: University of Minnesota Press, 2013), 129-154.

크 쪽에서 자금을 지원하는 단체 번영을 위한 미국인들Americans for Prosperity, 이하 AFP에서 모든 탄소 규제에 전면적인 공격을 가하기 시작했다. 진보적 기후 활동가 대부분이 이 단체의 기후 과학 왜곡에 집중했지만, AFP는 일관되게 기후 정책으로 인한 **비용**과 소비자 선택의 자유가 제한된다는 내용을 주장했다. 2008년에 AFP는 "기후세 반대 서약No Climate Tax Pledge"이라는 캠페인을 전개했다. 캠페인 내용은 선출직 공무원에게 "정부 세수를 증가시키는 기후변화 관련 법안에 반대하겠습니다"[112]라는 문구가 있는 문서에 서명하도록 하는 것이었다. AFP는 환경 정책과 높은 기름값을 연관시키는 주요 집회와 행사를 후원했다. AFP 회장은 2011년에 "우리는 대중이 가격이 천장을 뚫을 정도로 치솟는 원인을 알기를 바랍니다. 이건 정부 규제로 만들어진 환경 때문입니다"라고 말했다.[113] 그런데 아이러니한 것은, 이들이 오바마의 정책에서 미국 내 석유 생산이 막대하게 **확대**된 것을 막는 데는 아무 일도 하지 않았다는 점이다. 덕분에 오바마의 두 번째 임기 말에는 휘발유 가격이 하락했고, 2018년 열린 대중 행사에서 오바마가 이를 자랑했을 정

---

112 Howard Gleckman, "What's Up With the 'No Climate Tax' Pledge?" *Forbes*, 2015년 6월 2일.

113 Ben Smith, "A new gas front," *Politico*, 2011년 6월 6일.

도였다.[114]

요약하면, 테크노크라트가 시장을 통해 탄소 배출을 '사회적 비용'에 포함시키려고 했던 시도는 기후 행동이 노동자 계급과 경제 전반에 비용을 부과한다는 것을 의미하는 정치로 이어지고 말았다. 가격을 바로잡고 소비를 줄인다는 논리는 전문직 계급에는 호소력이 있었지만 인구 전체의 지지를 받는 데는 실패했다. 지난 2016년과 2018년에 진보적이고 환경주의가 강한 워싱턴주에서조차 탄소세 제안을 상당한 표 차이로 부결시킨 것도 이런 정책 이니셔티브의 종말을 알리는 것이라고 볼 수 있겠다.[115] 한편 2018년 가을, 프랑스에서는 통근하는 노동자 계급이 스스로를 노란 조끼 운동이라고 부르며 에마뉘엘 마크롱 대통령의 연료세 소급 적용에 반대하는 시위를 펼쳤다. 환경오염 비용을 내재화하는 '스마트'한 정책은 이제 죽은 것처럼 보인다.

---

114   Tyler Stone, "Obama: Suddenly America Is the Biggest Oil Producer, That Was Me People," *Real Clear Politics*, 2018년 11월 28일.

115   David Roberts, "Washington votes no on a carbon tax—again," *Vox*, 2018년 11월 6일.

'기후변화에 한발 앞서야 할 때':

전문직 계급정치로서 시민기후로비

정책 테크노크라트의 기후정치 접근법을 집약적으로 보여주는 정치 단체 시민기후로비Citizens' Climate Lobby, 이하 CCL에 관한 간략한 사례 연구로 이번 장을 마무리하겠다. 2007년에 부동산 자본가에서 기후변화 신봉자로 변신한 마셜 손더스Marshall Saunders가 설립한 CCL은 탄소 요금제, 더 정확하게는 '탄소 요금제 및 배당제' 정책을 추진할 자원봉사자를 모집하는 것을 목적으로 하는 단체다. 이 정책의 목표는 탄소의 요금을 점진적으로 올리는 것인데, 여기서 '세금'이라는 표현은 의도적으로 사용하지 않았다. 또한 CCL은 그로 인한 세수를 '배당금' 형태로 개별 가구에 재분배하자고 주장한다. 현재 북미, 유럽, 호주만이 아니라 방글라데시, 짐바브웨, 파나마 등지에서 540개 지부가 활발하게 활동 중이다.[116]

CCL 정치의 핵심은 좌우파 모두에게 호소할 수 있는 논리를 갖춘 **세련된** 정책을 개발하는 것이다. 실제로 단체의 온라인 자료 대부분에는 "기후변화에 한발 앞서야 할 때"라는 슬로건이 있는데, 이는 정치란 결국 지식과 세련된 해법을 아는

---

116   해당 정보는 단체 웹사이트에서 가져왔다. citizensclimatelobby.org

것이라는 전문직 계급의 입장을 다시금 보여준다.[117] CCL의 목표는 사설을 기고하거나 선출직 공무원에게 전화 걸기, 폰뱅킹, 대중 행사의 개최 등을 비롯한 정교한 커뮤니케이션 전략을 통해 자신들의 논리를 전파하도록 설계되어 있다. 《뉴욕타임스》에 나온 프로필처럼 "이 단체는 시민들이 효과적인 로비스트가 되도록 준비시킨다…. 초당적인 지지를 얻기 위해 정책을 설득력 있게 제시하는 방법 등을 알려 준다."[118] 이 전략의 핵심은 정치 이념과 관계없이 누구나 정책의 논리를 **납득할** 수 있다는 생각이다. 따라서 CCL은 보수적인 지지자를 열성적으로 홍보한다. 이 중에는 레이건 정부 시절 국무부 장관이었던 조지 슐츠George Schultz, 보수 기독교 공화당원인 밥 잉글리스Bob Inglis가 있다. 특히 밥 잉글리스의 경우 기후변화의 진실을 깨닫고 기후 행동을 지지했으며, 2014년 선거에서 티 파티Tea Party 소속 후보에 밀려 낙선하고 말았다.[119]

CCL은 '다양성'을 핵심 가치로 삼지만, 실제 단체를 운영하는 이들은 순전히 전문직 계급(학자, 과학자, 법조인, 배우와

---

117 Sabine Marx, "Workshop: "Tailoring Communication to Your Audience," CCL 북동 지역 콘퍼런스, 2018년 3월 16–18일. documents.grenadine.co. 참고.

118 David Bornstein, "Lobbying for the greater good," *New York Times: Opinionator*, 2013년 5월 29일.

119 Citizens' Climate Lobby "Advisory Board." citizensclimatelobby.org/about-ccl/advisory-board[2024년 12월 30일 접속 가능] 참고.

예술가 등)이다. "쇼핑센터 개발 및 임대에 특화된 부동산 중개"[120]라는 저탄소 분야가 아닌 곳에서 전문성을 갖춘 손더스를 제외하고, 운영위원회에는 총 6명이 있다. 이 중 3명은 박사학위 소지자이며 2명은 전 공화당 상원의원이다. 그리고 2명은 금융 부문에서 일한다.[121] 자문단에는 20명이 있는데 12명이 박사다. 자문단에는 제임스 핸슨과 캐서린 헤이호Katharine Hayhoe처럼 유명한 과학 전파자 그리고 한때 트위터 프로필에 "그래도 그녀는 끈질기게 비용 효율적으로 지구를 구하려 했다"[122]라고 쓴 경제학자이자 탄소세 신봉자인 아델 모리스Adele Morris 같은 정책 테크노크라트가 있다.

CCL은 자신들이 초당적이라고 주장하지만, 그들의 모든 전략을 보면 정치를 우파에 넘겨준 것으로 보인다. 이들은 자신들이 정부 규제의 대안이라고 소개할 뿐만 아니라 정부 규제를 적극적으로 막겠다고 한다. 미국의 현행 에너지혁신 및 탄소배당금법Energy Innovation and Carbon Dividend Act은 "요금을 통해 이산화탄소와 그에 상응하는 배출량을 규제하는 환경보호청

---

120 Citizens' Climate Lobby "Founder's story": https://citizensclimatelobby.org/about-ccl/citizens-climate-lobbys-founder/[2024년 12월 30일 접속 가능] 참고.

121 Citizens' Climate Lobby "Governing Board." https://citizensclimatelobby.org/about-ccl/governing-board/[2024년 12월 30일 접속 가능] 참고.

122 이후 내용을 변경했으며, 현재는 "기후 정책 솔루션을 만들 수 있어 행운이다"라고 되어 있다. twitter.com/AdeleCMorris.

의 권한을 일시 정지시킨다."[123] 탄소에 가격을 매긴다는 것은 우파식 '자유시장'에나 걸맞은 해법이지만, 이론적으로 탄소 요금제를 통해 정부의 기후 행동에 필요한 상당한 양의 세수를 거둘 수 있다. 그러나 배당금을 주장하는 측면 때문에 CCL은 이 정책이 '세수 중립적'이라고 주장한다. CCL은 웹사이트에서 "탄소 배출량을 통해 거둔 세금은 모든 미국인이 원하는 대로 사용할 수 있게 분배될 것이다. 정부는 이렇게 모인 금액을 절대로 보유하지 않을 것이다"[124]라고 공언한다.

2차 세계대전 당시의 **공공투자**[125]와 같은 방식이 필요하다고 많은 이들이 주장하는 위기 가운데, 공공 부문의 세수를 거두려는 이 정책의 실패는 놀라울 정도의 자만에 따른 결과였다. 그러면서 CCL은 돈을 가장 효과적으로 사용하는 주체는 정부가 아니라 소비자라는 신자유주의적 전제를 대체로 받아들였다.

게다가 이 가격 메커니즘은 정부 규제가 어떠한 역할도

123　Energy Innovation and Carbon Dividend Act, "How it works." energy-innovationact.org.

124　Citizens' Climate Lobby, "Energy Innovation and Carbon Dividend Act." citizensclimatelobby.org/energy-innovation-and-carbon-dividend-act/[2024년 12월 30일 접속 가능].

125　Andrew Bossie and J. W. Mason, "The public role in economic transformation: Lessons from World War II," *Roosevelt Institute*, 2020년 5월 26일 자 참고.

해서는 안 된다는 점을 인정한다. 제임스 핸슨은 CCL 자문단에 이름을 올렸을 뿐만 아니라 탄소 요금제와 배당금에 가장 큰 지지의 목소리를 보내고 정부 개입에 반대하는 것을 옹호한다. 앞서 설명했듯이 그는 오바마의 청정전력계획에 따른 정부의 탄소 배출량 규제에 적극적으로 반대했다.

CCL 사례에서 마지막으로 눈여겨보아야 할 것은 그들이 **실패했다**는 점이다. 탄소 요금제와 배당금제를 의무화하는 법안은 결국 통과되지 못했고 앞으로도 그럴 일은 없을 것이다. 제3부에서 기후정치에 관한 전혀 다른 접근법을 살펴보겠지만, 지금으로서는 논리적인 정책 설계로 우파를 설득한다는 전략이 막다른 길에 다다랐다는 점만 이야기해도 충분하겠다. 앞으로 보게 될 다른 선택지에서는 중도로 옮겨 가 '세련'되고 초당적인 해법을 찾기보다는 민중 권력에 기반한 기후 해법에 관한 진정한 **좌파적** 방식을 건설하고 확대하고자 한다.

나가며: 기후 출세주의

전문직 계급은 노동시장에서 지식과 자격을 활용하여 안정적인 커리어를 구축한다. 이 과정은 매우 길고 경쟁도 치열하기 때문에, 정치를 포함한 모든 사회적 삶에서 지식을 최고의 가치로 여기는 사회 문화적 계급이 형성된다. 현재 기후운동에서는 기후 투쟁에서 지식을 활용하려는 전문직 계급이 지나치게 많은 대표성을 갖고 있다.

과학 전파자는 탈탄소화의 주요 장애물이 에너지 체계를 둘러싼 뿌리 깊은 정치/경제 권력이 아니라 기후변화를 부정하는 것이라고 본다. 정책 테크노크라트는 세련된 정책을 설계하면 결국 권력을 쥔 사람도 이 논리를 받아들이도록 설득할 수 있다고 믿는다. 이 두 가지 입장 모두 권력 자체와 권력자가 급진적인 요구를 수용하도록 강제할 정도의 대중운동의 건설 방식에 관한 전략적 방향성이 부족하다.

바로 이 부분을 제3부에서 다루고자 한다. 그러나 지금은 우선 대중운동에 내재한 전문직 계급 기후정치의 또 다른 면모를 살펴보겠다. 그 대표적인 것이 자신의 소비를 위기의 원인으로 보는 죄책감이다.

4. 탄소 죄책감

: 사유화된 생태, 탈성장 그리고 줄이기 정치

들어가며: #비행기_덜_타기?

비행기 타는 일을 즐겁다고만 말하기는 어렵다. 좁은 좌석에 앉는 것부터 은행 잔고의 압박, 취소, 초과 예약, 지연에 따른 시간의 압박 등 상상할 수 있는 모든 방면에서 압박을 느끼게 되기 때문일 것이다. 항공 산업은 더 큰 축적을 위한 전략에 따라 고객 한 사람을 일회용으로 치부하며 기본적으로 인간을 비인간화한다. 2017년에는 공항 보안요원이 승객 데이비드 다오David Dao 박사를 구타하고 유나이티드 항공 기내에서 끌어낸 사건이 있었다. 다오 박사가 자기 좌석을 포기하지 않았다는 것이 폭력을 휘두른 이유였다.[1] 이 사건은 항공 산업이 초과 예약이라는 불공정 관행을 지속하면서 좌석을 구매한 승객을 기내에서 쫓아내기 위해 무슨 짓까지 할 수 있는지

---

1 Daniel Victor, Matt Stevens, "United Airlines passenger is dragged from an overbooked flight," *New York Times*, 2017년 4월 10일.

보여주었다.

　승객을 비인간화하는 전략은 항공 산업에는 큰 이윤으로 돌아왔다. 2008년 금융위기 이후 이들의 수익성은 계속해서 높아졌다.[2] 2014년의 유가 하락은 수익성을 더 높여 주기만 했다. 1978년, 항공 산업의 규제가 완화되면서 경쟁이 심화하고 항공편 가격 하락을 이끌기도 했지만 동시에 변동성이 심한 시기가 이어졌다.[3] 사우스웨스트 항공과 제트블루JetBlue 같은 저가 항공사는 가격을 낮추었고 기존의 대형 항공사는 인수합병되었다. 아메리칸 항공은 TWA와 US에어와, 유나이티드 항공은 콘티넨털 항공과, 델타 항공은 노스웨스트 항공과 합병했다.[4] 2017년에 델타 항공 CEO 에드 바스티안Ed Bastian이 벌어들인 금액은 델타 항공 직원 평균 임금의 142배가 넘는

2　Hugo Martin, "US airlines pocketed $15.5 billion last year, including a record $4.6 billion in bag fees," *Los Angeles Times*, 2018년 5월 7일. 물론 이런 좋은 시절은 다 지나갔다. 이 글을 쓰고 있는 현재, 코로나19 팬데믹으로 항공 여행이 대폭 줄고 업계 수입이 감소함에 따라 항공 업계는 정부로부터 250억 달러의 구제금융 지원을 받았다. Alan Rappeport, Niraj Chokshi, "Crippled Airline Industry to Get $25 Billion Bailout, Part of It as Loans," *New York Times*, 2020년 4월 14일.

3　George Williams, *The Airline Industry and the Impact of Deregulation* (London: Routledge, 2017).

4　Thomas Pallini, "The past 2 decades saw the number of major airlines in the US cut in half. See how consolidation in the 2000s left customers with fewer options as profits soared," *Business Insider*, 2020년 3월 21일.

1300만 달러였다.[5] 그를 비롯하여 델타 항공 이사진이 보유한 부의 대부분은 델타 항공의 주식에서 창출되었을 가능성이 크다. 2012년 9월의 델타 항공 시가총액 76억 7천만 달러가 코로나19 팬데믹 시작 전인 2020년 1월에 384억 6천만 달러로 5배 가까이 뛰었기 때문이다.[6] 델타 항공은 이윤 창출을 위해 탄소를 배출하는 것에서 그치지 않고 2012년에는 정유소에 투자하기도 했다.[7]

항공 산업은 전 세계 탄소 배출량의 약 2.5퍼센트를 차지하는[8] 주요 탄소 배출원이다. 항공 여행은 기본적으로 승객과 독과점 기업 간의 상품 교환 과정이다. 이 교환 과정의 주요 수혜자를 승객으로 보기는 어렵다. 그러나 탄소발자국을 계산할 때는 탄소 배출의 책임을 승객이 지게 된다. 탄소발자국 이데올로기는 전문직 계급 전반에서 '비행기를 덜 타야 한다'는 걱정으로 이어졌다. 여러 기후 활동가가 중요한 기후 회의에

5 Jeff Edwards, "Does Doug Parker Get Paid Too Much?" https://www.flyertalk.com/articles/the-pay-gap-between-american-airlines-top-executives-and-rank-and-file-workers.html[2024년 12월 30일 접속 가능], 2019년 5월 4일.

6 "Delta Air Lines Market Cap 2006-2020." macrotrends.net/stocks/charts/DAL/delta-air-lines/market-cap[2024년 12월 30일 접속 가능].

7 Clifford Krauss and Niraj Chokshi, "Delta Air Lines Bought an Oil Refinery. It Didn't Go as Planned," *New York Times*, 2020년 8월 12일.

8 Hiroko Tabuchi, "'Worse Than Anyone Expected': Air Travel Emissions Vastly Outpace Predictions," *New York Times*, 2019년 9월 19일.

참석할 때 비행기를 이용하지 않고 시간이 더 걸리더라도 다른 방식으로 이동하겠다고 맹세하기까지 했다. 가장 대표적인 사례가 2019년 9월 개최된 UN 기후행동정상회의UN Climate Action Summit에 참석하려고 유럽에서 뉴욕까지 보트로 항해해 온 10대 기후 활동가 그레타 툰베리이다.

특히 연구 지역, 콘퍼런스, 워크숍 등으로 출장이 잦은 학계에서 이런 정서가 만연하다. 시멘트나 비료 등 제1부에서 살펴봤던 산업 부문과 비교해 보면 고등교육은 상대적으로 탄소 배출이 적은 분야다. 대부분 활동이 글쓰기, 강의, 연구이기에 탄소 배출 자체가 적은 것이다. 실제로 얼리사 바티스토니는 "전 국민 의료보험과 대학 무상교육 등의 정책은 공공재 접근성과 저탄소 경제의 범위를 동시에 넓힌다"[9]라며 모든 저탄소 사회가 고등교육 접근성을 대폭 넓힌다고 주장한다. 그렇지만 이런 주장도 전문 지식인의 항공 여행에 초점을 맞추는 지식인 다수의 운동을 멈추기에는 역부족이다. 대학과 전문가 학회에 "비행기 이용을 대폭 줄일 것"[10]을 요구하는 '비행기 덜 타기Flying Less' 캠페인의 온라인 서명에 참여한 사람만 해도 2600명이 넘는다. 이 캠페인의 FAQ 페이지에는 지식인이

9   Alyssa Battistoni, "Living not just surviving," *Jacobin*, No. 26 (2017년 여름호): 65-71; 71.

10   academicflyingblog.wordpress.com[2024년 12월 30일 접속 가능].

라이프스타일을 바꾸려 할 때 항공 여행을 재고하는 것이 왜 중요한지 나와 있다.

> 대학에서 활동하는 수많은 지식인이 1년에 수천 마일을 비행기로 이동하는데, 이런 항공 여행은 개인의 가장 큰 탄소 배출 요인이다. 우리의 동료 교수들은 삶의 여러 방면에서 환경에 미치는 영향을 줄이고자 부단히 노력하지만, 비행기 이용에서는 그렇지 않다. 비교적 육류를 적게 섭취하고, 대중교통으로 출퇴근하며, 집의 냉난방 온도를 합리적인 수준으로 유지하고, 연비가 뛰어난 차량을 운전하는 지식인의 경우, 그 사람이 기후변화에 미치는 영향 중에서 상당히 많은 부분을 차지하는 요인은 무절제한 항공 여행일 것이다.[11]

우리는 개인이 에너지와 식량 소비, 항공 여행에서 독립적으로 '영향'을 미치는 존재라는 논리에 익숙하다. 이런 정치 캠페인은 항공 여행을 하는 소비자로 초점을 돌린다. 그렇지만 항공 여행의 진정한 수혜자이자 탄소 배출의 진정한 원인인 항공 산업은 살펴보지 않는다.

항공 산업의 탄소 배출량(전체의 2.5%)을 규제하거나 산업

---

11 Ibid., FAQ 페이지.

을 몰수하려는 기후운동은 거의 없다. 그런데도 많은 지식인이 수많은 시간을 들여 기차나 다른 이동수단으로 이동함으로써 얼마 되지 않는 탄소 배출량을 더 적게 만들었다며 도덕적 우위를 자랑한다. 그리고 학계에서는 생계수단으로 비행기를 타는 이들을 소셜미디어에서 악당으로 묘사하는 데 더 많은 시간을 할애한다. 그러나 고등교육 안에서도 일자리가 점점 불안정해지면서 대학원생이나 조교(수) 같은 가장 불리한 조건의 노동자들은 잔인할 정도로 경쟁이 치열한 이 시장에서 조금이라도 기회를 얻기 위해 비행기를 **탈 수밖에 없다.**

이런 캠페인은 체제 변화를 대체하거나 보완할 수 있는 요소가 행동의 변화라고 주장한다. 신자유주의 사회에서는 개인의 행동 변화가 기후변화에 대응하여 유일하게 '뭐라도 하는' 유의미한 선택지처럼 보이기도 한다. 스티븐 웨스트레이크는 비행기 이용에 관한 태도 조사에서 다음과 같이 말한다.

정부의 조직적인 행동이 없는 상황에서 일부 개인은 기후변화에 항공 여행이 미치는 영향 때문에 비행기를 타지 않겠다고 결정했다. 이렇게 항공 여행을 포기하는 개별 행동은 개인의 탄소 배출량을 상당히 줄일 뿐 아니라 다른 사람에게 사회적 신호를

줄 가능성이 있다.[12]

정부의 조직적 행동 없이는 기후변화 문제를 진정으로 해결하기 어려운데도 위 인용에서 "정부의 조직적인 행동이 없는 상황"을 변하지 않는 진리로 **여긴다는 것**에 주목하자. 저명한 기후 과학자이자 활동가인 케빈 앤더슨은 "목소리가 큰 개인이 모여 비공식적인 집단을 형성하여 더 큰 공식적인 기관에서 변화를 만들어 내도록 하는"[13] 보완적인 관점을 주장한다. 양쪽 모두 개인의 선택을 더 큰 변화를 만들 수 있는 문화적 영향력의 형태로 본다.

비행기를 덜 타려는 노력 자체를 모두 부정하려는 것은 아니다. 비행기를 덜 타는 선택은 기후변화에 따른 위기와 대대적인 변화의 필요성에 관한 대화를 촉진할 수 있다. 그러나 이번 장에서는 소비의 절감이 기후변화를 해결할 가능성을 가장 높여 주는 정치 행동이라고 보는 이데올로기의 계급적 기반에 더 초점을 맞춰 볼 것이다.

---

12   Steven Westlake, "A counter-narrative to carbon supremacy: Do leaders who give up flying because of climate change influence the attitudes and behaviour of others?" (2017년 10월 2일). ssrn.com/abstract=3283157[2024년 12월 30일 접속 가능].

13   Kevin Anderson, "A succinct account of my view on individual and collective action," kevinanderson.info/blog/a-succinct-account-of-my-view-on-individual-and-collective-action/[2024년 12월 30일 접속 가능].

비행기 덜 타기 캠페인의 중심에는 탄소를 많이 배출하는 라이프스타일에 대한 죄책감(탄소 죄책감)이 자리하고 있다. 이 죄책감은 전문직 계급 구성의 중심에 있는 모순에서 비롯된 것이다. 한편으로 전문직 계급 전체는 중산층 라이프스타일에 맞는 연봉과 물질적 안정을 달성하고자 자격을 활용하려 한다. 그런데 전문직 계급의 라이프스타일은 엄청난 수준의 환경오염과 쓰레기를 만들어 낸다. 이를 깨닫게 되면, 그들은 세상이 불타오르는 것에 대해 죄책감을 느끼거나 자신이 거기에 공모하고 있다고 성찰하게 된다. 탄소 죄책감은 사실 기후가 변화하는 이 세상에서 전문직 중산층 소비자가 가장 특권을 가졌다고 생각하게 만든다. 그리고 일정 수준의 안락과 안정이라는 물질적 특권과 에너지 생산의 물질적 구성을 통제하는 **권력**을 혼동하게 된다. 비행기를 타는 것을 특권이라고 느낄 수야 있겠지만, 그 특권으로부터 이윤을 얻는 것은 항공 산업이다.

사치스러운 라이프스타일에 대한 걱정으로 고통스러워하는 탄소 죄책감의 관점으로 보면, **줄이기 정치**가 무엇인지 직관적으로 이해할 수 있다. 여러 생태발자국 학자가 말하듯이 "덜 가지고도 양질의 삶을 영위할 수 있는 법을 배워야만

한다는 필연적인 결론이 나온다."[14] 케빈 앤더슨 역시 비슷하게 "탄소 배출량 대부분에 책임이 있는 우리가 에너지 소비량을 빠르게 큰 폭으로 줄이는 것 외에 다른 수학적인 대안은 없다"[15]라고 주장한다. 다시 말하지만, 전문직 계급은 전 인구 중에서도 소수이며 나머지 다수는 지난 40여 년간 경제 불안정성의 증가, 임금 정체, 고용 불안정, 부채 증가 등을 겪어 왔다. 이미 허리띠를 졸라매야 하는 상황에 처한 사회의 다수에게 줄이기 정치는 어불성설일 따름이다.

이번 장에서는 전후 시기 전문직 계급의 폭발적 증가와 함께 나타난 풍요와 소비자중심주의consumerism에 대한 통렬한 비판(이는 환경운동이 대두하면서 강화되었다)을 살펴보려고 한다. 줄이기의 환경정치는 넓은 시각에서 보면 허리띠를 졸라매라고 요구하며 긴축에 집중하는 신자유주의와 완벽하게 일치한다. 이 외에도 탈성장이라는 줄이기 정치에 대한 생각을 표현하는 가장 유명한 전문직 계급의 구성을 살펴보겠다.

우선 애초에 수백만 명의 노동자가 왜 그렇게 소비를 많이 하게 되었는지부터 살펴보자.

14　Nicky Chambers, Craig Simmons, *Mathis Wackernagel, Sharing Nature's Interest: Ecological Footprints as an Indicator of Sustainability* (London: Routledge, 1996), 66.

15　Kevin Anderson, 앞서 인용한 글.

노동자 계급의 힘에 대한 해법, 교외[16]

인구 집중화가 유산계급을 자극하고 발전시킨다면, 노동자의 발전을 더욱 가속할 것이다. 노동자는 집단으로서 하나의 계급이라고 느끼게 되고 개인으로서는 약하지만, 단결된 힘을 형성할 수 있음을 인식하기 시작할 것이다…. 대도시는 노동운동의 탄생지이다….

_ 프리드리히 엥겔스, 《영국 노동자 계급의 상황》, 1845.

1840년대에 마르크스와 엥겔스는 자본과 노동 사이에서 갈등이 일어날 것을 이미 예견했다. 제1부에서 살펴본 자본의 상대적 잉여가치를 향한 욕구에는 엥겔스가 말한 "집중 경향"(대규모 투자가 도시로 몰리는 것)이 있다. 소작농의 지위를 폭력적으로 강탈당하고 농촌 가내수공업이 파괴되면서 프롤레타리아도 투자가 집중된 도시로 몰려들었다. 안드레아스 말름이 설명하듯, 석탄을 때는 증기기관을 통해 자본은 (수력과 달리) 이동이 가능하고 "노동력을 쉽게 조달할 수 있는"[17] 도

---

16 이 제목은 리처드 워커Richard Walker의 박사학위 논문 제목에서 따왔다. *The Suburban Solution: Urban Geography and Urban Reform in the Capitalist Development of the United States* (John Hopkins University, 1977).

17 Andreas Malm, *Fossil Capital: The Rise of Steam Power and the Roots of Global Warming* (London: Verso, 2016), 121[국역: 《화석 자본》, 위대현 옮김, 두번째테제, 2023].

심에 집중될 수 있는 에너지원을 얻게 되었다.

자본이 도시에 집중되자 노동자 계급도 도시에 집중되었다. 노동자 계급 조직에 도움이 된 것은 공장 노동의 협업이라는 본성만이 아니었다. 노동자 계급 대중이 도심에 모여 살면서 공간적으로 서로 가깝게 된 것 역시 큰 역할을 했다. 공동주택, 술집, 광장이나 공원 같은 공공장소 모두 노동자 계급의 조직과 힘의 산실이 되었다. 마이크 데이비스는 도시가 "기술 직종 전반에 걸쳐서 노동자 계급을 경제, 정치, 문화적으로 조직하는 기초적인 형태 혹은 뼈대를 제공했다"[18]라고 말한다. 또한 1900년에 이르면 "노동조합이 합법인 각국 거의 모든 산업도시에 노동자들이 모임, 노동조합 사무실, 당 기관지 제작 등을 위해 사용할 수 있는 중심적인 건물이 있었다"[19]라고도 설명한다. 앙리 르페브르가 주장하듯, 도시화가 공간적으로 진행되는 과정은 그 자체로도 **혁명적** 힘이었다.[20]

20세기 초가 되자 단결한 도시 노동자 계급의 힘이 자본주의의 기본적인 제도에 위협이 된다는 점이 매우 명확하게

18 Mike Davis, *Old Gods, New Enigmas*, 83[국역:《인류세 시대의 맑스》, 안민석 옮김, 창비, 2020].

19 Ibid., 102.

20 Henri Lefebvre, *The Urban Revolution* (Minneapolis: University of Minnesota Press, 2003)[국역:《도시혁명》, 신승원 옮김, 지식을만드는지식, 2024].

드러났다. 주로 농업 국가였던 러시아조차 "1917년 혁명의 도가니가 된 곳은 [도시화한] 러시아였다."[21] 1930년대 미국에서는 파업 물결이 일었고 노동자와 노동조합은 도시 전체의 기능을 마비시킬 수 있는 역량을 보여주었다. 가혹하고 처참한 폭력 앞에서도 노동자들은 샌프란시스코와 미니애폴리스에서 총파업을 조직했다. 수많은 피켓 부대가 차와 트럭을 타고 미국 동부를 이동하면서 조지아주부터 매사추세츠주에 이르는 섬유 산업 전체의 기능을 정지시켰다. 미시간주 플린트에서는 제너럴 모터스 사측이 공장에 파업 파괴자를 데려오는 것을 막기 위해 노동자들이 점거에 들어갔고, 결국 회사의 양보를 얻어 냈다.[22]

대량실업과 빈곤이 특징인 대공황은 자본주의 체제에 정당성이 없음을 입증했다. 많은 이들이 자본주의는 끝났다고 생각했다. 1934년에 《뉴욕타임스》는 "자본주의는 죽을 운명이거나 죽어 가는 중이거나 혹은 이미 죽었다"[23]라는 내용의 사설을 실었다. 같은 해에 뉴욕시에서 열린 '미국에서 자본주

21   Diane Koenker, "Urbanization and deurbanization in the Russian Revolution and Civil War," *Journal of Modern History*, Vol. 57, No. 3 (1985): 424-50.

22   이 모든 투쟁에 관한 자세한 내용은 다음을 참조하기 바란다. Jeremy Brecher, *Strike!* (Oakland, CA: PM Press, 2020).

23   "Life in It Yet," *New York Times*, 1934년 12월 16일, E4.

의를 대체할 새로운 사회체제로 공산주의나 파시즘이 적당한 가'[24]라는 토론회에는 3천 명이 참석했다. 뉴딜 정책은 자본주의를 심각하게 위협하는 노동자 계급의 권력을 **분산**시키기 위해 국가가 주도한 대규모 사업이었다. 이는 단순한 '경제 회복' 사업이 아니라 굉장히 **반反도시**적인 이데올로기 사업이었다. 연방 자원을 투입하여 대규모 교외화suburbanization[25]를 이루기 위해 물리적인 인프라를 건설하고 재정적인 인센티브를 수립하는 것을 목적으로 했기 때문이다. 뉴딜 추진 세력은 도시를 사악하고 위험한 정치활동이 일어나는 더럽고 유해한 곳으로 보았다.[26] 도시에 사는 백인 노동자 계급에게 도시 밖에서 살면서 가족과 살아갈 주택을 소유할 수 있는 능력을 주는 것은 경제를 부흥시킴과 동시에 노동자 계급의 권력을 무력화하는 방법이었다. 허버트 후버Herbert Hoover 같은 정치인은 이미 1930년대 이전부터 주택 소유가 어떤 기능을 하는지 제대로 이해하고 있었다. 그는 "개인 주택 소유자 비율을 높게 유지하면" 사회에 "개인이 자기 노동의 결실을 보관할 수 있

---

24 "Capitalism Is Doomed, Say Fascist and Red," *New York Times*, 1934년 3월 5일, 18.

25 [옮긴이] 중심 도시가 가지고 있는 여러 기능을 주변 지역으로 확산시키는 현상 및 그 과정.

26 Steven Conn, *Americans Against the City: Anti-Urbanism in the 20th Century* (Oxford: Oxford University Press, 2014), 94-113.

도록 허용하는 사회체제의 발전에 관심을 갖는" 사람들이 생겨난다고 주장했다.[27]

뉴딜 정책은 연방주택청Federal Housing Administration, FHA과 주택소유자대출공사Home Owners Loan Corporation, HOLC 신설을 포함하여 주택 소유를 핵심으로 삼았다. 뉴딜 공공근로사업으로 오늘날까지도 주요 교외 주거 지역과 도시 업무 지구를 잇는 고속도로, 다리, 터널이 건설되었다. 그리고 유색인종이 많은 도시에서는 이들의 주택담보대출을 조직적으로 거부했다(대출 기관에 위험한 인물이라며 '빨간 줄'로 표시했다). 이에 따라 백인 노동자 계급이 교외 거주 지역으로 빠져나가기 시작하자 이 사업은 인종차별의 동력으로 작용했다.[28] 한 통계에 따르면 "연방주택청과 보훈청이 1934년에서 1962년 사이 신규 주택에 지원한 금액은 1200억 달러가 넘지만, 이런 부동산을 구입한 유색인종 가구는 전체의 2퍼센트가 채 되지 않았다."[29] 주거지 차별은 오랜 기간 노동자 계급 사이에서 존재하던 인종적 분열을 더욱 강화했고, 그 결과 노동자 계급의 힘은 더욱더 약화

27 인용문 출처: John Archer, *Architecture and Suburbia: From English Villa to American Dream House, 1690-2000* (Minneapolis: University of Minnesota Press, 2005), 264.

28 Kenneth Jackson, *Crabgrass Frontier: The Suburbanization of the United States* (Oxford UK: Oxford University Press, 1987).

29 George Lipsitz, *The Possessive Investment in Whiteness: How White People Profit From Identity Politics* (Philadelphia: Temple University Press, 2006), 6.

되었다.

백인들이 교외로 빠져나가고 교외에서 부가 축적되자, 인종적 분열은 대도시 지역의 공간에 따라 더욱 잘 드러나게 되었다. 루스벨트가 일자리와 공공 주택 공약으로 흑인 유권자로부터 엄청난 지지를 얻었지만, 민주당의 뉴딜 연합은 이 분열을 완전히 극복하지 못했다.[30] 마이크 데이비스가 주장하듯이 흑인에게 참정권을 줬다면 다양한 인종의 대규모 노동자계급을 건설할 수 있었겠지만, 루스벨트와 트루먼은 미국 남부의 민주당 탈당파를 달래기로 했다. 데이비스는 다음과 같이 설명한다.

민주당 내 보수주의 그리고 이와 긴밀하게 연결된 기업 및 냉전 정치 연합의 핵심은 결국 흑인의 선거권 박탈과 인두세였다.[31]

린든 존슨이 민주당을 이끌던 1960년대 중반이 되어서야 민권법과 투표권법이 통과되면서 이 연합이 폐기되었다. 동시

---

30 Touré Reed, *Toward Freedom: The Case Against Race Reductionism* (London: Verso, 2020) 참고.

31 Mike Davis, *Prisoners of the American Dream: Politics and Economy in the History of the US Working Class* (London: Verso, 1986), 96[국역:《미국의 꿈에 갇힌 사람들》, 김영희, 한기욱 옮김, 창비, 1994].

에 백인 노동자 계급 유권자는 복지국가와 세금을 반대하는
보수주의를 지지하며 민주당을 저버리기 시작했다.[32]

뉴딜의 생태적 모순

이런 식으로 노동자 계급의 권력/힘을 분산시키는 일은
뉴딜의 근본적인 모순에 기반하여 물질적 에너지를 집약적으
로 투입하는 일이었다. 한편으로 이는 마이크 데이비스가 설
명한 "미국 현대사에서 최고조에 달한 계급투쟁"[33]의 산물이
기도 했다. 그러나 이미 많은 이들이 지적했듯이 뉴딜은 자본
주의를 스스로 빠져든 위기에서 구제하기 위한 것이었고, 전
혀 급진적이지 않은 사업이었다. 물론 뉴딜의 자유주의적 정
책은 사회보장제도, 노동조합 권리 보장, 금융 규제, 주택 보
조금, 대규모 공공 인프라 투자 등을 통해 공공 부문을 전례
없는 수준으로 끌어올렸다. 그러나 정부는 이런 공공 보조금
을 지리적 **사유화**privatism에 투입했다. 연방 주택 정책은 1가구
주택 소유에 보조금을 지급했고, 연방 고속도로 건설로 자동

32 Mary D. Edsall, Thomas B. Edsall, *Chain Reaction: The Impact of Race, Rights, and Taxes on American Politics* (New York: W.W. Norton and Co., 1991).

33 Davis, *Prisoners*, 54[국역: 《미국의 꿈에 갇힌 사람들》, 김영희, 한기욱 옮김, 창비, 1994].

차가 다니는 길을 연결했으며, 연방 노동법으로 노동자는 더 높은 임금을 협상할 수 있게 되었고, 그 결과 주택담보대출, 자동차 할부금 상환을 비롯하여 식기세척기, 냉장고, TV 등 소비 가전제품 일체를 소유하는 것이 가능해졌다. 이는 일상에서의 사적 소유를 가능하게 하기 위해 공공투자를 이용한 것이라고도 할 수 있다.[34]

뉴딜은 자유주의적 자본주의 시장이 단순한 개별 판매자와 구매자의 총합이라는 미신을 거의 비슷하게 구현하는 지역과 생활 방식을 만들고자 했다. 자본주의적 시장은 그 자체만으로도 매우 이상하다. 굉장히 사회적이고 세계적인 수준의 상호의존성(오늘날 개인의 일상적인 요구를 만족하기 위해 수만 명의 노동자가 전 세계 공급망에 편입되어 노동하는 것을 생각해 보라)을 바탕으로 하지만, 시장에는 사적인 개인으로만 참여해야 한다. 개인의 은행 계좌는 온전히 개인의 것이다. 개인은 원자화된 시장 참여자로서 상품을 구매하고 소비한다. 마르크스는 상품 물신주의를 논하면서 상품 교환에 사용되는 화폐가 어떻게 우리가 살아가는 세계의 사회적인 면을 가리는지 설명했다.

---

34 이는 내가 다른 저서에서도 주장한 바다. *Lifeblood: Oil, Freedom and the Forces of Capital* (Minneapolis: University of Minnesota Press, 2013).

그러나 화폐 형태로 된 상품 세계의 완성형이야말로 사적 노동의 사회적 본성과 개별 노동자 간의 사회적 관계를 은폐한다. 이런 사회적 관계를 솔직하게 보여주는 대신에 물질 간의 관계로 치환하여 보여주기 때문이다.[35]

마르크스는 단순히 상품이라는 형태의 물신주의 그 자체를 연구했지만, 교외에서의 생활양식은 사적인 구매자와 판매자라는 상품 논리를 자본주의하의 사회적 재생산 과정 전체로 확대한다. 도시에서는 노동자가 집단성과 집단적인 힘을 훨씬 쉽게 이해한다. 그런데 교외에서는 레이먼드 윌리엄스가 말하는 "사적 소유의 이동성"이 확고해진다. 개인이 민간 기업으로 출근하거나 상품을 자기 소유의 돈과 교환하기 위해 자기가 소유한 자동차를 타고 이동하기 때문이다.[36]

삶에서 경험하는 사적 소유는 에반 매킨지가 말하는 "적대적인 사유화 이데올로기"를 낳는다.[37] 이 이데올로기에서는 개인이 **스스로 책임을 지고** 자기 자신에게만 의존하며 개인

---

35 Karl Marx, *Capital*, Vol. 1, 168-169[국역:《자본/자본론》, 여러 판본이 있다].

36 Raymond Williams, *Television: Technology and Cultural Form* (London: Routledge, 1975), 18.

37 Evan McKenzie, *Privatopia: Homeowner Associations and the Rise of Residential Private Government* (New Haven: Yale University Press, 1994), 19

의 삶과 성공은 개인의 노력에 따른 결과라고 믿는다. 사적 소유가 특징인 지역에서의 삶은 대중에게 더 이상 공적인 것이나 집단적인 연대가 필요 없다고 생각하게 만든다. 마거릿 대처가 "그런 건 없습니다! 개별 남성과 여성, 그리고 가족이 있을 뿐이죠"[38]라고 말했던 것처럼 말이다.

수많은 1가구용 주택 건설, 고속도로용 콘크리트 및 아스팔트 투입, 전기와 수도 공급의 대규모 확대, 개인용 자동차 보급 확대에 따른 가솔린 생산량 증대 등, 사적 소유가 특징인 생활양식에는 상상을 초월할 정도의 엄청난 공적, **물질적** 투자가 필요했다. 전후 교외 지역의 막대한 소비는 대체로 '지나치다'거나 '낭비적'이라고 불린다. 일상에서 기본적인 사회적 재생산을 하는 데만도 엄청난 수준의 물질을 소비해야 할 정도가 되어 버렸다. 그런데 많은 노동자가 단순히 즐길 목적으로 그렇게 엄청난 양의 가솔린을 소비하는 것은 아니다. 집, 직장, 학교, 쇼핑센터가 지리적으로 서로 떨어져 있어 이를 오가려면 자동차 이동이 필수였다.

멀리 떨어진 대중에게 상품을 제공하는 **대형 마트**의 수가 얼마나 많은지 생각해 보라. 현재 미국의 대형 마트 수는 3만

---

38 Douglas Keay, "Interview with Margaret Thatcher," *Woman's Own*, 1987년 9월 23일. margaretthatcher.org/document/106689[2024년 12월 30일 접속 가능].

8307개이다.[39] 미국의 대도시 지역은 384곳이며, 인구의 80퍼센트가 이곳에 몰려 있다. 대형 마트의 80퍼센트(약 3만 개)가 이런 대도시에 있다고 가정하면 대도시 1곳에 평균 80개의 대형 마트(각각 약 3716~4645제곱미터 면적의 건물에 수천 종류의 상품 구비하고 있다)가 있다고 볼 수 있다. 물론, 이 80개의 매장은 대체로 부유한 지역에 있을 것이고 도심이나 농촌에 사는 가난한 인구는 '식량 사막' 속에서 혼자 힘으로 살아가야 한다. 그러나 교외에 사는 상대적으로 부유한 인구에게 지리적으로 분산된 대형 마트는 필수품이다. 이런 마트가 없으면 사적으로 소유하는 삶이라는 논리가 무너지게 되고, 기본적인 욕구를 해결하기 위해 이동해야 하는 시간이 단 몇 분이 아니라 몇 시간이 될 수도 있기 때문이다.

여기서 중요한 것은 이렇게 필요를 사적으로 조달하는 삶이 이 모든 것을 뒷받침하는 산업 생산(제1부에서 살펴본 바와 같이 기후위기에 핵심적인 산업 생산)의 '은밀한 장소'가 갖는 중요성을 완전히 지워 버린다는 점이다. 소비만이 눈에 들어오는 상황에서는 소비가 기후변화에 미치는 영향에 집중하게 될 수밖에 없는데, 전문직 계급이 특히나 그런 논리에 사로잡혀

---

39 Liam O'Connell, "Number of supermarket stores in the US 2011-2018," https://www.statista.com/statistics/240892/number-of-us-supermarket-stores-by-format/ [2024년 12월 30일 접속 가능].

버린 것이다.

사적 조달에 관한 전문직 계급의 생태학

교외화 이야기는 백인 노동자 계급이 상대적으로 저렴한 내부 교외inner suburb[40]로 이사하고 1가구 1주택과 자동차 소유라는 '아메리칸 드림'을 실현하는 것을 주된 내용으로 한다. 학자, 엔지니어, 기술 노동자 같은 많은 전문직 계급 또한 교외를 선택했다.[41] 3장에서 살펴보았듯이 전문직 계급정치의 핵심은 능력주의이다. 가장 급진적인 전문직 계급의 개인조차도 결국에는 집과 기타 재산 소유권이 딸려 오는 '커리어'를 갈망한다. 한편으로는 그런 라이프스타일을 욕하면서도 말이다.

교외에 부동산을 소유한 전문직 계급은 매우 구체적이고 독특한 형태의 정치를 지지했다. 릴리 가이스머는 교외 거주 자유주의자에 관한 연구에서 "2차 세계대전 후 수십 년간 가장 빠르게 성장한 직업군"[42]인 전문 지식 노동자에 초점을 맞

---

40 [옮긴이] 도시들과 긴밀히 연결된 교외 지역을 말한다.

41 피츠버그 교외의 엔지니어와 전문직 종사자에 관한 매우 흥미로운 글을 보려면, 다음을 참조하라. Patrick Vitale, *Nuclear Suburbs: Cold War Technoscience and the Pittsburgh Renaissance* (Minneapolis: University of Minnesota Press, 2021).

42 Lily Geismer, *Don't Blame Us: Suburban Liberals and the Transformation of the Democratic Party* (Princeton, NJ: Princeton University Press, 2015), 8.

추었다. 가이스머는 교외 자유주의의 구체적인 형태가 "백인 교외 거주자가 자신의 거주지 결정이 개인의 선택과 권리라고 여기게 만드는 개인주의적 관점"[43]에 기반한다고 주장한다. 또한 "모든 수준의 정부기관에서 형성된 일련의 정책은 전후 자유주의 이데올로기와 제도 속에서 집단의 의무보다 개인의 사리사욕에 더 많은 특혜를 주었다"[44]라고 하며 교외 거주 자유주의자들이 1970년대 이후의 민주당을 재형성한 정책 체제를 지지했다고 말한다. 공화당에서 뉴라이트가 부상한 것에 교외 지역이 어떤 역할을 했는지에 대해서는 많은 역사가들이 연구한 바 있지만, 가이스머는 민주당의 지지층이 도시 노동자에서 교외 전문직 종사자로 바뀐 것이 어떻게 민주당의 우회전에 영향을 미쳤는지를 효과적으로 설명했다. 당의 기반이 '아타리 민주당원Atari Democrat'이라 불리는 지식 노동자로 전환된 것은 "정부 개혁과 민간 부문의 경제성장(특히 하이테크 산업) 진흥을 중시하는"[45] 이들로의 전환을 의미했다. 이렇게 자기 성찰적인 교외 거주자의 자유주의는 그에 따른 "행동이 어떻게 인종과 경제적 특권과 불평등을 고착시켰는지"[46]

43   Ibid., 9.

44   Ibid.

45   Ibid., 252.

46   Ibid., 9

망각하는 경우가 많다.

교외 전문직 계급 사이에 팽배한 개인을 중시하는 관점을 바탕으로 환경정치가 형성되었다.[47] 교외 전문직 계급의 계급적 이해관계는 중산층으로서의 안정과 성공적인 커리어이지만, 이들 역시 뉴딜에서 만들어진 **사적 조달**이라는, 환경적으로는 말도 안 되는 체제에 살고 있다. 마지막 장에서 살펴보겠지만, 전문직 계급정치는 환경과 기후위기의 정도를 이해하는 것과 이에 관한 교육을 핵심으로 한다. 기후위기에 관한 지식 축적은 물질과 에너지 집약적인 지식인 계급의 생활양식과 상당히 모순된다.

환경위기를 **알면서도** 물질 집약적인 라이프스타일을 **유지하는** 의식 불일치와 명백한 위선이 탄소 죄책감 이데올로기를 만들어 냈다. 이들의 일상생활은 엄청난 낭비 속의 물질적 안락, 지나친 '쓰레기' 속의 물질적 안정이다. 에즈라 클라인은 늘 그랬듯이 "기후위기에 관해 하는 말과 우리의 평범한 삶 사이에는 부조화가 있다"[48]며, 기후위기 상황에서 전문직 계급이 갖는 자유주의적 불안을 제대로 짚어 낸다. 그렇지만

---

47 Adam Rome, *The Bulldozer in the Countryside: Suburban Sprawl and the Rise of American Environmentalism* (Cambridge, UK: Cambridge University Press, 2001).

48 Ezra Klein, "It Seems Odd We Would Just Let the World Burn," *New York Times*, 2021년 7월 15일.

전문직 계급은 이런 생활방식에 내재한 사유화 정치에 의문을 제기하기보다는 개인의 행동 변화(탄소발자국 감소, 소비 절감 등)라는 사유화 정치 기획에 전념했다. 엘리자베스 커리드핼킷이 주장한 것처럼, 환경적으로 고결하고 정보를 많이 아는 소비자가 되기 위해 지식의 습득을 추구하는 일이 계급의식과 재생산의 문화적 실천에서 핵심적인 것으로 되어 버렸다.[49] 결국 이런 실천은 집단적인 대중 지향적 정치를 향한 양가적인 감정, 혹은 최악의 경우 완전한 적개심으로 나타날 수 있다. 성공적인 커리어가 개인의 능력에 따른 결과라고 보는 것과 마찬가지로, 환경에 책임감을 느끼는 소비자는 기후위기를 개인의 책임으로 여긴다. 이런 정치는 '덜 가지고도 양질의 삶을 영위'할 책임이 개인에게 있다고 본다.

지난 수십 년간 교외 라이프스타일로 인한 소외와 환경파괴가 더욱더 분명하게 드러나면서, 전문직 계급 구성원은 조 네빈스가 "생태적 특권"[50]이라고 부르는 전문직 계급의 생활방식이 진정한 문제라는 점을 깨닫게 되었다. 이 때문에 좌와

---

49 Elizabeth Currid-Halkett, *The Sum of Small Things: A Theory of the Aspirational Class* (Princeton, NJ: Princeton University Press, 2017)[국역: 《야망계급론》, 유강은 옮김, 오월의봄, 2024].

50 Joseph Nevins, "Academic jet-setting in a time of climate destabilization: Ecological privilege and professional geographic travel," *The Professional Geographer*, Vol. 66, No. 2 (2014): 298-310.

우 그리고 특히 환경정치의 많은 평론가들이 교외의 '부유한 사회'에 비판을 집중하게 되었다.

'풍요의 불안'[51]

이러한 사적인 대량소비라는 풍요로운 양식은 1970년대에 장벽에 부딪혔다. 3장에서 말했듯이 전후 수십 년간 교외 지역이 성장한 이후, 1970년대에는 정부, 기업, 환경주의자의 가정에까지 **비용 감축** 논리가 파고들었다. 자본주의 정치는 역사적으로 오랫동안 체제의 불평등과 빈곤을 비난해 왔지만, 1970년대가 되자 좌우 모든 진영에서 우리가 너무 많이 가져서 자본주의가 새로운 문제에 직면했다는 데 동의하게 되었다. 소비 수준의 증가는 노동자 계급의 승리에 따른 결과였지만, 이제 그것이 문제가 된 것이다. 앞서 이야기했듯이 앨런 그린스펀은 경제위기가 지나치게 "과도한" 사회적 기대에 그 뿌리를 둔다고 주장했다. 그러면서 대중이 새로운 "현실적인 목표"에 적용해야 하고 "임금 수준이 낮아지고 생활수준의 성

---

51 이 제목은 다음 책에서 따왔다. Daniel Horowitz, *The Anxieties of Affluence: Critiques of American Consumer Culture, 1939-1979* (Amherst, MA: University of Massachusetts Press, 2004).

장도 제한적으로 되어야 할 것"[52]이라고 말했다. 1979년에 연방준비제도이사회 의장 폴 볼커는 직설적으로 "평범한 미국인의 생활수준은 지금보다 낮아져야 한다…. 그 누구도 예외일 수는 없다고 본다"[53]라고 말했다. 사회가 이미 합리적인 물질적 기대치를 '훨씬 초과'했다는 것이다.

많은 '신좌파'들도 비판의 초점을 풍요로운 상품 사회로 돌렸다. 헤르베르트 마르쿠제는 "관리로서의 순수한 지배… 대량소비가 일어나는 초과 발전된 지역에서는 관리되는 삶이 전체에 좋은 것으로 여겨진다"[54]라고 정의했다. 기 드보르는 "분산된 스펙터클은 풍부한 상품을 수반"한다면서, 상품이 "사회적 삶을 완전히 식민지화하는 데 성공"[55]했다고 주장했다. 비판이론가 윌리엄 레이스는 "이런 환경은 물질 상품의 소비 수준을 끝없이 높이는 데 의존하는 라이프스타일을 촉진한다…. [여기서] 개인은 자기 욕구의 본성을 제대로 해석하

52　Alan Greenspan, "The Impact of the 1973-1974 Oil Price Increase on the United States Economy to 1980," US Council of Economic Advisors, Alan Greenspan, Box 48, Folder 1, Gerald Ford Presidential Library, Ann Arbor, MI.

53　Steven Rattner, "Volcker Asserts US Must Trim Living Standard," *New York Times*, 1979년 10월 18일.

54　Herbert Marcuse, *One Dimensional Man* (Boston: Beacon Press, 1964), 255[국역:《일차원적 인간》, 박병진 옮김, 한마음사, 2009].

55　Guy Debord, *Society of the Spectacle* (London: Rebel Press, 1967), 32, 21[국역:《스펙타클의 사회》, 유재홍 옮김, 울력, 2014].

지 못하게 된다"[56]라고 하면서 소비자의 라이프스타일이 인간의 근본적인 필요를 채워 주지 못한다고 말했다. 크리스토퍼 래시는 미국인의 '소비 미신'을 풍자했고, 이는 지미 카터 대통령의 유명한 불쾌한 연설에 직접적인 영향을 미쳤다. 당시 카터 대통령은 연설에서 미국인이 "방종과 소비를 숭배하는 경향"[57]이 있다고 말했다. 많은 이들이 미국인이 소비를 줄여야 한다고 일침을 가한 카터의 연설이 레이건 시대를 열었다는 점에 동의한다.[58]

풍요에 관한 이런 비판이 제기된 시기는 묘하게도 미국 노동자가 공격받던 때였다. 역사가 대니얼 호로비츠는 "거의 모든 미국인이 [1970년대에] 경제적인 문제를 한두 가지 정도 겪었다…. 미국 전역 대부분의 가구가 실질임금이 줄어드는 것을 경험했다"[59]라고 설명한다. 미국인의 가장 큰 걱정거리가

---

56 William Leiss, *Limits to Satisfaction: An Essay on the Problem of Needs and Commodities* (Toronto: University of Toronto Press, 1976), x.

57 Christopher Lascsh, *The Culture of Narcissism: American Life in An Age of Diminishing Expectations* (New York: W. W. Norton & Company, 1979), 32, 73; Jimmy Carter, "'Crisis of Confidence' Speech," 1979.

58 Daniel Horowitz, *Jimmy Carter and the Energy Crisis of the 1970s: The "Crisis of Confidence" Speech of July 15, 1979* (New York: Bedford, 2004).

59 Daniel Horowitz, *Anxieties of Affluence: Critiques of American Consumer Culture, 1939-1979* (Amherst, MA: University of Massachusetts Press, 2004).

생활비 증가라는 설문조사 결과도 많았다.[60] 노동자 계급이 생활에 필요한 기본적인 물품을 얻으려고 투쟁하는 가운데, 좌파와 우파의 많은 이들이 노동자 계급이 이미 가진 것이 많다고 말했다(그리고 전문직 계급도 이에 동의했다). 그린스펀과 볼커의 논리가 받아들여지면서 '적은 것으로 더 많이' 해야 할 때가 되었다는 공감대가 형성되었다. 정부 지출, 노동조합 복지 혜택, 각 가정의 예산 모두를 줄여야 할 때가 되었다는 것이었다.

풍요와 '과소비'에 관한 비판이 일어난 시기는 환경운동이 부상한 때와 완벽하게 겹친다. 그린스펀, 볼커와 마찬가지로 로마클럽은 1972년에 《성장의 한계》에서 "인류는 지구의 유한함을 고려할 수밖에 없게 되었다"[61]면서 사회가 새로운 현실에 적응해야 한다고 선언했다. 폴 에얼릭은 처음에는《인구폭탄The Population Bomb》에서 아주 거친 형태의 맬서스주의를 주장했다. 그러고서 1974년, 부인과 함께 펴낸《풍요의 종말》에서는 대량소비사회가 그 물질적 기반을 이미 초과했다고 주장했다.[62] 윌리엄 캐턴은 유명한 저서《초과》에서 인간이 지구의

60   Matthew T. Huber, *Lifeblood: Oil, Freedom and the Forces of Capital* (Minneapolis: University of Minnesota Press, 2013), 112.

61   Donella H. Meadows, et al., *The Limits to Growth* (New York: Universe Books, 1974) [국역:《성장의 한계》, 김병순 옮김, 갈라파고스, 2021].

62   Paul Ehrlich and Anne Ehrlich, *The End of Affluence: A Blueprint for Your Future* (New York: Ballantine Books, 1974).

환경 수용력[63]을 거의 소진했으며, 대량 멸종이 임박했다고 설명했다.[64]

환경정치가 부상하고 확대된 시기는 신자유주의적 통제가 이뤄진 때였다. 환경정치는 리 필립스가 말한 "긴축 생태학", 즉 소비를 줄이고 개인이 환경에 미치는 영향을 낮추는 제한의 정치를 지지했고, 이는 "줄이고, 다시 쓰고, 재활용하자"[65]라는 슬로건에도 반영되었다. 이제부터 탈성장론의 사례를 통해서 살펴볼 줄이기 정치는 사회 전체, 혹은 **체제**(새로운 전문직 급진주의자가 선호하는 단어)에 적용된다. 반체제 환경 급진주의는 인간 사회 전체가 지구와 불화한다고 여기며 체제 전체적으로 '줄이기'에 나서야 한다고 주장한다.

전통적으로 노동에 집중하는 사회주의 및 사회민주주의 정치는 성장에 반대하는 환경주의를 거부해 왔다. 1976년 《뉴욕타임스 매거진》에 실린 통렬한 비판 기고문 〈성장하지 않음은 적을수록 더 적다는 것을 의미해야 한다〉에서 민권운동가이자 사회주의 활동가 베이어드 러스틴은 일명 "반성장 인텔

---

63 [옮긴이] 특정 환경에서 수용할 수 있는 특정 개체군의 최대 크기.

64 William Catton, *Overshoot: The Ecological Basis of Revolutionary Change* (Urbana, IL: University of Illinois Press, 1980).

65 Leigh Phillips, *Austerity Ecology and the Collapse Porn Addicts* (London: Zero Books, 2015).

리겐치아"를 풍자하며 "중산층 엘리트가 조직된 노동과 노동자 계급을 지배하려 하는"[66] 새로운 노력에 대해 한탄했다. 여기서 러스틴이 "중산층"이라고 부르는 사람은 신좌파의 다수를 차지하던 새롭게 부상한 대졸 전문직 계급 대중을 말한다. 러스틴은 "환경운동의 선봉에 선 많은 이들은 대체로 상류 계층에 속하며, 그들보다 잘살지 못하는 사람의 필요에는 치명적이고… 파괴적일 것이 명백한 정책을 추구하는 경우가 많다"[67]라고 결론짓는다.

앨런 그린스펀에서 《성장의 한계》에 이르는 다양한 긴축 관점을 하나로 묶는 공통점은 대학 교육을 받지 않은 노동자 대중과 떨어져 있는 전문직 계급의 지리적 위치다. 소비를 줄이는 데 초점을 맞춘다는 점에서 생각하면, 환경정치는 이미 인지하고 있는 노동자의 '과도한' 대량소비를 경멸한다. 다른 말로 하면, 에런라이크 부부가 말하듯이 "노동자 계급에 대한 도덕적 경멸"[68]에 기반한 정치인 것이다. 독일 녹색당의 루돌프 바로는 "여기[서구]의 노동자 계급은 세계에서 가장 부유한

---

66   이 글을 찾아내서 소셜미디어에 공유한 리 필립스에게 감사 인사를 전한다. Bayard Rustin, "No Growth Has to Mean Less Is Less," *New York Times Magazine*, 1976년 5월 2일.

67   Ibid.

68   Barbara Ehrenreich, John Ehrenreich, "The professional-managerial class," in Pat Walker (ed.), *Between Labor and Capital* (Boston: South End Press, 1979), 5-45; 33.

하위 계급이다…. 대도시 노동자 계급이야말로 역사상 최악의 착취 계급이다"[69]라고 분명하게 말한 바 있다. 이와 똑같은 정서가 오늘날에도 존재한다. 독일의 기후정의 활동가 타지오 뮐러는 최근 "기본적으로 북반구는 전 세계의 노동귀족이다. 북반구에 사는 대다수 사람의 물질적 이해관계는 이들이 지속적인 생물권 파괴를 지지할 정도에 이르렀다"[70]라고 주장했다. 여러 급진적인 학자들도 북반구 노동자 계급이 '제국적 생활양식'으로 환경위기를 유발한다고 주장한다.

> 북반구 노동자 계급의 재생산은 북반구에서의 계급투쟁으로 인한 제도적 타협뿐만 아니라 세계적인 수준에서 자연과 노동력에 접근하고 생산과 소비의 자원 및 에너지 집약적 패턴이 유발하는 사회-환경 비용을 외부화할 수 있는 가능성, 즉 제국주의 세계질서로 보호받을 가능성의 덕을 톡톡히 보았다.[71]

69　Rudolf Bahro, *From Red to Green: Interviews with the New Left Review* (London: Verso, 1984), 184.

70　Podcast: "#123 Blow up pipelines? Tadzio Müller and Andreas Malm on what next for the climate movement," *Dissens Podcast*, 2021년 5월 5일. podcast.dissenspodcast. de/123-climate[2024년 12월 30일 접속 가능].

71　Ulrich Brand, Markus Wissen, *The Imperial Mode of Living: Everyday Life and the Ecological Crisis of Capitalism* (London: Verso, 2021), xx[국역:《제국적 생활양식을 넘어서》, 이신철 옮김, 에코리브로, 2020].

이들은 자본이 어떻게 그러한 "계급투쟁으로 인한 제도적 타협"을 성공적으로 무위로 돌렸는지는 물론이거니와 자연과 노동력에 직접 '접근'하는 것이 이윤을 추구하는 자본이지 노동자 계급이 아니라는 사실을 무시한다.

전문직 계급이 노동하고 소비하는 대중을 경멸하는 핵심에는 그 계급 스스로가 소비사회에 일조하고 있다는 점과 함께 사적 조달이 일어나는 그들의 라이프스타일과 직업적 성공 간의 깊은 모순에서 오는 뿌리 깊은 죄책감이 있다. 이 죄책감은 3장에서 설명한 '반체제 급진주의'에 기반한 과장된 신념으로 이어지곤 한다. 그렇지만 이런 급진적인 정치조차, 지난 수십 년간 계속된 긴축 정치와 닮은 점이 훨씬 많다(그들은 인정하지 않겠지만). 이제 급진적인 관점에서 전문직 계급의 줄이기 정치를 가장 정교하게 이데올로기적으로 표현한 '탈성장'론을 간략히 살펴보며 이번 장을 마무리하겠다.

'혁명적인 긴축?' 탈성장과 줄이기 정치

전문직 계급의 줄이기 정치와 탄소 죄책감은 명백하게 환경위기를 연구하는 지식인(나도 이들을 잘 안다)에 집중되어 있다. 이런 전문직 계급의 다수가 앞에서 이야기한 '과학 전파자'

또는 '정책 테크노크라트' 유형이기는 하지만, 일부는 환경파괴의 원인이 **체제**에 있다고 보고 더욱더 급진적인 해법을 찾고자 한다. 이런 반체제 급진주의 중에서 가장 인기가 많고 성장세가 높은 것이 탈성장을 주장하는 연구자와 활동가 네트워크다.

탈성장이 압도적으로 전문직 계급의, 전문직 계급을 위한 운동이라는 점을 눈여겨보아야 한다. 최근 한 저널은 특별호에서 "탈성장 운동은 상대적으로 학력이 높은 백인 중산층을 주로 끌어들인다"[72]라고 주장하면서 탈성장과 사회주의에 지면을 할애했다. 탈성장 운동의 주요 지지자인 아론 밴신잔은 "탈성장은 대체로 학문적인 운동으로, 주류 경제학에 도전하는 데 집중한다"[73]라고 말한다. 사실 탈성장론과 사회운동에 관한 최근 저작을 편집한 이들은 탈성장론이 "자기비판적 성찰의 결과로… 적어도 독일에서는 이런 운동에 적극적인 사람 다수가 교육 수준이 높은 중산층 백인이다"[74]라고 시인한다.

역사적으로 보면 탈성장 운동(프랑스어로 décroissance)은

---

72 Diego Andreucci, Salvatore Engel-Di Mauro, "Capitalism, socialism and the challenge of degrowth: introduction to the symposium," *Capitalism, Nature, Socialism*, Vol. 30, No. 2 (2019): 176-188; 180.

73 Aaron Vansintjan, "Degrowth vs. the Green New Deal," *Briarpatch Magazine*, 2019년 4월 29일.

74 Ibid., 23.

신자유주의 긴축 정책으로 대전환이 이루어진 1970년대의 역사적 순간과 같은 시기에 등장했다. 좌파의 많은 탈성장 연구자들은 "물질 생산의 성장이 없거나 혹은 탈성장을 필수 조건으로 하는 지구의 안정과 자본주의 체제의 생존이 양립할 수 있는가?"[75]라는 질문을 던지며 1972년에 탈성장이라는 용어를 처음 만들어 낸 앙드레 고르스에게 공을 돌린다. 나중에 고르스는 "더 나은 삶을 사는 방법은 생산을 줄이고 소비를 줄이며, 노동도 줄이고 전과 다르게 사는 것이다"[76]라며 생태사회주의가 줄이기 정치에 집중해야만 한다고 강력히 주장했다.

그러나 더 넓게 보면 탈성장의 근본은 1970년대 생태경제학이라는 하위 학문 분야가 부상한 것과 겹친다. 1971년에 니콜라스 게오르게스쿠뢰겐은《엔트로피와 경제》에서 현대 경제의 풍요는 근본적으로 고정된 화석연료 에너지의 '재고'에서 유래한다고 주장했다. 그리고 엔트로피 소멸의 법칙에는 일회성 재고의 소진이 필요하며, 이와 함께 현대 문명이 붕괴할 것이라고 말했다. 일명 '엔트로피 비관주의'에서 게오르게스쿠뢰겐은 자원의 유한함이 "인류의 종말을 알리는 전조"[77]

---

75 André Gorz, *Nouvel Observateur*, Paris, 397, 1972년 6월 19일. 누벨 옵세르바퇴르 클럽이 파리에서 연 공개 토론회 기록. M. 보스케M. Bosquet의 영어 번역.

76 André Gorz, *Ecology as Politics* (Montreal: Black Rose Books, 1975), 68-69.

77 Nicholas Georgescu-Roegen, *The Entropy Law and the Economic Process* (Cambridge,

가 될 것이라고 주장한다. 그리고 당시의 여타 비평가와 마찬가지로 그도 "지난 200여 년간 인간이 한 모든 일은 엄청난 낭비로 이어졌다"[78]고 말하며 화석연료 에너지가 제공한 과잉과 풍요가 임박한 종말의 원인이라고 믿었다. 이런 주장은 이전에는 돈의 흐름과 끝없는 성장이라는 전제에만 집중하면서 환경을 무시했던 경제학에 생태적 관점을 도입하여 경제 분석에 열역학 법칙을 적용하는 전혀 새로운 학문을 낳았다.[79] 모든 살아 있는 시스템을 제약하는 물질과 에너지의 흐름에 집중한 유진 오덤과 하워드 T. 오덤의 시스템 생태학도 이 분야의 형성에 핵심 역할을 했다.[80] 또한 2000년대 초에 생태경제학은 석유지질학 분야의 여러 저항적인 학자들과 함께 '피크 오일peak oil', 즉 석유가 곧 고갈되어 현대 자본주의의 위기가 임박했다는 개념을 정교화하려 했다(새롭게 개발된 수압파쇄법으로 생산된 원유의 범람으로 이 우려는 많은 엔트로피처럼 사그라

MA: Harvard University Press, 1971), 21[국역:《엔트로피와 경제》, 김학진, 유종일 옮김, 한울, 2017]. Auke Hoekstra, "Tomorrow is good: Entropy pessimism and techno wars." InnovationOrigins.com, 2018년 11월 18일 참고.

78   Ibid.

79   Timothy Mitchell, *Carbon Democracy: Political Power in the Age of Oil* (London: Verso, 2011), 109-143[국역:《탄소 민주주의》, 에너지기후정책연구소 옮김, 생각비행, 2017] 참고.

80   Howard T. Odum, *Systems Ecology: An Introduction* (New York: Wiley, 1983)[국역:《시스템 생태학 1, 2》, 강대석, 박석순 옮김, 아르케, 2000].

들었다).[81] 1970년대의 전 세계 에너지 위기와 그에 따른 자원 희소성 담론은 새롭게 부상하는 생태경제학에 정당성을 부여했다. 허먼 데일리와 그의 추종자들은 전통적인 정치경제학의 '정상상태'(성장 없는 경제) 개념을 부활시켜 엔트로피 법칙에 대한 덜 종말론적인 답을 찾고자 했다.[82]

탈성장론은 이런 배경에서 탄생했으며, 더 넓은 범주의 생태운동과 마찬가지로 현대의 화석연료로 인한 풍요를 붕괴 임박의 주요 원인으로 보았다. 조안 마르티네즈알리에는 "특히 소비가 많이 일어나는 북반구 국가에서의 경제성장은 환경적 지속가능성과 공존할 수 없다"[83]라고 주장하며 탈성장을 받아들이고 생태경제학 개념을 좌파-마르크스주의 대중에게 소개했다. 프랑스 경제학자 세르주 라투슈는 2009년 출간한 유명한 저서 《성장하지 않아도 우리는 행복할까?》[84]를 통해 탈성장 운동의 지도자로 거듭났다. 흥미로운 사실은 그가 초기 저작에서 현대 소비사회를 겨냥했다는 점이다. 1991년 출

81 R. W. Bentley, *Introduction to Peak Oil* (London: Springer, 2016).

82 Herman Daly, *Steady-state Economics* (Washington, DC: Island Press, 1991).

83 Joan Martinez-Alier, "Environmental justice and economic degrowth: An alliance between two movements," *Capitalism, Nature, Socialism*, Vol. 23, No. 1 (2012): 51-73; 63-64.

84 Serge Latouche, *Farewell to Growth* (Cambridge, UK: Polity, 2009)[국역: 《성장하지 않아도 우리는 행복할까?》, 이상빈 옮김, 민음사, 2015].

판된《풍요로운 사회의 결과》에서 라투슈는 북반구에서 현대 경제가 벌이는 "소비자 사회의 파티"를 겨냥했다.[85] 그는 개발 도상국에서 살았던 경험을 토대로 이 책을 썼다. 그는 2년 동안 자이르(라투슈가 "검은 아프리카"라고 부르는 지역에 해당한다. 현재의 콩고민주공화국)에 살면서 프랑스에서와는 확연히 다른 라이프스타일을 경험했다.[86] 라투슈는 본문에서 "고용주와 노동자가 서로 이득을 얻을 수 있다"는 생각을 바탕으로 노동과 자본이 연합하면서 전후 소비자 사회가 탄생했다고 주장한다.[87] 이런 사회에서 "풍요는… 노동자-시민의 지위를 기계의 맹목적인 종으로 격하하는 것을 전제"로 하고, 전반적으로 "풍요로운 사회는… 비교적 실체가 없는 현실로 이루어진다."[88]

또 다른 중요한 탈성장 관련 저작은 팀 잭슨의《성장 없는 번영》이다. 이 책에서 잭슨은 "소비자중심주의의 철창"에 격분하는 모습을 보인다.[89] 그는 물질적으로 안락한 소비자는

---

85 Serge Latouche, *In the Wake of the Affluent Society: An Exploration of Post-Development* (London: Zed, 1991), 3.

86 Ibid., 27-28.

87 Ibid., 58.

88 Ibid., 100, 102.

89 Tim Jackson, *Prosperity Without Growth: Foundations for the Economy of Tomorrow* (London: Routledge, 2017), 103[국역:《성장 없는 번영》, 전광철 옮김, 착한책가게, 2015].

끊임없는 스트레스와 불만에 시달린다고 본다. 그러면서 "노동과 소비의 사이클에서 벗어나고 싶어 하는 우리는 '현대 삶의 혼란과 낭비'로 괴로워하고 그동안 무너진 특정한 형태의 인간적인 상호작용을 갈망한다"[90]라고 지적한다. 사적 조달에 참여한 자신에 대해 고민하는 전문직 계급 소비자를 괴롭히는 불안이 바로 이것이다.

소비자의 풍요를 둘러싼 불안이 **줄이기**라는 개념을 핵심으로 하는 탈성장론의 밑바탕이다. '탈성장degrowth'이라는 영단어도 그렇다. 접두사 'de'는 줄인다는 의미인데, 온라인 사전에서는 "박탈, 제거, 분리를 가리키는 데 사용된다"[91]라고 정의된다. 최근에는 탈성장을 "사회의 에너지와 원재료 처리량을 줄이기 위해 생산과 소비를 공평하게 줄이는 것"[92]이라고 정의하기도 한다. 라투슈는 탈성장의 목표가 "노동과 소비를 덜 하면서도 더 나은 삶을 살 수 있는 사회를 건설"[93]하는 것이라고

---

90 Ibid., 125.

91 참고 자료: Dictionary.com. dictionary.com/browse/de

92 Giorgos Kallis, Federico Demaria, Giacomo D'Alisa, "Introduction: Degrowth," in Giacomo D'Alisa, Giacomo D'Alisa and Giorgos Kallis (eds.), *Degrowth: A Vocabulary for a New Era* (London: Routledge, 2015), 1-18; 3-4[국역:《탈성장 개념어 사전》, 강이현 옮김, 그물코, 2018].

93 Latouche, *Farewell*, 9[국역:《성장하지 않아도 우리는 행복할까?》, 이상빈 옮김, 민음사, 2015].

주장한다. 요르고스 칼리스는 "사회주의적 민주주의는 성장을 무시하고 생산과 소비를 전혀 다른 형태로 **덜** 하도록 재조직해야 한다"[94]면서, 사회주의가 한 가지 조건을 충족하면 탈성장과 공존할 수 있다고 주장한다. 유명한 탈성장론자 제이슨 히켈은 탈성장이 긴축을 의미한다는 비판을 염두에 두었는지 최근 〈성장: 급진적 풍요에 관한 이론〉[95]이라는 글을 썼다. 히켈은 사회주의자라면 모두가 지지하는 여러 사안(노동시간 단축, 주택의 탈상품화, '공공 재화'에 관한 비전)을 이야기하지만, "세계 경제의 물질과 에너지 처리량을 계획적으로 줄이기"를 말하면서 여전히 탈성장의 정의를 '줄이기'로부터 시작한다. 나중에 그는 "그 결과 경제적 생산이 줄어든다는 점은 맞다. 그러나 필요한 자원도 훨씬 적어질 것이다"라고 시인한다. 그러다 보니 그의 신간 제목은 《적을수록 풍요롭다》가 되었다.[96]

　　이런 문헌들은 대부분 명확하게 긴축과 제한을 요구한다. 여기서 파생된 것이 '자발적 단순성' 운동인데, 이 운동은 단순하게 **살 수밖에 없는** 사람과는 반대로 **자발적으로** 단순한 삶

94　Giorgos Kallis, "Socialism without growth," *Capitalism, Nature, Socialism*, Vol. 30, No. 2 (2019): 189-206; 204.

95　Jason Hickel, "Degrowth: a theory of radical abundance," *Real World Economics Review*, No. 87 (March 19, 2019): 54-68.

96　Jason Hickel, *Less Is More: How Degrowth Will Save the World*, (London: Penguin, 2020)[국역: 《적을수록 풍요롭다》, 김현우, 민정희 옮김, 창비, 2021].

을 살 수 있는 특정한 계급적 지위에 있는 사람을 전제로 한다. 최근의 탈성장론 책에 실린 〈단순성〉이라는 제목의 글에서는 "문화적 수준이 있는 사람은 대량으로 소비하는 '풍족한' 라이프스타일을 포기하거나 이에 저항해야 하고, 그 대신 소비를 줄이거나 제한하는 '더 단순한' 라이프스타일을 받아들여야 한다"[97]라고 얼버무린다. 라투슈와 칼리스 모두 '단순함의 재발견'과 '단순한 삶'을 주장하는데, 이는 긴축의 시대에 허리띠를 졸라매라는 말과 일맥상통한다.[98] 칼리스는 유로코뮤니즘을 지지한 엔리코 베를링구에르Enrico Berlinguer가 주장한 '혁명적 긴축'을 빌려와서는 명확하게 긴축을 요구한다.[99] 그러면서 긴축을 '사적인 절제'라고 정의하며 "간디가 '남들이 단순하게 살 수 있도록 검소하게 살라'고 했던 것처럼 혁명적인 주장이 어디에 있는가?"[100]라고 묻는다. 탄소발자국 이데올로기와 마찬가지로, 여기서도 (자본주의의 더 큰 권력 구조 때문이

97 Samuel Alexander, "Simplicity," in Giacomo D'Alisa, Giacomo D'Alisa, Giorgos Kallis (eds.), *Degrowth: A Vocabulary for a New Era* (London: Routledge, 2015), 133-136; 135[국역:《탈성장 개념어 사전》, 〈단순성〉, 강이현 옮김, 그물코, 2018].

98 Serge Latouche, "Can the left escape economism?" *Capitalism, Nature, Socialism*, Vol. 23, No. 1 (2012): 74-78; 77-78; Giorgos Kallis, "The left should embrace degrowth," *New Internationalist*, 2015년 11월 5일.

99 Giorgos Kallis, "Degrowth is utopian, and that's a good thing," unevenearth.org/2019/04/degrowth-is-utopian-and-thats-a-good-thing/[2024년 12월 30일 접속 가능].

100 Ibid.

아니라) 어떤 라이프스타일을 선택하느냐에 따라 빈곤한 이들에게 기회가 형성된다고 전제한다는 점에 주목하자. 탈성장론이라고 이름만 붙이지 않았을 뿐이지, 트로이 베티스도 《뉴 레프트 리뷰》에서 더 적은 물품을 평등하게 분배하는 것을 목표로 하는 '평등주의적 생태 긴축'을 주장한다. 이 글에서 그는 지구의 절반을 야생 자연으로 되돌리고(사회생태학자 E. O. 윌슨에서 차용한 것이다), 전 지구적 비건주의, 추상적인 세계 인구 1인당 에너지 배급제를 주장한다.[101] 러스틴이 〈적을수록 더 적다〉에서 경고했듯, 이런 정치는 점점 더 불평등해지는 경제에서 살아가는 노동자 계급 대중에게는 매력적이지 않다. 임금 정체, 부채, 사회 서비스 축소 때문에 대부분 사람들이 '풍요'라는 개념을 이미 포기했고, 기본적인 삶도 누리기 어려울 정도로 간신히 살아가고 있다.

탈성장 정치의 다른 면에서도 전문직 계급의 가치가 드러난다. 첫째, 이들은 지식경제의 밑바탕에 깔린 문화와 사상 영역에 집중한다. 제1부에서 설명한 적대적 계급정치와는 반대로, 탈성장의 핵심 목표는 계급이 아니라 성장이라는 이데올로기이다. 잭슨은 "지난 세기 대부분의 기간 동안 전 세계에서

---

101 Troy Vettese, "To freeze the Thames: Natural geo-engineering and biodiversity," *New Left Review* 111 (2018년 5월-6월): 63-86.

유일하게 가장 중요한 정책 목표는 성장이었다"[102]라고 주장하고 칼리스는 성장이 "자본주의자와 공산주의자를 막론하고 현대 사회에서 종교적 토템에 준한다"[103]라고 말한다. 탈성장 이론가는 이런 특정 이데올로기가 2차 세계대전 후의 케인스주의에서 나타난 독특한 사상이자 성장과 GDP 측정을 위한 통계 도구라고 생각한다. 로버트 콜린스는 《더 많이: 전후 미국 내 성장의 정치》에서 정책 입안자가 어떻게 "성장 그 자체를 목적으로 그리고 더 중요하게는 엄청나게 다양한 다른 사상적 목표를 달성하기 위한 도구로 강조"[104]했는지 설명한다.

칼리스가 "성장 숭배"[105]라고도 부르는 성장에 대한 사상적 집착은 누가 성장으로 이득을 얻는가라는, 물질적 계급의 현실을 가린다. 전후의 성장 이데올로기는 밀물이 들어오면 모든 보트가 물 위로 떠오르는 것처럼 성장이 사회 전체를 더 나은 방향으로 이끈다는 전망을 제시했다. 그러나 자본주의는 이런 방식으로 작동하지 않는다. 자본주의는 사회 전체의

---

102   Jackson, *Prosperity*, 9[국역:《성장 없는 번영》, 전광철 옮김, 착한책가게, 2015].

103   Giorgos Kallis, *In Defense of Degrowth: Opinions and Minifestos* (Open Commons, 2017), 18.

104   Robert M. Collins, *More: The Politics of Growth in Postwar America* (Oxford, UK: Oxford University Press, 2000), xi.

105   Kallis, "Socialism without growth," 203.

성장이 아니라 **자본**의 성장(M-C-M')을 요구한다. **투자를 통제**하는 것은 사적 자본이며, 투자 수익률은 자본이 성장할지 그에 따라 사람을 더 고용할지를 결정하는 요소가 된다. 그런데 노동자와 환경을 희생할 때라야 가장 많은 사적 이윤을 달성할 수 있다. 많은 경제학자들이 '성장'을 추적하려고 다양한 통계 도구를 만들어 낸 것도 사실이다. 그러나 이 사실이 우리가 생산수단의 소유자와 함께 경제를 성장시키기 위한 전략을 개발하는 세상에서 살고 있다는 말은 아니다. 오히려 그런 전략은 '성장' 정책을 입안한다고 주장하는 정치인들이 만드는 경우가 많다. 그렇지만 그들도 근본적으로 투자 대부분을 통제하지 않는다. 한편으로, GDP 성장률은 경제를 실질적으로 움직이는 자본가가 일자리나 세수 같은 부가적인 효과를 낳을 수 있는 일을 하고 있는지 여부를 분석가가 어느 정도 알수 있게 해 주는 대용물에 불과하다. 이미 2008년 금융위기에서도 보았듯이 임금이 정체되고 경제활동 참가율이 떨어지는 상황에서도 경제는 꾸준히 성장할 수 있었다.[106] 성장하더라도, 노동자 계급 대중이 얻는 것이 거의 없을 뿐이다.

따라서 성장 이데올로기는 사회 전체적으로 통합된 자본

---

106 Bureau of Labor Statistics, "Labor Force Participation Rate." data.bls.gov/timeseries/LNS11300000.

주의 성장 '체제'라는 미신을 낳는다. 급진적이라는 말은 '체제' 전체를 반대하는 것과 같다. '성장'이 필요하다거나 환경 파괴적이라고 생각하는지를 막론하고, 성장이나 탈성장 정치 모두 이 체제 **안에서** 벌어지는 적대적 투쟁과는 거의 관련이 없다. 이들 정치는 성장할 것인가 그렇지 않을 것인가라는, 전체적인 면에만 초점을 맞춘다. 즉, 전체의 정치는 '성장 숭배' 이데올로기의 산물일 따름이다. 성장이 그저 모호한 이데올로기에 불과하다면, 탈성장은 이를 부정하는 것이다.

때때로 탈성장론을 주장하는 이들은 성장이라는 단어를 입에 올리는 것조차 반대하는 경우가 많다. 칼리스는 "사회주의자는 의료나 교육을 개선하는 데 '성장'이라는 단어를 써서는 안 된다"[107]라고 말할 정도이다. 그러나 우리는 의료와 교육을 성장시키기를 원한다. 탈성장 정치는 정말로 성장시켜야 할 필요가 있는 것(예: 청정에너지)과 축소해야 할 것(예: 군대)을 정확하게 표현해내지 못한다. 더 중요한 점은, 계급정치에서는 자본가 계급을 축소해야만 노동자 계급이 물질적 안정과 인간으로서 기본적인 자유에서의 성장을 볼 수 있다는 대결적인 방식을 분명하게 주장한다는 것이다. 그러나 생태를 앞세우며 탈성장을 주장하는 정치는 잃는 사람은 소수이지만

---

107   Kallis, "Socialism without growth," 191.

이득을 보는 사람은 대다수인, 적대적인 계급정치를 대체로 거부한다.

둘째, 탈성장론은 환경파괴의 원인으로 자신의 소비를 지목하는 전문직 계급의 경향성을 재생산한다. 나아가 전문직 계급은 북반구의 '과도한 소비'를 겨냥하며 책임을 **영토로 한정**하는 경향이 있다. GDP가 사실상 국가 통계의 구성 요소이기 때문에, 탈성장 분석에서는 근본적인 투쟁이 계급 간에서가 아니라 영토 간, 즉 북반구의 '부유'하거나 '고소득' 국가와 남반구 국가 간에서 벌어진다고 주장한다. 히켈은 계속해서 불평등을 부유한 북반구 국가와 가난한 남반구 국가 간의 문제로 구조화한다.[108] 그리고 탈성장의 목표로 "1인당 소비 수준이 높은 고소득 국가"[109]에 집중해야 한다고 주장한다. 최근 글에서는 "환경파괴의 대부분은 북반구의 과도한 소비에서 비롯되었다"[110]라고 설명한다. 한데 그는 북반구의 '과도한 이윤'이나 전 세계 생산망에서 자본이 가진 압도적 소유 권력에 대해서는 말하지 않는다. 전문직 계급정치는 "환경파괴의 대부

---

108 Jason Hickel, "Forget 'developing' poor countries, it's time to 'de-develop' rich countries," *Guardian*, 2015년 9월 23일. 참고.

109 Hickel, "Degrowth: A theory of radical abundance," 57.

110 Jason Hickel, "What does degrowth mean? A few points of clarification," *Globalizations* (early view, 2020): 1-8; 5.

분"을 유발하는 소비자의 역할에 집착하고 이에 죄책감을 느낄 따름이다.

반면, 계급적 관점에서 불평등을 이해하면, 국경을 뛰어넘어 전 세계적으로 단결한 자본가 계급과 노동자 계급이 존재함을 깨닫게 된다. 미국같이 '부유한 국가'에서 일부 부유한 소유자[의 소비]를 축소해야 할 필요가 있지만, 절대다수는 그럴 필요가 없다. 다음 장에서 살펴보겠지만, 대다수 대중의 물질적 이해관계는 삶의 기본적인 요소(의료, 식량, 이동 등)가 **성장**하는 것이다.

최근 설문조사에 따르면 미국 인구 중 66퍼센트가 기본적인 의료 접근성을 걱정한다고 한다.[111] '노동귀족'이라고 불리고 있음에도 참으로 암울한 현실이 아닐 수 없다. 탈성장론은 언제나 미국같이 '부유한 국가'에서 에너지 소비를 줄여야 한다고 주장한다. 그렇지만 에너지에서 탈탄소화를 이룬다면 **전체** 에너지 소비를 줄여야 할 명분은 사라져 버린다. 난방이나 전기처럼 기본적인 서비스 요금을 내는 것조차 투쟁인 노동자 계급이 이런 요구에 어떻게 대응할 것 같은가? 2018년에 발표된 보고서에 따르면 미국 인구의 31퍼센트가 에너지 요금

---

111 Megan Leonhardt, "66% of Americans fear they won't be able to afford health care this year," CNBC.com, 2021년 1월 5일.

을 내는 데 어려움을 겪는다고 답했다.[112]

셋째, 전문직 계급에 대한 또 다른 물질적 핵심 정의는 생산수단과의 분리이다. 더 구체적으로 말하면, 전문직 계급은 사적 조달을 통해 현대적인 삶을 누리는 과정 속에서 산업 생산의 중심과 분리되어 있다. 따라서 탈성장 정치는 도시 농업과 수공업 생산 등 산업적이지 않은 소규모 '대안'을 주장하는 경우가 많다. 정치에 대한 이런 접근 방식은 대규모 조직 또는 노동자 계급이나 사회주의 정치에서 흔히 볼 수 있는 변화의 전망을 회피한다. 칼리스는 한 에세이에서 탈성장론에서 말하는 대안의 유형을 설명한다. 그는 "도시 농업을 통한 식량 생산, 공동 주택과 생태 공동체, 대안 식량 네트워크, 생산자-소비자 협동조합, 공동체 주방, 의료, 노인/아동 돌봄 협동조합, 오픈 소프트웨어, 분산된 형태의 재생에너지 생산 및 보급"[113] 등을 예로 들었다. 이런 소규모 대안이 이미 힘겹게 살아가는 서민으로부터 어떻게 대중적인 지지를 확보할 수 있을지 의심스럽다. 그런 노동 집약적인 활동에 시간을 투자할 여유조차 없는 사람이 태반인데 말이다. 칼리스는 전 국민 기본소득과 일자리 보장 등 폭넓은 사회보장 정책이 필요하다고

---

112   Energy Information Administration, "One in three US households faces a challenge in meeting energy needs," 2018년 9월 19일.

113   Giorgos Kallis, *In Defense of Degrowth*, 23

제안하기는 하지만, 이를 어떻게 달성할지에 관한 전략은 제시하지 않는다. 지아코모 디알리사와 칼리스가 최근 탈성장과 국가에 관해 쓴 글도 탈성장론이 국가권력과 어떤 관계를 맺어야 하는지에 관해서는 거의 묻지 않는, 우리에게는 경각심을 불러일으키는 전제로부터 시작된다(이들이 대체로 사상적으로 무정부주의에 가깝기 때문이다).[114] 문화와 지식에 집중하는 신좌파 대부분과 마찬가지로, 이들도 탈성장 정치가 "상식의 문화적 변화"[115]로 국가권력을 획득할 수 있다고 말한다. 그들은 탈성장 대안에 **참여하면** 새로운 '상식'과 탈성장 헤게모니를 천천히 만들 수 있다고 주장한다.

대안 식량 네트워크, 오픈 소프트웨어 커뮤니티 또는 대중 보건소 같은 연대 실천은 참여자의 상식을 변화시키고 다른 지식, 의료, 교육 제도를 상상하게 만든다. 그리고 참여자와 이런 정책을 경험한 사람은 정치제도(예: 지식재산권이나 사회보장제도)가 이를 뒷받침하도록 변화해야 한다는 사회적 요구를 분명하게 표출하는 잠재적인 기반이 된다.

---

114   Giacomo D'Alisa, Giorgos Kallis, "Degrowth and the state," *Ecological Economics*, Vol. 169 (2020): 1-9.

115   Ibid., 7.

이 문구에 따르면 탈성장 대안을 이들이 모호하게 정의한 "참여자"가 경험하는 것만으로도, "사회적 요구"를 위한 더 큰 운동이 촉발된다. 그런데 저자를 포함한 모든 참여자가 소수의 전문직 계급 출신이라는 사실은 이 전략 방정식에 포함되지 않는다.

《운동(들) 속 탈성장》이라는 신간에서도 탈성장 운동을 "다양한 집단적 주체로서의 대안적 모자이크"[116]라고 말하지만, 이 주체의 본성과 영향에 대해서는 구체적으로 설명하지 않는다. 서문에서 책의 저자들은 "반세계화 또는 기후정의운동부터 공동체, 부엔 비비르Buen Vivir, 식량주권, 비영리 협동조합, 돌봄 혁명, 무료 소프트웨어, DIY 수리 작업장, 기본소득 또는 전환 마을transition towns"[117]에 이르는 광범위한 연대 운동을 소개한다. 그런데 여기에 '노동', '노동자 계급정당', '노동조합'은 보이지 않는다. 다만 전환 마을과 도시 농업에 관한 장 사이에 하나의 장을 노동조합 운동에 할애했을 뿐이다.[118] 이렇게 끼워 넣은 노동조합 장에서는 노동조합이 "개인의 삶을 바

116　이는 1장에서 살펴보았듯, 큰 성공을 거두지 못한 '운동의 운동' 방식을 멋들어지게 표현한 것뿐이다. Corinna Burkhart, Matthias Schmelzer, Nina Treu, *Degrowth in Movement(s): Exploring Pathways for Transformation* (London: Zero Books, 2020), 9.

117　Ibid., 11.

118　Ibid., 319-320.

꾸는 것이 가장 중요한" 새로운 정치 환경에 어떻게 적응해야 하는지만을 다룬다.[119] 이 장에서는 노동조합을 단순히 "모자이크"의 일환으로만 보고 "시민사회 주체와 협력"하는 "사회정치적 구성원"이 되어야 한다고 주장한다.[120] 저자들은 다른 "주체"와 달리 노동자와 노동조합에 사회의 변화를 추동할 수 있는 고유한 사회적 권력이 있을지도 모른다는 점에 대해서는 한마디도 하지 않는다.

이 책은 나열하는 운동들이 어떻게 권력을 건설할지에 관한 이론은 설명하지 않는다. 자본주의 이후 세계가 어떨지 '예상되는' 사례를 제시하는 데만 집중할 뿐, 우리가 살아가는 데 필요한 모든 것을 통제하는 자본가 계급의 권력에 어떻게 맞서고 극복할 것인지에 관한 전략은 말하지 않는다. "집권하지 않고도 세상을 바꾼다"는 다른 관점과 마찬가지로, 저자들은 운동이 "권력과 지배를 비판"하고 "자본주의와 권력의 틈바구니에서 대안을 건설하기 시작"할 수 있다는, "저항"의 역량만을 강조한다.[121] 따라서 이들의 전략은 대체로 생산과 소유자

---

119   Ibid., 322.

120   Ibid., 328, 329.

121   Ibid., 20, 22, 24-25; John Holloway, *Change the World Without Taking Power: The Meaning of Revolution Today* (New York: Pluto Books, 2002)[국역:《권력으로 세상을 바꿀 수 있는가》, 조정환 옮김, 갈무리, 2002].

계급이 **아니라** 우리의 **생활양식**(라이프스타일)을 겨냥한다. 그
들은 자신의 정책을 "타인을 대가로 안락한 삶을 누리고 여러
시공간에 걸쳐 그 비용을 외부화하는 이들의 '특권을 폐지de-
privilegization'하는 것"[122]이라고 설명한다. 이 단순한 문장에 3장에
서 다룬 '비용 내재화'와 이번 장에서 살펴본 줄이기 정치에 대
한 전문직 계급의 의지가 나타난다.

***

그런데 문제는 줄이기 정치가 나쁜 전략이라는 것이다.
스테파니아 바르카는 탈성장론은 계급을 더 진지하게 고민해
야 한다고 비판하면서 탈성장 운동의 정치적 '주체'가 "환경보
호 의식이 있고 소비자중심주의와 일중독을 줄이고, 경제/환
경 정책에 대한 불만을 표현하기 위해 직접행동에 나서는 전
세계 중산층 계급"[123]이라고 간결하게 설명한다. 그러면서 탈
성장 운동이 이들 계급에만 머문다면 운동은 실패할 것이라
고 경고한다.

---

122   Ibid., 12.

123   Stefania Barca, "The labor(s) of degrowth," *Capitalism Nature Socialism*, Vol 30, No.
      2 (2019): 207-216; 214.

그러나 이런 방식은 임금노동자와 이를 뒷받침하는 수많은 형태의 노동 그리고 노동자 조직을 포함한 전 세계의 폭넓은 노동자 계급과 대화에 나서지 않으면 정치적으로 취약할 것이다.[124]

탈성장 지지자가 이 의제를 쟁취하려면 자본이 투자에 대해 가지는 권력에 도전해야 한다. 극소수만이 많은 부를 가지고 대중은 기본적인 욕구를 해결하기 위해 애써야 하는 현재의 불평등이 최고조로 달한 사회에서는 그런 운동이 나타날 수밖에 없다. 전반적인 담론을 **줄이기로 시작**하는 정책이 이미 일상에서 힘겹게 살아가는 사회 절대다수에게 얼마나 매력이 있을지 잘 모르겠다. 그렇지만 이번 장에서 살펴보았듯이 사적 조달이 가능한 중산층 라이프스타일에 참여하고 있는 데 죄책감을 느끼는 일부 전문직 계급에게 줄이기 정치가 **매력적**인 것은 분명하다. 러스틴이 통렬하게 지적했듯이 "유물론에 대한 고통스러운 탄식 속에 특정 계급에 대한 경멸이 있는지 의심스럽다."[125] 전문직 계급에게 줄이기 정치는 중산층의 '안정'과 생태 붕괴 사이의 모순에 대한 불안을 직접적으로 말해 준다.

124 Ibid.

125 Rustin, "No growth has to mean less is less."

나가며: 어떤 사람과 그의 당나귀

　이번 장을 전문직 계급의 탈성장 정치가 전략적으로 막다른 길임을 예술적으로 설명한 예를 보여주면서 마무리하고자 한다. 칼리스는 프랑수아 슈나이더François Schneider를 예로 들어 설명한다.

　연구와 탈성장Research & Degrowth이라는 파리(현재는 바르셀로나)의 싱크탱크 설립자이자 국제 콘퍼런스 제안자인 프랑수아 슈나이더는 탈성장이 지닌 하이브리드적 특성을 잘 보여준다. 그는 산업 생태학 박사인데, 당나귀를 타고 프랑스 전역을 돌아다니며 그 모습에 깜짝 놀라 말을 거는 행인에게 탈성장을 설명했다. 현재 그는 프랑스-카탈루냐 국경에 위치한 단순한 삶을 실험하고 교육하는 센터이자 기본적인 것만 갖춘 주택인 칸 디크레Can Decreix에 거주하고 있다.[126]

　'기본적인 것만 갖춘' 아주 작은 집에 살며 당나귀를 타는 박사라니! 칼리스가 말한 것처럼 지나가던 사람들이 이런 특이한 사람을 보고 "깜짝 놀란" 것은 당연하다. 주거와 교통비

126　Giorgos Kallis, *In Defense of Degrowth*, 30.

를 충당하려고 애쓰는 대부분 노동자가 "당나귀를 타고 작은 집에서 단순한 삶"을 사는 것을 답이라고 생각하기란 어렵다. 그의 여정(마지막에는 500명이 함께 행진했다고 주장한다)을 설명하는 웹사이트 이미지에는 피에르 부르디외가 "구별 짓기"[127] 라고 부르는 전문직 계급의 관행에 익숙한 우리에게 매우 친숙한 모습을 한 남성의 사진이 있다. 그는 아주 좋은 방수 우비를 입고 튼튼하게 잘 만들어진 하이킹화를 신었으며 대학원 과정에서 흔히 볼 수 있는 덥수룩한 수염과 들쭉날쭉한 머리 모양을 하고 있다. 한눈에도 가방끈이 길어 보이는 전문가가 당나귀를 끌고 농촌을 돌아다니니 마을 사람들이 놀랄 수밖에!

이런 정치를 가지고서는 이길 수가 없다. 대다수 노동자 계급을 "깜짝 놀라게" 할 뿐 아니라 소비를 줄이고 지금보다 더 작은 집에서 살라고 하는 주장은 노동자들의 이해관계에는 매우 **적대적**인 것으로 보일 것이다. 이는 에런라이크 부부가 밝힌 전문직 계급과 노동자 계급 간의 적대적 관계와도 정확히 일치한다. 신자유주의가 전 세계 노동자 계급에 공격을 가하는 상황에서, 탈성장론과 기후정치는 '적은 것으로 더 많이'

---

127 Pierre Bourdieu, *Distinction: A Social Critique of the Judgement of Taste* (London: Routledge, 1984)[국역:《구별짓기 상, 하》, 최종철 옮김, 새물결, 2005].

해야 한다는 또 다른 압박으로밖에 보이지 않는다.

　대학이나 그 이상의 전문 학위가 없는 대중도 현재의 기후변화를 인식하고 있을 가능성이 크다. 그러나 탈성장과 긴축 메시지는 그들의 마음에 전혀 와닿지 않는다. 이 대중의 마음을 얻으려면 줄이기에 집중하는 것이 아닌 새로운 기후정치의 언어가 필요하다. 노동자 계급의 물질적 이해관계에 걸맞는, **늘리는** 기후정치는 어떤 모습일까?

3부
노동자 계급

5. 프롤레타리아 생태학

: 노동자 계급의 이해관계와 그린 뉴딜 투쟁

들어가며: "그린 뉴딜이라는 것"

리아나 건라이트: 사람들은 어떤 정책을 지지하면 이게 어떻게 작동하는지 알게 되고 더 많이 그 정책에 의존하게 되죠. 그러면 점점 [폐지하기] 어려워지고요….

제이슨 보르도프(사회자): 환경보호와 관련해서는 그런 주장을 하기 힘들 수 있습니다. 이 문제가 사람들 눈에는 보이지 않거든요.

리아나 건라이트: 맞아요. 그렇지만 이 문제가 그린 뉴딜이라는 것에 포함된다고 사람들이 이해할 수 있도록 일자리 같은 것과 연결해서 설명한다면, 사람들은 그 법이 통과되기를 바랄 겁니다. 일자리도 창출되고 건강보험이 이전과는 달라지는 거죠. 그러면 이게 다 하나로 연결되어 있다는 것을 알게 될 거예요.

_ 팟캐스트 〈컬럼비아 에너지 교환Columbia Energy Exchange〉, 2019년 2월 9일 에피소드 '그린 뉴딜: 리아나 건라이트The Green New Deal: Rhianna Gunn-Wright' 편에서 발췌.

리아나 건라이트는 좌파 싱크탱크 뉴컨센서스New Consensus[1]에서 그린 뉴딜 정책을 설계한 핵심 인물이다. 이 팟캐스트에서 세계에너지정책센터Center on Global Energy Policy 제이슨 보르도프 소장과 대화하면서, 건라이트는 그린 뉴딜에 대한 대중적 지지를 확보하기 위한 핵심 전략이 기본적인 물질적 이해관계에 호소하는 것이라고 말한다.

이 대화가 뇌리에 남았던 이유는 환경과 기후 정치의 오랜 문제를 건드렸기 때문이다. 보르도프의 핵심 전제는 환경정치가 "사람들 눈에 잘 보이지 않는다"는 것이다. 이는 기후변화가 전 세계 다양한 시공간에 걸쳐 나타나는 '추상적'인 생지화학적 과정이며, 탄소 배출 저감이 어떤 이유에서인지 인정받지 못한다는 확고한 생각이기도 하다. 우리가 대대적인 탈탄소화 정책을 도입하는 데 성공하더라도 재앙과도 같은 홍수, 허리케인, 산불이 **없어졌음**을 알아차리지 못하리라고 보는 것이다.

실제 경험과 환경 개선 효과 간의 괴리 때문에 많은 이들이 환경 정책에 대한 지지를 확보하는 핵심 방법이 환경 교육과 의식 제고라고 생각한다. 지구의 날 50주년에 큰 논란을 불러일으킨 마이클 무어와 제프 깁스의 영화 〈인간의 행성Planet of

1 newconsensus.com.

the Humans)²이 개봉했다. 클라이맥스 부분에서 깁스는 "나는 변화로 향하는 길이 인식에서 시작된다고 믿는다. 이 인식만이 변화를 시작할 수 있다"라는, 환경정치에서 오랫동안 되풀이되어 온 문구를 읊는다. 사람들이 과학의 관점에서 지구의 파괴 정도를 이해한다면 분명히 행동에 나설 것이라는 말이다. 이미 제2부에서 전문직 계급이 기후 투쟁의 장을 **지식**으로 삼는 것이 지닌 맹점을 설명했다. 이번 장에서는 기후정치가 대중의 기본적인 물질적 이해관계에 호소해야 한다고 말한 건라이트의 이야기를 더 자세히 설명해 보려 한다.

건라이트가 그린 뉴딜이 대중에게 **호소력을 갖는 일**이 온실효과를 설명할 필요조차 없는, 어려운 일이 아니라고 말한 것에 주목해야 한다. "그린 뉴딜이라는 것" 자체가 직관적인 호소력을 발휘하게 된다는 말이다. '그것'(그린 뉴딜) 덕분에 새로운 송전선 건설 일자리가 생겨 삼촌이 취업하고, 인권 보장의 일환으로 주택이 공급되며, 에너지 비용이 많이 드는 게 **아니라** 모두에게 저렴하게 혹은 무상으로 에너지가 제공되는 것을 상상해 보자.

나는 이런 기후 전략에 그동안 외면당해 온 '노동자 계급의 객관적인 물질적 이해관계'라는 개념이 부활해야 한다고

---

2 [옮긴이] 〈혹성 탈출〉의 원제인 'Planet of the Apes'에서 따온 제목이다.

주장한다. 보통 노동자 계급의 이해관계라면 순전히 '경제적' 측면(노동자는 높은 임금과 더 많은 복지를 바란다)만 있다고 생각하지만, 이번 장에서는 물질적 이해관계의 개념을 더 폭넓게 생태학적 체계로 확장하고자 한다. 제프 만이 "이해관계가 있다는 말은 앞으로 다가올 일을 걱정한다는 말이다"[3]라고 했던 것처럼, '이해관계interest'라는 개념은 기후 문제와 마찬가지로 **미래** 지향적이다. 문제는 미래에 우리가 살아가야 하는 지구를 만들어 나가는 데 생산을 재편하는 물질적 이해관계가 걸려 있다고 대중을 설득하는 것이다. 인류는 기후변화를 해결해야 하는 '이해관계'를 가지고 있다. 일례로 독일 녹색당의 지식인 루돌프 바로는 녹색 정치가 보편적인 "인류의 이해관계"[4]를 만드는 일이라고 주장했다. 다른 이들도 환경 자체에 관한 투쟁의 구체적인 본성에서 생태적인 이해관계가 형성될 것이라고 말했다. 부 뤼브너 한센은 "숨 막히는 대기 [아래]" 생태적인 이해관계가 "모두가 숨 쉴 권리"를 중심으로 발생할 것이라고 보았다.[5] 스테파니아 바르카는 "환경오염 가운데

---

3 Geoff Mann, *Our Daily Bread: Wages, Workers, and the Political Economy of the American West* (Chapel Hill, NC: University of North Carolina Press, 2007), 152.

4 Rudolph Bahro, *Socialism and Survival* (London: Heretic Books, 1982), 65.

5 Bue Rübner Hansen, "The interest of breathing: Towards a theory of ecological interest formation," *Crisis and Critique*, Vol. 7, No. 3 (2020): 109-137; 134, 135.

서도 가장 강력하고 정치적 연관성이 있는, 산업에서 일어나는 오염과 그로 인한 주된 피해자들인 노동자 계급을 중심"으로 '계급 생태학' 방식을 활용하여 위험한 산업 공장에서 근무하는 노동자들을 조직하려 했던 이탈리아 공산주의 활동가의 이야기를 전한다.[6] 그렇지만 안타깝게도 이 노력은 곧 "노동자 계급의 예상치 못한 반발"[7]에 부딪혔다. '계급 생태학' 방식을 추진했던 어떤 지도자는 환멸에 차서 노동자들이 환경정치에 적응하지 못한다고 결론지었다. 이 지도자는 노동자들이 "건강한 환경을 만들려면 어느 정도 포기해야 한다는 점"을 모른다고 주장했다. 이런 노력이 1970년대에 대두했던 것을 생각해 보면, 줄이기 정치로의 전환도 당연한 일인 듯 보인다.

많은 이들이 여전히 사람들이 직접 **구체적으로** 환경문제를 **경험하면** 환경적인 이해관계가 생겨날 것이라고 믿지만, 노동자 계급의 생존을 가장 위협하는 것은 돈과 상품에 대한 접근성과 시장의 **추상적 지배**다.[8] 건라이트와 나는 환경에 위협받은 **경험**으로부터가 아니라 자연과 생계수단으로부터 심

---

6   Stefania Barca, "Laboring the Earth: Transnational reflections on the environmental history of work," *Environmental History*, Vol. 19, No. 1 (2014): 3-27; 13.

7   Ibid., 14.

8   Moishe Postone, *Time, Labor and Social Domination: A Reinterpretation of Marx's Critical Theory* (Cambridge, UK: Cambridge University Press, 1993).

각하게 **분리**된 데서, 환경에 관한 노동자 계급의 이해관계가 비롯되었다고 본다. 나는 프롤레타리아는 생산수단을 박탈당하고 시장을 통해 생존해야만 하는 사람들을 칭하는 이름이라는 고전적인 정의를 다시 제시하려고 한다.

이 정의는 노동자 계급이 삶/생명의 자연적 조건에서 소외되었음을 의미한다. 시장을 통해 삶을 유지해야 한다는 사실은 노동자 계급에게 상당히 높은 수준의 스트레스와 불안을 유발한다. 삶이라는 영역은 그 정의부터가 생태적인 특성을 가진다. 이 특성이 생존에 필요한 기본적인 요소에 더 안정적으로 접근할 수 있도록 하는 동시에 모든 생명체의 생존을 보장하도록 생산을 재편하도록 하는 **생태적 이해관계**를 만들어 내기에 적합한 이유를 이제부터 설명하려 한다. 4장에서 살펴봤던 '줄이기 정치'와는 다르게, 여기서는 노동자 계급의 이해관계가 **늘리기**, 특히 안정적인 삶의 요소를 더 확대하는 것에 있다고 호소해야 한다고 주장할 것이다.

노동자 계급은 누구인가?

이 책 전체에 드리운 머리 아픈 문제는 바로 **누가 노동자 계급인가**라는 문제다. 여기서 중요한 점은 직업적 지위에만

기반하여 범주화하거나 위상을 규정하는 우를 범하지 않는
것이다. 계급은 소유권과 권력의 **관계**다. 마이클 츠바이크가
지적하듯이 자기 사업체를 소유하는 배관공은 대기업에 고용
되어 임금을 받는 배관공과는 전혀 다른 계급에 속한다.[9] 나
는 킴 무디가 "생산수단을 소유하지 않으므로 노동력을 판매
해야 하고, 임금으로 보상받는 것보다 더 많은 시간 노동하며,
자본이 정한 규칙에 따라 일하는 사람이 노동자 계급"이라고
깔끔하게 정리한 마르크스의 정의를 따른다.[10]

　　전문직 계급을 노동자 계급에 대한 이러한 정의에 포함
시키지 않는 핵심적인 이유는 이들이 직장에서 일정한 자율
권을 갖기 때문이다. 킴 무디는 많은 전문 직종이 프롤레타리
아화 되어 가고 있다고 지적하지만 변호사, 의사, 대학 교수가
"자본의 법칙에 따라" 일한다고 할 수 있을지는 명확하지 않
다. 그리고 앞서도 말했지만 무디의 정의에는 미국 내 피고용
인의 63퍼센트뿐만 아니라 자본에서 임금노동과 사회 서비스
로 흘러가는 돈의 흐름에 의존하는 "고용되지 않은 배우자, 부

---

9 Michael Zweig, *The Working Class Majority: America's Best Kept Secret* (Ithaca, NY: Cornell University Press, 2011), 29.

10 Kim Moody, *On New Terrain: How Capital Is Reshaping the Battleground of the Class War* (Chicago: Haymarket, 2017), 21.

5. 프롤레타리아 생태학　　311

양가족, 친척, [그리고] 실업자"도 포함된다.[11] 결국, 무디는 노동자 계급이 "전체 인구의 4분의 3, 즉 압도적 다수"를 포괄한다고 말한다.[12]

그렇다면 무디는 이 63퍼센트의 피고용인이 어떻게 구성된다고 했을까? 그는 할 드레이퍼의 노동자 계급 동심원 모델을 차용한다. 동심원의 핵심(34%)은 산업/수동 노동(물질적 생산, 운송, 건설, 유지 보수 등)이다.[13] 여기에는 제빵사와 정육업자에서부터 지붕 수리공, 공장 노동자, 건설 노동자, 세탁 노동자, 자동차 수리공과 농민 등이 포함된다. 그다음 원은 '서비스' 노동자(28%)로 조리사, 경비원, 건물 유지보수 노동자, 아동 보육 노동자 등이 해당한다. 마지막으로 가장 큰 원은 '영업 및 사무직' 노동자(38%)로 소매점 노동자, 광고 대행업자, 사무실 비서와 서무, 은행 창구 직원, 콜센터 노동자 등을 포함한다.

지금까지 살펴본 것처럼 현대 자본주의 교육은 노동시장에서 극심한 격차를 만드는 데 핵심 역할을 한다. 무디의 '객관적'인 정의는 중요하지만, 전문직과 노동자 계급 간의 격차

---

11 Ibid., 41.

12 Ibid.

13 통계는 무디의 책 40쪽에 있는 표에서 가져왔다. Hal Draper, *Karl Marx's Theory of Revolution, Vol. 3: The Politics of Social Classes* (New York: Monthly Review Press, 1978), 35-38.

는 대체로 주관적이다. 랄프 밀리밴드는 노동자 계급이 "소득 기준으로 봤을 때 낮은 계층에 있으면서 이른바 '존경도'도 낮은 편"이라고 주장했다.[14] 이런 문화적이고 주관적이며 더욱이 **정치적**인 분열에 고등교육이 미친 영향을 과소평가해서는 안 될 것이다. 최근 데이터에 따르면 미국의 25세 이상 인구 중 고등학교를 졸업하지 못한 인구의 비율이 10퍼센트, 고등학교가 최종 학력인 인구가 28퍼센트라고 한다.

아마도 가장 충격적인 통계는 인구 중 15.7퍼센트가 "대학은 갔으나 학위는 없다"[15]라는 것이다. 여기에 해당하는 미국인 3470만 명은 고등교육의 경쟁적인 문화에 적응하려 애썼지만 실패했거나 포기한 사람들이다. 게다가 준학사(단기대학 또는 고등학교 이후 기술 전문 교육 이수 시 취득) 소지자 10퍼센트까지 더하면 무디가 말하는 노동자 계급의 수치(63%)와 거의 정확하게 맞아떨어진다.[16]

이런 교육 격차는 노동시장에서 노동자 계급의 삶에 실질

---

14 Ralph Miliband, *Marxism and Politics* (Oxford, UK: Oxford University Press, 1977), 24[국역: 《마르크스주의 정치학 입문》, 정원호 옮김, 풀빛, 1989].

15 출처: United States Census Bureau. "Educational Attainment in the United States: 2019." census.gov.

16 대학에 다니지 않은 인구와 노동자 계급에 속하는 인구가 완전히 겹치지는 않는다. 계산 방식과는 관계없이 사회 **대다수**를 차지하는 인구에 관한 추정치일 뿐이다.

적인 장벽을 만든다. 한데 이 격차는 일상생활에서도 나타난다. 바버라 에런라이크와 존 에런라이크는 이를 전문직-관리직 계급PMC과 노동자 계급 간의 실제 '적대'의 핵심이라고 보았다.

> 이 시점에서 전문직-관리직 계급과 노동자 계급 간의 적대가 '객관적'인 관계라는 추상적인 영역에만 존재하는 것이 아니라는 점을 덧붙여야 한다. 이 두 계급이 현실에서 만나는 지점을 보면, 전문직-관리직 계급과 노동자 계급 간의 관계(가끔은 좋은 관계도 있지만)의 중심에 통제가 있음이 명확히 드러난다. 교사와 학생(또는 부모), 관리자와 노동자, 사회복지사와 대상자 등의 관계를 보면 알 수 있다. 이렇게 두 계급이 만나는 지점에는 노동자 계급이 전문직-관리직 계급에게 보이는 적대와 존경심 그리고 전문직-관리직 계급이 노동자 계급에 보이는 경멸과 가부장주의라는 주관적인 측면이 뒤섞여 있다.[17]

사회복지사나 교사가 노동자 계급인 대상자나 학생에게 주관적인 경멸을 보이는 정도에 따라 노동자 계급도 그에 상응하는 적대감을 보일 수밖에 없다. 대학 학위를 취득하지 못

---

17 Barbara Ehrenreich, John Ehrenreich, "The professional-managerial class," in Pat Walker (ed.), *Between Labor and Capital* (Boston: South End Press, 1979), 5-45; 17.

한 15퍼센트 인구로 돌아가 보자. 그들이 가진 적대감은 낙제점을 준 교수와의 관계에서 직접적으로 드러난다. 우파가 전문직 계급을 해안가에서 사는 잘난 체하는 '자유주의 엘리트'라고 표현한 것은 보수 쪽에서 일부 노동자 계급의 지지를 얻을 수 있었던 주요 수단이 되었다.[18]

노동자 계급을 생태학적으로 이해할 때 더 중요한 사실은 노동자 계급이 기본적인 삶의 필요를 충족하기 위한 물질적 투쟁에 직면해 있다는 것이다. 전후 시기 잠시나마 예외적으로 노동자 계급의 임금이 인상되고 사민주의적 재분배 정책이 실시되어 마르크스의 일명 '궁핍화' 이론이 틀렸음이 입증되었다고 많은 이들이 생각한 적이 있었다.[19] 이 시기는 이제 특히 미국에서는 완전히 끝났다. 브루킹스 연구소의 최근 연구에 따르면 미국의 18~64세 노동인구 중 44퍼센트가 '저임금' 노동자라고 한다.[20] 브루킹스 연구소의 분석에서는 약 5300만 명의 "중위 시급이 10.22달러이며 중위 연소득이 1만

---

18   Steve Fraser, *The Limousine Liberal: How an Incendiary Image United the Right and Fractured America* (New York: Basic Books, 2016).

19   Aaron Benanav and John Clegg, "Crisis and Immiseration: Critical Theory Today," in Beverley Best, Werner Bonefeld, Chris O'Kane (eds.), *The SAGE Handbook of Frankfurt School Critical Theory* (Thousand Oaks, CA: SAGE, 2018), 1629-1648 참고.

20   Martha Ross and Nicole Bateman, *Meet the Low-Wage Workforce* (Washington, DC: Brookings Institution, 2019).

7950달러"라고 추산한다.[21] 그리고 믿을 수 없겠지만, 저임금 노동자의 30퍼센트가 공식 빈곤선의 150퍼센트보다 더 적은 금액으로 살아간다.

브루킹스 연구소의 수치는 2018년에 많이 인용된 연준의 보고서와도 대체로 일치한다. 이 보고서는 미국인의 40퍼센트가 수중에 긴급 자금으로 쓸 400달러가 없다고 했다(이 수치는 그나마 가장 좋은 편이었다. 2013년에는 인구 중 50퍼센트가 이 범주에 속했다).[22] 그러나 이 40퍼센트라는 수치도 노동자 간의 뿌리 깊은 불평등을 가린다. 고등학교나 그 이하의 교육을 받은 흑인의 경우 수치가 58퍼센트, 히스패닉 인구의 경우 48퍼센트로 높아진다.[23]

이런 노동자 대부분이 '하루 벌어 하루 먹고 사는' 편이다. 2017년의 한 연구에 따르면 이런 인구가 78퍼센트에 달했다.[24] 2019년에 실시된 다른 연구에서도 이 수치는 59퍼센트로 여전히 높았고, 무디가 노동자 계급을 구성한다고 보았던 63퍼

21   Ibid., 9.

22   Federal Reserve, "Report on the Economic Well-Being of US Households in 2018—May 2019." federalreserve.gov

23   Ibid.

24   CareerBuilder.com, "Living Paycheck to Paycheck is a Way of Life for Majority of US Workers, According to New CareerBuilder Survey." press.careerbuilder.com[2024년 12월 30일 접속 불가].

센트의 노동자와도 얼추 맞아떨어진다.[25]

이 글을 쓰는 현재, 코로나19 팬데믹과 그에 따른 노동시장의 붕괴로 경제 불안이 더욱더 가중되는 위험한 상황이 벌어지고 있다. 미국의 실업률은 2020년 4월에 14.4퍼센트로 정점을 찍었다가 2021년 10월 현재는 4.8퍼센트를 기록하고 있다.[26] 그러나 이 장밋빛 통계에서 2020년 2월부터 300만 명 이상이 노동인구에서 떨어져 나갔다는 사실은 가려져 있다.[27] 최근 마켓플레이스-에디슨 리서치 서베이Marketplace-Edison Research Survey가 펴낸 경제 안정성 보고서에 따르면 18세 이상 미국인의 44퍼센트가 식량과 일상용품을 구하지 못하게 될 것을 걱정한다고 한다.[28] 기본적인 식품 시장이 붕괴하자 미국 전역에서 낙농업자가 우유를 폐기하거나 농민이 멀쩡한 밭을 갈아엎는 일이 발생했다.[29]

25 Charles Schwab, "Modern Wealth Survey," (2019년 5월). schwab.com.

26 US Bureau of Labor Statistics, data.bls.gov/timeseries/LNS14000000

27 US Bureau of Labor Statistics. bls.gov/charts/employment-situation/civilian-employment.htm.

28 Janet Nguyen, "Here's how the Covid-19 pandemic has affected Americans' paychecks and working hours," https://www.marketplace.org/2020/05/05/covid-19-economy-anxiety-paychecks-working-hours/[2024년 12월 30일 접속 가능].

29 Matt Huber, "Covid-19 shows why we must socialize the food system," *Jacobin*, 2020년 4월 17일.

한편, 팬데믹 기간에 개인 및 차량 수천 대가 미국 전역의 푸드 뱅크에 줄지어 서 있는 모습은 상당히 충격적이었다. 2020년 5월에 《파이낸셜타임스》는 미국의 푸드 뱅크 수요가 70퍼센트 증가했으며 일부 지역에서는 특히 수요가 급증했다고 보도했다.[30] 관광업, 요식업 및 고객 서비스업이 주저앉은 플로리다에서는 식량 지원 요청이 "400~500퍼센트" 급증했다.[31] 농장에서는 식량이 넘쳐나는데도 자선단체에서는 빈곤층에 나눠 줄 식량이 턱없이 부족했다. 가장 기본적인 수준에서 보면, 노동자 계급은 살아 나가기 위해 투쟁해야 하는 계급임이 분명하다.

노동자 계급 형성의 생태학

1장에서 살펴보았듯, 소위 생태마르크스주의에서는 노동자 계급의 정치적 중요성에 대해서는 거의 이야기하지 않는다. 앙드레 고르스와 테드 벤턴 같은 이론가는 환경정치가 계급정치와 동떨어졌다고 생각했기에 노동자 계급 문제를 제쳐두었다. 그렇지만 마르크스의 노동자 계급 이론은 원래부

---

30 Courtney Weaver, "America's hungry turn to food banks as unemployment rises," *Financial Times*, 2020년 5월 16일.

31 Ibid.

터 생태학적이었다. 생태학이란 모든 관계 속 **삶/생명**에 관한 학문이기 때문이다. 모든 종류의 생명체에 적용되는 생태 방정식의 핵심은 생명체가 어떻게 에너지를 소비하고 쓰레기를 생산하면서 생존하는가이다.

마르크스와 엥겔스도 '살기 위해, 생존하기 위해 무엇을 해야 하는가'의 관점에서 노동자 계급을 정의한다. 엥겔스는 노동자 계급을 "자기 생산수단을 소유하지 않으며, 살아가기 위해 자기 노동력을 팔아야만 하는 현대 임금노동자로 구성된 계급"[32]이라고 설명한다. "생산수단"이라 하면 많은 이들이 도구와 기계만을 떠올리지만, 가장 중요한 생산수단은 언제나 토지였다. 마르크스가 "직접적 생산자인 노동자는 토지에 결박되지 않은 후에야 비로소 자기의 몸을 자유롭게 처분할 수 있었다"[33]라고 말했듯, 노동력을 상품화하려면 토지에서 생산자를 쫓아내야 했다. 마르크스는 시초축적 이론을 통해 "봉건 대영주는… 농민들을 토지로부터 축출함으로써… 그리고 공유지를 횡령함으로써 비할 수 없을 만큼 더 많은 프롤레타리아를 만들어 냈다"[34]라고 설명하며, 토지를 사유화하고 공

---

32   Karl Marx, Frederick Engels, *The Communist Manifesto* (London: Pluto, 2008), 33[국역:《공산당 선언》, 심철민 옮김, 도서출판b, 2018].

33   Marx, *Capital*, Vol. 1, 875[국역:《자본/자본론》, 여러 판본이 있다].

34   Ibid., 878.

유지에 울타리를 쳐 토지에서 대중을 쫓아낸 폭력에 대해서 이야기한다. 노동자 계급을 토지에서 분리하는 것 혹은 바르카가 묘사하듯이 "평민의 프롤레타리아로의 전환"을 통해서만, 노동자 계급이 생계수단에 접근하려면 노동력을 팔 수밖에 없게 된다.[35]

우리는 자본주의 논리에 완전히 둘러싸여 있기 때문에 이러한 배치가 역사적으로 봤을 때 얼마나 참신한 것인지를 끊임없이 따져 묻는다. 인류 역사상 처음으로 인구 중 상당수가 토지가 아닌 돈과 상품 접근성(시장)을 통해서 살아가게 된 것. 이것이 바로 내가 **프롤레타리아 생태학**이라 부르는 것이다.[36] 기본적인 생존에 관한 이러한 사실은 삶의 생태적 조건으로부터 심각하게 소외되는 것이 자본주의하에서 살아가는 프롤레타리아의 삶의 특징임을 의미한다. 인류의 역사를 보면, 가장 억압받았던 계급조차 최소한 어느 정도는 토지를 통

---

35 Stefania Barca, *Forces of Reproduction: Notes for a Counter-Hegemonic Anthropocene* (Cambridge, UK: Cambridge University Press, 2020), 42.

36 노동자 계급 환경주의에 주목하는 경우가 늘고는 있지만 **프롤레타리아**에 관한 초점에서는 여전히 생산수단(가장 중요하게는 토지)과의 분리라는 정의에 집중한다. 다음을 참고하라. Stefania Barca, Emanuele Leonardi, "Working-class ecology and union politics: a conceptual topology," *Globalizations*, Vol 15, No. 4 (2018): 487-503; Karen Bell, *Working-Class Environmentalism: An Agenda for a Just and Fair Transition to Sustainability* (Cham, Switzerland: Palgrave Macmillan, 2020); Daniel Aldana Cohen, "The big picture: Working-class environmentalism," *Public Books*, 2017년 11월 16일.

해 삶을 꾸릴 수 있었다.[37] 그런데 이는 프롤레타리아 대중에게는 어려운 일이다. 폴 버켓은 돈이 근본적으로 자연의 다양한 특성을 추상화하는 방식을 이렇게 설명한다. "돈이 인간과 자연의 관계를 사회적 형태로 만든 때부터, 그에 따른 자연의 탈자격화는 인간의 개성을 소외(외부화)하는 방식으로 탈자연화하는 경향이 있다."[38] 더 나아가 마르크스에 따르면 노동자 계급은 인구 중 "절대다수"이므로, 삶의 생태적 조건과 연관이 없거나 그것에 관한 지식이 없는 사람들이 대다수인 세상에서 우리가 살아가고 있다는 뜻이 된다.[39] 그렇지만 노동자 계급의 생태적 정의(삶의 조건과 **분리된** 존재)를 '임금노동자'나 산업 공장 노동자로만 한정해서는 안 된다는 점을 강조하고 싶다. 이 정의는 생존하기 위해 시장에 의존해야 하는 대중에게도 적용된다.[40] 일례로 마이크 데이비스는 20세기 후반과

---

37 엘런 메익신스 우드는 자본가와 노동자의 **시장 의존도**가 자본주의의 특징을 정의한다고 강조한다. *The Origin of Capitalism: A Longer View* (London: Verso, 2002)[국역:《자본주의의 기원》, 정이근 옮김, 경성대학교출판부, 2002].

38 Paul Burkett, "Value, capital and nature: Some ecological implications of Marx's critique of political economy." *Science and Society*, Vol. 60, No. 3 (1996): 332-359; 343.

39 Marx, Engels, *Communist Manifesto*, 50[국역:《공산당 선언》, 심철민 옮김, 도서출판b, 2018].

40 이는 전문직 계급조차 **생태학적으로 보면** 노동자 계급임을 의미한다. 4장에서 살펴보았듯이 시장에서 사적 조달을 상대적으로 **많이** 할 수 있다는 염려가 전문직 계급의 탄소 죄책감을 낳는다.

21세기 초에 자본주의를 주로 구성하는 이들을 임금 프롤레타리아가 아니라 "비공식 프롤레타리아", 즉 "빈민굴 행성"을 구성하는 수백만 소규모 생산자와 상인으로 봐야 한다는 도발적인 주장을 펼쳤다.[41] 그렇지만 공식적으로 고용되었든 아니든, 이런 대중 **역시** 생산수단으로부터 분리되었으며 생존하기 위해 시장에 의존해야 한다.

노동자 계급은 삶의 조건에서 소외되었을 뿐만 아니라 생계수단을 통제할 수도 없다. 엘런 메익신스 우드에 따르면 자본가와 임금노동자 모두 재생산을 위해 시장에 의존하게 되었으며 심각하게 자연으로부터 소외되었다.[42] 그러나 차이점은 권력이다. 마이클 츠바이크가 "상대적으로 소수의 사람이 생산을 조직하고 관리할 막대한 권력을 갖지만, 이보다 훨씬 많은 수의 사람에게는 거의 아무런 권한이 없다"[43]라고 명확하게 설명한 것처럼, 계급은 결국 **권력** 문제다.

이런 생태학을 생각해 보면 노동자 계급은 두 가지 방식으로 권력 없음을 경험한다. 첫째, 노동자 계급의 삶은 존재하

41 Mike Davis, *Old Gods, New Enigmas: Marx's Lost Theory* (London: Verso, 2018), xvii. [국역:《인류세 시대의 맑스》, 안민석 옮김, 창비, 2020].

42 Meiksins Wood, *The Origin of Capitalism*[국역:《자본주의의 기원》, 정이근 옮김, 경성대학교출판부, 2002].

43 Zweig, *The Working Class Majority*, 3.

기 위한 기본적인 조건을 갖추기 위해 투쟁하는 삶이다. 노동자를 포함해 모든 개인은 생태적인 존재로서 생존하려면 식량, 주택, 의료 등을 필요로 한다. 그런데 자본주의에서는 이런 기본적인 삶의 조건이 보장되지 않는다. 초기 마르크스주의자들은 자본주의가 대중의 **불안정**을 만든다고 주장했다. 독일 사회민주당의 고전 마르크스주의 저작 《에르푸르트 강령》에서는 이 점이 노동자 계급을 이해하는 핵심 요소로 작용했다. 자본주의가 "프롤레타리아와 프티부르주아지 및 농민 등 몰락하는 중산층 계급에는 존재의 불안정성, 고통, 억압, 탄압, 굴종, 착취의 증가를 의미한다"[44]라고 한 데서 이를 알 수 있다. 오늘날에도 "몰락하는 중산층 계급"이 농민이 아니라 대졸 채무자 계층이라는 점에서만 다를 뿐, 이 내용이 여전히 적용된다는 사실은 상당히 놀라우면서도 안타까운 일이다.

둘째, 노동자 계급은 개인에게 필요한 것을 통제할 권한만이 아니라 더 큰 사회-생태적 '물질대사'[45]를 통제할 권한도 가지고 있지 않다. 물질 생산에 대한 통제권이 없기 때문에 오늘날의 환경위기 상황에서도 무력함을 느끼고, 저 먼 곳에서

44 The Erfurt Program 1891. marxists.org/history/international/social-democracy/1891/erfurt-program.htm[국역:《에르푸르트 강령》, 서석연 옮김, 종합출판범우, 2021].

45 John Bellamy Foster, Brett Clark, Richard York, *The Ecological Rift: Capitalism's War on the Earth* (New York: Monthly Review Press, 2010) 참고.

통제할 수 없는 힘으로 발생하는 것 같은 재해를 목격하게 된다. 이런 힘을 추상적인 '시장'의 힘으로 보든 기업 엘리트의 힘으로 보든, 환경파괴 과정에서 **통제권**이 없다는 것은 전 지구적 위기 앞에서 무력감을 느끼게 만든다.

한마디로 자본주의에서 노동자 계급의 삶은 존재하기 위한 생태적 조건에서 소외되어 있고, 이 조건에 관한 통제권도 없다는 것으로 정의할 수 있다. 노동자 계급은 자기 삶에 필요한 것에 관한 통제권이 없음을 직접적으로 경험하지만, 반면 사회-생태적 물질대사에 관한 통제권이 없다는 사실은 그다지 명확하게 느끼지 못한다. 두 번째 문제야말로 기후 투쟁에서 지식과 교육이 중요한 이유라고 여기는 방식이 전문직 계급의 전형적인 기후정치 접근법이다. 그렇지만 이 두 영역을 '삶의 정치politics of life'라는 영역에서 연결하는 정치를 만들어 내 보는 건 어떨까?

자본주의하에서의 물질적 이해관계에 관한 생태 이론

마르크스주의 사상에서 자본주의를 자본가와 노동자 계급 간의 상충하는 객관적이고 물질적인 이해관계를 통해 구성된 것으로 보는 관점은 상대적으로 논란의 여지가 적었다. 마르크스는 "노동자 계급에 가장 우호적인 상황조차… 노동자 계급의 이해관계와 자본가 계급의 이해관계 간 적대를 완전히 없애지 못한다"[46]라고 했다. 마르크스주의 정치에 관한 이론적 개요를 설명하면서 카를 카우츠키는 다음과 같이 포괄적인 말로 선언했다. "자본주의적 생산이 지배적인 모든 땅에서 노동자 계급의 이해관계는 전부 동일하다."[47] 이런 이해관계는 자본주의적 생산관계에서 직접적으로 발생한다. 노동자는 생산과정에서 착취당할 뿐 아니라 삶에 필요한 기본적인 것에 안정적으로 접근할 수도 없다. 이렇게 접근성이 부족하기 때문에 노동자는 매일 착취의 현장으로 돌아가게 된다.

자본이 노동자 계급에게 공격을 가하기 시작한 시기인 1970년대와 1980년대에 많은 사회이론가들이 객관적인 이해관계에 관한 이론이 문제라고 지적했다. 에르네스토 라클라우와 샹탈 무페의 주장이 그중에서도 가장 영향력이 있었다. 그들은 "객관적인 이해관계는… 그 어떤 이론적인 근거도 없으며, 이해관계의 출처를 임의로 정한 것에 지나지 않는다"[48]

---

46 Karl Marx, *Wage Labor and Capital* (Cabin John, MD: Wildside Press, 2008), 39[국역: 《임금노동과 자본》, 김태호 옮김, 박종철출판사, 2020].

47 Karl Kautsky, *The Class Struggle (Erfurt Program)* (Chicago: Charles H. Kerr and Co., 1910), 159[국역: 《에르푸르트 강령》, 서석연 옮김, 종합출판범우, 2021].

48 Ernesto Laclau, Chantal Mouffe, *Hegemony and Socialist Strategy* (London: Verso, 1985), 83[국역: 《헤게모니와 사회주의 전략》, 이승원 옮김, 후마니타스, 2012].

라고 주장했다. 또한 "이른바 '노동자 계급의 객관적 이해관계'
에 동의하는 지도자들은 끊임없이… 점점 권위적인 정치를…
낳았다"[49]라고 하면서, 객관적인 이해관계라는 표현이 권위주
의로 이어진다고 주장하기에 이르렀다. 이들은 노동자 계급
의 '진정한' 이해관계를 안다고 생각하는 모든 정치운동이 대
중이 '민주적'으로 표현한 이해관계를 뒤엎을 수도 있다고 주
장했다.

   이런 비판은 '즉자적 계급'와 '대자적 계급' 또는 객관적인
계급적 위치와 주관적인 계급 경험을 구분하는 것이 합리적
인가와 관련한 논쟁을 떠오르게 한다. 애덤 쉐보르스키는 객
관적인 계급의 이해관계를 파악하려 할 때 개념적으로 부족
한 부분이 계급 형성 자체가 "사상적이고 정치적인 투쟁의 결
과물"[50]이라는 사실을 무시하는 점이라고 말했다. 그러면서
그는 "계급은 정치, 사상적 실천에 앞서는 것이 아니"[51]라고 주
장한다. 풀란차스와 그람시에 이어 쉐보르스키는 주관적인
정치, 사상적 요소를 계급의 '객관적'인 결정 요인에 결합하는

---

49   Ibid., 56.

50   Adam Przeworski, *Capitalism and Social Democracy* (Cambridge, UK: Cambridge
     University Press, 1985), 69[국역:《자본주의와 사회민주주의》, 최형익 옮김, 백산
     서당, 1995].

51   Ibid., 70.

'계급투쟁' 이론을 전개한다.

이런 논리는 실질적이고 '진정한' 계급의 이해관계를 정치적으로 표현하는 데 계급정치를 훨씬 쉽게 적용할 수 있게 해 주기에 매력적이다. 그러나 이에 기반하여 **물질적** 이해관계를 어떻게 생각해야 할지에 대해서는 정해진 바가 없다. 쉐보르스키가 계급의 객관적 결정 요인에 통합하려는 "정치, 사상적" 요인에 '물질적'이라는 특성이 포함되는 것일까? 1980년대 신자유주의하에서, 엘런 메익신스 우드는 주장을 들어 주는 이가 아무도 없는 와중에도 마르크스주의, 즉 **유물론적** 방식에 객관적인 물질적 이해관계라는 개념이 필요하다고 강력히 주장했다. 우드는 "'이해관계'가 그것이 표현되는 양식과는 독립적으로 존재한다는 것이 명제라면… 우리는 관념만이 존재하는 절대적인 관념론의 영역에 있는 것이다"[52]라고 말했다. 역사 유물론의 전체 기획은 정치, 사상적 의식과는 별개로 생산의 물질적 구조에 관한 계급 분석에 토대를 둔 것으로 보인다. 라주 다스가 말하듯, "계급의식에서 상대적으로 독립적인 계급 구조는 유물론적 계급 이론의 근간이다."[53] 자본주의

---

52 Ellen Meiksins Wood, *The Retreat from Class: A New 'True' Socialism* (London: Verso, 1986), 95[국역:《계급으로부터의 후퇴》, 손호철 옮김, 창비, 1993].

53 Raju Das, "From labor geography to class geography: Reasserting the Marxist theory of class," *Human Geography*, Vol. 5. No. 1 (2012): 19-35; 25.

에 대한 유물론적 분석이 대규모 노동자 계급운동을 보장하지는 않는다. 노동자 계급이 처참하게 패배하는 순간, 학자들이 입을 모아 마르크스의 계급정치가 문제라고 하는 것도 충분히 이해할 수 있을 듯 보인다.

마르크스와 엥겔스는 유물론적 접근법에 대해 "삶은 다른 무엇보다도 의식주 등 많은 것을 필요로 한다. 따라서 최초의 역사적인 행위는 이런 필요를 충족하기 위한 수단을 생산하는 일, 즉 물질적인 삶 그 자체를 생산하는 일이었다"[54]라고 명확하게 표현했다. 다시 강조하지만, 생태학은 '생명 그 자체'에 관한 학문이다. 따라서 "역사에 대한 '유물론적' 접근법"은 사실 인간 사회를 인류 재생산과 뗄 수 없는 것으로 이해하는 **생태학적** 접근법이라고도 할 수 있다.[55] 실제로 《독일 이데올로기》에서 마르크스와 엥겔스는 독일 관념론자들이 "역사에 관해서는 **조금도** 기반이" 없다고 지적한다.[56]

이런 물질적인 필요는 생물학적이므로 피할 수도 없으며 **객관적**인 것이다. 그렇다고 사회적인 필요도 객관적이라는

---

54 Karl Marx, Frederick Engels, *The German Ideology* (New York: International, 1970), 48. [국역:《독일 이데올로기 1, 2》, 이병창 옮김, 먼빛으로, 2024].

55 테드 벤턴도 동일하게 주장한다. "Marxism and natural limits: An ecological critique and reconstruction," *New Left Review* I/178 (November/December 1989): 51-86; 54.

56 Ibid., 49.

말은 아니다. 마르크스와 여러 이론가들은 언제나 필요가 사회, 문화적으로 만들어질 수 있다고 주장했다.[57] 그렇지만 사회의 재생산을 위해서는 어느 정도 기본적인 물질적 필요를 충족해야 한다. 물질적 기반(엥겔스는 이를 "직접적인 삶의 생산과 재생산"[58]이라고 했다)이야말로 유물론적 관점에서의 주된 요소(모든 분석에서 문화, 사상적 상부구조의 결정적 요소는 아니더라도)이다.[59]

게다가 생계수단에 관한 통제와 권력의 물질적 사회관계도 마찬가지로 객관적이라고 생각할 수 있다. 다른 생물종이 그렇게 하는 것처럼 나 역시 자유롭게 접근 가능한 음식을 섭취하기를 바란다. 실제로도 전 세계의 식량은 '객관적'으로 충분하며, 78억 인구의 약 1.5배는 넘는 식량이 있다고 여러 분석 결과가 반복적으로 말해 주고 있다.[60] 그러나 이런 접근성

---

57 Agnes Heller, *The Theory of Need in Marx* (London: Verso, 1974)[국역: 《마르크스에 있어서 필요의 이론》, 강정인 옮김, 인간사랑, 1990] 참고.

58 Frederick Engels "Engels to J. Bloch in Königsberg," (1890년 9월 21일). marxists. org[국역: 〈엥겔스가 쾨니히스베르크의 요제프 블로흐에게〉, 《마르크스 엥겔스 저작선집 6》, 최인호 옮김, 박종철출판사, 1997].

59 이 물질적 기반을 자본주의의 '경제'와 혼동해서는 안 된다. 엥겔스도 설명했고 다른 많은 마르크스주의 페미니스트도 동의하듯, 자본주의하에서 삶의 **재생산**에는 순수하게 경제(시장) 영역에 포함되지 않는 많은 사회적 과정이 포함된다.

60 Eric Holt-Gimenez, "We already grow enough food for 10 billion people—and still can't end hunger" *Huffington Post*, 2012년 5월 2일.

을 가로막는 물질적인 장벽이 실제로 존재한다. 이런 장벽은 보안 설비를 갖춘 가게, 경찰, 영리 추구를 위해 생산하며 분산된 네트워크를 형성하는 민간 농장 등에서의 생산, 부, 사회 권력에 기반한다. 물질적으로 객관적인 권력 체계도 에너지, 주택, 교통, 기타 삶에 필요한 기본적인 것들의 조달을 통제하고, 이것들을 사적으로 소유하는 자의 이득을 추구하기 위해 접근을 제한한다.

접근성을 통제하고 제한하는 이러한 체계들은 모든 생물종에 생태적 장벽이 있는 것과 마찬가지로 인류 생태의 일부를 이룬다. 수온이 오르면 굴을 폐사시키는 병원균인 퍼킨수스 마리누스Perkinsus marinus에 굴이 감염되어 굴 양식장이 초토화되는 경우가 있다.[61] 굴이 치명적인 병원균이라는 물질적인 장벽에 부딪히듯이 인류도 일상에서 심각한 식량 부족을 경험하고 있다(미국 인구조사국에 따르면 그 숫자가 3천만 명 정도에 이른다).[62] 이런 물질적인 장벽은 관련된 유기체에게는 상당히 치명적이다.

자본주의하에서 대다수 인구는 삶의 필수품에 대한 접근성을 제한당한다. 따라서 이런 접근성을 확대하는 데 노동자

61 Newsweek, "A hot zone for disease," *Newsweek*, 2002년 7월 2일.

62 Dakin Andone, "Nearly 30 million Americans told the Census Bureau they did not have enough to eat last week," *CNN*, 2020년 7월 31일.

계급의 객관적이고 물질적인 이해관계가 있다는 점에 이견이 없어야 할 것이다. 실제로 노동자 계급의 이해관계는 자본가 계급이 식량, 주거, 에너지, 교통 등의 부문에서 갖는 물질적인 권력 체계를 뒤흔들거나 심지어는 해체하는 데 있다. 마르크스주의자들이 생산 단계에 노동자 계급의 이해관계가 있다고 주장하는 것에도 그만한 근거가 있다. 바로 이 단계에서 자본의 착취와 지배가 명확하게 드러나기 때문이다.

그렇지만 노동자 계급의 삶의 생태학의 핵심은 **재생산** 수단, 즉 노동자가 일터 밖에서 생물학적인 존재로서 자신의 삶을 재생산하는 수단이다.[63] 자신의 필요를 충족하려면 시장에 의존할 수밖에 없으므로, 노동자 계급은 삶에서 재정적 조건에 따라 전적으로 좌우되는 다양한 스트레스, 불안, 부자유에 시달린다. 게다가 (다음 두 장에서 살펴보겠지만) 생산 단계에서 노동자 계급 권력을 건설해야 함에도, 노동자 계급의 생태적 이해관계에서 중요한 것은 일터 외의 사회적 재생산(또는 '일'과 반대되는 '삶'이라는 생태적 영역)이다.

환경정치와 관련된 담론에서 '이해관계'를 이런 방식으로 다루는 일은 매우 드물다. 그리고 더 중요한 점은 1장에서 보

---

63   Nancy Fraser, "Behind Marx's hidden abode," *New Left Review* 86 (2014년 3월~4월): 55-72 및 Barca, *Forces of Reproduction*. 참고.

았듯이 대부분 사상가들이 환경적 '이해관계'를 노동자 계급의 이해관계와는 대척점에 있는 것으로 본다는 것이다. 환경운동에서 고용을 창출하는 산업 개발에 반대하는 등등의 활동을 많이 하기 때문이다. 따라서 환경주의도 **어느 정도** 노동자 계급의 삶에 위협이 된다고 여겨질 수 있다.

두 번째로, 제2부에서 살펴본 것처럼 전문직 계급이 추구하는 환경정치는 제한, 세금 인상, 소비 감소를 주장하는 '줄이기 정치'를 지지하는 경우가 많다. 기본적인 삶의 요구를 충족하기 위해 투쟁하는 노동자 계급이 보기에 이런 정치는 터무니없어 보인다.

세 번째로, 환경주의 자체는 단일 이슈를 중심으로 하는 '이익집단' 정치의 형태를 띤다. 환경단체가 만든 비영리 산업단지가 대표적인 예다. 이런 이익집단은 교육 수준이 높은 전문직 계급 지식노동자로 구성된다. 제2부에서 이야기했듯이 그들은 정치를 지식과 정책을 둘러싼 싸움으로 인식한다. 더 급진적인 경우에는 이른바 '생계 환경주의'[64]를 채택한다. 이런 입장은 사회 대다수가 시장보다 자연으로부터 **소외**되었으므로, 생활에서 명백한 '환경' 위협에 직면한 지역사회에 진정

---

64 참고 자료: Matt Huber, "Ecological politics for the working class," *Catalyst*, Vol. 3, No. 1 (2019년 봄호): 7-46.

한 환경적 이해관계가 있다고 생각한다. 이런 환경적 위협에는 원주민이나 농민 사회가 겪는 토지와 수자원의 위협이나 (탈)산업화 지역에서 나타나는 직접적인 신체 위협(화학물질 배출로 인한 기형아 등) 등이 있다. 스테파니아 바르카와 에마누엘레 레오나르디Emanuele Leonardi는 노동자 계급의 생태정치가 이런 구체적인 '환경' 요인으로부터 나타날 것이라고 주장한다.

> 특정한 생물물리학적 환경에서 재생산하는 생명체로서 노동자 계급은 본질적으로 생태적인 주체이며, 그 존재는 대기, 물, 토양, 먹이사슬, 지역 생지화학적 순환 등 건강한 생태계에 의해 좌우된다. 따라서 우리는 **노동자 계급의 생태학**을 노동자 계급과 그들이 일하고 살아가는 공간 간의 전체적인 관계망으로 정의한다.

그런데 이 정의는 한 가지 핵심적인 현실을 무시하고 있다. 바로 노동자 계급 생존의 주요 장해물이 그들이 직접적으로 생활하는 공간과 관계가 없다는 사실이다. 물론, 지역 공동체가 생계의 위협에 저항하는 경우, 노동자 계급도 깨끗한 대기와 물 같은 기본적인 조건을 위해 투쟁한다. 그러나 이런 프레임은 환경적 이해관계가 구체적으로 환경의 위협을 겪는 사람에게만 있다고 보는 경향이 있다. 자본주의하에서는 절대 다수가 훨씬 추상적인 시장 세력에 의해 **매일** 생계의 위협을 받는데도 말이다. 마르크스는 이를 두고 "경제적 관계라는 무언의 강제"[65]라고 불렀다.

이런 위협은 오염이나 토지 강탈만큼이나 '현실'이며, 이를 환경 위협의 범주에 포함하면 더 폭넓은 연합을 구축할 수 있을 것이다. 특정한 자연경관이나 시장이 유린하는 인간의 신체만 보호할 것이 아니라 프롤레타리아 생태학은 **탈상품화**에 기반한 정책을 통해 노동자 계급의 요구를 시장에서 해방할 방법을 찾아야 한다.

한편, '환경적 이해관계'에 관해 전 지구적 위기가 인류 전체를 위협한다는 대안적인 관점도 있다. 독일 녹색당의 루돌프 바로는 "우리는 마르크스의 개념을 넘어서 오늘날 서구 노동자 계급보다 더 일반적인 주체론으로 나아가야 한다…. 다시금 [인류라는] 종의 이해관계를 우리의 근본적인 기준점으로 삼아야 한다"[66]라고 말하며 좌파가 노동자의 이해관계가 아니라 "종의 이해관계"에 대한 사고로 전환해야 한다고 주장했다.

---

65   Marx, *Capital*, Vol. 1, 899[국역:《자본/자본론》, 여러 판본이 있다].

66   Bahro, *Socialism and Survival*, 65.

그러나 모든 인류가 그런 이해관계를 갖는 것은 아니다. 앤드루 돕슨이 지적하듯이 환경정치에 대한 계급적 접근의 중심에는 이런 이해관계가 있다.

현재 상황을 생각하면, 지속 가능하고 평등한 사회 건설이 모두의 이해관계라고 말하는 것은 허위 주장에 불과하다. 사회에서 중요하고 영향력 있는 사람은 환경위기를 연장하는 데 물질적인 이해관계를 갖는다. 왜냐하면 그 위기를 관리함으로써 돈을 벌어들일 수 있기 때문이다.[67]

매일 신문만 펼쳐봐도 이런 객관적인 계급 현실을 볼 수 있다. 화석연료 기업, 민간 전기/수도 사업자 등은 무슨 수를 써서라도 화석연료에서 에너지 전환을 이루려는 시도를 **막는다**. 왜일까? 그들의 객관적이고 물질적인 이해관계가 그런 시도를 막는 데 있기 때문이다.

물론, 노동자 계급 대중이 생산관계에 내재하며 노동자 계급에 공통적인 물질적 이해관계를 명확하게 인지하지 못할 수 있다. 1883년에 게오르기 플레하노프는 탄압받는 계급에 대해 이렇게 설명했다. 이들은 "사회 조직의 어느 측면이

---

67 Andrew Dobson, *Green Political Thought* (London: Routledge, 2000), 146.

이 비참한 상황의 원인인지 생각하지 못한 채 생계를 위해 힘껏 투쟁한다."[68] 가려져 있고 명확하지 않은 경우가 많지만, 객관적이고 물질적이며 노동자 계급의 일상적인 투쟁의 원인이 되는 권력 체계에 관한 노동자 계급의식을 건설하는 일은 **계급투쟁**에 달렸다고 한 쉐보르스키의 말이 옳다. 계급의식 제고는 곧 환경 의식을 높이는 일이기도 하다. 우리의 식량, 에너지, 주거, 교통을 통제하는 자본가 계급처럼, 삶의 기본적인 요소에 대한 접근성을 계속해서 제한하려고 하는 계급이 있기 때문이다. 따라서 생산수단이 없으므로, 노동자 계급은 생태적인 삶의 수단에 대한 안정적인 접근을 확보하는 데 객관적이고 물질적인 이해관계를 갖는다.

물질적 이해관계에서 기후 의식으로

개념적으로나마 생태적 초점을 **삶/생명**에 맞추면 지구의 모든 생명과 연관된 더 큰 환경 문제와도 연결된다. 실제로 종의 이해관계는 살아갈 수 있는 지구를 유지하는 것이다. 기온이 섭씨 2.2~4.4도 상승하면 가장 부유한 사람(우주로 도망치려

---

68 인용문은 다음 책에서 발췌했다. Raju Das, *Marxist Class Theory for a Skeptical World* (Chicago: Haymarket, 2017), 428.

는 사람도)조차도 뜨거워지는 세상의 공포에서 벗어나지 못할 것이다.[69] 기후변화에 관한 계급 전략이란 곧 대부분 생명체가 파멸하는 것을 막기 위해 자신의 생태적 삶이 매우 위태로운 사회 절대다수에게 호소하는 것이다. 그렇게 되면 양질의 삶을 향한 노동자 계급의 투쟁과 모든 생명체를 위한 전 지구적 투쟁이 자본이라는 공동의 적에 맞설 수 있다. 바로 이 지점에서 삶의 수단에 대한 자본의 통제를 분쇄하려는 노동자 계급의 이해관계와 우리가 살 수 있는 지구를 만드는 '종의 이해관계'가 일치함을 알 수 있다.

그렇다면 어떻게 노동자 계급의 이해관계와 생태적 이해관계를 일치시킬 수 있을까? 생물다양성 위기는 고사하고 훨씬 복잡하며 오랜 시간에 걸쳐 일어나는 인위적인 기후변화라는 추상적인 생태적 삶의 개념과 자신의 물질적 삶이 어떻게 연결되어 있는지 평범하게 일하는 사람들이 어떤 방식으로 인식하게 될지 명확하지 않다. 이때 정치 조직이 투쟁과 정치 교육을 통해 계급정치를 건설하는 역할을 해야 한다. 이런 조직은 전통적으로 **정치 강령**을 중심으로 조직하는데, 다음으로는 그린 뉴딜이 어떻게 그러한 역할을 수행할 수 있는지

---

69 David Wallace-Wells, *The Uninhabitable Earth: Life After Warming* (New York: Tim Duggan Books, 2019).

설명해 보려 한다. 그렇지만 우선은 더욱 일반적인 수준에서 어떻게 기후 계급의식이 나타날 수 있는지 살펴보겠다.

대체로 사람들은 대중을 대상으로 우리가 직면한 위험에 관한 과학적 사실을 교육하거나 홍수, 화재, 폭염 등 기후 재해를 경험하는 것으로부터 기후 관련 정치의식이 형성될 것이라고 생각한다. 그러나 **그 어느 것도** 기후 행동의 필요성과 관련하여 대규모 대중정치를 만들어 낼 수는 없다. 교육 수준이 높은 사람과 이상기후를 경험하는 사람만을 대중적 기반으로 삼기에는, 그 수가 너무 적다.

노동자 계급 전략은 사람들의 삶에서 나타나는 직접적이고 물질적인 개선점을 기후 행동과 연관시켜야 한다. 일자리, 무료 전기, 공공 주택은 사람들이 직관적으로 이해할 수 있는 개념이지만, 이를 기후위기를 해결할 조치로 **명명하는** 일은 정치 활동가에 달려 있다. 그러면 일하는 많은 사람들이 기후변화를 자기가 치러야 할 '비용'이나 적응해야만 하는 것이 아니라 자기 삶을 더 낫게 만드는 근본적인 사회 정치적 변혁이 필요한 위기로 인식할 것이다. 미국에서 인위적인 기후변화에 관한 기본 과학을 '부정'하는 사람이 무려 43퍼센트에 달한다는 사실과 관련하여 많은 이야기들이 있다. 그렇지만 이와 동시에 '지구 온난화가 일어나고 있다'고 인식하는 사람의 숫자도 상당하며(72%), 그만큼 많은 사람(63%)이 이를 우려한다고 말한다.[70] 솔직히, 이 글을 쓰는 시점(2021년 10월)에도 폭염과 극단적인 기후 현상이 여기저기서 눈에 띄게 증가한다는 사실을 부인할 수 없다. 노동자 계급 전략은 기후변화가 문제라는 비과학적인 느낌을 구체화하고, 직접적이고 물질적인 이해관계에 호소하면서, 기후 행동에 관한 대규모 대중적 지지를 만들어 내야 한다.

기후 의식을 교육이나 경험적 사실로 제고하려는 방식은 필연적으로 미래의 위험, 현재의 재앙, 과거의 트라우마 등 부정적인 면에 집중한다. 그렇지만 노동자 계급 전략은 긍정적이고 이해하기 쉬운 물질적인 이득이 기후 행동에 대규모 **대중적** 지지를 확보하는 유일한 길임을 보여준다. 사람들을 두렵게 해서는 이길 수가 없으며, 특히 공공 고등교육이 보장되지 않는 미국 같은 사회에서는 복잡한 과학을 이해하는 것을 기후 행동의 기초로 삼아서는 승리할 수 없다.

어떤 사람은 이런 전략을 '속임수'라고 할 수도 있다. 노동자 계급에 공짜 선물을 던져 주고 속여서 기후 행동을 지지하게 만든다고 보는 것이다. 그렇지만 그런 주장은 우리의 물질

---

70 "Yale Climate Opinion Maps 2020," 2020년 9월 2일. climatecommunication.yale.edu/visualizations-data/ycom-us[2024년 12월 30일 접속 가능] 참고.

적 삶이 얼마나 기후위기와 직접적으로 연관되어 있는지를 무시하는 면이 있다. 노동자 계급 전략은 에너지, 식량, 주거, 교통 등 '기후가 아닌' 문제에서 물질적 이득을 제공함으로써 노동자 계급의 '주의를 돌리는' 것이 아니다. 탈탄소라는 과업을 달성하려면 이 부문을 반드시 바꿔야 한다는 점을 모두 알고 있지 않은가. 이런 물질적인 변화에 비용, 희생, 축소, '줄이기'가 수반될 수밖에 없다고 생각하는 이들은 언제나 전문직 계급의 테크노크라트들뿐이다. 누가 봐도 그런 방식은 대중적이지 않다…. 게다가 이 부문을 통제하는 자본가는 노동자 계급을 동원하여 모든 기후 행동에 반대하게 만든다. 위기에 다른 방식으로 접근해서 노동자 계급의 일상에 영향을 미치는 부문을 변혁함으로써 모두의 삶을 개선할 수 있다고 믿게 만드는 일이야말로 기후 의식을 형성하는 **승리의 전략**이다.

기후위기 시대에 벌이는 노동자 계급의 선거 투쟁

지금까지 노동자 계급이 삶의 물질적인 조건에 안정적으로 접근할 수 없으며, 그들에게는 더 안정적인 접근성을 획득하기 위해 자본 권력을 줄여야만 하는 **물질적인 이해관계**가 있음을 살펴보았다. 그러나 이게 다가 아니다. 마르크스주의에서는 일반적으로 마이크 데이비스가 말했듯, 자본가 계급을 전복하고 새로운 생산양식을 도입할 역량을 갖춘 '프롤레타리아 주체성'[71]이 노동자 계급에게 있다고 본다.

먼저, 노동자 계급 주체성이 **가능성**에 관한 이론일 뿐이라는 점을 강조하고 싶다. 이미 보장된 것이 아니라는 말이다. 이 가능성에는 많은 요소가 있지만, 가장 중요한 요소는 노동자 계급의 숫자이다. 노동자 계급은 인구 중 절대다수를 차지한다. 미국 같은 나라는 인구의 3분의 2에서 4분의 3이 노동자 계급에 해당한다. 개발도상국들도 인구 중 다수가 임금노동자가 아니며 공장에서 일하지 않는다고 해도, 이들이 토지와 토지가 제공하는 생존수단으로부터 프롤레타리아식으로 분리되었다는 점에서 보면, 대다수가 노동자 계급이라고 정의할 수 있다.

이 '숫자'를 권력으로 전환하는 방법을 설명하는 방식은 많다. 사회주의 전통에서는 보통 사회주의 대중정당이 조직한 혁명적인 반란으로 국가권력을 획득하는 것을 상상했다. "평화, 토지, 빵"이라는 구호로 대표되는 볼셰비키의 노동자-농민 연합이 차르의 반동 독재정권을 무너뜨린 것처럼 말이

---

71 Davis, *Old Gods, New Enigmas*, xvii[국역:《인류세 시대의 맑스》, 안민석 옮김, 창비, 2020].

다. 그러나 자본주의가 발달한 사회에서 노동자 계급은 군사적, 사상적으로 그보다 훨씬 철저하게 무장된 국가를 상대한다. 에릭 블랑이 주장하듯, "반란 전략이 현실적으로 여겨지기에는 민주적으로 선출된 정부가 노동자들 사이에서 지나치게 합법적인 지위를 갖고 있고 게다가 지나치게 많은 무력을 보유하고 있다."[72]

그러나 보편적인 참정권에 기반한 의회 체제라면 노동자 계급 대중이 대량의 표를 통해 **선거** 권력을 획득할 가능성이 있다. 그래서 마르크스는 영국의 보편적 참정권 부여가 "노동자 계급의 정치적 우월성"의 획득으로 이어진다고 주장했다.[73] 엥겔스는 말년에 선거를 통해 독일 프롤레타리아가 "다른 권력이 좋든 싫든 앞에서 무릎 꿇어야 하는 독일의 중대한 권력"이 되리라고 선언했다.[74] 이런 사상은 제2인터내셔널에도 영

72　Eric Blanc, "Why Kautsky was right (and why you should care)," *Jacobin*, 2019년 4월 2일.

73　Karl Marx, "Free trade and the Chartists," *New-York Daily Tribune*, 1852년 8월 25일 [국역: 〈자유무역과 차티스트들〉,《런던 특파원 칼 마르크스》, 정명진 옮김, 부글북스, 2013].

74　Frederick Engels, "Introduction to Marx's Class Struggles in France,"[국역:《프랑스혁명사 3부작》, 임지현, 이종훈 옮김, 소나무, 2017] 인용문 발췌 출처: Miliband, *Marxism and Politics*, 80[국역:《마르크스주의 정치학 입문》, 정원호 옮김, 풀빛, 1989]. 밀리밴드는 "엥겔스가 '아무리 그렇다 해도 마치 합법성의 평화로운 숭배자인 양 보인다'"라고 스스로 불평할 정도로 엥겔스의 글이 편집되었다고 말한다. 그렇지만 밀리밴드는 편집되지 않은 버전도 "참정권과 참정권 활용에 관

향을 미쳤다. 카우츠키는 《에르푸르트 강령》에서 "언론의 자유와 결사의 자유 외에도 보편적 참정권을 프롤레타리아의 건실한 발전을 위한 필요조건으로 보아야 한다"[75]라고 말했다. 그는 또한 다음과 같이 주장했다.

> 프롤레타리아는 의회 활동과 관련하여 가장 유리한 위치에 있다…. 이는 프롤레타리아를 경제, 사회, 도덕적 수모로부터 끌어올리는 데 활용할 수 있는 가장 강력한 지렛대이다.[76]

노동자 계급 정당이 권력을 획득하게 되면 무엇을 할 수 있을지에 관해서 많은 열띤 토론이 있었고, 자본가 계급이 자본 파업capital strike을 벌이거나 군사 쿠데타를 통해 사회주의 정부를 전복시키는 등 이에 맞선 사례도 참으로 많았다.[77]

여기서 그런 사례들을 자세히 다루지는 않겠다. 다만, 국가 권력을 무시할 수 없고 다수인 노동자 계급의 정치를 건설하

한 문제에서 마르크스와 엥겔스의 강조점이 초기의 선언에서 크게 변했음을 보여준다"는 점에는 한 치의 의심도 없다고 주장한다(80).

75 Kautsky, *The Class Struggle*, 188[국역: 《에르푸르트 강령》, 서석연 옮김, 종합출판 범우, 2021].

76 Ibid.

77 Mike McCarthy, "Our first 100 days could be a nightmare," *Jacobin* No. 36 (2020년 겨울호): 66-79 참고.

는 것이 어려운 일이더라도, 기후변화에 따른 최악의 결과를 피하기 위해 국가권력을 획득하는 일에 노동자 계급이 필수 요소라는 점을 명확하게 주장하고자 한다. 안드레아스 말름은 자신의 생태 레닌주의 개념을 설명하면서 정확하게 "현상 유지를 원하는 이들을 상대로 강압적인 권한을 행사해야 한다는 점에서 국가권력 말고 필요한 전환을 이룰 수 있는 다른 것이 있는지 상상하기 매우 어렵다"[78]라고 말했다.

그럼에도 수십 년간 좌파 대부분이 국가 문제를 무시했다. 스티븐 마허, 샘 긴딘, 리오 패니치가 지적하듯, 사회주의 좌파는 "국가의 본질을 바꾸는 것은 고사하고 국가가 하는 일을 바꾸기 위해 국가[기관]에 진출하는 일과 관련된 문제를 미루곤" 했다.[79] 크리스천 퍼렌티는 기후변화를 해결해야만 하는 시대에 자본주의의 혁명적 타도를 기대하는 것은 상식적이지 못하다고 지적했다. 그는 다음처럼 일리 있게 주장했다. "전 세계 좌파의 상황을 고려하면… 사회주의의 달성까지는 실로 매우 오랜 시간이 걸릴 것이다. 따라서 기후(변화의) 완화와 적

---

78 도미닉 밀리의 안드레아스 말름 인터뷰, "To halt climate change, we need an ecological Leninism," *Jacobin*, 2020년 6월 15일.

79 Leo Panitch, Greg Albo (eds.), *Socialist Register 2020: Beyond Market Dystopia: New Ways of Living* (London: Merlin, 2019) 중 Stephen Maher, Sam Gindin, Leo Panitch, "Class politics, socialist politics, capitalist constraints", 1-29; 1.

응은 혁명을 기다릴 수 없다."[80]

퍼렌티는 국가 외에 필요한 시간 안에 막대한 변화를 일으킬 수 있는 **권력**을 가진 기관은 없다고 설득력 있게 주장했다. 그렇다면 얼마나 막대하다는 걸까? 이는 국가권력의 두 가지 측면에 달려 있다.

첫째, 퍼렌티의 말에 따르면 국가는 화석연료 산업을 '안락사할' 강제력과 합법적 권력을 가지고 있다. 노예 해방령이나 20세기에 탈식민지 정부가 석유 등의 자원을 국유화했던, 국가가 주도한 **대중적 몰수**의 역사의 일환으로 기후 투쟁을 바라보면 이를 알 수 있다.[81] 대부분 사례에서 다수가 참여한 대중운동은 국가권력을 장악했다.

둘째, 국가, 특히 미국 연방정부는 새로운 에너지 체계를 건설할 수 있는 대규모 **공공투자** 정책을 펼칠 **재정 능력**이 있다. 이런 국가 정책의 가장 급진적인 유형은 "투자에 대한 민주적 통제"와 "생산의 사회적 통제를 늘리는 투쟁"을 확대하

---

80   Christian Parenti, "Climate change: What role for reform?" *Monthly Review*, 2014년 4월 1일.

81   Matt Karp, "The mass politics of antislavery," *Catalyst*, Vol. 3, No. 2 (2019): 131-80, Christopher R. W. Dietrich, *Oil Revolution: Anticolonial Elites, Sovereign Rights, and the Economic Culture of Decolonization* (Cambridge, UK: Cambridge University Press, 2017) 참고.

는 것이다.[82] 거듭 말하지만, 기후(변화) 완화를 무정부적인 시장 신호에 맡기자는 것은 제대로 된 전략이 아니다. 오히려 필요한 인프라의 변화를 위해 국가가 대규모 경제계획을 시행해야 한다(다음 장에서 전기와 관련하여 이를 더 자세히 살펴볼 예정이다).

물론 신자유주의 정부는 화석 자본을 상대로 이런 권력을 절대로 사용하지 않을 것이다. 바로 여기서 노동자 계급의 역할이 필요하다. 엄청난 숫자의 노동자 계급은 자신의 막대한 표뿐만이 아니라 소액 후원을 통해 전형적인 부유층 기부자로부터 후보자를 벗어나게 할 수 있고, 대규모 선거 연합을 구축하여 국가권력을 쟁취할 수 있다. 기업의 지원을 거부하고 자본에 직접 맞서 저항하는 후보에 대한 대규모 대중적 지지 없이는 필요한 규모로 기후 정책을 시행할 수 없다. 물론, 선거에서 승리한다 해서 바로 대규모 기후(변화) 완화 정책을 시행할 수는 없을 것이다(직장 내 노동자의 대규모 행동을 활용하는 법에 관해서는 6장에서 다루겠다). 그러나 이는 더 큰 틀에서의 노동자 계급 기후 전략의 요소가 될 수 있다.

《탄소 민주주의》에서 티머시 미첼은 서구에서 대중민주주의와 보편적 참정권의 첫 시대를 열었던 것이 석탄과 탄소

---

82   Maher, Gindin, Panitch, "Class politics, socialist politics, capitalist constraints," 14.

에너지 흐름을 멈출 수 있었던 석탄 노동자의 강력한 힘/권력이었다는 흥미로운 주장을 펼쳤다.[83] 지금 우리에게는 탄소 저감에 기반한 선거 정책에 대한 다수의 지지를 얻기 위한 방편으로서 **반탄소 민주주의**[84]가 필요하다. 기후운동에서 지금까지도 유지되고 있는 정책을 만들 때, **대중성**을 거의 고려하지 않았다는 사실은 상당히 충격적이다. 그들은 대중이 정책을 어떻게 받아들일지는 생각조차 하지 않고 '효율성'과 '비용 대비 편익 분석'이라는 경제 용어에만 매몰되었다. 프랑스에서 일어난 기후 정책에 반대하는 '노란 조끼' 운동은 기존의 뿌리 깊은 불평등을 해소하지 않는 기후 테크노크라시에게 대중적 반발이 일어날 위험이 있음을 보여주었다.[85] 이 책을 쓰는 지금, 이런 정치/선거 정책이 그린 뉴딜의 이름으로 나타났다.

83 Timothy Mitchell, *Carbon Democracy: Political Power in the Age of Oil* (London: Verso, 2011)[국역:《탄소 민주주의》, 에너지기후정책연구소 옮김, 생각비행, 2017].

84 나는 2018년부터 게시되지 않은 공개 토론회에서 이 용어를 사용해 왔다. 케이트 애러노프는 신간에서 미첼의 말을 이용하여 탈탄고 민주주의라는 더 스마트한 용어로 비슷한 주장을 펼친다. Kate Aronoff, *Overheated: How Capitalism Broke the Planet—and How We Fight Back* (New York: Bold Type Books, 2021), 246-247 참고.

85 Andreas Malm, "A lesson in how not to mitigate climate change," *Verso Books Blog*, 2018년 12월 7일.

노동자 계급 환경 정책으로서 그린 뉴딜

나는 도덕적이고 부유한 현대사회에서 그 어떤 미국인도 가난하게 살아서는 안 된다고 생각한다.

_ 알렉산드리아 오카시오코르테스가 정의한 "민주적 사회주의"

미국 내에서 사회주의 정치가 부활한 이유의 중심에는 사람이라면 **살아갈** 권리를 가진다는 매우 온건한 전제가 있다. 민주적 사회주의에 관한 전망을 설명하는 연설에서 버니 샌더스는 "21세기, 세계 역사상 가장 부유한 국가에서 살아가는 우리는 경제적 권리가 인권이라는 점을 인정해야 한다"[86]라고 말하며, 이 투쟁을 언론의 자유나 종교의 자유 같은 정치적 영역을 넘어서 인권의 범위를 확장하는 것으로 이야기했다.

수십 년에 걸쳐 부가 부유층에게 집중되고, 대중은 부채와 임금 정체만을 겪어 온 상황에서, 자본주의가 모두에게 양질의 존엄성 있는 삶을 보장하지 못한다는 점이 분명해졌다. 프롤레타리아 생태학을 건설하려 할 때 문제는 이러한 삶의 전망을 생명과 전 지구적 기후 행동이라는 더욱더 폭넓은 생

---

86 Tara Golshan, "Read: Bernie Sanders defines his vision for democratic socialism in the United States," *Vox*, 2019년 6월 12일.

태적 전망과 연결시키는 것이다.

고정되지 않고 진화하는 정책인 그린 뉴딜은 바로 이것을 실현하려 했다. 무엇보다 10년간 국가적 동원을 통한 전력망 구조조정으로 에너지 부문 탄소 배출량을 제로로 만들고, 녹색 공공 주택에 투자하며, 대중교통을 대폭 확대할 것을 목표로 삼았다.[87] 그린 뉴딜이란 개념은 2008년 금융위기가 일어나기 얼마 전에 처음 생겨났으며, 2018년 IPCC 보고서에 대한 반응으로 다시 부상했다. 당시 IPCC는 보고서를 통해 재앙과도 같은 온난화를 막으려면 "사회의 모든 측면에서 광범위하고 전례 없는 변화가 빨리 일어나야 한다"[88]라고 주장했다. 보고서 내용의 시급성 때문에 기후 행동 단체인 선라이즈 운동은 낸시 펠로시의 사무실을 점거하기에 이르렀다. 한편, 오카시오 코르테스는 "우리가 직면한 위기의 규모에 맞는"[89] 해결법을 제시하는 그린 뉴딜을 시행할 것을 정부에 촉구했다. 그린 뉴딜 정책에 담긴 전망 중에는 미국 전역의 가난한 지역사회가

---

87   House Resolution 109, 116th Congress (2019-2020): "Recognizing the Duty of the Federal Government to Create a Green New Deal," (2019년 2월 12일). https://www.congress.gov/bill/116th-congress/house-resolution/109[2024년 12월 30일 접속 가능].

88   IPCC, "Summary for Policymakers of IPCC Special Report on Global Warming of 1.5°C approved by governments," 2018년 10월 8일.

89   "A Message From the Future With Alexandria Ocasio-Cortez," https://www.youtube.com/watch?v=d9uTH0iprVQ[2024년 12월 30일 접속 가능].

물질적인 혜택을 받을 수 있는 연방 일자리 보장안이 있었다. 임금에 안정적으로 접근할 수 있어야만 자본주의하에서 프롤레타리아의 삶이 가능하다는 점을 인정한 것이다.

다른 기후 정책이 탄소 관련 내용만을 주장하는 것과 달리, 그린 뉴딜은 불평등과 기후변화라는 두 마리 토끼를 잡으려고 했다. 오카시오코르테스와 에드 마키Ed Markey 상원의원이 발의한 법적 구속력이 없는 그린 뉴딜 결의안에서는 인간의 생존을 최우선으로 삼았다. 결의안에는 "기후변화로 인한 해수면 상승, 산불 증가, 심각한 폭풍과 가뭄, 기타 극단적인 기상 현상은 인간의 생명, 건강한 지역사회, 중요한 인프라를 위협한다"[90]라고 되어 있다. 이들은 결의안을 순전히 환경보호의 관점에서만 구성하지 않도록 주의를 기울였다. 결의안에서 "1920년대 이래로 소득 불평등이 가장 크다"[91]고 비판하기도 하기 때문이다. 결의안은 이런 문제를 긴축을 통해 해결하지 않을 것이며 "양질의 고임금 일자리 수백만 개를 창출하여 번영을 담보하고자 한다"[92]라고 설명하면서, 자본주의 사회의 주요 생계원인 일자리를 통해 문제를 해결하겠다고 밝혔다.

90 House Resolution 109.

91 Ibid.

92 Ibid.

단순하게 일자리를 넘어 **경제적 안정**에 초점을 맞추는 이유
는 "가족과 의료 관련 휴가, 유급 휴가, 노후 보장을 모든 미국
인에게 보장"[93]함으로써 인구 중 절대 다수에게 더 나은 삶을
보장하려는 것이다. 마지막으로 이 결의안은 "모든 노동자가
그 어떠한 강압, 위협, 괴롭힘 없이 조직하고, 결사하며, 집단
으로 교섭할 수 있눈 권리를 강화하고 보호한다"[94]라고 명시
하며, 자본에 대한 노동자 계급의 권력을 증대하려고 했다.

　이 구속력 없는 결의안은, 구속력은 없더라도 궁극적으로
열망을 담은 것으로 들렸다. 지지자들은 2019년 초에 결의안
을 도입함으로써 2020년 대통령 선거운동이 그린 뉴딜을 중
심으로 이뤄지기를 바랐고, 실제로 그렇게 되었다. 2020년에
모든 민주당 대선 후보가 야심 찬 기후 공약을 들고나와 경쟁
했다. 그리고 캘리포니아주에서 일어난 심각한 산불과 여러
재난으로 민주당 예비경선 유권자 사이에서 기후변화가 최우
선 문제로 급부상했다(2019년 4월 전국 여론조사 결과).[95] 일부
후보가 대담한 기후 공약을 내놓았지만(가장 대표적인 후보가
기후 문제를 전매특허로 삼은 제이 인슬리Jay Inslee 워싱턴 주지사였

93　Ibid.

94　Ibid.

95　Miranda Green, "Poll: Climate change is top issue for registered Democrats," *The Hill*, 2019년 4월 30일.

다), 버니 샌더스의 공약만이 청년 기후운동의 에너지를 품었으며, 과학자들도 동의하는 기후위기에 걸맞은 구체적인 정책이었다. 그의 공약을 인용하면, "우리 사회의 전반적인 변혁"[96]을 제안한 정책이었다.

샌더스는 에너지 체계의 탈탄소화를 목표로 하는 그린 뉴딜을 지지했고… 그 과정에서 2천만 개의 일자리를 새로 창출하겠다고 약속하며 판을 키웠다.[97] 공약에는 세부 사항이 많이 포함되었는데, 그중 한 항목은 특히 돈과 상품을 통해서 생존해야 하는 프롤레타리아의 염려에 초점을 맞추었다. 공약에서는 "주택 단열을 보강하고, 에너지 요금을 낮추며, 고품질의 저렴한 최신 대중교통을 건설하여 미국 가정에서 돈을 절약"[98]하게 만드는 것을 목표로 삼았다. 더 중요하게는 오카시오코르테스가 발의한 기존 결의안의 명확한 한계를 수정하면서 화석연료 산업과 전면전에 나서겠다고 약속했다. **계급투쟁**의 필요성을 공약의 핵심으로 삼겠다고 한 것이다. 그는 수많은 언론 인터뷰와 선거 유세에서도 비슷한 발언을 이어 갔다.

---

96 Bernie Sanders, "The Green New Deal." berniesanders.com/issues/green-new-deal[2024년 12월 30일 접속 가능]. 추가 참고 자료: Branko Marcetic, "Climate advocates are nearly unanimous: Bernie's Green New Deal is best," *Jacobin*, 2019년 9월 9일.

97 Sanders, "The Green New Deal."

98 Ibid.

우리에게는 기후 행동을 가로막는 화석연료 기업 임원과 억만 장자 계층의 탐욕을 제압할 수 있는 용기와 전망, 전적이 있는 대통령이 필요합니다. 우리에게는 그들의 혐오를 두 팔 벌려 환영할 대통령이 필요합니다.[99]

여전히 더 급진적인 그린 뉴딜 제안은 근본적으로 삶에 대한 새로운 관계를 제시한다. 미국 민주사회주의자DSA의 그린 뉴딜 원칙에는 "생존의 탈상품화", "모두를 위해 생활임금, 의료, 보육, 주거, 식량, 물, 에너지, 대중교통, 건강한 환경, 기타 필수품의 보장"[100] 추진안이 들어 있다. 이렇게 훨씬 급진적인 전망을 가장 구체적으로 실현하려 했던 때가 2021년 봄이었을 것이다. 거대한 겨울 폭풍으로 발생한 텍사스주 정전 사태로 수백 명이 사망하자, 사회주의 성향의 하원의원 코리 부시와 자말 보우만은 다음과 같이 주장하며 '공공 전기' 결의안을 발의했다.

미국은 전기를 기본 인권이자 공공재로 확립해야 하며, 공급자

---

99   Ibid.

100   Democratic Socialists of America, Ecosocialist Working Group, "An Ecosocialist Green New Deal: Guiding Principles" (2019년 2월 28일). ecosocialists.dsausa. org/2019/02/28/gnd-principles[2024년 12월 30일 접속 가능].

와 공공의 이익에 부합하도록 전력사를 규제하지 못한 결함투성이 규제 그리고 독점적으로 이윤을 추구하는 전력사에 대한 의존을 뿌리 뽑아야 한다.[101]

이것이야말로 노동자 계급의 기후정치이다. 이 정치는 세금과 요금, 소비 감축이라는 전형적인 전문직 계급의 요구나 토지, 물, 대기와 같은 자원으로의 접근에 직접적으로 문제가 있는 사람에게만 환경적 이해관계가 있다고 여기는 '생계 환경주의'에서 벗어났다.[102] 이 정치는 또한 노동자 계급이 시장에 의존해야 하는 것이 불안정과 착취의 핵심 원인이라는 점을 인식하고 이를 해결하려 했다.

그린 뉴딜식 탈상품화 정책은 노동자의 이해관계에 호소하는 것을 목표로 할 뿐 아니라 환경적으로도 어마어마하게 영향을 미칠 수 있다. 무상 공공 주택의 경우 녹색 건설 기법을 적용하여 거주자의 난방비와 전기료를 절감할 수 있다.[103] 무상 대중교통으로 자동차와 기타 사적 교통수단에 과도하게 의존하는 것을 근본적으로 바꿀 수 있다.[104] '의료가 인권'이

---

101 Rep. Cori Bush, "Bush Public Power Resolution." bush.house.gov

102 Huber, "Ecological politics for the working class."

103 Daniel Aldana Cohen, "A Green New Deal for Housing," *Jacobin*, 2019년 2월 8일.

104 James Wilt, "Free transit is just the beginning," *Briarpatch Magazine*, 2019년 11월 29일.

라는 점에는 동의하기 쉽지만, 나아가 식량과 에너지도 인권이라고 도덕적으로 인식해야 한다. 그린 뉴딜에서 통합된 일자리 보장과 사회적 요구의 탈상품화에는 전통적인 노동 좌파의 요구인 노동일의 단축도 포함될 수 있다.[105]

한마디로, 탈상품화에 기반한 그린 뉴딜은 사회 자원에 관한 권력과 통제를 바꾸는 것을 핵심으로 한다. 그린 뉴딜의 최대 환경적 이점은 핵심 산업의 소유를 사적 소유에서 공적 소유로 바꾸어 이윤보다 환경적 목표를 우선하게 만드는 것이다. 우리에게 필요한 분야를 탈상품화하려면, 환경위기의 진범인 산업과 맞서 싸워야 한다.

선거로 집권하기까지의 과제: 버니 샌더스의 사례

이 나라에서 계급전쟁이 발발할 것이며, 이제 노동자 계급이 그 전쟁에서 승리할 때가 되었다.

_ 버니 샌더스, 2019년 8월 21일, 트위터(현 X) 게시물

선거에서 노동자 계급의 권력 획득 능력은 조직을 통해서만 실현할 수 있다. 지금은 그저 가능성일 뿐이다. 2020년 2월

---

105 Kate Aronoff, "Could a Green New Deal make us happier people?" *The Intercept*, 2019년 4월 7일.

22일 밤, 버니 샌더스는 네바다주 예비경선에서 압승을 거두었다. 이로써 샌더스는 예비경선에서 세 차례 연속으로 승리했다. "네바다주에서 다양한 세대와 인종 간 연합을 실현했고 이는 네바다주만이 아니라 전국을 휩쓸 것"[106]이라 했던 그의 승리 연설에는 자신감이 묻어 났다. 위의 트위터 게시물에서 말했듯이 샌더스는 수십 년 만에 처음으로 계급투쟁과 노동자 권력을 진지하게 정치 전략의 핵심으로 삼은 후보였다. 그리고 우리가 직면한 위기의 규모에 맞고 실현 가능한 기후 정책을 제시한 유일한 후보였다.[107] 그렇지만 독자 대부분이 이미 알다시피, 샌더스의 선거운동이 "전국을 휩쓸"지는 못했다. '슈퍼 화요일'로부터 10일 만에 중도파 조 바이든이 14개 주 중 10개 주에서 샌더스에게 승리했다. 2016년 예비경선에서 승리를 거두었던 미시간주에서 3월 10일 투표 결과 16.5퍼센트 포인트 차이로 패배했다. 이로써 샌더스의 선거운동은 동력을 상실했고 한 달 후, 코로나19 팬데믹이 전 세계를 휩쓰는 가운데 그는 경선에서 하차했다.

패배 이후 많은 전문직 계급의 언론 전문가들이 샌더스의

---

106 Associated Press, "Sanders cements Democratic front-runner status with resounding Nevada caucuses win," 2019년 2월 22일.

107 이는 기후운동의 덕도 컸다. 2016년 대선 당시 샌더스의 기후 정책은 다소 모호했으며 모두가 사랑하는 탄소세를 주요 축으로 삼았다.

노동자 계급 선거 전략이 이미 죽은 것이나 다름없다고 선언했다. 《복스》지의 잭 비첨은 샌더스가 선거운동에서 "새로운 노동자 계급 유권자를 형성하려는 명백한 목적을 갖고 마르크스주의적 정치 전략"[108]을 구사했다고 설명했다. 특히 정치 전반에 환멸을 느끼는 **새로운** 노동자 계급 유권자를 만드는 것이 샌더스의 계획이라고 했다. "샌더스의 패배는 좌파의 계급 기반 선거 권력 쟁취 이론에 결정타를 날렸다"[109]라고 말한 비첨의 평가에 따르면, 이는 비참할 정도의 실패였다. 어떻게 보면 주류 정치 평론가가 "마르크스주의적 정치 전략"을 승리 **가능성**과 함께 진지하게 논했다는 점이 고무적이기도 하다. 그렇지만 2020년 경선 결과는 객관적으로 존재하는 다수인 노동자 계급을 조직하여 선거 승리를 확고하게 현실로 만드는 일이 얼마나 애매모호한 일인가를 고민하게 만든다.

이제부터 당시 무슨 일이 일어났는지 살펴보자. 우선, 샌더스의 노동자 계급 지지 기반은 **실제로** 탄탄했다. 특히 소액 후원자 구성을 분석해 보면 상당히 많은 후원자가 소득이 낮은 축에 속했고 상위 후원자는 교사, 월마트, 아마존 노동자

---

108 Zack Beauchamp, "Why Bernie Sanders failed," *Vox*, 2020년 4월 10일.

109 Ibid.

였다.[110] 샌더스가 캘리포니아주와 네바다주의 라틴계 노동자 계급 공동체에서 성공을 거둔 일은 선거 권력 쟁취를 위한 노동자 계급 전략의 전형적 사례였다. 언론에서는 샌더스가 이전 2016년에 힐러리 클린턴을 상대로 확보했던 백인 노동자 계급의 표가 이번에는 바이든에게 갔다고 말했다. 그렇지만 사실 샌더스는 네바다주, 텍사스주, 콜로라도주 등에서 바이든보다 대학 교육을 받지 않은 백인 유권자의 표를 더 많이 받았다.[111] 또한 모든 젊은 유권자, 즉 18~45세 노동자 계급의 표를 많이 받았다.[112]

이렇게 성공을 거두기는 했으나, 샌더스는 노동자 계급 다수의 표를 득표하는 데는 **실패**했다. 슈퍼 화요일에 투표를 치른 모든 주의 출구조사를 종합해 보면, 바이든이 대학 교육을 받지 않은 유권자 표를 많이 가져갔다(바이든 38%, 샌더스

---

110 Daniel Waldron, "Bartenders for Bernie?" (2019년 9월 12일)[2024년 12월 30일 접속 가능], Karl Evers-Hillstrom, "Sanders or Warren: Who gets more support from working-class donors?" *The Center for Responsive Politics* (2019년 9월 12일): opensecrets.org/news/2019/09/sanders-vs-warren-who-has-more-working-class-donors/[2024년 12월 30일 접속 가능].

111 Matt Karp, "Bernie Sanders's Five-Year War," *Jacobin*, No. 38 (2020년 여름호): 55-72; 64.

112 Connor Kilpatrick, "We Lost the Battle, but We'll Win the War," *Jacobin*, 2020년 4월 8일.

33%).[113] 그리고 2016년처럼, 샌더스의 선거운동은 남부 주에서 흑인 노동자 계급 유권자의 표를 많이 얻는 데는 처참하게 실패했다. 미시간주에서의 완패는 더욱 뼈아프다. 2016년에 표를 획득했던 교외 백인 노동자 계급 선거구에서 표를 많이 잃었기 때문이다.[114] 돌아보면 2016년에 샌더스가 승리할 수 있었던 까닭은 사람들이 사회주의 노동자 계급 정책을 지지해서가 아니라 반클린턴 정서가 강했기 때문이라고 할 수 있다. 미시간주에서 흑인 유권자 득표율에서 40퍼센트 포인트 뒤진 것 역시 샌더스가 흑인 노동자 계급의 마음을 사로잡지 못하는 것이 비단 남부만의 문제는 아니라는 점을 보여준다.[115] 가장 우려스러운 점은 미시간주 출구조사에서 바이든이 샌더스보다 노동조합 가입 가구의 표를 20퍼센트 포인트 더 많이 획

---

113 Brittany Renee Mayes, Leslie Shapiro, Kevin Schaul, Kevin Uhrmacher, Emily Guskin, Scott Clement, Dan Keating, "Exit polls from the 2020 Democratic Super Tuesday contests," *Washington Post*, 2020년 3월 30일.

114 교외 지역에서 바이든이 거둔 승리는 민주당 예비경선에 참여하는 '교외 거주자들이 지속적으로 줄어들어' 가는 전반적인 추세를 가린다. 교외 노동자 계급의 성향은 점점 공화당 쪽으로 변하고 있다. David Weigel, "The Trailer: The suburbs, young voters, the Trump base and more of what mattered in Tuesday's primaries," *Washington Post*, 2020년 3월 11일. 교외 '백인 노동자 계급' 개념과 관련해서는 더 많은 연구가 필요하다. 나는 교외 거주자들이 기존에 알려진 것보다 훨씬 더 프티부르주아적 소기업 소유주와 전문직 종사자로 변하고 있다고 본다.

115 Mayes, et al., "Exit polls."

득했다(바이든 56%, 샌더스 36%)는 점이다.[116] 다만 샌더스는 연소득이 5만 달러 미만인 유권자(이들은 노동조합 가입 가구에 속하지 않는 경우가 더 많다)에게서 표를 7퍼센트 포인트 더 많이 받았다.[117] 그렇다고 미시간주의 결과가 처참했다는 사실이 바뀌는 것은 아니다.

이와 관련하여 생각해 봐야 할 점이 많다. 첫째, 미국의 예비경선 투표율이 심각하게 낮다는 것과 노동자 계급 유권자가 투표소에 가지 않는 경우가 많다는 점에 주목해야 한다. 2016년 민주당 예비경선에 참여한 유권자는 14.4퍼센트에 불과했다.[118] 이는 점점 시대를 역행하는 비민주적 선거 제도가 원인이다. 대부분의 투표일이 평일(화요일)이고, 전당대회는 정해진 날짜에 2~3시간 동안만 열린다.[119] 사실 바이든이 슈퍼 화요일에 승리를 확정했을 때, 투표에 참여한 것은 50개 주 중 18개 주뿐이었다. 그런 상황인데도 노동자 계급 다수의 권력 쟁취를 이룩할 수 있게 이 절차를 수정하는 것도 불가능하다.

---

116 CNN, "Michigan Exit Polls." cnn.com/election/2020/entrance-and-exit-polls/michigan/democratic[2024년 12월 30일 접속 가능].

117 Karp, "Bernie Sanders's Five-Year War," 66.

118 Drew Desilver, "Turnout was high in the 2016 primary season, but just short of 2008 record," Pew Research Center, 2016년 6월 10일.

119 Ankita Rao, Pat Dillon, Kim Kelly, and Zak Bennett, "Is America a democracy? If so, why does it deny millions the vote?" *Guardian*, 2019년 11월 7일.

둘째, 출구조사에서 샌더스의 정책 강령(특히 단일 급여 의료보험제도인 '모두를 위한 메디케어Medicare for All')의 득표율이 샌더스 개인의 득표율보다 훨씬 높았다는 점에 많은 평론가들이 당황했다는 점이 가장 중요하다.[120] 좌파의 많은 이들이 이념전쟁에서 승리했다고 자위하지만, 그 믿음에는 노동자 계급 구성원이 샌더스의 정책 강령을 믿지만 그 강령으로 승리할 것이라곤 생각하지 않는다는, 선천적인 문제점이 있다. 이는 마크 피셔가 말한 신자유주의적 "자본주의 리얼리즘"이라는 조건에서 노동자 계급이 느끼는 "반성적 무기력reflexive impotence"을 반영한다. 피셔는 그런 정서를 다음과 같이 정확하게 표현했다. "그들은 상황이 좋지 않다는 것을 알지만, 그것보다도 자신이 그 상황을 해결할 수 없다는 점을 알고 있다."[121]

노동자 계급 대다수가 '모두를 위한 메디케어'나 그린 뉴딜이 가능하다고 믿지 못하는 이유를 짐작하기란 그다지 어렵지 않다. 지난 40여 년간, 부유층은 국가권력을 사실상 자기 지배하에 두었다. 2014년에 마틴 길렌스와 벤저민 페이지가 수행한 유명한 연구에 따르면 경제 엘리트와 기업 집단은 국

---

120 Ian Millhiser, "Joe Biden is winning, even though most Democrats support Medicare-for-all," *Vox*, 2020년 3월 18일.

121 Mark Fisher, *Capitalist Realism: Is There No Alternative?* (Hants, UK: Zero Books, 2009), 21[국역:《자본주의 리얼리즘》(2판), 박진철 옮김, 리시올, 2024].

가 정책에 가장 큰 영향을 미치는데 반해, 인구 중 대다수(즉 노동자 계급)는 이에 거의 영향력이 없다.[122] 선거운동 기간에 샌더스 측은 선출직 공무원에게 노동자 계급에 실질적인 이득을 가져다줄 **능력**이 있음을 증명하기도 전에 자신들의 정책이 실현 가능성이 있으리라 믿어 주기를 요구했다. 닭이 먼저냐 달걀이 먼저냐 하는 참으로 어려운 딜레마이기는 하지만, 이는 한편으로 노동자 계급이 선거 권력을 획득하는 일이 하루아침에 일어날 수 있는 것이 아니라는 점을 보여준다.

제인 매클레비는 노동자 계급 권력을 건설하는 데 '지름길'이란 없다고 주장한다.[123] 사회주의 좌파는 샌더스의 선거운동이 일터와 삶터에서 노동자를 조직하는 가장 어려운 일은 건너뛰고 지름길로만 가려고 했음을 솔직하게 인정해야 한다. 애덤 쉐보르스키가 "노동자가 정치적으로 노동자로서 조직되었을 때에만, 비로소 계급은 개인의 정치 행동을 형성한다"[124]라고 했던 것처럼 말이다. 그런 면에서, 미국 노동운동

---

122 Martin Gilens and Benjamin Page, "Testing theories of American politics: Elites, interest groups, and average citizens," *Perspectives on Politics*, Vol. 12, No. 3 (2014): 564-581; 576-577.

123 Jane McAlevey, *No Shortcuts: Organizing for Power in the New Gilded Age* (Oxford, UK: Oxford University Press, 2016).

124 Przeworski, *Capitalism and Social Democracy*, 27[국역:《자본주의와 사회민주주의》, 최형익 옮김, 백산서당, 1995].

의 현황은 처참하다. 파업 활동이 눈에 띄게 증가했지만, 수십 년간 노동조합 조직률은 해마다 줄어들고 있다.[125]

또 다른 불편한 진실이 있다. 조 바이든이 남부와 미시간 주 등지에서 수많은 저소득층 선거구의 표를 쓸어 담을 때, 버니 샌더스는 기후정치를 주도하는 전문직 계급 사이에서 특히나 인기가 높았다는 점이다. 에릭 레비츠는 〈왜 미국인은 더 이상 자기 계급에 투표하지 않는가〉라는 기고문에서 다음과 같이 설명한다.

샌더스는 다른 민주당 후보만큼이나 대학 교육을 받지 않은 백인 유권자의 표심을 사지 못했다. 퀴니피액Quinnipiac 대학의 최근 조사에 따르면 이런 유권자 중 56퍼센트가 샌더스를 지지하지 않았다(지지한다고 응답한 사람은 30퍼센트였다). 이는 같은 인구층에서 바이든보다 2퍼센트 포인트 더 높았다. 반면, 그린넬 대학Grinnell College의 최근 조사에서는 '교외 여성'이 미국 민주사회주의자DSA를 지지하는 비율이 54퍼센트(지지하지 않음: 32퍼센트)로 집계되었다. 실제로 등록 유권자를 대상으로 한 거의 모든 여론조사에서 대졸 백인 유권자가 대졸 미만 백인 유

---

125 Kate Gibson, "Union membership in the US slid to record low in 2019," *CBS News*, 2020년 1월 22일.

5. 프롤레타리아 생태학 363

권자보다 샌더스 지지를 더 분명하게 밝힌다고 나타난다(유색
인종 유권자는 계급이나 교육 수준과 관계없이 민주당 지지 성향
이 강하기 때문에, 민주적 연합의 계급적 기반이 변했는가에 관
한 토론은 백인 유권자 사이의 분열을 중심으로 이뤄진다).[126]

또한 레비츠는 의회에서 가장 진보적인 의원의 지역구가
얼마나 상대적으로 부유하며 교육 수준이 높은지 설명한다.
그는 대담하게도 "대학은 정말로 좌파 사상을 세뇌하는 곳"이
라는 우파의 주요 이데올로기에 동의하며 글을 마무리한다.[127]
그런 까닭에 노동자 계급정치가 교육을 통해 빈곤과 불평등
의 참상을 학습한 전문직 계급 유권자에게나 가장 호소력이
있는지도 모르겠다. 그들이 이 정책을 지지하는 이유는 순전
히 물질적인 이해관계가 있어서만이 아니라 지금 시대의 황
금을 두른 집권층의 진실을 **알기** 때문이다.

이런 점을 감안해 보면, 뉴딜 운동이 프롤레타리아화와
더 불안정한 일자리 전망에 직면해 있고 그 수가 급격히 증가
하는 중인 전문직 계급의 물질적 이해관계에 강력하게 호소
한다는 점을 알 수 있다. 한 기고문에서 설명하듯, 이제 사회

126 Eric Levitz, "Why Americans don't vote their class anymore," *New York Magazine: Intelligencer.*

127 Ibid.

주의는 특히나 "교육 수준이 높고 경제적으로는 수준이 하락하는 밀레니얼 세대"[128]를 유인한다. 우파 정치 사상가인 줄리어스 크레인은 "[샌더스가] 특히 인기가 많은 집단은 전문직 계급 중에서도 가장 급진적인 분자(청년, 지식인, 불완전 고용된 대졸자 등)들이다"[129]라고 노골적으로 말했다.

결국 미국의 자유주의적 좌파는 민주당 내 투쟁을 자유주의적 전문직 엘리트와 노동자 계급 간의 투쟁으로 보았지만, 조금 더 정확하게 말하면 이 충돌은 민주당의 전문직 계급 기반 **내**(교육 수준이 높은 자유주의자 대 교육 수준이 높은 급진주의자)에서 벌어진 일이었다. 토마 피케티는 "이전에는 노동자 정당이었던 정당이 이제는 교육체제에서 승리한 이들의 정당이 되었고, 사회적 약자 계급으로부터 점점 멀어졌다"며, 자유주의 좌파 정당의 구성이 고등교육을 받은 인구("귀족 좌파")로 이동했다고 보았다.[130] 물론, 매우 불평등한 자본주의 체제에서 교육이 개인을 '승자'로 만들어 주지는 않는다는 점은 분명

---

128   Charlotte Alter, "How the well-educated and downwardly mobile found socialism," *Literary Hub*, 2020년 2월 19일.

129   Julius Krein, "The real class war," *American Affairs Journal*, Vol. 3, No. 4 (2019 겨울). https://americanaffairsjournal.org/2019/11/the-real-class-war/[2024년 12월 30일 접속 가능].

130   Thomas Piketty, *Capital and Ideology* (Cambridge, MA: Harvard University Press, 2020), 756[국역:《자본과 이데올로기》, 안준범 옮김, 문학동네, 2020].

하다. 귀족 좌파가 점점 급진적으로 변했으니 말이다.

리얼리티 TV 쇼에 나오던 무식한 도널드 트럼프(트럼프는 2016년 선거운동 중 "교육 수준이 낮은 이들을 좋아한다"[131]라고 외쳤다)가 당선되자 이런 정치 역학은 더욱 심화했다. 트럼프의 끝없는 거짓말, 사실 무시, 언론이나 국가 기관 등 전문 기관에 대한 명백한 적개심 등은 교육 수준이 높은 전문직 계급이 특히나 그를 혐오하게 했다. 따라서 2018년 중간 선거 당시 교외에서 버니 샌더스식의 노동자 계급 후보가 아니라 자유주의적인 반트럼프 후보가 승리한 것에 놀랄 필요가 없다. 맷 카프는 "그들이 자원을 집중하여 압도적인 승리를 거두었던 선거구는… 부유하고 교육 수준이 높은 교외 지역으로, 2016년 클린턴이 지지를 얻고자 했던 유권자 층과 거의 동일하다"[132]라고 설명한다. 그러면서 다음과 같이 덧붙인다.

> 미국 하원 선거구 중 중위소득을 기준으로 가장 부유한 20개 선거구의 경우, 모든 곳에서 민주당 의원이 선출되었다. 상위 40개 선거구로 확대해 보면 35개, 상위 50개 선거구로 보면 42

---

131   Josh Hafner, "Donald Trump loves the 'poorly educated'—and they love him," USA Today, 2016년 2월 24일.

132   Matt Karp, "51 percent losers," *Jacobin*, 2018년 11월 14일.

개 선거구에서 민주당 후보가 당선되었다.[133]

한편, 도널드 트럼프의 공화당은 민주당의 전통적인 지지 층인 노동자 계급에서 지지 기반을 확대하고 있다.[134] 유럽 등지의 우파 정당과 유사하게 트럼프도 노동자 계급의 민족주의적 분노에 호소한다. 분노의 방향을 이민부터 기업 해외 이전 등 '세계화'에 따른 위협으로 돌리는 것이다. 2012년에서 2016년 사이 출구조사에 따르면 트럼프가 후보로 출마한 공화당의 지지율은 연 소득 3만 달러 미만 유권자층에서 16퍼센트 포인트 증가했다.[135] 또한 트럼프는 고등학교와 대학을 졸업하지 않은 유권자 사이에서 손쉽게 승리를 거두었다. 클린턴이 저소득층에게서 선거 승리를 거두었다 하더라도, 2012년에 민주당이 표를 가장 많이 얻은 유권자 층은 연소득 10만 달러를 넘는 구간이었다(타 후보와의 격차: 9퍼센트 포인트).[136]《뉴욕타임스》의 세부 분석을 보면 "전국에서 가장 경제적으로 낙

133　Ibid.

134　Eduardo Porter, "How the G.O.P. Became the Party of the Left Behind," *New York Times*, 2020년 1월 27일.

135　Jon Huang, Samuel Jacoby, Michael Strickland, and K.K. Rebecca Lai, "Election 2016: Exit Polls," *New York Times*, 2016년 11월 8일.

136　Ibid.

후한 지역에서 공화당 지지율이 상승했지만 가장 경제적으로 풍요로운 지역은 민주당 지지로 돌아섰다."[137] 해당 기사는 "호스킨스Hoskins 씨는 배신당했다고 느꼈다. 그는 노동조합과 민주당에 충실했지만 그것이 경제적 불안정으로부터 그를 보호해 주지 못했기 때문이다"[138]라고 보도하면서 "GM 공장이 문을 닫을 때, 민주당은 아무것도 하지 않았다"[139]라고 말하는 공장이 폐쇄된 오하이오주 제너럴 모터스의 전 노동조합원의 인터뷰도 함께 내보냈다.

2020년 미국 대선은 트럼프주의가 대학에 가지 않은 백인뿐만 아니라 제한적이지만 어느 정도 라틴계와 비백인 지역에도 호소력이 있다는 점을 보여주었다. 전국 투표율이 역대 최고였던 대선에서 트럼프는 라틴계 지지율을 28퍼센트에서 38퍼센트로 10퍼센트 더 끌어올렸다.[140] 《뉴욕타임스》는 일반적으로 알려진 정치 지리학과 도-농 격차와는 반대의 결과가 나온 대선에서 트럼프가 도심 선거구의 상당히 많은 이민자

---

137   Porter, "G.O.P."

138   Ibid.

139   Ibid.

140   이 수치는 검증된 유권자 데이터를 바탕으로 한다. 흑인 지지율 증가에 관한 일부 출구조사 결과는 정확하지 않은 것으로 보인다. William Gaston, "New 2020 voter data: How Biden won, how Trump kept the race close, and what it tells us about the future," Brookings Institution, 2021년 7월 6일.

의 지지를 얻었다는 분석을 내놓았다.[141]

요약하면, 노동자 계급의 선거 권력 획득은 조직된 노동자 계급의 힘/권력, 즉 노동자 계급의 물질적 이해관계에 부합하는 정책을 실현하도록 정치인을 강제할 힘이 없으면 성공할 수 없다. 버니 샌더스도 선거운동 내내 이 점을 이야기했다.

> 사실 그 권력은… 너무나 강력하고, 그들이 가진 돈이 너무 많기 때문에, 세계 최고의 대통령이나 어떤 한 사람이 혼자서 상대할 수 없습니다. 미국을 바꾸는 유일한 방법은 수백만 명이 함께 맞서 싸우는 것입니다.[142]

노동자 계급이 원자화되어 버리고 조직되지 않는 한, 샌더스가 승리하기를 바라는 것은 그저 한낱 꿈에 불과할 것이다. 샌더스 운동은 선거운동 자체로 노동자 계급 대중의 정치 세력화를 **할 수 있다**는 데 판돈을 걸었다. 그리고 그 도박은 실패했다.

기후운동이 그린 뉴딜을 대중에게 호소할 만한 잠재력

---

141 Weiyi Cai and Ford Fessenden, "Immigrant Neighborhoods Shifted Red as the Country Chose Blue," *New York Times*, 2020년 12월 20일.

142 인용문 출처: Meagan Day, "Bernie Sanders wants you to fight," *Jacobin*, 2019년 3월 12일.

이 있는 정책으로 보고 있다면, **원래** 뉴딜 정책을 추진했던 사회 세력을 다시 살펴볼 필요가 있다. 제인 매클레비가 설명하듯, "1934년에 노동조합에서는 기업이라는 거인에 맞서 양질의 삶을 쟁취할 기회를 잡으려면 위기를 만들어야 한다고 생각했다."[143] 그 위기란 뉴딜을 만든 프랭클린 루스벨트를 대통령으로 뽑는 게 아니라 대규모 노동자 계급 봉기를 일으키는 것을 말했다. 노동사가 어빙 번스타인은 "1934년에는 노동운동이 폭발했다. 1856건의 조업 중단에 147만 명의 노동자가 참여했고, 이는 당시 사상 최고치였다"[144]라고 설명한다. 톨레도에서는 파업으로 자동차 공장이 문을 닫았고, 샌프란시스코에서 항만 노동자와 트럭 운전사가 조직한 4일간의 총파업으로 도시 전체가 마비되었다.[145] 프랜시스 폭스 피벤과 리처드 클로워드가 자세히 설명하듯이 "실업자위원회"는 빈민 구제 개선 그리고 최종적으로는 현대적 복지국가를 요구하기 위해 [생산에] 지장을 초래하는 행위에 나섰다.[146] 뉴딜은 단순한 정

143 Jane McAlevey, *A Collective Bargain: Unions, Organizing and the Fight for Democracy* (New York: Ecco, 2020), 50.

144 Irving Bernstein, *The Turbulent Years: A History of the American Worker, 1933-1941* (Chicago: Haymarket, 1969), 217.

145 더 자세한 내용은 다음을 참조하기 바란다. Jeremy Brecher, *Strike!* (Oakland, CA: PM Press, 2014).

146 Frances Fox Piven, Richard Cloward, *Poor People's Movements: Why They Succeed, How They Fail* (New York: Vintage, 1977).

책 이상이었다. 노예제 폐지부터 민권운동까지, 기득권에 맞서 쟁취한 대중적 혜택의 대부분은 선거 승리가 아니라 아다너 우스마니가 말한 "지장을 초래하는 역량disruptive capacity"[147]을 통해 획득한 것이었다. 앞으로 두 개 장에서 더 살펴보겠지만, 노동자의 파업은 특히 자본가 권력에 지장을 초래한다.

버니 샌더스는 자신이 백악관에 입성하는 것으로 그런 역량을 활성화하기를 바랐지만, 그것이 가능할지는 여전히 불투명하다. 분명한 것은 노동자 계급 다수를 일깨워 선거 권력을 쟁취한 사례가 미국 역사상 단 한 번밖에 없었다는 사실이다. 광범위한 노동 개혁안 시행, '부자의 돈을 우려먹는다'는 오명이 덧씌워진 조세 정책, 대규모 공공 일자리 정책 도입 등을 이루고 난 후인 1936년 10월, 루스벨트는 자본가 계급의 혐오를 "환영"한다는 유명한 선거운동 연설을 했다.[148] 당연하게도 중산층과 부유한 엘리트 계층은 합심하여 뉴딜 정책과 민주당에 등을 돌렸다. 그러나 루스벨트는 마이크 데이비스가

---

147 Adaner Usmani, "Democracy and Class Struggle," *American Journal of Sociology*, Vol. 124, No. 3 (2018): 664-704. 추가 참고 자료: Kevin A. Young, Michael Schwartz, Tarun Banerjee, *Levers of Power: How the 1% Rules and What the 99% Can Do About It* (London: Verso, 2020).

148 Franklin D. Roosevelt, *Campaign Address at Madison Square Garden* (1936년 10월 31일), Samuel I. Rosenman (ed.), *The Public Papers and Addresses of Franklin D. Roosevelt* (New York: Random House, 1938), 5: 566-573. Roy G. Blakey, Gladys C. Blakey, "The Revenue Act of 1935," *The American Economic Review*, Vol. 25, No. 4 (1935): 673-690에서 발췌.

설명하듯, "1935년에서 1937년 사이 노동자 400만 명이[산업 노동조합의 의회로] 유입된 것을 바탕으로 한 강력한 선거 요새"[149]에 기반하여 1936년 대선에서 압도적인 승리를 거두었다. 더 나아가 데이비스는 1936년의 압도적 승리가 "이전에는 종교와 인종으로 나뉘어 있던 노동자 계급 유권자가 정치적으로 단결하는 경향성"을 보여주었다고 말한다.[150] 이 대선은 "노동자와 자본가가 민주당과 공화당으로 극명하게 갈리는 것"[151]에 기반하여 짧은 기간 계급에 기반하여 미국 선거 정치가 재정렬되었음을 보여주었다. 여기서 중요한 핵심은 노동자 계급 유권자를 활성화하는 일이 파업과 노동조합 결성 등의 형태로 개별적이고 투쟁적인 노동자 계급의 행동이 대대적으로 일어나기 전이 아니라 **그 후**에 일어난다는 점이다.

나가며: 생태적 이해관계의 실현

이번 장에서는 자본주의하에서 살아가는 노동자 계급에게는 객관적이고 물질적인 이해관계가 존재한다는 마르크스

---

149 Davis, *Prisoners of the American Dream*, 63[국역:《미국의 꿈에 갇힌 사람들》, 김영희, 한기욱 옮김, 창비, 1994].

150 Ibid.

151 Ibid., 65.

주의 이론을 되살리고자 했다. 기초적 수준에서 보면, 이런 물질적인 이해관계는 식량, 주거, 에너지 등 생태적 생계수단으로부터의 소외에 기반한 생태적 이해관계이기도 하다. 그린 뉴딜 정치는 **삶/생명**의 정치라는 큰 우산 아래에서 노동자 계급과 생태적 이해관계를 하나로 결합하려 한다. 삶의 정치는 지구의 다양한 생명을 구하려면, 기본적인 삶에 필요한 것에 안정적으로 접근할 수 있게 해 달라는 노동자 계급 대중의 요구에 호소해야 한다고 주장한다. 노동자 계급이 자기 삶의 조건의 실질적인 물질적 개선과 이를 연관시키기 시작하면, 자연스레 기후 행동을 정치적으로 지지하게 될 것이다.

그렇지만 앞서도 살펴보았듯, 이런 '객관적'인 물질적 이해관계는 [모든 것을] 개별화하는 자본주의에서도 존엄한 삶을 쟁취하는 것이 **가능하다**고 믿어야만 정치권력으로 변할 수 있다. 노동자 계급이 그런 권력이 가능하다고 믿을 수 있는 유일한 방법은 권력을 **획득**하고 실제 삶에서 일어나는 변화를 체험하는 것이다. 간단히 말하면, 노동자 계급이 자기 힘/권력에 **자신감**을 가져야 한다.

그렇지만 자본주의 역사를 살펴보면 노동조합, 정당 등 일상적인 노동자 계급 조직과 직장에서의 투쟁 같은 탄탄한 과정이 있어야 노동자 권력을 건설할 수 있었다. 노동자 계급은 직장에서의 물질적인 투쟁을 통해서만 정치적 갈등을 경험할 수 있고, 승리와 노동자 권력 건설에 무엇이 필요한지를 알아차릴 수 있다. 자신의 노동으로 자본으로 흘러 들어가는 이윤을 보장해 주는 노동자의 파괴적인 권력이야말로 자본의 '위기를 만들어 내고' 자본가들이 그린 뉴딜에서 주장하는 내용에 동의하도록 강제할 수 있다.

그러나 기후위기에 대응하기에는 시간이 너무 부족하다. 기후 행동을 위해 직장에서 노동자를 조직하려면 명확하게 표적을 정한 전략이 필요하다.

6. 기후운동에 전기가 통하게 하자
: 발전 부문을 전략 부문으로 삼을 경우

들어가며: 학교 파업에서 노동자 파업까지

2018년 8월 20일, 열다섯 살 그레타 툰베리는 등교 대신 스웨덴 의회 앞에서 기후변화에 대한 행동 부족을 규탄하는 시위를 벌인다. 툰베리는 "아무도 미래를 구하려 하지 않는데 청소년들이 왜 미래를 위해 공부해야 하는가?"[1]라고 일침을 가했다. 툰베리의 행동에 감화된 많은 스웨덴 학생이 학교 파업에 참여했고 그해 9월, 툰베리는 매주 금요일마다 이 실천을 계속하기로 결정한다. 그레타 툰베리는 어머니는 오페라가수, 아버지는 배우인 전문가 계급 가정에서 자랐다.[2] 제2부에서 했던 분석을 바탕으로 보면 툰베리의 요구 사항이 지식

---

1 Greta Thunberg, "I'm striking from school to protest inaction on climate change—you should too," *Guardian*, 2018년 11월 26일.

2 《가디언》에 기고한 글에서 툰베리의 어머니는 "그레타의 아빠 스반테와 나는 스웨덴에서 '문화 노동자'로 알려져 있다. 오페라와 음악, 연극 훈련을 받았고 우리 경력의 절반 정도가 이 분야의 일이었다"라고 썼다. Malena Ernman, "Malena Ernman on daughter Greta Thunberg: 'She was slowly disappearing into some kind of darkness'" *Guardian*, 2020년 2월 23일.

의 정치politics of knowledge를 중심으로 한다는 점은 그다지 놀랍지 않다. 툰베리는 미국 의회에서 "여러분이 과학자의 말을 듣기를 바랍니다. 그리고 함께 과학을 지지했으면 좋겠어요. 그다음에는 행동에 나섰으면 합니다"[3]라고 요구했다.

이런 전문가 계급 담론 외에도, 툰베리는 명백하게 노동자 계급의 전술인 파업을 전면에 내세웠다. 툰베리의 학교 파업은 전 세계로 퍼진 '미래를 위한 금요일' 운동의 발달을 촉발했으며, 이 운동은 전 세계적 기후 파업의 시발점이 되었다. 이 단체의 웹사이트를 보면 금요일 파업의 목표를 "정책 입안자들이 과학자의 말을 듣고 지구 온난화를 제한할 강경한 행동에 나서도록 도덕적인 압박을 가하는 것"이라고 해 놓았다.[4] 지식의 정치는 여전하지만, 그 전술만큼은 훨씬 더 전투적이 되었다.

'미래를 위한 금요일'은 2019년 9월 20일부터 27일까지 일주일간 벌어진 전 세계적인 기후 파업 운동으로 진화했다. 나오미 클라인과 빌 맥키번 같은 유명 기후 활동가도 툰베리를 비롯한 청년 활동가와 함께 파업 동참을 호소했다. 맥키번은 〈기후 파업은 우리에게 필요한 혼란의 일환이다〉라는 글에

3   The Hill, "READ: Teen activist Greta Thunberg's 8-sentence testimony to Congress," *The Hill*, 2019년 9월 17일.

4   fridaysforfuture.org/what-we-do/who-we-are[2024년 12월 30일 접속 가능].

서 "기존의 행태가 우리를 행동할 수밖에 없게 만들기" 때문에 "우리가 할 일은 바로 기존의 행태를 뒤엎는 것이다"라고 강하게 주장했다.[5]

전 세계적 기후 파업은 두말할 나위 없이 엄청난 성공을 거두었다. 첫날에만 세계에서 약 400만 명이 거리로 나왔다.[6] 일주일 후, 몬트리올에서만 약 50만 명이 참여했다.[7] 이런 거리 대중 행동은 "도덕적인 압박"이라는 목표를 확실하게 달성했다. 이 운동은 청년이라는 새로운 **변화의 역사적 주체**가 기후위기 해결을 위해 나타났다는 것을 보여줬다는 점에서 고무적이었다. 그리고 이 청년들은 앞선 장에서 살펴본 노동자 계급이라는 '주체'의 가장 성공적인 전술을 활용했다.

그렇지만 과연 이것으로 충분할까? 결과적으로 보면 이 파업이 전 세계에서 대규모 기후 정책의 시행으로 이어지지는 않았다. 일부 파업 참가자의 목표는 단순히 '의식'을 전파한다는 전문직 계급 전략에 조금 더 부합하는 모습을 보였다. 그동안 지나온 역사에서 파업 전술의 가장 큰 효과는 "도덕적인

---

5 Bill McKibben, "This climate strike is part of the disruption we need," *Yes Magazine*, 2019년 9월 3일.

6 Eliza Barclay and Brian Resnick, "How big was the global climate strike? 4 million people, activists estimate," *Vox*, 2019년 9월 22일.

7 CBC News, "Get a unique view inside (and above) Montreal's half-million climate march," 2019년 9월 28일.

압박"이 아니라 자본의 이윤과 사회 전체의 재생산에 가하는 구조적인 압박이었다. 2018년 봄에 웨스트버지니아주에서 큰 성공을 거둔 교사 파업이 대표적 사례다.[8] 당시 교사 대부분이 참여하는 불법 파업을 조직하고 학부모와 지역사회 구성원의 지지와 연대를 확보함으로써, 교사들은 웨스트버지니아주에서 학교 문을 닫게 만들었고 즉각적인 위기를 조성했다. 이들은 점진적인 정책 변화를 위해 우파 성향의 주 입법기관에 로비할 필요조차 없었다. 2주 만에 요구를 쟁취했기 때문이다. 파업은 이렇게 권력과 승리를 건설할 수 있다.

제인 매클레비는 기후 파업의 목표에 대해서 "기발하고… 타협하지 않았다"라고 표현했지만, "탄소 경제를 멈추고 바꿔 내려면… 더 큰 권력과 진지한 전략이 필요하다"[9]라고 주장했다. '미래를 위한 금요일' 운동과 전 세계 기후 파업이 사회를 **멈추는** 일을 진지하게 제안한 적은 한번도 없었다. 학생 기후 활동가에게 파업은 언제나 **선택**이었고 사실상 학교를 폐쇄할 만큼 참여하는 학생 수가 많지도 않았다. 금요일에만 파업하기로 한 것도 학교의 정상 운영에 큰 영향을 주지 못했다. 전

8   자세한 내용은 다음을 참고하라. Eric Blanc, *Red State Revolt: The Teachers' Strike Wave and Working-Class Politics* (London: Verso, 2019).

9   Jane McAlevey, *A Collective Bargain: Unions, Organizing, and the Fight for Democracy* (New York: HarperCollins, 2020), 105.

세계 기후 파업에서는 연대의 표시로 성인 노동자의 상징적인 하루 파업을 조직하려고 했지만, 행동을 촉구하면서도 활동가 스스로도 이 파업에 위력이 없음을 시인하는 듯 보였다. "이 파업과 일주일간의 국제 기후 행동이 현재 일어나는 일을 바꾸지는 못하리라는 점은 우리도 잘 알고 있습니다"[10]라고 말한 것을 보라. 더 중요한 점은, 지지자들이 이 파업을 순전히 선택의 문제로 선전했다는 것이다.

모두가 우리 행동에 동참하지 않으리라는 점을 잘 알고 있습니다. 전반적으로 불평등한 이 지구에서 어떤 사람은 하루라도 일을 하지 않으면 말 그대로 살 수가 없을 수도 있고, 하루 일을 쉬면 바로 해고할 고용주 밑에서 일할 수도 있습니다. 응급실 의사처럼 쉬지 않고 자기 일을 계속해야 하는 직업도 있고요.[11]

제인 매클레비는 **노동자의 파업**이 자본에 맞서 노동자 계급의 권력을 건설할 수 있다고 명확하게 주장한다. 그러면서 이런 파업이 효과를 발휘하려면 "80퍼센트 이상", 즉 "절대다수" 노동 인구가 파업에 참여할 수 있도록 조직해야 한다고 말

10 Naomi Klein, et al., "We're stepping up—join us for a day to halt this climate crisis," *Guardian*, 2019년 5월 24일.

11 Ibid.

한다.[12] 또한 "(상징적인 파업이나 소수의 파업이 아닌) 절대다수의 파업은 특출나다. 진짜 99퍼센트 대중 사이에서 깨지지 않는 연대를 만들어 내고 조직을 건설하기 때문이다"[13]라고 설명하면서도, "절대다수가 참여하는 파업은 정말 어려운 일이다"[14]라고 인정한다.

화석 자본에 맞설 권력을 건설하기란 실제로 매우 힘든 일이다. 그럼에도 노동자 계급의 생산 중단은 자본과 정치 엘리트 계층을 효과적으로 압박할 수 있는, 증명된 행위다. 트리시 케일Trish Kahle이 공언하듯이 "노동자는 집단으로 행동할 때에야 권력/힘이 있다. 원유 생산을 중단시킬 수 있는 것처럼… 노동자들은 자본주의가 지구에 폭력을 가하는 것도 멈출 수 있다."[15] 참가 여부를 선택하는 학교에서의 파업과 노동자 계급이 벌이는 파업에 어떤 차이점이 있는지는, 노동자가 '생산 단계'라는 전략적인 위치에 있기에 자본의 이윤이 창출되는 바로 그곳에서 그들이 이윤을 창출하지 못하게 막을 권력/힘을 가진다는 마르크스의 기본적인 통찰을 보면 알 수가 있

---

12   McAlevey, *A Collective Bargain*, 157

13   Jane McAelvey, "The Strike as the Ultimate Structure Test," *Catalyst*, Vol. 2, No. 3 (2018): 123-135; 133-134.

14   Ibid., 134.

15   Kahle, "The seeds of an alternative," *Jacobin*, 2015년 2월 19일.

다.[16] 웨스트버지니아주 교사의 집단적인 힘은 사회 재생산의 핵심 장소를 마비시켰고, 그 결과 정치 계급을 압박하여 그들이 교사들의 요구 사항을 수용하게 만들었다.

이번 장에서는 기후운동이 기후 노동자 파업을 꿈꾸기 전에, 생산에 초점을 맞춘 노동자 계급 전략에 관한 명확한 부문 전략을 세워야 한다는 점을 이야기할 것이다. 전기 발전 부문이야말로 우리가 찾던 전략 부문이다. 전기 발전은 탈탄소화에서 차지하는 핵심적인 역할 외에도, 노동자 조직 측면에서 보더라도 이미 조직률이 높다. 전기 발전 부문에서 일반적인 좌파적 사회 변화 접근법, 특히 공공 발전을 위한 투쟁을 살펴보면서 이 접근법이 지나치게 기술에만 집중하고 발전 부문이 많은 기존 노동자 계급 조직을 품고 있음을 간과하고 있다는 점을 설명할 것이다.

또한 신속하고 변혁적인 변화를 대규모로 실현하는 것을 에너지 전환으로 보는 대신에 지역과 공동체가 산발적으로 설치된 재생에너지 발전소를 관리하는 것을 '민주적' 과정으로 이해하는 경향에 대해서도 문제를 제기할 것이다. 그렇게 자발성과 지역성을 중시하는 전망으로는 우리가 직면한 전 세계 규모의 문제를 해결할 수 없다. 우선, 노동과 기후정치의

16   Vivek Chibber, "Why the working class?" *Jacobin*, 2016년 3월 13일.

결합이라고 하면 대다수가 떠올리는 청정에너지 경제로의 '정의로운 전환'이라는 전반적인 프레임워크를 살펴보겠다.

'정의로운 전환'을 이룩할 힘을 가진 이는 누구인가?

분석가들이 기후변화와 관련지어 노동자를 이야기할 때 보면, 그 대화 주제가 '정의로운 전환'이라는 개념으로 빠르게 넘어가는 것을 볼 수 있다. 대체로 이 개념은 탄소를 사용하지 않는 에너지로 전환하는 과정에서 필연적으로 화석연료를 사용하거나 오염을 유발하는 경제 부문의 일자리가 사라진다고 본다. 이번 장에서 가장 중요한 점은 과학에서 필요하다고 하는 수준에 맞게 탈탄소화를 진행하려면, 화석연료로 가동되는 수많은 전기 발전소를 폐쇄해야 한다는 사실이다. '정의로운 전환'은 일자리를 잃은 노동자를 보호하고 새로운 에너지 경제로 전환하기 위해 사회적 지원을 제공하려고 한다.

이 개념은 미국 석유화학원자력노동조합이하OCAW 전 부위원장 토니 마조치가 쓴 〈노동자를 위한 슈퍼펀드?〉[17]라는 글에서 유래했다. 마조치는 환경오염 유발 산업을 폐쇄하는 경우,

---

17 Tony Mazzocchi, "A superfund for workers?" *Earth Island Journal*, Vol. 9, No. 1 (1993-1994년 겨울호): 40-41.

토양에 보호 조치를 하는 것처럼 노동자도 보호받아야 한다고 주장했다. 오염된 토양의 정화와 복구를 의무화한 슈퍼펀드법을 언급하면서 마조치는 "왜 노동자보다 흙이 더 대우받아야 하는가?"[18]라고 냉소적으로 물었다. 마조치는 2차 세계대전 참전 군인의 민간 부문 일자리 취업을 위해 제정된 군인재적응법(일명 GI법)을 모델로 하여 전환 대상 산업의 노동자에게 강력한 혜택을 줄 것을 제안했다.[19] 이 정책은 복지국가를 급격하게 확대해야 한다고 주장하며, 곧 노동자 계급을 위한 진정한 기후 정책을 펼치는 데서 국가권력이 핵심이라는 사실을 보여준다.

마조치가 환경 전환이라는 맥락에서 노동자 계급 권력을 건설하려 했던 일은 옳은 일이었으나, 그 바탕에 깔린 전제는 일자리 대 환경이라는 제로섬 게임에서 노동자를 보호하는 것에만 초점이 맞춰져 있었다. 그가 말했듯이 "일자리와 환경에 관한 논쟁은 현행 정책으로 가장 피해를 보는 우리 노동자가 그 프레임워크를 구성해야 한다."[20] 이로부터 20년도 넘

---

18 Ibid., 40.

19 마조치 자신도 GI 정책의 혜택을 받았다. Les Leopold, *The Man Who Hated Work and Loved Labor: The Life and Times of Tony Mazzocchi* (White River Junction, VT: Chelsea Green, 2007).

20 Ibid., 41.

게 지나서 지속가능성을 위한 노동자 네트워크Labor Network for Sustainability 공동 창립자 제러미 브레처도 정의로운 전환을 취약성과 피해자에 집중한 개념이라고 설명한다.[21] 그는 정의로운 전환이 "기후 보호 정책으로 인해 생계를 위협받을 수 있는 노동자와 지역사회를 보호하기 위해 나타난 전략"이라고 설명한다.[22] 따라서 스테파니아 바르카가 날카롭게 지적하듯이 "[정의로운 전환]과 기후 일자리 전략은 사실상 노동자를 생태 혁명의 정치적 주체로 보는 것이 아니라 기후 정책의 잠재적 피해자로 본다."[23] 즉, 여기서 노동자는 정의로운 전환에 따른 이득을 현실화할 수 있는 권력의 원천이 아니라 그럴 권력이 부족한 주체로 여겨진다. 많은 환경학자들이 정의justice라는 광범위한 그물을 던져 "전 세계 가장 가난한 대중의 취약성"[24]을 포괄하려 했다. '정의로운 전환'에는 일자리를 잃은 노동자뿐 아니라 환경을 오염시키는 공장 근처에 위치하거나 에너지 빈곤으로 고통받거나 해수면 상승이나 가뭄 등 기후변화

---

21 Jeremy Brecher, "A Superfund for Workers," *Dollars and Sense*, Nov.-Dec. 2015: 20-24.

22 Ibid., 20.

23 Stefania Barca, "Labour and the ecological crisis: The eco-modernist dilemma in western Marxism(s) (1970s-2000s)," *Geoforum*, Vol. 98 (2019): 226-235; 233.

24 Peter Newell and Dustin Mulvaney, "The political economy of the 'just transition'," *Geographical Journal*, Vol. 179, No. 2 (2013): 132-140; 133.

의 직접적인 대가를 치르는 수많은 소외된 지역사회가 포함되어야 한다. 그렇지만 현재의 프레임워크에서는 보상이 필요한 소외된 피해자를 전면에 내세우기만 할 뿐, 이들을 실제 승리할 수 있는 사회 세력으로 보지 않는다.

'정의로운 전환'에 내포한 두 가지 개념(정의와 전환)은 검증이 필요하다. 첫째, **정의**는 지난 세대를 걸쳐 급진적인 환경정치를 하나로 묶는 핵심 사상으로 떠올랐다. 여러 가지 기후 및 에너지 정의가 이에 해당하지만, 이 모두가 환경정의운동이라는 큰 우산 아래에서 생겨났다. 민권운동에 뿌리를 둔 환경정의운동은 미국 전역에서 유해 오염물질이 유색인종이 사는 곳에 폐기되는 일이 비정상적으로 많다는 문제를 해결하고자 노력하는 가운데 탄생했다. 1983년, 노스캐롤라이나주 워런 카운티의 흑인 주민들은 시민 불복종 전술을 활용하여 PCB 유독 폐기물 처리장 문제에 맞섰다.[25] 1987년에는 미국 연합그리스도교회 인종정의위원회United Church of Christ Commission on Racial Justice에서 소외된 인종 집단과 유해 폐기물 및 기타 환경적 위험 간 통계적 상관관계를 자세하게 설명한 《미국 내 유해 폐기물과 인종》 보고서를 공개했다.[26] 1991년, 미국 원주

---

25 Eileen McGurty, *Transforming Environmentalism: Warren County, PCBs, and the Origins of Environmental Justice* (New Bruinswick, NJ: Rutgers University Press, 2009).

26 United Church of Christ, *Commission for Racial Justice, Toxic Wastes and Race in the United States* (New York: United Church of Christ, 1987).

민, 흑인 지도자 등이 모여 제1회 전미 유색인종 환경지도자회의First National People of Color Environmental Leadership Summit를 열고 "환경파괴와 우리 땅과 공동체의 강탈에 맞설 미국과 전 세계 유색인종 운동의 건설을 시작하기 위해 [우리는] 어머니 지구의 신성성에 대한 영적인 상호의존성을 재확립한다"[27]라고 선언했다. 1994년 2월, 빌 클린턴 대통령은 "소수 인구와 저소득층의 환경정의 문제를 해결하기 위해"[28] 행정명령을 통과시켰다.

이 역사적인 담론은 환경정의운동의 중요성이 부상했음을 보여준다. 그렇지만 많은 관심에도 이 내용을 잘 아는 많은 학자 겸 활동가 들은 이 운동의 성공에 의문을 제기했다. 클린턴의 역사적인 행정명령이 시행된 이듬해인 1987년에 공개된 《폐기물과 인종》 보고서에서 데이터 분석가 벤저민 골드먼은 환경정의운동의 실질적 힘이 "코끼리 엉덩이에 있는 각다귀"와 닮았으며, 자본의 권력 앞에서는 무색하다고 주장했다.

진보 진영에서는 환경정의운동의 등장에 환호했지만, 우리는 불평등이 어마어마하게 심화하고 그 결과 초국적 자본의 통치자

---

27 전미 유색인종 환경지도자회의 대표단, "Principles of Environmental Justice." ejnet.org/ej/principles.html[2024년 12월 30일 접속 가능].

28 "Summary of Executive Order 12898—Federal Actions to Address Environmental Justice in Minority Populations and Low-Income Populations." epa.gov.

들이 자기 권력과 부, 전 세계적 [자본의] 자유를 더욱 강화하는, [자본가의] 역사적인 승리의 시기를 목도했다.[29]

골드먼은 1987년 보고서의 데이터를 업데이트하여 다음과 같이 말했다. "이 문제에 관심이 높아지기는 했지만, 미국 내 유색인종 인구가 백인에 비해 상업적 위험 폐기물 시설이 있는 동네에 살 확률이 10년 전보다 더 높아졌다."[30] 25년이 지나 로라 풀리도, 엘런 콜, 니콜마리 코튼도 비슷한 결론에 도달했다. 이들은 "가난한 지역사회와 유색인종 지역사회는 여전히 환경오염의 위험에 과도하게 노출되어 있다"[31]며, 조심스럽게 환경정의운동의 '실패'를 이야기했다.

정의 프레임워크에는 어떤 한계점이 있을까? 마르크스주의자들은 이 운동이 결국 "근본적으로 자유주의, 나아가 정의에 관한 분배적 관점을 말한다. 여기서 정의는 존 롤스식의 공정으로 여겨지고, 환경적 외부 요소의 할당 역학과 관련된

29 Benjamin Goldman, "What is the future of environmental justice?" *Antipode* 28, No. 2 (1995): 122-141; 130.

30 이 내용이 1994년 뉴트 깅리치의 공화당 물결 이후에 공개된 것을 감안하면, 이 비유를 의식적으로 선택한 것이라고밖에 생각할 수 없다. Ibid., 127.

31 Laura Pulido, Ellen Kohl, Nicole-Marie Cotton, "State regulation and environmental justice: The need for strategy reassessment," *Capitalism, Nature, Socialism*, Vol. 27, No. 2 (2016): 12-31; 12

다"[32]라고 지적한다. 표현 방식은 다양하지만, 이 분배와 '평등'이라는 언어는 별로 매력적이지 못한 원칙을 만들어 낸다. 예를 들어 남부의 평등을 위한 파트너십Partnership for Southern Equity은 목표가 "에너지 생산과 소비의 장단점을 공정하게 분배"하는 "에너지 평등"이라고 주장한다.[33] 우리의 목표가 독성 오염물질을 평등하게 분산 배출하기만 하면 되는 것인가 아니면 "애초에 모든 위험한 오염물질이 만들어지는 것을 막는 오염 방지 조치"[34]를 확립하는 것인가? 현재 NGO와 학계에서 엄청나게 인기를 끌고 있는 이른바 '정의를 중심으로 하는' 접근법의 정치적 목표가 언제나 명확한 것만은 아니다. 이리나 벨리쿠와 스테파니아 바르카가 설명하듯이 "정의를 중심으로 하는 학문이 불러일으키는 상처 받았다는 감각은 정치적이기보다는 도덕적이며 더 포용적이면 좋았을, 자애로운 것으로 보이는 자유주의적 공동체의 여러 혜택에 ('가난한' 계층이) 소외된 것을 한탄할 따름이다."[35]

32 Erik Swyngedouw and Nik Heynen, "Urban political ecology, justice and the politics of scale," *Antipode*, Vol. 35, No. 5 (2003): 898-918; 910.

33 Partnership for Southern Equity, "Just Energy." psequity.org.

34 Daniel Faber, *Capitalizing on Environmental Injustice: The Polluter-Industrial Complex in the Age of Globalization* (Lanham, MD: Rowman and Littlefield, 2008), 121.

35 Irina Velicu and Stefania Barca, "The just transition and its work of inequality," *Sustainability: Science, Practice and Policy*, Vol. 16, No. 1 (2020): 263-273; 265.

정의를 중점에 둔 접근법 대다수에는 독성 오염물질에 가장 영향을 많이 받는 집단이 그런 영향을 뒤집을 수 있는 연합을 건설할 방법을 설명하는 권력 이론이 없다. 실제로 정의 프레임워크는 언제나 가장 소외되고 취약한 공동체 또는 토니 마조치의 말을 빌리면 가장 피해를 본 인구를 중심에 둔다. 이런 종류의 기후운동에 해당하는 것이 바로 기후변화로 가장 많은 영향을 받는 '최전선 공동체'(예: 해안가 어촌, 가뭄 피해를 본 소농 등)라는 개념이다. 이런 운동이 도덕적으로 확실히 중요하고, 기후변화로 영향받은 생계에 관한 투쟁도 노동자 계급의 투쟁이기는 하지만, 그 당사자는 자신의 사회적 취약성에 따라 분류되었을 뿐이다. 그리고 이 프레임워크는 청년이든 노동자 계급이든 정의를 실현할 **권력/힘**이 있는 사회 주체의 전망을 제시하지 않는다. 정의 프레임워크는 잘못된 것을 바로잡는 것에 치중하고 제인 매클레비가 말한 "승리하기 위한 확실한 계획"[36]은 피한다. 그런 계획에는 벨리쿠와 바르카가 말한 대로 엘리트 계층이 환경과 기후정의라는 급진적인 요구에 반응하도록 강제할 능력을 갖춘 "시대를 바꾸는 주체"가 포함되어야 한다.[37]

---

36 McAlevey, *A Collective Bargain*, 106.

37 Velicu, Barca, "The just transition and its work of inequality," 270.

이는 두 번째 개념인 **전환**과도 연결된다. '정의로운 전환' 프레임워크의 한 가지 문제는 전환이 이미 일어나는 중이며 그에 따른 '피해자'를 돌보는 문제만 남았다고 **가정하는 것**이다. 그렇지만 앞서 살펴보았듯, 그 가정은 완전히 틀렸다.[38] 전 세계 자본주의 경제는 아직도 화석연료 사용을 고집하고 있다. 물론 미국에서 그 의존도가 최근 몇 년 사이 줄어들기는 했지만, 여전히 의존도는 82퍼센트에 달한다.[39] 최근 몇 년 사이에 재생에너지 발전이 눈에 띄게 늘었지만, 전체 에너지 수요를 거의 따라가지 못하고 있다. 2019년 국제에너지기구IEA 보고서는 "빠르게 재생에너지 중심으로 전환하고자 하는 기대치와 화석연료에 의존하는 오늘날 에너지 체계의 현실 간 간극은 여전히 크다"[40]라고 설명한다.

따라서 정의로운 전환이라는 통념에서 그 자체로 전환이 먼저 시작되어야 한다. 즉, 가장 소외되고 취약한 사람만을 중심에 둘 것이 아니라 전환을 강제하는 데 필요한 권력을 건설할 전략적 역량이 있는 핵심적인 사회 주체를 밝혀야 한다는

38 Sean Sweeney and John Treat, "Trade unions and just transition: The search for a transformative politics," *Trade Unions for Energy Democracy: Working Paper No. 11.* (2018): rosalux-nyc.org, 1-2.

39 The World Bank, "Fossil fuel energy consumption (% of total (United States))." data. worldbank.org.

40 International Energy Agency, *World Energy Outlook 2019* (Paris: IEA, 2020), 23.

것이다. 학교 파업 운동은 이런 사회 주체를 청소년이라고 보지만, 역사적으로 봤을 때 노동자 계급이야말로 자본가 계급으로부터 주요한 양보를 얻어 낸 전적이 있는 주체였다.

노동자는 생산 단계에서 자기 노동력의 제공을 중단하고 자본가의 이윤을 원천적으로 차단하는 고유한 **구조적 권력/힘**을 갖고 있다. 위기를 조성하고 대응을 요구하는 데 중요한 광범위한 생산 중단 정치의 중심이 노동자인 것이다.[41] 환경주의자는 생산 중단이 지닌 힘을 오래전부터 이해하고 있었지만, 이를 직장 **밖에서**, 노동자에게는 적대적으로 보이는 방식으로 활용해 왔다. 에드워드 애비의 작품 《멍키렌치 갱》에는 광산과 다른 인프라 시설에 자신의 몸을 던져 넣고 공구를 사용하여 환경파괴를 일삼는 기계를 해체하는 가상의 활동가가 나온다.[42] 현실에서는 어스퍼스트!Earth First!라는 단체가 오래된 숲의 벌목을 막고자 '나무 점거' 전술을 펼쳤다. 오늘날 나오미 클라인의 '블로카디아Blockadia'는 많은 활동가들이 송유관 확대나 석탄발전소 등 화석연료 인프라를 막는 활동을 설명하

---

41 Frances Fox Piven, Richard Cloward, *Poor People's Movements: Why They Succeed, How They Fail* (New York: Vintage, 1977); Kevin A. Young, Michael Schwartz, Tarun Banerjee, *Levers of Power: How the 1% Rules and What the 99% Can Do About It* (London: Verso, 2020).

42 Edward Abbey, *The Monkey Wrench Gang* (Salt Lake City: Dream Garden Press, 1985).

는 데 사용된다.[43] 현대의 '멍키렌치 갱'에는 볼트 커터나 다른 공구를 사용하여 송유관 운영을 중단시키는 '밸브 돌리는 사람'이나 고속도로를 비롯한 노동자 계급의 출근길을 막는 행동에 나서 논란이 된 '멸종저항' 활동가 등이 포함된다.[44] 이렇게 투쟁적인 이들은 대규모 (생산/운영) 중단이 정치적 요구를 쟁취하는 데서 발휘하는 힘을 잘 알고 있다. 그러나 현재 직접행동에 나서는 생태 활동가들은 대다수의 경우, 중단을 일으킬 만한 역량이 매우 제한적이다. 어느 한곳의 송유관이나 원유를 실은 기차를 멈출 수는 있겠지만, 자본주의 재생산의 중심에서 화석연료를 사용하는 거대한 복합체에는 상처 하나 내지 못한다. 가장 감동적이고 여러모로 성공적이었던 저항은 2016년 미국 스탠딩록에서 다코타 액세스 송유관Dakota Access Pipeline을 상대로 한 원주민들이 벌인 #NoDAPL 운동이었다. 그러나 도널드 트럼프 대통령이 2017년에 송유관 완공을 명령하는 행정명령에 서명했고, 이제 다코타 송유관에는 바켄에

---

43 Naomi Klein, *This Changes Everything*, Chapter 9, 293-336[국역: 《이것이 모든 것을 바꾼다》, 이순희 옮김, 열린책들, 2016].

44 Eric Holthaus, "Valve turners try to shut off Minnesota pipelines, say 'politicians won't act'," *Grist*, 2019년 2월 5일. Matteo Moschella, Matthew Green, "Climate-change pro-testers disrupt London rush hour," *Reuters*, 2019년 10월 17일. 멸종저항의 반정치에 대해 훌륭하게 비판한 글을 보고 싶다면 다음을 참조하라. Marie Smith "Common Nonsense," *Jacobin*, No. 36 (2020년 겨울호): 58-65.

서 수압파쇄 공법으로 채취한 원유가 흐르고 있으며 실제로 이 원유가 유출되는 일도 있었다.[45] 조 바이든 대통령은 키스톤 송유관Keystone Pipeline의 운영을 중단하기는 했으나 다코타 액세스 송유관까지 중단할 의지는 없어 보인다.[46] 최근에는 미네소타주 인근 화이트 어스 오지브웨White Earth Ojibwe 자치구에서 대대로 원주민이 살던 땅을 관통하는 송유관 '라인3Line3'의 신규 건설을 물리적으로 막기 위한 투쟁이 대대적으로 벌어졌다.[47] 화석 자본에 맞서는 데 필요한 힘을 모으기가 어렵다는 것을 보여주기라도 하듯, 라인3 송유관의 운영이 2021년 10월 1일부터 시작되었다(워싱턴 DC에서는 집회가 계속되었다).[48]

노동자는 자본을 내부에서부터 무너트릴 수 있는 고유의 권력/힘을 갖고 있지만, 파업하는 노동자는 파업 기금 같은 노동조합의 자원에 의지할 수밖에 없다. 따라서 '신뢰할 수 있는 승리 계획'이라면 단순히 노동자 계급이 아니라 노동조합 운

---

45 2020년 여름, 법원에서는 이 송유관의 운영 중단 명령을 내렸다. "Dakota Access pipeline can keep running amid legal fight: US court," *Reuters*, 2020년 7월 14일.

46 Jordan Blum, "Dakota Access Pipeline will remain open after long legal fight, judge rules," *S&P Global Platts*, 2021년 5월 21일.

47 Alleen Brown, "Corporate counterinsurgency: Indigenous water protectors face off with an oil company and police over a Minnesota pipeline," *The Intercept*, 2021년 7월 7일.

48 Alexander Panetta, "Line 3 did something rare for a pipeline that exports Canadian crude: It got built," *CBC News*, 2021년 10월 11일.

동으로 **조직된** 노동자 계급을 포함해야 한다. 그렇기에 에너지 민주주의 노동조합Trade Unions for Energy Democracy 공동 창립자 선 스위니가 말한 대로 "생태 노동조합주의"[49]를 건설하는 데 나서야 한다. 스위니는 존 트리트와 함께 쓴 글에서 인내심을 갖고 경영진이나 "사회적 파트너"와 정중하게 협상하는 "사회적 대화"가 중심인 "정의로운 전환" 전략에서 벗어나 "현재의 권력관계에 문제를 제기하고 바꿔야 한다는 방향성을 갖는" "사회권력" 전략으로 나아가야 한다고 주장한다.[50] 사회권력 전략은 "사회, 생태 위기의 심각도에 부합하는 해법을 위해 투쟁하는 것이며 여기에는 주요 경제 부문과 기관에 대한 공공 소유권의 확대가 수반된다."[51] 스위니와 트리트는 운수 노동자와 간호사 노동조합이 기후 행동에 나서야 한다고 주장하고 석탄발전소에서 일하는 한국 노동자에게는 청정에너지로의 전환을 위해 석탄발전소 폐쇄를 **환영**할 것을 주문하는 등 기존의 투쟁적인 노동조합에 호소했다. 이와 비슷하게 디미트리스 스테비스와 로메인 펠리도 "반응적"일 뿐만 아니라 "선제적"인 정의로운 전환 전략 혹은 "사회권력 균형과 정의로운

---

49 Sean Sweeney, "Earth to labor: Economic growth is no salvation," *New Labor Forum*, Vol. 21, No. 1 (2012): 10-13.

50 Sean Sweeney, John Treat, "Trade unions and just transition," 5.

51 Ibid., 6.

전환을 연관시키는 급진적인 해석"을 이야기한다.[52] 이들은 또한 "노동자의 목소리를 듣거나 노동자에게 힘이 부족하다는 점을 이해하는 것만으로는 부족하다…. 더 평등한 전환에는 국가, 자본, 노동 간의 관계 재편이 필요하다"[53]라고 주장한다.

그렇지만 '에너지 민주주의'를 향한 노동조합 운동은 현재 산발적으로만 나타난다. 사회권력에 대한 의지를 표명하는 것만으로는 권력이 건설되지 않는다. "노동자와 노동자 조직이 직면한 문제는 막대하며 어마어마하기까지 하다. 강력한 언어만 사용한다고 되는 일이 아니다."[54] 경제 전반에서 노동조합 조직이 늘어야 한다고 단순하게 주장하는 것도 너무 일반적인 이야기이다. 솔직히 기후위기가 매우 심각하고, 빠르게 행동에 나서야 하는데, 노동운동은 전반적으로 너무 약한 상태이다. 따라서 특정 부문에서의 단기적이고 구체적인 전략이 필요하다.

제인 매클레비는 "미국 산별노조협의회CIO의 뛰어난 활동가들은 산업 경제에서 석탄과 철강 같은 일부 부문이 다른 산업보다 더 중요하며 경제의 핵심이라는 점을 알고 있었

52　Dimitris Stevis and Romain Felli, "Global labour unions and just transition to a green economy," *International Environmental Agreements*, Vol. 15 (2015): 29-43; 32, 38

53　Ibid., 39.

54　Sweeny, Treat, "Trade unions and just transition," 31.

다"[55]라고 말하며, 노동운동사에서는 언제나 구체적인 전략이 있었을 때 큰 승리를 거두었다고 말한다. 그는 또한 보건의료, 교육, 운수 부문이 오늘날 노동조합 활동가가 집중해야 할 주요 부문이라고 주장한다.[56] 이 부문들을 선택하는 것도 나쁘지는 않지만, 메건 데이와 미카 우트리히트가 지적하듯, "무엇이 전략적인가를 규정하는 일은 예술이자 과학이고 맥락에 따라 달라진다."[57] 기후위기라는 특수한 맥락에는 기후 투쟁의 핵심 부문을 전략적으로 보여주는 색다른 접근법이 필요할 듯하다.[58] 기후위기에서 핵심 부문은 어디일까. 바로 전기 발전이다.

기후운동에서 전기 발전 부문이 전략적이라 말하는 이유

기후정치와 에너지 정책 관련 논쟁의 대부분이 화석연료 채굴 산업에 집중되어 있지만, 많은 에너지 학자가 전기 발전 부문이 모든 탈탄소 전략의 '핵심'이라고 지적한다.[59] 노동조

55 McAlevey, *No Shortcuts*, 203.

56 McAlevey "The Strike as the Ultimate Structure Test," 134.

57 Meagan Day and Micah Uetricht, *Bigger Than Bernie: How We Go From the Sanders Campaign to Democratic Socialism* (London: Verso, 2020), 185.

58 Ibid.

59 Jesse D. Jenkins, Max Luke, and Samuel Thernstrom, "Getting to Zero Carbon

합의 기후 전략에 대한 실망 대부분은 화석연료 채굴 산업 종사 노동자가 화석연료 경제를 유지할 것을 고집한다는 데 집중되어 있다. 그렇지만 발전 부문은 화석연료만이 아니라 비교적 청정한 다른 원료로도 전기를 생산하는 기술적으로 중립적인 체계를 갖추고 있다. 화석연료 산업을 파괴한다는 부정적인 프로그램에만 집중하는 기후정치도 이제는 전기 발전 방식을 청정하게 바꾸는 긍정적인 정치를 펼쳐 나가야 한다.

여러모로 경제의 탈탄소화는 인간 역사상 가장 복잡한 문제다. 앞서 말했지만, IPCC는 탈탄소화에 "사회 전반의 전례 없는 변화"가 수반될 것이라 경고한다. 그러나 탈탄소화는 거짓말처럼 간단하다. 핵심은 '**모든 것을 전기로**'라는 단 하나의 구호 아래 통합된다.[60] 현재의 에너지 체계는 전기로 구동되는 것들(조명, 가전/전자 제품, 산업용 모터 등)과 다른 에너지로 구동되는 것들(차량용 액체연료, 주거와 상업용 난방(주로 천연가스 보일러), 산업용 에너지(2장에서 살펴본 수소 생산과 같은 화학적 과정을 통한 열에너지 등))로 나뉜다. 이론적으로 보면 전기를 사용하지 않는 부문도 전기를 사용하는 것으로 전환할 수 있다. 예를 들면 휘발유 차량을 전기차로, 천연가스 보일러를

Emissions in the Electric Power Sector," *Joule*, Vol. 2 (2018): 2498-2510; 2498.

60 참고 자료: David Roberts, "The key to tackling climate change: electrify everything," *Vox*, 2017년 10월 27일.

전기 열펌프로 바꾸고, 화석연료를 태워 산업용 열을 생산하는 것이 아니라 전기로 열을 생산하여 전기분해로 수소를 만들어 수증기 변성 과정을 대체하는 것이다.[61]

모든 것을 전기로 구동하게 만드는 전략의 기본은 기존 전기 발전 부문을 청정하게 만드는 것이며, 두 번째로는 청정 전기 발전을 대폭 확대하여 교통, 난방, 산업 부문에서 새로 창출되는 수요를 흡수하도록 하는 것이다. 이는 곧 전기 발전을 청정하게 만들지 않으면 탈탄소화를 달성할 수 없다는 것을 의미한다. 따라서 발전 부문을 겨냥한 노동자 계급의 기후 전략이 합리적이라는 점은 분명하다. 그러나 전략이 전기 엔지니어와 일부 사람만이 이해하는 기술 용어에**만** 기반해서는 안 될 것이다. 더 폭넓은 사회, 정치적 분석이 필요하다. 전기 발전 부문이 기후 노동 행동의 전략적 조직의 장이 되어야 하는 이유는 세 가지다.

첫째, 전기 발전 부문에서는 이미 공적 감시와 정치 논쟁

---

61 다만 전기로 구동하기 매우 어렵거나 불가능한 경우도 있다. 장시간의 트럭 운송, 항공, 해상 운송 등이 이에 해당한다. 철강과 시멘트 같은 산업에는 막대한 열에너지가 필요하며, 화석연료를 투입물로 사용해야 한다. 이것이 문제이기는 하지만 이 책에서 말하는 전략은 나머지를 모두 전기로 구동할 수 있게 만들면 그마저도 극복할 수 있다고 본다. Adam Baylin-Stern, Asbjørn Hegelund, Andreas Schröder, "Commentary: Frontier electric technologies in industry," International Energy Agency, 2019년 5월 29일. iea.org/commentaries/frontier-electric-technologies-in-industry[2024년 12월 30일 접속 가능] 참고.

이 많이 이루어지고 있다. 민간 또는 '투자자 소유' 발전소가 전기 발전 부문을 대체로 주도(투자자 소유 발전소가 미국 전기 소비자의 72퍼센트에 전기를 공급한다[62])하고 있지만, 그렇다 해도 전기 발전은 일반적인 민간 산업 부문과는 다르다. 역사학자 리처드 허쉬가 정의한 이른바 "발전 합의"가 1900년대 초부터 형성되어 투자자 소유 전기 발전소에 특정 지역의 전기에 관한 독점적 권한을 주었다.[63] 그러나 독점 권력을 우려하여 주 차원에서 발전사를 규제하는 공익사업위원회Public Utility Commissions, 이하 PUC가 만들어졌다. PUC는 소비자에게 '공정하고 합리적'으로 공과금을 책정하는 데 주로 초점을 맞추면서도 공익 사업체의 비용과 '공정한' 수익(이윤)을 합리화하는 역할도 한다. 일부 주에서는 각종 공익 사업체가 "'공익'에 부합하게" 운영될 수 있도록 권한을 주고 있다.[64] 따라서 많은 이들이 정치의 영향을 받지 않는다고 생각하는 대다수 다른 민간 부

---

62   Energy Information Administration, "Investor-owned utilities served 72% of US electricity customers in 2017," 2019년 8월 15일. eia.gov.

63   Richard F. Hirsh, *Power Loss: The Origins of Deregulation and Restructuring of the American Utility Industry* (Cambridge, MA: MIT Press, 1999). 추가로 다음을 참조하라. Leah Stokes, *Short Circuiting Policy: Interest Groups and the Battle Over Lean Energy and Climate Policy in the American States* (Oxford, UK: Oxford University Press, 2020), 73-79.

64   Scott Strauss, Katharine Mapes, "Union power in public utilities: Defending worker and consumer health and safety," *New Labor Forum*, Vol. 21, No. 2 (2012): 87-95; 88.

문과는 다르게, 전기 발전소는 이미 정치적인 존재다.

정치 투쟁이 주로 벌어지는 경우는 '요금 인상 건'이다. 발전사는 PUC에서 요금 인상의 정당성을 주장한다. 이런 공개 청문회 자리는 환경운동가가 개입하여 발전사의 환경 영향에 대한 주의를 환기하는 장으로 오랜 기간 활용되었다. 한데 이를 노동자와 노동조합이 자신들의 우려 사항을 이야기하는 자리로 만들 수도 있다. 스콧 슈트라우스와 캐서린 메이프스가 지적하듯, "많은 기존 노동조합의 우려(적절한 직원 수 및 안전한 근무 환경 확보)는 발전사가 적절한 서비스를 제공하는 것과 매우 밀접하게 연관되어 있다."[65] 기후 관점에서 보면, 노동자는 '안전'에 관한 우려를 지구 차원의 '안전한' 배출 수준이라는 더 폭넓은 전망에 연관시킬 수 있다.

둘째, 전기 노동자는 경제 전체에 영향을 미칠 **권력/힘**이 있다. 발전 부문은 일상생활과 자본 축적 모두의 사회적 재생산에 중요하다.[66] 기존의 노동과 노동조합 전략에서는 구체적인 요구를 쟁취하기 위해 항구나 물류 허브를 멈추어 더 큰 위기를 만들 수 있는 '문제 지점'을 찾고자 했다.[67] 너무나 당연

---

65 Ibid.

66 전기의 사회적 중요성에 관해서는 다음을 참조하라. David Nye, *Electrifying America: Social Meanings of a New Technology, 1880-1940* (Cambridge, MA: MIT Press, 1990).

67 Kim Moody, *On New Terrain*, 59-90 참고.

시되는 전기는 점점 디지털화되는 세상에서 거의 모든 것의 핵심으로 자리 잡았다. 전기가 나가면 사람들은 이를 바로 알아차린다.[68] 이론적으로 말해서 발전 부문에서 파업이 일어나면 사회 전체가 마비될 것이고, 전기 없이는 경제활동이 불가능하다는 점에서 사실상 총파업의 효과를 낼 것이다.[69] 전기는 사실상 거의 모든 경제활동의 중추이자 해외로 이전할 수도 없는 부문이다. 매클레비는 보건의료와 교육 같은 다른 전략 산업에도 이런 특성이 있다고 주장한다.[70] 이런 힘은 대중 대다수가 소비자로서 전기에 의존한다는 사실에서 비롯된다. 자신의 '공정한' 수익을 위해 높은 요금을 주장하는 민간 투자자 소유 발전사에 대부분 전기 공급을 넘겨주었기 때문에, 이미 노동자 계급 대다수가 이런 발전사에 분노하고 있다. 토니 마조치가 말했듯이 "미국에서 가장 급진적인 인쇄물이 매달 미국인 가정으로 발송된다…. 바로 공과금 청구서다. 이 공과금 청구서는 미국인의 분노 게이지를 점점 높이고 있다."[71]

---

68   David Nye, *When the Lights Went Out: A History of Blackouts in America* (Cambridge, MA: MIT Press, 2010) 참고.

69   발전 부문의 파업이나 조업 중단 전략에 관해서는 다음 장에서 살펴보겠다. 이런 전략에도 약점이 없지는 않다.

70   McAlevey, *No Shortcuts*, 203-204.

71   Leopold, *The Man Who Hated Work and Loved Labor*, 377.

셋째, 발전 부문은 이미 전 세계, 그리고 특히 미국에서 가장 노동조합 조직률이 높은 부문이다. 산업관계 경제학자 배리 허쉬와 데이비드 맥퍼슨의 노동조합 통계 데이터베이스에 따르면 2020년 미국의 전기 발전, 송전, 배전 부문의 노동조합 조직률은 24.5퍼센트였고, 이는 전체 경제 평균인 10.8퍼센트보다 훨씬 높았다[72](송전선 설치 및 수리 기사 같은 특정 전기 직군의 경우 조직률이 45.8퍼센트로 더 높다[73]). 우편, 교육, 공공 행정 등 구체적인 산업을 제외하면 발전 부문은 전체 경제에서 가장 노동조합 조직률이 높다. 이는 **이미** 산업 내에 사회적 권력 기반이 있음을 의미한다. 물론 '미조직 노동자의 조직'이라는 시급한 과제가 있지만, 산업 내부에서 이를 변화시킬 고유한 역량을 갖춘 1430만 명의 **기존** 노동조합원을 그냥 무시해서는 안 될 것이다.[74] 대다수 기후정치에서는 기존 노동조합 지도자와 권력 구조가 기후 행동에 **반대**된다고 한탄[75]하지만, 노동자와 기후 모두에 친화적인 전략을 추진하기 위해 산

---

72   Barry T. Hirsch, David A. Macpherson, "Union Membership and Coverage Database From the Current Population Survey." unionstats.com.

73   Ibid.

74   Bureau of Labor Statistics, "Union Members Summary," 2021년 1월 22일. bls.gov.

75   Matto Mildenberger, *Carbon Captured: How Business and Labor Control Climate Politics* (Cambridge, MA: MIT Press, 2020).

업 내에서 노동조합을 조직하는 문제에 관해서는 거의 말하지 않는다.

이 책 전반에 걸쳐 기후 투쟁이 **권력**에 관한 것이라고 주장했다. 제인 매클레비는 권력을 획득하려면 현재 누구에게 권력이 있는지 알아야 한다고 말했다. 따라서 지금까지 살펴본 것처럼 모든 사회운동은 매클레비가 말한 "권력 구조 분석"을 시작하여 목표 달성을 가로막는 권력관계를 파악해야 한다.[76] 기후 투쟁에서는 계급 분석을 통해 **생산**에 대한 직접 투자 권력을 누가 가졌는지 알 수 있다. 전기의 경우 답은 명확하다. 전기 생산, 배전, 송전 '수단'에 관한 막대한 권력을 쥐고 있는 것은 바로 민간 투자자 소유 발전 산업이다.[77]

또한 민간 투자자 소유 발전 산업은 상당한 정치권력을 축적했다. 로버트 브륄의 설명에 따르면 이 산업이 2000년부터 2016년까지 로비에 투입한 자금만 5억 5400만 달러에 달

---

76 McAlevey, *No Shortcuts*, 4.

77 전기는 일반적인 상품이 아니다. 송전과 배전을 포함하는 '생산 체계'로 보는 편이 좋다. 앞으로 전기 규제 완화가 발전 산업이 전기 생산에서 갖는 권력을 **약화**시킨 점에 대해 이야기할 것이다. 나중에 설명하겠지만 이로 인해 '개별 전기 생산자'가 등장하게 되었다. 그러나 이렇게 규제가 완화된 주에서도 발전사는 정해진 전기 공급 영역 내에서 전기의 단일 구매자로서 일종의 '수요독점' 권력을 갖는다.

한다.[78] 흔히 화석연료 채굴 산업에만 관심을 보이는 경우가 많은데, 레아 스톡스는 "발전사는 환경 과학과 전쟁을 벌이면서 기후변화, 산성비, 수은 오염 등에 관한 의심을 조장한다"[79]라고 말하면서 발전사에 더 많은 관심을 기울여야 한다고 주장한다. 그리고 기후정치를 "조직된 전투"라고 설명하면서 우리의 정책이 "기득권 집단인 전기 사업체에… 효과적으로 맞서야 한다"라고 주장한다.[80]

그렇지만 3장에서 살펴본 것처럼 우리의 기후 과학 **지식**에 영향을 미치는 일은 민간 발전 산업의 문제 중에서도 가장 작은 편에 속한다. 발전 산업이 청정에너지 정책을 적극적으로 막고 있는 것은 분명하다. 그런 정책이 (자본) 축적 또는 스톡스의 말을 빌리자면 "규제당국으로부터 보장받는 이윤"[81]에 위협이 되기 때문이다. 예를 들어, 이론상으로 애리조나주는 미국 태양에너지 생산의 사우디아라비아가 되었어야 했다. 스톡스는 민간 전력사인 애리조나공공서비스Arizona Public Service

---

78 인용 출처: Stokes, *Short Circuiting Policy*, 72. Robert Brulle, "The climate lobby: A sectoral analysis of lobbying spending on climate change in the USA, 2000-2016," *Climatic Change*, Vol. 149, No. 3-4 (2018): 289-303.

79 Stokes, *Short Circuiting Policy*, 97.

80 Ibid., 25, 33.

81 Ibid., 249.

가 비대한 권력을 활용하여 어떻게 PUC에 자금을 지원하고 규제 담당자를 선출하여 하룻밤 사이에 10년 치의 태양광 인센티브를 없애 버렸는지 자세히 설명했다. 태양광 산업 관련 이익집단이나 상당한 수가 모인 대중 환경 집회도 이 전력사의 권력에는 상대가 되지 못했다.[82]

결정적으로, 발전사는 이미 화석연료 인프라에 고정자본을 투자했고, 이는 청정에너지를 막는 결정적인 동기로 작용한다. 미시간주에서는 DTE에너지가 기존 천연가스관과 석탄 발전소에 한 투자 때문에 소규모 태양광, 풍력, 수력 발전으로 생산된 전기가 전력망에 공급되는 것을 어렵게 만드는 정책이 (의회에서) 통과되었다.[83] 공공 발전을 지지하는 한 미시간주 상원의원은 청정에너지 생산이 대중에게는 혜택을 주지만 "기업의 비즈니스 모델과 이윤에는 위협"이 될 수 있다고 주장했다.[84]

그렇다면 민간 발전 산업이 발전 부문에서 휘두르는 권력에 어떻게 효과적으로 맞서고 빠르게 공공 발전 체계를 건설할 수 있을까? 여기에는 두 가지 이론이 있다. 첫 번째로, 소규

---

82 ibid., 164-193 참고.

83 Tom Perkins, "DTE and Consumers Energy are broken and dangerous. Is it time for publicly owned utilities?" *Detroit Metro Times*, 2019년 11월 13일.

84 Ibid.

모 에너지 생산자를 허용하여 경쟁, 낮은 가격, 더 나은 서비스로 기존 발전사의 권력에 '균열'을 내는 **시장원리**의 힘을 믿는 사람들이 많다. 이런 방식이 진행 중이라는 증거도 어느 정도 있지만, 그 속도는 빠르지 않다. 속도가 빨라지면 전력사에서 정치권력을 동원하여 이를 막으려 할 것이다.[85] 두 번째는 발전 부문에서 나타나는 정치에 관한 조금 다른 전망으로, 국가권력이 압박의 대상이 되는 민주주의 사회 내의 서로 상충하는 광범위한 '이익집단'의 집합으로 발전 산업을 바라보는 것이다.[86] 발전 산업에 에디슨전기협회EEI와 코크 형제의 화석자본 네트워크에서 나온 '검은돈'이 있는 것처럼, 많은 청정에너지 지지자들이 시에라 클럽 같은 환경보호 단체와 태양에너지산업협회Solar Energy Industries Association 같은 청정에너지 단체를 이야기한다. 그러나 거듭 말하지만, 발전사와 화석연료 복합체 안의 동맹 세력과 비교하면 이런 청정에너지 주체는 **자원이 부족**underresourced하다.[87] 이들은 이익집단 간의 "조직된 전투"에서는 이런저런 작은 승리를 거둘 수야 있겠지만, 앞서 말했듯이 우리가 필요한 변화 속도 근처까지는 가지도 못할 것이다. 스톡스는 "청정에너지 지지자는 적의 전략에서 배워야 한

---

85   Stokes, *Short Circuiting Policy*.

86   Ibid., 3.

87   스톡스가 쓴 책의 핵심이다.

다"[88]라고 말했다. 하지만, 애초에 게임이 불리하게 조작되어 있다면 어떻게 해야 할까?

두 가지 관점 모두 사회권력을 건설할 서로 다른 주체와 메커니즘을 제시한다. 하나는 가격 메커니즘을 이용하여 변화를 추동하는 기업가를 이야기하고, 다른 하나는 조직과 지지를 활용한 정치 집단에 초점을 맞춘다. 그러나 나는 이 책에서는 발전 산업을 바꾸기 위한 대안으로 **계급투쟁**을 말하고자 한다. 이는 발전사 노동자가 스스로 자신의 고유한 전략적 권력을 전기 체계에 활용하여 빠르고 변혁적인 변화를 가져올 수 있다는 점을 바탕으로 한다.

어떤 변화가 가능할까? 전기 체계는 그 자체로도 서로 밀접하게 연결된 망 인프라로, 탈탄소화가 주요 목표가 되면 대규모 구조조정을 필요로 하게 된다. 그런데 딱 한 가지 장애물이 있다. 새로운 송전선과 발전기와 같은 전기 인프라에 필요한 투자를 좌우하는 단 하나의 기준, 즉 비용과 수익성이 그것이다. 최근 IMF의 조사 보고서에는 다음과 같이 쓰여 있다.

생산 자본과 인프라에 대한 민간 투자는 높은 초기 비용과 가격으로 환산하기 어려운 상당한 불확실성에 항상 직면한다. 저탄소 경제로 전환하기 위한 투자는 예측할 수 없는 기술 진보와

88   Stokes, *Short Circuiting Policy*, 227.

완화에 대한 정책 접근법에 따라 중요한 정치적 위험, 유동성 부족과 불확실한 수익성에 추가로 노출된다.[89]

위의 분석에서는 '기후[변화] 완화'에 관한 투자 전반을 이야기하는데, 이는 특히 미국 발전 부문과 연관이 있다. 비용이 너무 높다는 이유로 현재 청정에너지 발전은 대다수 지역송전기구RTO의 송전망 상호 연결에서 차단되어 있다.[90] 태양에너지는 하루 중 특정 시간대에 값이 매우 저렴해지는데 이는 투자자에게는 사실상 **수익성이 없는**unprofitable 상황이 된다.[91] 이런 에너지는 변동성이 있는 데다가 사용하지 못할 때를 대비한 예비 전력도 필요하다. 원자력, 지열 또는 장기 에너지 저장 같은 안정적인 청정에너지원은 시장에서 '경쟁력이 없다'. 그러니 송전망 체계는 메테인을 방출하는 천연가스 같은

89 Signe Krogstrup, *William Oman, Macroeconomic and Financial Policies for Climate Change Mitigation: A Review of the Literature* (Washington, DC: International Monetary Fund, 2019), 15.

90 Miranda Willson, "FERC complaint highlights 'structural problem' for renewables," *E&E News*, 2021년 5월 25일.

91 James Temple, "The lurking threat to solar power's growth," *MIT Technology Review*, 2021년 7월 14일. 화석연료가 재생에너지보다 더 많은 수익을 창출하는지에 관한 이론적이고 경험적인 내용을 다양하게 살펴보고 싶다면 다음을 참조하라. Brett Christophers, "Fossilised capital: Price and profit in the energy transition," *New Political Economy* (early view, 2021), 1-14.

화석연료에 의존하는 것이다.[92]

탈탄소화를 빠르게 달성하려면 시장 체제에 반하는 두 가지 요소에 의존하게 된다. 첫째, 중앙집중식 공공 계획으로 모든 종류의 새로운 청정에너지 발전을 최대한 빠르게 구축해야 한다. 전국적으로 통합 및 업그레이드된 새로운 송전선으로 구성된 '슈퍼 송전망'에 청정에너지를 연결하려면 계획이 필요하다. 현재의 송전망은 주, 지역, 민간 사업자별 이해관계에 따라 심하게 분열되어 있으므로 연방 차원의 조정이 필요하다.[93] 둘째, 수익성과 비용 효율성을 떠나 대규모 공공투자를 해야 한다. 민간 발전 기업이 수익성 부족으로 포기했기 때문에 진행되었던 뉴딜 시기의 농촌 전력망 도입 사업처럼, 전 지구적 비상 상황에 직면한 지금, 비용과 상관없이 새로운 전력 체계에 투자해야 한다.

전기 산업이라는 오래된 세력과 계획 및 공공투자라는 두 가지 원칙을 결합한 것이 바로 **공공 전기**public power다. 공공 소유의 전기 산업만이 장기적인 인프라와 전 지구적 목표를 염두에 두고 투자와 계획 수립에 나설 수 있기 때문이다. 그렇지

---

92   David Roberts, "Long-duration storage can help clean up the electricity grid, but only if it's super cheap," *Volts*, 2021년 6월 9일.

93   David Roberts, "Transmission week: Why we need more big power lines," *Volts*, 2021년 1월 25일.

만 공공 전기가 합리적인 탈탄소화 계획 수립을 보장하지는 않는다는 점에 유의해야 한다(많은 공공 전력사가 심각하게 더러운 연료를 사용한다. 심지어 매우 비민주적이다).[94] 공공 전기는 단지 투자와 전기 생산에 대한 사회적 통제권을 확대하는 길로 향하는 문을 열어 줄 뿐이다. 그렇기에 사회주의자들 사이에서 공공 전기가 주요 캠페인으로 등장한 것이다. 미국 민주사회주의자DSA는 미국 전역에서 이런 캠페인을 벌였으며, 앞장에서도 언급했듯이 2021년에 사회주의자 하원의원 코리 부시와 자말 보우만은 "미국은 전기를 기본 인권이자 공공재로 확립해야 한다"고 주장하는 하원 결의안을 발표했다.

이 결의안이 나오게 된 배경은 겨울철이던 2021년 초 텍사스주에서 대규모 정전 사태가 발생했을 당시 민간 전력사가 대응에 처참할 정도로 실패했고, 오랜 기간 민간 영리 전력사가 빈곤층과 노동자 계급 인구에 전기를 저렴한 가격으로 제공하지 않았기 때문이다. 그리고 기후 측면에서도 공공 전기를 도입할 강력한 근거가 있다. 그럼에도 현재까지 사회주의 운동은 발전 부문의 중심에 있고 노동조합 가입률도 높은 전기 노동자에게 눈길을 주지 않았다.[95] 부시와 보우만의 결의안

---

94 Stokes, *Short Circuiting Policy*, 246.

95 Fred Stafford, "How Trump Got His Right-Wing New Deal Victory," *Jacobin*, 2020년 8월 17일.

에 지지를 표명한 단체를 보면 대부분이 환경 NGO와 급진 좌파일 뿐, 노동조합은 푸에르토리코의 노동조합 단 한 곳만이 포함되었다.[96]

대규모 공공 전력 체계를 건설하는 데 전기 노동자가 실제로 어떤 역할을 할 수 있을까? 아쉽게도 현재 공공 전기에 관한 전망 대부분은 노동자를 거의 고려하고 있지 않으며, 지구 전체가 불타오르는 데도 여전히 작은 것이 아름답다는 식의 지역에 국한된 해법을 선호하는, 진부한 환경보호 이데올로기에 갇혀 있다. 공공 전기를 향한 계급투쟁은 불가피하게도 이와는 전혀 다르게 보일 것이다.

(공공) 전력 생산[97]으로 나아가는 길

산업이 커질수록 한 지역에 산업이 집중된다…. 따라서 생산을 사회적으로 조직하는 길이 준비되는 것이다.

_ 카를 카우츠키, 《권력으로 가는 길》, 1909.

---

96 bush.house.gov.

97 [옮긴이] power는 권력/전력이라는 의미로 쓰이고, 이 절의 제목에서는 카우츠키의 책 제목을 차용한 것이기도 하다. 원문에서는 중의적인 의미로 쓰였으나, 한국어로는 둘 중 하나를 선택해야 해서 이 부분의 주요 주제인 '전력'을 역어로 선택했다.

시장과 민간 부문 주도의 탈탄소 정책을 믿은 지 수십 년이 지난 지금, 가장 신속한 탈탄소 정책은 공공 부문에서 주도한 것이었음이 드러났다. 프랑스와 스웨덴처럼 말이다.[98] 중앙집중적으로 계획을 실시하고, 전력망을 바꾸는 데 필요한 장기적인 신규 인프라를 대규모로 건설하는 비용을 **사회화**할 수 있는 것은 공공 부문밖에 없다. 문제는 공공 부문이 우리에게 필요한 에너지 체계를 빨리 수립할 수 있는, 공공 전력 생산으로의 전환을 어떻게 만드는가 하는 것이다.

전력 체계의 방향성에 관한 주장은 주로 두 가지 핵심 주제에 초점을 맞춘다. 첫째, 최적의 전력 생산수단을 놓고 순전히 기술적인 내용만으로 열띤 논쟁이 벌어지고 있다. 화석연료 산업은 당연히 석탄과 천연가스를 사용하는 화력발전 방식을 유지해야 한다는 입장을 취한다. 그런데 기후운동 진영에서는 전력 체계를 탈탄소화하는 최적의 방식에 대해서 극명한 의견 차이를 보이고 있다. 일부 학자와 활동가 들은 모든 전기를 재생에너지(풍력, 태양열, 지열, 수력)로 생산해야 한다고 주장한다.[99] 다른 이들은 태양열과 풍력 같은 재생에너지는

98   Jameson McBride, "The Green New Deal and the Legacy of Public Power," *The Breakthrough Institute*, 2018년 12월 17일.

99   Mark Z. Jacobson, et al., "100% clean and renewable wind, water, and sunlight all-sector energy roadmaps for 139 countries of the world," *Joule*, Vol. 1 (2018): 108-121 참고.

해가 떴을 때나 바람이 불 때에만 에너지 생산이 가능하여 수급이 불안정한 측면이 있으므로 그런 목표를 달성할 수 없고, 수력발전 용량 추정치 또한 비현실적이라고 말한다.[100] 그러면 '스마트한' 슈퍼 전력망을 건설해서 수급이 불안정한 에너지원이 서로 효과적으로 상호 보완할 수 있지 않냐는 주장과 배터리와 기타 장기적으로 전기를 저장하는 에너지 저장 시설을 대규모로 도입해야 한다는 주장을 중심으로 논쟁이 벌어진다.[101] 대체로 무시되는 탄소 제로 에너지원, 즉 원자력으로 재생에너지를 보완하거나 더 나아가서 대체해야 한다고 주장하는 사람도 여전히 있다.[102] 어느 입장이든, 원하는 기술적인 체계를 다 만들어 낼 수 있다고 생각하며 핵심적인 문제를 **기술**로 보고 있다.

둘째, 일명 '분산된' 재생에너지 발전에 기반하여 전기의 **새로운 지형도**를 주장하는 이들도 있다. 이런 주장 중에서 가장 유명한 것이 에이머리 러빈스가 주장한 "연성 경로soft path"

---

100 Christopher T.M. Clack, et al., "Evaluation of a proposal for reliable low-cost grid power with 100% wind, water, and solar," *PNAS*, Vol. 114, No. 26 (2017): 6722-6727.

101 최근 프린스턴 대학 연구진은 다양한 선택지에 관한 평가를 담은 영향력 있는 보고서를 발표했다. Eric Larson, et al., *NetZero America: Potential Pathways, Infrastructure, and Impacts* (Princeton, NJ: Princeton University Press, 2020).

102 다음 참고 자료가 유용하다. International Energy Agency, *Nuclear Power in a Clean Energy System* (Paris: International Energy Agency, 2019).

에너지 체계다. 이 체계는 에너지 효율성 증대와 주택용 태양열 발전, 분산된 풍력 발전소, 지열, 기타 분산된 자원 등 **분산된** 에너지원에 기반한다.[103] 러빈스는 이를 **중앙집중식** 전력 생산(화석연료 전기 발전의 특징)에 기반한 "경성 경로hard path"와 비교했다. 이 주장은 중앙집중식 전력 생산이 애초부터 나쁘다는 가정을 바탕으로 한다. 수력이든 원자력이든 가스든 석탄이든, 지난 수십 년간 전기가 생산되었던 방식 대부분이 중앙집중식인데도 말이다.

이런 여러 주장에서 어떤 방식의 사회적 전력 생산이 변화를 달성할 수 있느냐는 핵심 질문에는 대체로 반응이 엇갈린다. 기술을 중심으로 한 주장의 경우, 합리적인 민주주의 사회라면 가장 스마트한 기술을 도입할 것이라고 가정한다는 점에서, 매우 테크노크라트적이다. 러빈스 자신도 합리적인 체계로서 시장이 가장 저렴한 에너지원을 선택할 것이라는 논리를 강하게 믿었다. 원자력의 높은 비용을 공격하는 글에서 러빈스는 [원자력을] "반시장적인 바보 같은 짓"이라고 매섭게 비판하면서 "기후나 시장 또는 이 둘 모두에 관심을 쏟는 시민이라면… 달러당 그리고 연간 탄소 감축률이 가장 높은 기후

---

103   Amory Lovins, *Soft Energy Paths: Towards a Durable Peace* (London: Penguin, 1977).

해법을 선택하는 시장의 능력을 열렬히 수호해야 한다"[104]는
자신의 입장을 분명히 밝힌다. 다른 재생에너지 옹호 학자들
은 "사회, 정치적 장벽이 존재하기는 하지만 현존하는 기술로
풍력, 수력, 태양열 발전으로 100퍼센트 전환은 기술적으로도
경제적으로도 가능하다"[105]라고 말하며 지금도 청정에너지를
위한 기술적인 수단이 있음을 강조한다. 이들은 사회적, 정치
적 장벽이 테크노크라트가 제안하는 기술적 변화를 끊임없이
막고 있음에도, 이를 너무 쉽게 고려 대상에서 빼 버린다.

새로운 전력 생산 지형도를 주장하는 이들이 사회적 전력
생산의 문제를 바라보는 관점은 더더욱 흥미롭다. 이들이 보
기에 중앙집중식 전력 체계의 비대해진 **전력**은 문제 그 자체
다. "연성 경로" 전망에서 말하는 에너지 분산은 전력이 소규
모로 '분산'되어 다양한 지역 생산자들이 생산하는 것이 훨씬
바람직하다고 본다. 일례로 그레천 바케가 쓴 미국 전력망 체
계에 관한 훌륭하고 눈길을 끄는 조사 보고서에서는 중앙집
중식 발전소를 설명할 때 일반적으로 무시하는 어투를 반복
적으로 사용한다. 그는 "전기를 생산하고 제공하는 사업은 매
우 중앙집중적인 활동으로, 지휘 및 통제라는 하향식 체계에

---

104   Amory Lovins, "Does Nuclear Power Slow or Speed Climate Change?" *Forbes*, 2019년
        11월 18일.

105   Jacobson, et al., "100%," 119.

따라 인프라를 건설한 '자연적인' 독점기업(발전소)이 운영한
다"[106]라고 서술했다. 스톡스도 발전소를 "독점적 지대 추구
자"[107]라고 비꼬듯이 설명한다.

1970년대부터 만연한 **중앙집중화된 권력**에 대한 비판은
같은 시기에 나타난 신자유주의 또는 정치의 우경화와도 일
맥상통한다. 3장에서 다룬 하이에크가 가격 체계를 궁극적인
권력 분산 체계로 찬양했던 점을 상기해 보라. 이런 체계에서
는 개인과 지역이 모든 결정을 내리고, (바케가 말한 대로) "지
휘 및 통제라는 하향식 체계에 따라" 경제를 "이끄는"(또는 **계
획하는**) 중앙 권력이 없다. 우리는 신자유주의가 국가권력을
경멸한다는 점을 자주 지적하지만, 신자유주의는 **독점 권력**
또한 자유롭게 경쟁하는 시장 체계의 적으로 보고 혐오한다.
밀턴 프리드먼은 독점 권력이 "효과적인 교환의 자유를 막는
다"라고 주장했으며 "독점은 정부 지원을 통해서 상당히 빈번
히 발생한다"라고 지적했다.[108] 전기 발전소에 관해서는 그가
옳았다. 결국 PUC는 투자자 소유 발전소의 중앙집중식 '자연

---

106   Gretchen Bakke, *The Grid: The Fraying Wires Between Americans and Our Energy Future*
       (New York: Bloomsbury, 2016), xvi.

107   Stokes, Short Circuiting Policy, 191.

108   Milton Friedman, *Capitalism and Freedom* (Chicago: University of Chicago Press,
       1962), 28[국역:《자본주의와 자유》, 심준보, 변동열 옮김, 청어람미디어, 2007].

적 독점'을 허용했다. PUC에 관한 가장 일반적인 비판은 PUC
가 전력 산업에 "규제 포획"[109]되었다는 것이다. 그러므로 신
자유주의 이데올로기가 전력 산업의 **규제를 대폭 완화한 이
후**, 2000~2001년에 캘리포니아주 정전 사태와 같은 매우 불
공평한 결과가 나타난 것도 당연하다.[110] 그런데 신자유주의가
찬양하는 경쟁과 분산이 사실은 기업합병과 독점 권력이 **증
가하는** 시대를 열었고,[111] 중앙집중식 계획에 대한 혐오가 월
마트나 아마존 같은 초국적 기업의 계획 체계를 낳았으며, 이
런 점에서 보면 구소련은 이들의 비교 대상조차 되지 못할 정
도[112]라는 점은 참으로 아이러니한 일이다. 또한 모든 형태의
중앙 권력을 비판하는 이들은 노동조합을 '부패'와 '불공정 관
행'의 온상으로 보는 경우가 많다(3장에서 살펴보았듯, 1970년대
이후로 노동조합이 경제에 불공정하게 '정치적으로' 개입하여 인플
레이션을 초래한다는 비난이 일었다).[113]

---

109 [옮긴이] 규제 기관이 규제 대상에 포획되는 현상을 말한다.

110 Hirsh, *Power Loss* 참고; Stokes, *Short Circuiting Policy*, 88-93 추가 참고.

111 David Dayen, *Monopolized: Life in the Age of Corporate Power* (New York: The New Press, 2020)[국역:《우리는 독점기업 시대에 살고 있다》, 유강은 옮김, 열린책들, 2021].

112 Leigh Phillips and Michal Rozworski, *The People's Republic of Walmart: How the World's Largest Corporations Are Laying the Foundation for Socialism* (London: Verso, 2019).

113 마토 밀덴버거Matto Mildenberger는 저서 《포획된 탄소*Carbon Captured*》에서

게다가 발전 부문의 규제 완화로 중앙집중식 발전소가 갖고 있던 발전에 대한 독점적인 통제권이 느슨해져 소규모 재생에너지 발전이 성장할 기반이 마련되었다. 재생에너지 생산자의 원형으로 태양광 패널을 설치한 소규모 주택 소유자(전기의 소비자이자 생산자인 '프로슈머prosumer')를 상상하는 경우가 많지만, 사실 현재 재생에너지 산업을 주도하는 이들은 소규모 독립 전기 생산자들이다.[114] 여기에는 전국에 흩어져 있는 교외 지역의 땅을 임대하거나 구입하여 대규모 태양광 또는 풍력 발전소를 짓고 운영하는 생산자도 포함될 수 있다.[115] 덕분에 기존 마르크스주의식 계급 분석에서 프티부르주아지라고 부를 수 있는, 완벽한 민간 산업이 생겨났다.[116] 그런 사업

노동과 자본을 한데 묶어 "탄소에 의존하는 경제주체"의 두 가지 유형이라고 말했다(23). 기후 정책에 대해 반대할 때 노동 부문의 역할에 대해서는 아무도 주목하지 않는다는 점을 지적하며 그는 코크 형제가 지원하는 싱크탱크에서 노동조합을 최고의 동맹으로 주장했다는 내용을 인용한다(19). 이번 장과 다음 장에서는 노동조합이 단순히 코크 형제와 같은 자본가의 도구가 아니라 계급투쟁에 더 열려 있다는 점을 살펴볼 것이다.

114 Nina Kelsey, Jonas Meckling, "Who wins in renewable energy? Evidence from Europe and the United States," *Energy Research and Social Science*, Vol. 37 (2018): 65-73.

115 Ibid.

116 '청정기술' 산업과 다양한 친자본주의 이데올로기에 관한 방대한 연구 내용을 살펴보고 싶다면 다음을 참조하라. Jesse Goldstein, *Planetary Improvement: Cleantech Entrepreneurship and the Contradictions of Green Capitalism* (Cambridge, MA: MIT Press, 2018).

을 실제로 진행하는 것은 소규모 재생에너지 자본이겠지만, 대개 그 자본을 지원하는 곳은 골드만삭스 리뉴어블 파워 그룹Goldman Sachs Renewable Power Group 같은 대기업이나 구글, 페이스북 등 이른바 빅테크 기업이다.[117] 재생에너지 기업은 규모가 작을 뿐만 아니라 애리조나주의 사례에서 살펴보았듯이 기업의 존재 여부가 각 주의 정책과 사업 시행 또는 폐지에 심하게 좌우된다. 이는 청정에너지로의 전환이 수익성이 있을 때만 일어날 것이며, 이런 전환을 이룩해야 할 산업이 친시장, 반anti공공 전력 생산, 반노동조합 이데올로기를 갖고 있음을 시사해 준다. 이는 기후 과학에서 지금 필요하다고 말하는 대규모의 조화로운 전환과는 **거리가 멀다.**

에너지 (생산의) 분산으로 향하는 '연성' 경로는 여러 소규모 지역사회에서 자체 재생에너지 생산과 '소규모 전력망' 개발로 전력망을 되찾는다는 전망을 바탕으로 한다.[118] 이런 소규모 지역 전망이 공공 전력 생산 운동을 형성하기도 한다. 그 근거 중 하나는 순전히 인프라와 관련된다. 과거에는 지방자

---

117   Sam Schechner, "Amazon and Other Tech Giants Race to Buy Up Renewable Energy," *Wall Street Journal*, 2021년 6월 23일; "RIC Energy to Partner With Goldman Sachs Renewable Power on the Development of 47 MW of Community Solar Projects," *Businesswire*, 2021년 3월 4일 참고.

118   Ivan Penn, Clifford Krauss, "More Power Lines or Rooftop Solar Panels: The Fight Over Energy's Future," *New York Times*, 2021년 7월 11일.

치단체에서 소유한 전력망을 통해 전체 도심 지역에 전기를 제공하는 일이 당연하다고 여겨졌다. 전기의 '지자체 운영' 운동은 공공 전력 생산을 가장 일반적인 지형도로 표현한 것이었고, '지역'과 '지역사회' 개념을 강조하는 담론이 공공 전력 생산 운동 전반에 퍼졌다. 공공전력생산협회Public Power Association 에서는 공공 전력 생산의 장점에 관해 다음과 같이 설명문을 시작한다. "공공 발전소는 지역사회에서 소유하고, 지역에서 통제 및 운영하며, 비영리를 기본으로 한다."[119] 이 보고서의 부제목은 "지역의 통제. 지역의 우선순위. 더 튼튼한 지역경제"이다. 이를 강력하게 지지하는 가장 유명한 인사인 넥스트 시스템 프로젝트Next System Project의 요한나 보수와Johanna Bozuwa도 '지역사회가 소유한' 재생에너지 발전소를 투자자 소유 발전소의 대안으로 본다. 보수와는 "재생에너지가 지역에서 생산되면 지역사회로 돌아가는 경제적 이득이 빠르게 늘어난다"[120]며 지역에서 [전기 발전을] 통제하는 전망과 장점을 소개한다.

그런데 이렇게 '지역'이라든가 '지역사회'가 통제해야 한다

---

119 American Public Power Association, *Public Power for Your Community: Local Control. Local Priorities. A Stronger Local Economy* (Arlington, VA: American Public Power Association, 2016), 12.

120 Johanna Bozuwa, "Public ownership for energy democracy," *The Next System*, 2018년 9월 3일. thenextsystem.org/learn/stories/public-ownership-energy-democracy[2024년 12월 30일 접속 가능].

고 말하는 방식이 매우 배타적인 학군, 법, 과세표준을 보호하기 위해 보수 운동 진영에서 오랫동안 사용한 수사라는 점을 인지하는 사람은 별로 없는 듯하다.[121] 실제로 지역에서 통제하는 발전소에서 반동 정치를 지지하는 경우가 이미 존재한다. 스톡스에 따르면 애리조나주의 공공 솔트강 프로젝트Salt River Project는 "봉건제와 유사하다…. 지주만 투표할 수 있다."[122] 진보적인 뉴딜 시기에 만들어졌지만 매우 배타적인 지역 이사회가 미국 남부의 농촌 전기 협동조합을 운영하는 경우가 많다. 네이선 슈나이더는 "지나치게 높은 전기료, 흑인이 다수인 지역에서 모두 백인으로 구성된 이사회, 참여를 막는 불투명한 운영 절차"라는 특징을 근거로 미시시피의 전기 협동조합이 궁극적으로는 흑인과 빈곤층을 탄압하는 기관이라고 설명한다.[123]

가장 중요하게 눈여겨보아야 할 점은 지역적 공공 전력 생산 전망에서 기후위기의 규모와 그들이 꿈꾸는 사회 변화 규모 사이의 모순이 드러난다는 것이다. 한 번에 한 지역씩 공

---

121 Mary C. Brennan, *Turning Right in the Sixties: The Conservative Capture of the GOP* (Chapel Hill, NC: University of North Carolina Press, 1995), 8 참고.

122 Stokes, *Short Circuiting Policy*, 168.

123 Nathan Scheidner, "The $164 Billion Co-ops You Don't Know About," *Nation* (2017년 5월 22–29일), 26-31; 29.

공 전력 생산 체계를 만들어서는, 지금의 기후변화 문제를 해결하기란 거의 불가능에 가깝다.[124] 민간 발전소를 지자체에서 운영하도록 만드는 데 성공한 모범 사례로 불리는 콜로라도주 볼더시도 불확실한 법정 싸움이 오래 지속되면서 아직도 고통받고 있다.[125] 게다가 실제로 미래에 여러 지역에서 재생에너지로 발전이 이루어진다면, 태양광이나 바람을 활용할 수 없어서 발전량이 줄어드는 지역의 발전량을 보충할 수 있는 '전국 통합 전력망'만이 분산된 에너지 생산 체계가 제대로 작동하는 방법이라고 많은 에너지 학자들이 주장한다.[126] 이는 지역 전기 발전에 관한 중앙의 계획이 줄어드는 것이 아니라 **더 많아짐**을 의미한다. 공공 전력 생산 전망의 또 다른 중요한 문제점은 지역이나 주 차원에서 민간 투자자 소유의 발전소를 인수하면 발전소 노동자의 노동조합이 민간 부문 노동자를 대상으로 하는 전국노동관계위원회National Labor Relations Board, NLRB가 아니라 공공 부문 노동법의 적용을 받게 된다는 것이다. 공공 부문 노동법은 주별로 편차가 상당히 크며, 파업 금

---

124 Stokes, *Short Circuiting Policy*, 246-247.

125 Sam Lounsberry, "Boulder, Xcel to discuss alternatives that could end city's decade-long push for a municipal utility," *The Denver Post*, 2020년 5월 13일.

126 Clack, et al., "Evaluation of a proposal for reliable low-cost grid power with 100% wind, water, and solar," 6723.

지 등 불리한 조항이 있다. 좌파 운동 진영에서 공공 전력 생산의 전망이 성공하길 바란다면, 발전 부문 노동조합의 권리를 저해해서는 안 될 것이다. 오히려 발전 부문 노동조합을 자기편으로 끌어들여야 할 것이다.[127]

분산 생산된 에너지라는 러빈스의 "연성 경로" 전망과 일맥상통하는 공공 전력 생산은 대체로 그레그 샤저가 말하는 "지방주의localism" 이데올로기에 갇혀 있다. 지방주의는 "공장, 정부, 관료주의의 덩치가 너무 커졌다"[128]라고 본다. 그리고 자본주의에 대하여 소규모 대안을 만든다는 아이디어는 최소한 1960년대의 귀농운동back-to-the-land movement부터 환경정치에서 말하는 "작은 것이 아름답다" 바람을 몰고 왔다. 샤저에 따르면, 지방주의 정치의 문제는 "집단적으로는 대규모 사회 변화를 만들어 낼 수 없다고 가정한다"는 점이다.[129] 그나마 할 수 있는 일은 사회 전체를 형성하는 권력관계를 근본적으로 바꾸지 못하는 아주 작은 대안을 만드는 것뿐이다(에릭 올린 라이트

---

127 C. M. Lewis, "Opinion: Public utility campaigns have a labor problem," *Strikewave*, 2021년 7월 29일.

128 Greg Sharzer, *No Local: Why Small-Scale Alternatives Won't Change the World* (Winchester, UK: Zero Books), 8.

129 Ibid., 3.

는 이를 "자본주의 탈출" 전략이라고 부른다).[130] 샤저는 지역사회 차원의 대안은 "자본의 권력 때문에 그 가능성을 심각하게 제한받는다"라고 말한다.[131] 또는 조디 딘이 "여러분이 닭을 키우든 말든 골드만삭스는 신경 쓰지 않는다"라고 빈정댔던 말을 바꿔서 이렇게 말해 볼 수 있겠다. 여러분이 지역 소유 소형 전력망을 만들든 말든, 듀크 에너지는 신경 쓰지 않는다.

지방주의 노선으로 사회를 바꾸겠다는 전망은 전통적인 마르크스주의의 사회 생산 변혁의 전망과도 심하게 상충한다. 마르크스주의 관점에서 보면, 자본주의는 그 어느 때보다 중앙집중화된 대규모 산업의 개발을 **통해** 해방의 물질적 기반을 만들어 낸다. 마르크스는 자본주의가 "소수 자본가가 다수 자본가를 수탈"하는 것으로 자본을 어떻게 **집중화**하는지 설명했다.[132] 그러나 이런 집중화 과정을 통해 생산 그 자체는 더욱더 **사회화된다.**

노동과정에서 협업 형태의 성장, 과학의 의식적이고 기술적인

---

130 Erik Olin Wright, *How to Be an Anti-Capitalist in the 21st Century* (London: Verso, 2019), 51-53[국역:《21세기를 살아가는 반자본주의자를 위한 안내서》, 유강은 옮김, 이매진, 2020].

131 Sharzer, *No Local*, 2.

132 Marx, *Capital*, Vol. 1, 929[국역:《자본/자본론》, 여러 판본이 있다].

적용, 계획적인 토지 이용, 공동으로만 사용할 수 있는 형태로 전환되는 노동수단, 사회적으로 결합된 노동 생산수단을 사용함으로써 절약되는 모든 생산수단.[133]

마르크스가 생각한 사회주의에서는 노동자 계급이 사회화된 생산체제를 **몰수하여** 사적이지 않은, 사회적인 통제를 확고히 하는 것("즉, 협업 및 토지와 노동으로 생산된 생산수단의 공동 점유"[134])이 매우 중요하다.

몸집이 크고 중앙집중화된 발전소를 싫어하는 경향이 많지만, 바로 그런 발전소야말로 마르크스 그리고 앞서 인용한 카우츠키가 말한 **사회화된 생산**이 의미하는 것이다. 2000년, 미국 공학한림원National Academy of Engineering은 20세기 최고의 공학 업적으로 현대 전력망을 꼽았다.[135] 다른 상품과 달리, 전기는 소비되는 바로 그 시점에만 생산될 수 있다. 수요와 공급의 균형을 조절할 물질적인 필요성이 있다는 것은 원래부터 현대 전력망과 중앙집중화된 발전소가 매일 수백만 가구와 기업의 전기 소비량을 측정하고 예측하는 활동을 포함하는 **사회화된**

133   Ibid.

134   Ibid.

135   Robert Bryce, *A Question of Power: Electricity and the Wealth of Nations* (New York: Public Affairs, 2020), 18.

계획 기구라는 점을 의미한다. 많은 사람이 분산된 에너지 생산이 비대한 발전소를 자연스럽게 퇴출시키리라 생각하지만, 전기 사용자 대다수(미국의 경우 약 88.2퍼센트)는 여전히 중앙 집중식 발전소에서 전기를 공급받는다.[136]

"연성 경로"는 시간이 지나면 분산된 에너지 생산 체계가 중앙집중식 전력망 체계를 대체하리라고 보는 듯하다. 그러나 전혀 새로운 전기 생산 지형을 상상하기보다는 **기존**의 중앙집중식 전력망을 가지고서 사회 변혁을 이룩하는 것이 더 설득력이 있을 것이다. 다시 강조하지만, 우리에게는 큰 이점이 있다. 바로 그 체계 안에 이미 존재하는 사회권력 기반, 즉 노동조합에 가입한 발전 부문 노동자가 있다.

그런데 탄소를 배출하지 않는 에너지원 중에 가장 논란이 되는 것이 바로 원자력이다. 대부분이 비용이나 환경 안전 측면에서 원자력과 다른 에너지원의 장단점을 비교하며 논쟁을 벌이지만, **노동자 계급 권력** 기반을 갖춘 에너지원이 과연 무엇인지도 물어보아야 한다. 이런 측면에서 보면 원자력은 명백하게 우위를 점하고 있다. 전미발전노동조합Utility Workers Union of America, 이하 UWUA의 경우, 기후 문제의 해법으로 원자력이 핵

---

136 Energy Information Administration, "FAQ: What is US electricity generation by energy source?" www.eia.gov.

심이라고 이야기한다. 의회 청문회에서 노동조합 위원장 리 앤더슨은 "경제성장으로 그 어느 때보다 많은 에너지가 필요한 지금, 기존 전력망을 활용하면서 탄소를 적게 배출하고 안정적으로 많은 전기를 공급할 수 있어야 한다는 점에 주목하지 않을 수 없습니다"[137]라고 말했다.

한편, 태양광을 비롯한 재생에너지 발전 부문은 노동조합 미가입 계약직 노동자를 위험한 작업에 투입하기로 악명이 높다.[138] 《미국 에너지 및 고용에 관한 2020년 보고서》에 따르면 태양 및 풍력 발전은 발전 산업 중에서도 노동조합 가입률이 **최저**(각각 4%, 6%)이다. 이에 반해 원자력발전 부문의 노동조합 가입률은 12퍼센트(화석연료 발전소의 가입률도 높다. 천연가스 발전소는 11%, 석탄발전소는 10%)이다.[139] 태양과 풍력 발전

137　Lee Anderson, Government Affairs Director, Utility Workers Union of America, Before the 116th Congress, House Committee on Energy and Commerce Subcommittee on Energy Role of the Power Sector in Creating a 100 Percent Clean Economy in the United States, Rayburn House Office Building, Room 2322, 2019년 10월 20일 수요일.

138　Jessica Goodheart, "Have Solar Panel Companies Grown Too Quickly?" *Atlantic*, 2017년 4월 12일. 조지아주 태양광발전 산업의 노동조합 미가입 계약직 노동자 고용에 관한 훌륭한 연구 결과를 보려면 다음을 참조하라. Nikki Luke, "Finding the Time: Valuing the Social Reproduction of Labor in Atlanta's Electricity Politics," 박사학위 논문, 조지아 대학교 지리학과, 2020.

139　National Association of State Energy Officials and the Energy Futures Initiative, 2020 US Energy & Employment Report, usenergyjobs.org.

일자리는 대체로 건설과 설치 작업이 분산된 곳에서 이루어지지만 발전소 노동자는 '대형 발전시설급utility scale'의 중앙집중식 태양광 발전소 건설과 운영에 노동조합이 대변하는 일자리를 요구하며 투쟁할 수 있다. 실제로 일부 국제전기노동자연합IBEW 캘리포니아 지부에서는 바로 이런 투쟁을 진행했으며, '전력망에 연결된 규모grid-scale의 태양광발전 사업'을 바탕으로 노동조합에 기반한 태양에너지 생산의 가능성을 열었다.[140] 그렇지만 이는 일반적이라기보다는 예외에 가깝다. 《뉴욕타임스》 기사에서는 "매우 힘든 근무 스케줄에 노조도 없고 임금은 중간 수준이며 복리후생도 제한적"이라며 대형 발전시설급 태양발전 시설의 노동 환경을 상세히 보도했다.[141] UWUA의 재생에너지 국장은 "청정기술 산업은 반노동조합 입장이 매우 강하다…. 일시적인 업무가 상당히 많으며, 비정규직이거나 불안정 고용precarious work의 형태를 띠므로 조직하기 매우 어렵다"라고 말했다.[142]

나아가 더 큰 규모의 공공 전기를 고민해야 한다. 시나 지역 단위를 넘어선 더 큰 규모의 모델이 이미 있다. 1930년대

---

140 "California's solar gold rush," The Electrical Worker Online, 2014년 12월.

141 Noam Scheiber, "Building solar farms may not build the middle class," *New York Times*, 2021년 7월 16일.

142 Ibid.

뉴딜 시기에 만들어진 테네시계곡개발공사Tennessee Valley Authority, 이하 TVA는 공기업으로 연방이 소유하며, "모두를 위한 전기"를 구호로 내세웠다.[143] 현재 TVA는 테네시주를 비롯하여 인접한 6개 주의 소비자에게 전기를 제공하고 있으며 2018년 발전량은 1600억 킬로와트시로 매출은 112억 달러, 수익은 11억 달러를 기록했다.[144] 현재 공사가 관리 중인 발전소는 73곳이며, 이 중에서 원자력발전이 41퍼센트, 화석연료 발전이 39퍼센트, 수력발전이 10퍼센트, 그리고 태양이나 풍력 발전이 10퍼센트를 차지한다.[145] TVA는 미국 최대의 공공 발전 기업이며, "전 직원 1만 명 중 절반이 넘는 직원이 노동조합에 가입"[146]하여 노동조합 조직률이 매우 높다. 또한 전국노동관계위원회NLRB에 적용되지 않더라도 고유한 연방 노동 제도를 도입하여 앞서 언급했던 퇴행적인 주별 공공 부문 노동법의 단점을 극복

143　TVA: Electricity for All, New Deal Network, 2014년 4월 23일, newdeal.feri.org/tva/tva01.htm[2024년 12월 30일 접속 불가].

144　Matt Bruenig, "Fighting climate change with a green Tennessee Valley Authority," People's Policy Project, 2019년 1월 23일. peoplespolicyproject.org/wpcontent/uploads/GreenTVA.pdf[2024년 12월 30일 접속 가능].

145　Tennessee Valley Authority, "Our Power System." tva.com/energy/our-power-system[2024년 12월 30일 접속 가능].

146　Fred Stafford, "How Trump Got His Right-Wing New Deal Victory," *Jacobin*, 2020년 8월 17일.

했다.[147]

좌파 싱크탱크인 민중정책프로젝트Peoples' Policy Project는 한 번에 한 도시의 사설 전력망을 접수하기를 꿈꾸기보다 TVA 의 권한을 미국 전역에서 탄소를 배출하지 않고 에너지를 생산하는 것으로까지 확대하자고 제안한다.[148] 버니 샌더스는 2020년 대선에서 이 제안을 수용하여 TVA를 비롯하여 미국 33개 주에서 이미 전기를 생산하고 있는 연방정부 소유의 "전력 시장 기관Power Marketing Administration"을 활용할 것을 공약했다.[149] 이는 "민간 전력사가 소유한 석탄, 천연가스, 원자력 발전소와 경쟁할 일종의 '공공 선택지'"[150]를 만들고자 함이었다. 이 계획에 반대한 대표적인 인물은 친자본주의 민주당의 싱크탱크 "제3의 길Third Way"의 조시 프리드였는데, 그는 "기존 전력사가 경쟁하기 매우 어려워질 것"[151]이라고 우려했다. 그럼

---

147 1991년, 미국 회계감사원US General Accounting Office에서 TVA에 전국노동관계위원회를 적용할 것을 권고했으나, 아직도 적용하지 않고 있다. United States General Accounting Office, *Labor-Management Relations: Tennessee Valley Authority Situation Needs to Improve* (Washington, DC: Government Printing Office, 1991).

148 Bruenig, "Fighting climate change."

149 Gavin Bade, "Power to the people: Bernie calls for federal takeover of electricity production," *Politico*, 2020년 2월 2일.

150 Ibid.

151 Ibid.

에도 공공 전기가 화석연료를 사용하여 발전하는 기업을 망하게 한다는 이야기는 극히 일부 관점에서 본 '부정적'인 관점일 뿐이다.

기존 발전 산업은 엄청나게 사회화된 생산 형태를 갖추고 있으며 노동조합 조직률도 상당히 높다. 즉, 전기 체계 내부적으로 탈탄소화를 추진할 수 있는 사회적 권력의 원천이 이미 존재할 **가능성**이 있다는 것이다. 시장을 분산하여 새로운 에너지 체계가 마법처럼 나타나리라고 생각할 것이 아니라 '야수의 심장부'에 있는 노동조합의 힘을 이용하는 것이 조금 더 현실적인 전략일 것이다. 그렇지만, 마지막 장에서 살펴보듯이 **잠재적인** 노동자 계급 권력이 반드시 노동자 계급 권력을 현실화할 수 있는 것은 아니다.

나가며: 전기 사회주의

공산주의란 소비에트 권력과 전국의 전기 보급이다.

_ 블라디미르 레닌, 1920년 12월 22일.

지금은 잊힌 지 오래되었지만, 노동자 계급과 사회주의 정치권력이 정점에 있던 20세기 초는 대규모 전기 보급이 이루어진 시기이기도 하다. 지금이야 당연시되지만, 당시 전기는 더 큰 인간 해방을 달성할 수 있는 마법과도 같은 기술로 여겨졌다. 노동자 계급과 사회주의 운동은 전기로 인한 대량 생산으로 만들어진 풍요가 엥겔스의 말처럼 "모든 사회 구성원이 소비하고도 남을 양을 생산할 뿐만 아니라 모든 개인이 여가를 즐길 수 있게 할 것"[152]이라는 믿음을 전제했다. 레닌의 저 유명한 말도 볼셰비키가 전기를 공산주의에 매우 중요한 물질적 기반으로 여겼음을 보여준다. 또 다른 중요한 요소가 무엇이었을까? 바로 소비에트 권력, 즉 소비에트 노동자위원회가 대변했던 **노동자 권력**이다.

21세기에 살고 있는 우리도 다시 한번 생태사회주의란 노동자 권력과 전 세계적 전기 사용의 확대라고 말할 수 있다. 이번 장에서는 '모든 것을 전기로'라는 전략이 모든 탈탄소 계획에 핵심적이라는 주장을 펼쳐 보았다. 물론 그러려면 운송, 난방, 산업 부문까지 전기 사용을 엄청나게 확대해야 한다. 기후변화는 전 세계에서 대대적인 전기 사용 확대가 필요함을 알려 주었다. 그렇지만 우리는 전기 사용을 **인권**의 이유에서 확대해야 할 필요성에 관해서는 이야기한 적이 없었다. 로버

---

152 Frederick Engels, *The Housing Question* (1872). marxists.org/archive/marx/works/1872/housing-question[국역: 〈주택 문제〉, 《마르크스 엥겔스 주택 문제와 토지 국유화》 1장, 김대웅 옮김, 노마드, 2019].

트 브라이스는 계산을 통해 자신의 냉장고가 1년에 1천 킬로와트시를 소비하는데, 이는 전 세계 33억 인구가 1년에 소비하는 전기의 양보다 훨씬 많은 것임을 밝혔다.[153] 전기가 보급된 현대적인 환경에서 사는 사람들은 성급하게 산업화와 현대 기술의 폐해를 비난하지만, 전기 접근성을 기본적으로 보장함으로써 수십억 명의 삶을 개선해야 한다는 점 또한 고려해야 한다. 이는 단순하게는 넷플릭스나 소셜미디어 앱만이 아니라 기본적인 의료 서비스와 식품 저장 기술을 이용할 수 있느냐의 문제다.

공공 전력 생산 운동의 밑바탕에 깔린 구호는 훨씬 근본적이다. 특히 전기가 없는 곳에서는 더욱더 그렇다. 바로, **전기**는 **인권**이라는 것. 남아프리카공화국 금속노동조합National Union of Metalworkers of South Africa은 2016년 인권의 날에 "일할 권리, 빈곤으로부터 해방될 권리, 국부를 분배받을 받을 권리, 의료, 교육, 상수도, 전기, 대중교통을 이용할 권리 그리고 더 근본적으로는 토지를 소유할 권리"[154]를 주장했다. 게다가 전기 부족은 비단 남반구 국가만의 문제가 아니다. 현대 미국에서도

153   Bryce, *A Question of Power*, 74.

154   National Union of Metalworkers of South Africa, "NUMSA statement on Human Rights Day 2016," March 22, 2016. numsa.org.za/article/numsa-statementhuman-rights-day-2016.

민간 영리 전력사가 요금을 연체한 빈곤 가구의 전기 공급을 중단하는 일이 일상다반사로 일어난다. 전미흑인지위향상협회NAACP에서 2017년에 발표한 《동절기 전기 공급 중단: 인권이 중요한 만큼 전기 공급 중단 정책 개선하기》[155]라는 보고서에서는 전력사가 흑인 빈곤층에 전기 공급을 중단하여 이들이 고통을 겪고 사망까지 야기한 사례가 얼마나 많은지 보여주었다. 메릴랜드주에서는 부족한 전기를 보충하려고 한 아버지가 발전기를 사용했다가 일산화탄소 중독으로 그 자신만이 아니라 자녀 일곱까지 모두 사망한 사건이 발생했다.[156] 난방을 못해 사망한 사람도 부지기수다. 이 보고서에서는 정부가 "전기는 인권"임을 천명하여 모든 인구에 전기를 공급하고 이렇게 불필요한 죽음을 막을 것을 주문했다. 이는 노동자 계급의 이해관계와 기후 행동 간에 공통분모가 있음을 보여주는 또 하나의 사례다. 민간 발전 부문은 지구만 위협하는 것이 아니라 이윤을 위해 인권도 침해하고 있다.

지금까지는 투자자 소유의 전력사에서 기업 내 노동조합과 경영진을 자기편으로 끌어들였지만, 꼭 그렇게 되어야 한

---

155 NAACP Environmental and Climate Justice Program, *Lights Out in the Cold: Reforming Utility Shut-Off Policies as if Human Rights Matter* (Baltimore, MD: NAACP, 2017).

156 Ibid., vii.

다는 법은 없다. 조건만 잘 갖춰지면 발전소의 노동조합도 언제든 노동자 계급 투쟁의 장이 될 수 있다.

7. 노동조합의 권력

: 발전노동조합의 역사와 전략

들어가며: 발전소 파업

2019년 12월, 프랑스 발전노동조합은 에마뉘엘 마크롱 대통령의 노동자 연금 삭감 계획에 반대하며 가정과 기업을 '겨냥하여' 전력 공급을 중단했다. 불법적인 행위였으나 전력 공급 중단은 20세기 초중반, 노동자 계급 조직의 투쟁성이 높았던 시기의 일반적인 전술을 되살려냈다.[1] 일부 기자들은 전략적인 전력 공급 중단을 놓고 "최신 프랑스 노동자 파업의 혁신"[2]이라고 묘사했다. 발전노동조합은 크리스마스 배송이 한창인 시기에 아마존 창고와 같은 노동 착취 기업의 전기를 끊었다. 한 노동조합 지도자는 "공공 서비스에 침을 뱉는 행위가 우리를 화나게 할 수 있음을 알아야 한다"[3]라고 말했다. 2020년

---

1   Michel Rose and Bate Felix, "French strikers angry about pension reform cut power to homes, companies," *Reuters*, 2019년 12월 18일.

2   Ephrat Livni, "A French union cut power to an Amazon facility in support of workers," *Quartz*, 2019년 12월 25일.

3   Rose and Felix, "French strikers angry."

1월, 마크롱은 이와 비슷한 수준의 "대중교통 마비 파업"[4]까지 일어나자 결국은 계획을 철회했다.

제인 매클레비는 오랫동안 뉴잉글랜드에서 활동한 노동조합 지도자 제리 브라운Jerry Brown의 말, "파업 근육은 다른 근육처럼 제대로 유지하지 않으면 위축되어 버린다"[5]를 인용한다. 미국의 파업 근육은 확실히 위축되었지만, 프랑스 노동자 계급은 여전히 생산 단계에서 노동자 계급의 전략적인 권력/힘이 어떤 의미인지 잘 알고 있다. 프랑스 발전 부문에서 공공 부문 노동조합은 법과 질서에 저항하고 엘리트 계층이 노동자 계급의 요구를 받아들이게 하는 데 그 권력/힘을 적극적으로 사용했다.

기후정치에 노동조합을 끌어들이려는 노력이 오래전부터 계속되어 왔다. 한 10년 전인가, 노동조합 아홉 곳과 환경 NGO 다섯 곳에서 '청록 연맹'을 결성하여 노동자의 이해관계와 기후 목표를 일치시키려 노력했다.[6] 그러나 노동조합 관료주의와 NGO에 기반한 이 동맹은 상당히 취약했다. 앞선 장에

---

4   Adam Nossiter, "Macron Scraps Proposal to Raise Retirement Age in France," *New York Times*, 2020년 1월 11일.

5   Jane McAlevey, *No Shortcuts: Organizing for Power in the New Gilded Age* (Oxford, UK: Oxford University Press, 2016).

6   bluegreenalliance.org/. Demitris Stevis, "US labour unions and green transitions: Depth, breadth, and worker agency," *Globalizations*, Vol. 15, No. 4 (2018): 454-469; 458 참조.

서 말한 **전략적인 부문**(발전 부문)에 집중하려는 노력을 보이지도 않았다. 게다가 미국 발전 부문 노동조합은 프랑스만큼 투쟁적이지도 않았다.

그렇지만 이런 상태가 언제까지고 계속되리라는 법은 없다. 이번 장에서는 발전노동조합의 역사를 살펴보고 발전 부문에서 노동자 계급의 힘을 되살리기 위한 세 가지 전략을 제시해 볼 것이다. 그 전략이란 (1) 조합원 전략, (2) 조합의 자원을 활용한 대중 정치 교육 캠페인, (3) 생산 단계에서 파업과 조업 중단의 전략적 활용이다. 현재 발전노동조합의 상태를 생각하면 이런 변화가 일어날 수 있으리라 상상하기 어렵겠지만, 기후변화에 대응할 시간이 촉박한 상황에서 특정 부문 노동조합을 겨냥한 전략은 사회의 '모든 것'을 한꺼번에 바꿔야 한다는 지배적인 시각보다 훨씬 현실적일 것이다.

간략한 발전 부문 노동조합 투쟁사

다른 부문과 마찬가지로, 발전 부문에서 노동조합을 결성하려는 투쟁도 노동과정의 성격에서 기인했다. 중앙집중식 발전소를 중심으로 전력 체계가 수립되기 시작하자(최초로

생긴 발전소는 1882년 뉴욕시 펄스트리트 석탄발전소Pearl Street Station[7]

다), 노동자들은 중앙 발전소에서 공공, 상업, 주거, 산업 시설
로 향하는 송전선을 설치해야 했다. 노동사학자 그레이스 팔
라디노는 "가선공의 실질적인 연대 의식은 업무 자체에서 발
생한 것"이라고 설명한다.[8] 전선 작업에는 감전사부터 추락까
지 다양한 위험이 도사리고 있었고 "이런 원천적인 위험 때
문에 강한 공감대가 형성"되었다.[9] 실제로 국제전기노동자연
합이하 IBEW의 주요 창립자 중 한 명인 헨리 밀러Henry Miller는 전
선 작업 도중 전신주에서 떨어져 43세에 사망했다.[10] 또한 전
신주를 세우고 고압선로를 변전소에 연결하려면 가선공 간의
협업이 필수이며, 송전선 건설과 수리에도 다른 노동자와 협
업해야 하는 일이 많다.

가선공들은 '삶의 방식으로서의 노동조합주의'를 만들어
냈지만, 초기에는 전력사의 강경한 저항에 부딪혔다.[11] 1890

---

7   Bryce, A Question of Power, 13.

8   Grace Palladino, *Dreams of Dignity, Workers of Vision: A History of the International Brotherhood of Electrical Workers* (Washington, DC: International Brotherhood of Electrical Workers, 1991), 23.

9   Ibid., 25.

10   Ibid., 18.

11   Ibid., 23.

넌대 초, 에디슨사Edison Company는 설비 시공 노동자의 강력한 파업에 직면했다.[12] 그러자 사측은 노동조합 활동가를 해고하고 "건물에서 피켓 시위를 하는 조합원을 사살하라는 명령을 받은 무장한 파업 불참자"[13]를 배치하는 것으로 대응했다. 결국, 전력사가 가진 중앙집중적인 힘 때문에 가선공들은 "자신의 힘을 중앙집중화할 목적"[14]으로 지역 노동조합을 결합하여 지구 위원회를 만들 수밖에 없었다. 이런 노동과정의 특성은 "다른 전기 노동자에게는 쉽사리 전파되지 않는 특수한 직종 문화"[15]를 만들었다. IBEW는 1891년에 전미전기노동자연합National Brotherhood of Electrical Workers이라는 이름으로 처음 출범했다. 1890년대 말에는 미국 노동총연맹American Federation of Labor, 이하 AFL에 가입하여 더 큰 조직 안에서 일반적인 '직종조합주의craft unionism'를 대변했다. IBEW 초기에는 '가선공'과 주거 및 상업용 건물과 기타 인프라의 전기 서비스를 위해 배선 작업을 하는 '배선공' 사이의 다툼이 많았다.[16]

IBEW는 창립 초기 30년 동안 이런 AFL식 직종조합주의

12   Ibid., 21.

13   Ibid.

14   Ibid,. 55.

15   Ibid., 25.

16   Ibid., 25.

노선을 발전시켰다. 이 시기에 중앙집중식 독점 전력사들은 전력 산업에서 노동조합이 광범위하게 조직되는 일을 방해했다.[17] IBEW는 노동자를 조직하는 데 어느 정도 성공을 거두기는 했지만, 대부분이 테네시계곡개발공사이하 TVA 같은 공공 전력사에서 조직한 것이었다.[18] 민간 전력사는 훨씬 저항이 컸다.

　1930년대에는 직종과 관계없이 한 산업의 모든 노동자를 조직하고자 하는 더 큰 틀의 산업별 노동조합주의가 대두했다. 1935년, 꼬박 1년에 걸친 광범위한 파업 행동이 있은 지 몇 달 만에 산별노조협의회이하 CIO가 결성되었다. CIO는 이전보다 훨씬 급진적이고 투쟁적이었으며 조합원 조직 전략을 통한 대중 노동조합 노선에 바탕을 두었다.[19] CIO 초기에는 노동조합에서 벌인 많은 파업과 행동에서 분노의 대상은 고용주뿐만 아니라 노동조합의 관료주의로도 향했다.[20] CIO 활동가들은 대체로 공산당원이었으며 조합원 조직에 계급투쟁 관점을 적용했고, 노동조합 지도부의 온건한 협상 노선보다는 적

17　Ibid., 166.

18　기후 행동과 '양질의 일자리'를 결합하려는 이들에게는 이런 과거의 선례가 유용할 것이다. Ibid., 167.

19　Irving Bernstein, *Turbulent Years: A History of the American Worker, 1933-1941* (Chicago: Haymarket, 1969).

20　Jeremy Brecher, *Strike!* (Oakland, CA: PM Press, 2020).

극적인 파업과 조합원 행동에 집중했다.[21]

발전 부문에서 급진적인 산업별 노동조합주의 방식의 대표적인 사례가 전미전기및라디오연합노동조합United Electrical, Radio and Machine Workers of America, 이하 UE로, UE 조합원은 주로 제너럴 일렉트릭과 웨스팅하우스가 소유한 발전소에서 전기 제조 상비를 다루는 노동자였다.[22] 얼마 지나지 않아 UE와 IBEW는 발전 부문 노동자의 조직화를 두고 충돌했으며, 이 갈등은 상당히 오랜 기간 지속되었다. 1937년에 UE와 IBEW는 내셔널일렉트릭프로덕트코퍼레이션National Electric Products Corporation의 펜실베이니아주 앰브리지 발전소에서 노동조합 인가를 두고 격렬하게 맞붙었다. IBEW는 밀실에서 계약을 협상하고자 했지만 UE는 3주에 이르는 파업을 조직했다.[23]

노동조합 조직이 활발하던 1930년대에 UE와 IBEW는 자주 부딪쳤으며 가장 심각한 충돌은 뉴욕시 콘솔리데이티드에디슨Consolidated Edison, 이하 Con Ed의 발전 노동자 조직을 두고 일

---

21 이를 잘 설명한 참고 자료로 다음을 참조하라. Micah Uetricht, Barry Eidlin, "US union revitalization and the missing 'militant minority'," *Labor Studies Journal*, Vol. 44, No. 1 (2018): 36-59.

22 Ronald L. Filippelli and Mark D McColloch, *Cold War in the Working Class: The Rise and Decline of the United Electrical Workers* (Albany, NY: SUNY Press, 1995).

23 Palladino, *Dreams of Dignity*, 163.

어났다.[24] 노동조합 조직 움직임이 시작되자 Con Ed에서는 산업스파이를 고용하여 노동조합 활동을 방해했다. 노동조합에 더 많은 법적 권리를 인정한 와그너법Wagner Act이 통과된 지 2년이 지난 1937년이 되어서야 Con Ed는 법에 따라 IBEW와 협약을 맺었다. 그러나 UE는 파업하지 않겠다고 약속한 것과 회사에 유리한 여러 조항을 들어 IBEW를 '어용노조'라고 비난했고 와그너법을 이용하여 이 협약을 불법적인 것으로 규정하고자 했다. 1938년에 대법원의 판결이 있고서야 IBEW가 맺은 협약이 정식으로 발효되었다.

그런데 그로부터 2년이 지나서 IBEW는 노동조합에서 조금 더 특권을 가진 조합원을 데려와서는 Con Ed의 기존 시설 노동자를 대체하려고 시도했다. 이에 노동자들은 파업에 나섰고, IBEW와 관계를 끊었으며, 결국에는 독립 노동조합인 콘솔리데이티드에디슨직원조합Brotherhood of Consolidated Edison Employees[25]을 결성했다.

이런 국지적인 충돌과는 무관하게, 발전소에는 전력 생산과 배전에 다양한 노동자가 투입되기 때문에 '발전소에서 직종별로 노동자를 조직하는 일은 성공할 수 없다'는 점이 명확

---

24 다음 설명은 다음을 참고했다. Ibid., 166-171.

25 Utility Workers Union of America, "An Informal History of the UWUA." uwua.net/our-history[2024년 12월 30일 접속 가능].

해졌다.[26] 산업별 노동조합주의는 발전 부문의 미래였다. 발전 부문이 "현대 산업의 중추"[27]로서 갖는 전략적인 중요성을 인식한 UE와 CIO는 1938년에 발전 부문 노동조합인 발전노동자조직위원회Utility Workers Organizing Committee[28]를 만들었고, 이것이 1945년에 전미발전노동조합이하 UWUA[29]이 되었다. Con Ed의 노동조합(1-2 지부)도 결국 UWUA에 가입했다.[30]

2차 세계대전 이후, UWUA와 IBEW가 미국 전역의 다양한 지역을 대표(오늘날은 IBEW가 훨씬 지배적이다)하면서, 발전 부문 노동조합 운동은 비교적 견고하게 유지되었다. 공익사업위원회이하 PUC가 엄격하게 가격을 규제했으므로 발전소는 새로운 발전소 건설과 용량 확장을 통해 전기 사용자를 늘리는 것을 주된 축적 전략으로 삼았고, 이렇게 사업이 확장되면서 건설 및 발전소 노동자를 위해 노동조합이 대변하는 일자리가 생겼다.[31] 전후 시기 이런 노동조합은 다른 노동조합과 마찬

---

26 Palladino, *Dreams of Dignity*, 166.

27 Ibid., 166.

28 Filippelli, McColloch, *Cold War in the Working Class*, 42.

29 이런 노동조합이 발전소 노동자에만 국한된 것이 아니라 가스, 수도, 철도 부문 노동자도 포함한다는 점에 유의해야 한다.

30 Utility Workers of America, "An Informal History of the UWUA."

31 Stokes, *Short Circuiting Policy*, 79-82; Bakke, *The Grid*.

가지로 훨씬 좌파적인(또는 명백하게 공산주의적인) 조합원을 내쫓고 기업, 군산 복합체와 더 굳건한 관계를 맺었다.[32]

아이러니하게도 1980년대의 전기 규제 완화는 노동조합 자체에 대한 끊임없는 공격을 수반했을 뿐 아니라 독립적인 전력 생산자(일부는 재생에너지 생산자)가 확대되면서 노동조합 미가입 노동자를 고용하여 발전노동조합의 힘이 크게 저하되는 결과로 이어졌다.[33] 그러나 중앙집중식 발전소는 여전히 미국 대부분 지역에서 주요한 전기 서비스 공급자 지위를 유지하고 있으며, 이런 발전소의 노동조합도 발전 부문에서 아직 강건하다.

시간이 더 흐르고 IBEW 지도부는 조합원의 가장 큰 문제가 '무관심'이라고 불만을 표하기도 했다. 어떤 노동조합 간부는 1990년에 "뭘 얘기하기 위해 모임에 참석하게 만드는 일은 거의 불가능"하다고 말했다.[34] 그러면서 발전 부문은 '기업형 노동조합주의business unionism'라는 관료주의적 방향으로 석회화했다. IBEW는 민주당 내 중도주의자의 강력한 우군이 되었고

32   Palladino, *Dreams of Dignity, 222-223; Filippelli, McColloch, Cold War in the Working Class*, 113-166.

33   Stokes, *Short Circuiting Policy*, 83-105; Kelsey, Meckling, "Who wins in renewable energy?

34   Palladino, *Dreams of Dignity*, 269.

2020년 아이오와 경선 직후 조 바이든 지지를 선언했다.[35] 여러 지부에서 '순 배출량 제로' 건설 시범 사업을 수립하고 대형 발전시설급 태양광 계약을 얻어 냈음에도, 이제 IBEW 자체를 기후 투쟁의 우군이라고 보기는 어렵다.[36] 2014년에 IBEW와 UWUA 조합원은 전기의 탈탄소화를 추구하는 오바마의 청정전력계획에 **반대하여** 피츠버그의 연방 건물을 점거했고, 2015년에 IBEW는 이 계획에 반대하는 소송에 참여했다.[37]

앞으로도 이런 입장이 계속되리라는 법은 없다. 다음으로는 발전 부문에서 투쟁적인 노동자 계급의 권력/힘과 조합 민주주의를 되살릴 몇 가지 급진적인 전략을 모색해 보겠다.

조합원 전략: 한 부문에서의 사회주의

오늘날, 기후변화에 맞서는 어느 노동조합의 전략이든 간

---

35 지지 선언 결과 로니 스티븐슨Lonnie Stephenson IBEW 위원장이 2020년 가을에 조 바이든의 대통령직 인수위원회에서 에너지/기후 자문으로 임명되는 성과를 얻었다. "IBEW Endorses Joe Biden for President." ibew.org.

36 Kathleen MacClay, "California solar boom makes the state a national leader and prepares new generation of workers, report says," IBEW 569, 2014년 11월 10일. Stevis, "US labour unions and green transitions," 461 참고.

37 Matto Mildenberger, *Carbon Captured: How Business and Labor Control Climate Politics* (Cambridge, MA: MIT Press, 2020), 1; Stevis, "US labour unions and green transitions," 461.

에, 노동운동의 전반적인 취약성과 함께 매우 짧은 시간 안에 기후위기 행동에 나서야 한다는 두 가지 문제를 해결해야 한다. 앞으로 10년, 20년 안에 1930년대 정도와 같은 노동자 계급의 권력을 회복한다거나 자본주의를 철폐할 수는 없을 것이다. 따라서 6장에서 설명한 것처럼 발전 부문이라는 한 부문을 겨냥한 조금 더 구체적인 전략이 필요하다. 한 부문에서 노동자의 권력을 만들어 낸다는 것은 더 큰 정치 역학에서 개별적인 과정이 아니다. 여기에 에너지와 관심을 집중해야 한다.

일부 급진적인 사회주의 이론가들은 조합원 전략[38]이라는, 특정 노동조합에서 권력을 만드는 데 초점을 맞춘 전략을 고안했다. 조합원 전략은 노동조합의 권력을 더 크게 만드는 전략을 뛰어넘는, "노동자 계급의 해방은 반드시 노동자 계급 자기 손으로 이뤄야 한다"[39]라고 했던 마르크스의 정치 전망에 기반한 **사회주의 자체**를 달성하기 위한 전략이다. 조합원 전략에서는 노동자가 자본과 직접 맞서서 자신의 힘을 깨달아야만 이 과정이 시작될 수 있다고 주장한다. 또한 '기업형 노동조합주의', 즉 관료주의에 통제되거나 자본가의 편에 서는

---

38   이를 다룬 전형적인 팸플릿은 다음과 같다. Kim Moody, *The Rank and File Strategy* (Solidarity, 2000).

39   Karl Marx, "Address and Provisional Rules of the Working Men's International Association," 1864년 10월 런던.

노동조합을 단호히 반대한다. 킴 무디가 설명하듯이 노동조합 지도자들이 "자본을 위해 일하는 조합원과 자본가 혹은 자본가의 대리인 사이에서 협상과 중재를 하는 사람"이 되어 **안정**을 추구하며 투쟁적인 노동자의 행동으로 인한 갈등을 회피하려고 하는 경우가 많다.[40]

단기간에 사회주의가 실현될 가능성은 없다. 그렇기에 가장 현실적인 목표는 발전 부문을 공공 소유로 사회화하여 사적 이윤보다 탈탄소화를 우선하도록 하는 것이다. 다소 뻔뻔하게 말하자면 이를 **한 부문에서의 사회주의**라고 할 수 있겠다. 조합원 전략은 한 부문에서 노동자/노동조합의 권력을 만들어 내면 다른 부문의 투쟁성 회복과 노동자/노동조합의 권력 조직으로 이어질 것이라 보고, 당면 과제는 발전 부문을 가능한 한 빠르게 사회화하는 것이라고 주장한다. 발전 부문 노동조합이 현재 굉장히 '기업형 노동조합주의'에 매몰되어 있으므로, 내부 조합원의 힘으로 이런 노동조합을 급진화하는 것이 우리의 유일한 희망이다.

조합원 전략은 노동자가 스스로 자본의 이윤 추구를 방해할 수 있는 전략적인 일터에서 노동자 계급의 힘을 모으는 것을 목표로 한다. 파업이 가장 중요한 조합원 행동의 도구이기

---

40 Moody, "The Rank and File Strategy," 10.

는 하지만, 노동자 사이의 계급투쟁 의식을 높이는 일에는 "장기간의 직장 내 캠페인이나 조합 개혁 기구"[41]가 포함될 수 있다. 또한 마르크스가 파업을 "사회주의의 학교"[42]라고 했듯이 노동조합을 노동자가 적극적이고 조직적인 행동을 통해 자기가 가진 힘을 발견하고 조직하기 위해 이미 존재하는 기구로 세운다. 따라서 미조직 노동자를 조직하는 매우 중요한 전술과 달리, 조합원 전략의 목표는 기존 노동조합 안에서 조직을 강화하는 것이다.[43] 다시 강조하지만, 노동조합 조직률이 매우 낮은 미국에서도 전국적으로 아직 1430만 명이 노동조합에 가입해 있으며, 이들 중 대다수가 노동조합 안에서 특별한 활동을 하지 않는다. 한데 발전 부문은 다른 부문보다 훨씬 더 노동조합 조직률이 높다.

조합원 전략은 노동조합을 빠르게 급진화할 수 있다는 이점이 있다. 우선, 대다수 노동자를 급진적으로 만들 필요가 없

---

41 Ibid., 6.

42 인용 출처: Miliband, *Marxism and Politics*, 132[국역: 《마르크스주의 정치학 입문》, 정원호 옮김, 풀빛, 1989].

43 "노동조합은 노동자가 미래 투쟁에 필요한 역량을 개발하는 과정에서 일관되고 조율된 방식으로 계급 투쟁을 수행할 플랫폼을 제공한다. 그렇기에 많은 사회주의자들이 많은 시간과 노동을 들여 노동조합 강화에 나서는 것이다." 출처: Barry Eidlin, "What Is the Rank-and-File Strategy, and Why Does It Matter?" *Jacobin*, 2019년 3월 26일.

다. 오히려 역사에서도 그랬듯이 데이비드 몽고메리가 "투쟁적인 소수militant minority"라고 불렀던, 소수의 투쟁적인 활동가 간부가 노동조합의 급진화를 이끌어야 한다.[44] 킴 무디가 설명하듯, 투쟁적인 소수는 "조직된 노동자 계급 중 활동가 단위"[45]를 말한다. 찰스 포스트는 이들이 "정치적으로 동질적이며 현장 투쟁을 이끌고 급진적인 정치를 추진한 노동조합 대표와 직장 내 지도자로 구성된다"[46]라고 설명한다. 미카 우트리히트와 배리 에이들린이 설명한 것처럼, 투쟁적인 소수에 해당하는 조직 활동가들은 "가장 용감한 투사이고, 가장 헌신적인 활동가이며, 가장 적극적으로 노동조합의 연대 문화를 만드는 사람이다. 이들은 투쟁을 이끄는 것뿐만 아니라 그 성과를 공고히 하는 데 매우 중요하다."[47] 노동조합에 가입한 수십만 발전 부문 노동자들 전부를 조직하기란 매우 어려워 보이지만, 사실 이 전략은 아주 소수의 투쟁적인 활동가를 조직하는 것에서부터 **시작**하라고 말한다.

미국 민주사회주의자이하 DSA도 이런 조합원 전략을 실행

---

44 David Montgomery, *Fall of the House of Labor* (Cambridge, UK: Cambridge University Press, 1987), 2.

45 Moody, "The Rank and File Strategy," 31.

46 Charles Post, "The forgotten militants," *Jacobin*, 2016년 8월 8일.

47 Uetricht, Eidlin, "US union revitalization and the missing 'militant minority'," 37.

중이다. DSA는 〈사회주의자가 교사가 되어야 하는 이유〉라는 팸플릿에서 DSA 활동가들에게 전략 부문 안에서 노동자 계급의 권력/힘을 모으라고 말한다.[48] 이렇게 전략적으로 교육 부문을 활용한다는 생각이 레이버 노트 같은 단체나 제인 매클레비 같은 이론가 사이에서뿐만 아니라, 투쟁 **경험**에서도 대두하고 있다. 에릭 블랑이 설명한 바와 같이 2016년 버니 샌더스 선거운동을 통해 급진화된 DSA 내 투쟁적인 소수와 다른 활동가들은 2018년 웨스트버지니아주 교사 파업을 매우 성공적으로 조직했다.[49]

따라서 사회주의자와 급진적인 기후 활동가 들이 발전 부문에 취업하는 것도 하나의 기후 전략이 될 수 있다. 현재 IBEW 조합원인 라이언 폴락은 이미 자기 조합에서 그린 뉴딜에 관한 지지를 얻기 위해 바로 이 조합원 전략을 주장했다.[50] 그렇지만 조합원 전략에서는 급진적인 노동자가 일터로 들어가는 것만으로 단기간에 동료들을 마르크스주의로 끌어들일 수 있으리라고는 보지 않는다. 오히려 가장 힘든 일은 매클레

48 Democratic Socialists of America, "Why Socialists Should Become Teachers." teachers.dsausa.org[2024년 12월 30일 접속 가능].

49 Eric Blanc, *Red State Revolt: The Teachers' Strike Wave and Working Class Politics* (London: Verso, 2019).

50 Ryan Pollack, "The Case for an Ecosocialist Rank & File Strategy in the Building Trades," *The Trouble*, 2019년 11월 28일.

비가 말한 "유기적 리더 파악"[51]이다. 이런 직장 내 리더는 실제로 정치에 관심이 없고 좌파도 아니지만, 같이 일하는 동료 및 조합 활동가들과 관계가 깊고 또한 그들로부터 존경받는 사람일 수 있다. 어떤 투쟁적인 활동가가 그런 리더가 누구인지 파악하고 다른 노동자로부터 그들의 가장 큰 관심사가 무엇인지 듣게 되면, 변화를 위한 에너지를 만들어 나가기 시작할 수 있다. 그러나 명심해야 할 점은 이런 활동이 현장에서 이루어져야 하며 "그런 일상적인 존재감의 핵심은 조합원과 노동조합 지도부 간의 연결고리를 제공하는 탄탄한 직장 위원 제도가 존재하여 이를 통해 경영진의 권위도 견제할 수 있는 것"[52]과도 연관된다는 것이다.

여기서 내가 지지하지 **않는** 것에 대해서 분명히 짚고 넘어가겠다. 전문직 계급이 과학과 지식에 초점을 맞추었다가 실패했던 것처럼, 조합원 기후 전략이 노동자가 기후 과학의 '진실'과 현재 직면한 위기의 심각성에 관한 '진실'을 깨닫도록 만드는 것에 바탕을 두면 안 될 것이다. 그보다는 노동자의 현실적인 직장 내 우려 사항에서 시작해야 한다. 발전 부문 투쟁사를 보면, 대부분 노동자를 단결시킬 수 있었던 공통 의제는

51   McAlevey, *No Shortcuts*, 34.

52   Uetricht, Eidlin, "US union revitalization and the missing 'militant minority'," 48.

바로 노동자 안전과 적절한 수준의 인원 보충을 통해 갈수록 부하가 심화하는 전력망 문제를 해결하는 것이었다.

앞서 전선 작업에 감전사와 추락 등의 위험이 도사리고 있음을 설명했다. 발전 노동자는 그 외에도 다른 위험에 다양하게 노출된다. 1960년대와 1970년대 뉴욕시 UWUA 1-2 지부의 보건 및 안전 관련 노동조합의 투쟁에 관해 연구한 제인 라투르의 글은 이와 관련하여 많은 정보를 제공한다.[53] 노동조합의 대표 중 한 명인 리처드 오스트로스키Richard Ostrowski 는 업무를 설명하며 "발전소에 들어가면 마치 사고가 일어나기를 기다리는 것 같다"라고 했다. 그의 다른 동료도 "일하다가 죽을 거라고 생각한다. 무슨 일이든 일어나니 말이다"[54]라고 증언했다. 오스트로스키는 상급자가 노동자들을 인디언 포인트Indian Point 원자력발전소 격납고로 보냈을 때 처음으로 이건 위험하다고 생각했다. 이들은 작업할 노동자에게 어떠한 교육도 제공하지 않았고, 노동자가 작업을 거부하면 해고하겠다고 위협했다. "노동자들은 세척 작업에 투입되었고, 작업 후 격납고에서 나왔을 때는 체온이 많이 오르고 방사선에 노

53 Jane Latour, "The uncompensated costs of electricity" *WorkingUSA* Vol. 5, no. 4 (2002): 41-70.

54 Ibid., 55.

출된 상태였다."[55] 오스트로스키를 비롯한 다른 활동가는 미국 참여과학자연맹Union of Concerned Scientists에서 전문가를 초청하여 방사선 노출의 위험성을 자세히 알아보는 교육 세션을 조직했다. 그리고 방사선 노출에 반대하는 직원 모임Concerned Employees Against Radiation Exposure, CEARE을 결성했다.

라투르는 퀸스의 아스토리아 발전소에서 "보일러에 아세틸렌 토치"를 사용하는 노동자의 석면 중독 반대 투쟁도 다루었다. 이 발전소의 보일러에는 석면으로 단열 처리가 되어 있었다. 노동조합 활동가들이 과학 전문가를 데려와 석면 노출의 위험성을 설명하고 노동자가 앓는 질병을 조사하려 할 때, 한 활동가가 해당 기업의 발전소 운영 관리자에게 석면을 제거하거나 노동자에게 석면 작업에 관한 제대로 된 교육을 해 줄 수 있는지 물었다. 이 관리자는 "이런, 회사는 절대 그런 일을 할 수 없어요. 지금 뭘 하는 겁니까. 발전소 문 닫게 하려고요? 아니면 일자리를 없애고 싶습니까?"라고 답했다.[56]

노동조합이 위축되고 노동자의 권한이 축소되는 시기에 벌어진 투쟁이었지만, 라투르는 소수의 투쟁적인 활동가 간부가 안전 문제를 가지고 조합원을 조직하려 시도했다고 설

55   Ibid., 56.

56   Ibid., 62.

명했다. 일종의 조합원 전략을 설명한 것이다. 무엇보다, 라투르는 단 한 명의 활동가 간부가 어떻게 반대를 조직하고 조합원 참여를 고취할 수 있는지 설명한다. 그는 "노동조합 모임은 언제나 매우 시끌벅적하고 흥이 넘쳤다. 여기저기서 의자를 박차고 일어나 목소리 높여 서로 이야기하고, 노동조합 모임에 매우 적극적으로 참여한다…. 언제나 논쟁이 벌어졌다"[57]라고 묘사하며, 어떻게 제임스 게이건James Geoghegan이라는 활동가가 혼자서 반대 문화를 건설하면서 노동조합 모임의 전체 문화를 완전히 바꿨는지 설명한다. "반대 활동으로 조합원을 교육한다. 반대가 없으면 문제도 없다는 말이다…. 그리고 그들[조합원]은 반대를 기대한다. 지도부에 이를 기대하는 것이다."[58] 라투르는 이렇게 소규모 조합원 활동가의 역할이 매우 중요하다고 강조하며 글을 맺는다.

발전 부문의 조합원 전략은 노동자가 현장에서 전선 작업 시 겪는 실질적이고 직접적인 안전 문제에서 시작하여 노동조합 민주주의와 노동자 계급의 힘을 만들어 내야 한다. 노동자 계급의 투쟁에서 이런 노동자 안전과 같은 본능적인 문제를 기후변화, 즉 **전 지구적 안전** 문제와 연결 짓지 못할 이유

57   Ibid., 53.

58   Ibid., 68.

가 없다. 그러나 이를 개념적으로 연결하려면 특히 노동조합에 적합한 또 하나의 전략이 필요하다.

정치 교육과 노동조합 캠페인

조합원 전략에서 기업형 노동조합주의가 모든 노동조합 지도부에 피해를 준다고 생각하는 경향이 있지만, 사실 언제나 그런 것은 아니다. 노동조합의 급진화는 내부의 투쟁적인 활동가로부터도 시작될 수도 있지만 정치 교육(노동자 정치와 앞서 말한 전 지구적 안전 문제를 결합하는 내용)에 관한 급진적인 캠페인에 상당한 자원과 제도적 네트워크를 활용할 수 있다. 노동조합비는 보통 노동조합 관료주의를 거쳐 별 소득도 없는 민주당 지지에 사용되곤 한다. 그렇지만 훨씬 급진적인 조합원 운동에서는 노동조합 지도부가 이를 바꾸어 친노동자 캠페인을 위한 대중 기반을 만들 수 있다. 이런 측면에서 전국적인 노동조합 활동가이자 나중에 OCAW 부회장이 된, 앞서 설명한 "정의로운 전환" 체계를 주창한 토니 마조치의 유산을 되살릴 필요가 있다.

앞서 1장에서 설명했지만, 마조치는 환경운동가들이 그렇게도 걱정하는 오염 대부분의 주범이 **산업 생산**이라는 것을 이해하면서 돌파구를 마련했다. 노동운동 측에서는 대다수가 환경정치를 중산층의 것이라 치부했지만, 마조치는 조합원과의 대화에서 "급진적인 가능성"을 보았고, "[산업의] 이윤과 보건 간의 구조적인 충돌을 알려 준 것은… 바로 노동자였다"[59] 라고 말했다. 마침내 그는 화학 오염에 반대하는 노동조합 전략이 오염물질을 원천 봉쇄할 수 있음을 깨달았다. 그의 말대로 "생산 세력을 방해한다는 것은 곧 호랑이 굴에 들어가는 것이지 않겠는가?"[60]

1965년에 전국적인 노동조합 활동가가 된 마조치는 전국 정치 교육 캠페인 계획을 수립했다. 유독물질의 보건 위험성에 관한 과학자와 전문가로 구성된 팀이 OCAW 지부를 돌며 노동자가 매일 겪는 위험을 알리는 일이었다. 마조치가 사회적 '의식'을 고취하기 위해서가 아니라 주로 노동자들이 일터에서 겪는 직접적인 위험을 자기 삶에 연결하도록 하는, **노동자의 자기주도 학습** 과정으로 과학과 전문 지식을 활용한 방식을 살펴보는 것이 좋겠다. 이 캠페인을 계획하면서 마조치는 자신의 전술을 노동조합의 전형적인 전략인 의회 로비 방식과 비교해 보았다. 그는 "이미 노동조합 로비스트는 차고 넘

---

59   Leopold, *The Man Who Hated Work and Loved Labor*, 229.

60   Ibid.

쳤다. 나는 대중 기반을 건설하고 싶었다"[61]라고 말했다. 기본적으로 그는 조합원과 대중을 모두 동원하여 환경을 오염시키는 산업 생산에 대한 광범위한 규제 개혁의 지지 기반을 마련하려 했다. 마조치 평전을 쓴 레스 레오폴드는 "마조치의 지부 순회에서 수집된 조합원 사례가 의원 사무실로 쇄도했다. 언론에서도 이 문제를 다루었다"[62]라고 썼다. 산업 환경의 위험성을 주제로 전국 순회를 시작함으로써, 마조치는 1970년 산업안전보건법이 의회에서 통과되도록 압박하는 캠페인을 시작했다. 또한 노동조합 행사를 조직하고, 의회 청문회에서 노동자들이 증언하도록 했으며, 1970년 최초의 지구의 날을 기념하기 위해 환경주의자와 힘을 합쳤다.[63] 그의 목표는 더 많은 대중이 안전한 환경과 안전한 직장을 연결 지어 생각하도록 하는 것이었다. 이런 정치 교육과 노동조합 캠페인 전략은 제대로 된 급진적인 지도부가 있을 때 노동조합이 무엇을 할 수 있는지 보여준다. 조합원 전략으로 발전노동조합에서 급진적인 문화를 건설했다면, 그다음 단계는 지도부로 진출하여 노동조합 활동을 변화시키는 것이다.

61   Ibid.

62   Ibid., 273.

63   Ibid., 272.

OCAW가 한때 유독물질 오염과 사망으로 존재에 대한 위협을 받았던 것처럼, 오늘날 발전 노동조합원도 생계에 무시무시한 위협을 받고 있다. (일부 경우 주정부의 명령으로 인해) 값싼 재생에너지 발전이 폭발적으로 늘어나면서, 새로운 발전 부지, 소재 집약적 배터리 저장소, 신규 송전선이 많아졌으며 대체로 노동조합이 조직되지는 않은, '분산형' 발전 체계 건설의 기반이 마련되었다. 노동조합에 적대적인 민간 청정기술 개발 기업은 모든 신규 건설과 설치 작업을 단단히 통제할 수 있다. 오늘날 발전노동조합이 먼 미래를 내다보고 전략적으로 사고하지 않는다면, 재생-녹색 자본주의가 몇십 년에 걸쳐 조직된 발전 산업을 순식간에 파괴할 것이다.

민간자본이 에너지 전환을 통제한다면, 그 전환은 노동조합과 노동자에게는 적대적일 것이다. IBEW와 UWUA는 OCAW와 유사한 정치 교육 투어를 시작**할 수 있다.** 이 조합원 교육의 목표는 (a) 노동자에게 대규모 탈탄소화 프로그램의 **과학적 필요성**을 따져볼 때 전기가 얼마나 전략적 중요성을 갖는지를 교육하고, (b) 에너지 전환의 성격을 **형성할** 때 생산 현장에서 노동자가 객관적인 권력을 갖고 있음을 더 잘 이해하도록 하며, (c) 이 권력을 먼저 이용하지 않으면 자본가가 주도하는 재생에너지로의 전환에 따라 전력 산업과 노동조합이 파괴되리라는 점을 인식하게 만드는 것이다.

청정에너지 전환에 따른 일자리가 노동조합이 보장되고 급여도 좋은 양질의 일자리가 되도록 **강제**하려면 광범위한 입법 틀이 필요하다. 조 바이든 대통령을 포함한 정치인들은 기후 행동으로 노동조합이 보장되는 양질의 일자리가 창출되리라고 말하지만, 새로운 에너지 체계에서 모든 건설 및 설치 일자리에 노동조합 보장을 의무화하도록 하는 구체적인 정책이 필요할 것이다. 이런 법적 강제는 산업안전보건법 제정으로 이어진 마조치의 노동자 안전 캠페인에서처럼 '대중에 기반한' **압박**이 있어야만 실현될 수 있다. 발전노동조합도 이런 대중 기반을 동원하여 신규 공공사업 프로젝트에서 단체협약을 의무화하는 그린 뉴딜을 위해 싸울 수 있다.

OCAW 캠페인이 광범위한 노동조합 정치 교육 계획의 유일한 사례이기는 하지만, 사실 발전 부문 안에서도 그런 사례가 있었다. 1992년, 미국 의회에서 "도매 수준에서 발전소 간 경쟁을 도입한다…. 이런 변화와 함께, 독립 전력 생산자가 더 광범위하게 발전소를 운영할 수 있다"[64]라는 내용의 에너지정책법이 통과되었다. 당시 발전노동조합은 이 법안을 규제받지 않는 생산자가 '규제 대상'인 발전 부문의 생산과 노동조합

---

64   Stokes, *Short Circuiting Policy*, 90.

보장 일자리를 저해할 수 있기 때문에 위협으로 여겼다.

이 법안은 규제 완화 권한을 각 주에 위임했다. 따라서 노동조합은 주 차원에서 전력 생산 규제 완화에 맞서 투쟁했다. 그렇다 해도 IBEW는 전력산업구조조정위원회Committee on Electric Power Industry Restructuring를 구성하는 **전국** 전략을 시행했다.[65] 이 계획에서는 특정 노동조합 지구와 발전소 지부에 권력을 위임했고, 여기서 조직 전략을 수립할 위원회 위원으로 조합원 2인을 선출했다. 전국/국제 사무소에서는 물질적인 자원과 지원을 제공했다. 대표적인 사례가 바로 엄청난 두께의 바인더로 제작된《전력 생산 규제 완화: 문제의 이해, 여론 형성 및 정치인 상대 영향력 행사─이 문제의 설명을 위한 참고 안내서Electric Power Deregulation: Understanding the Issues, Shaping Opinions and Influencing Policy Makers─A Reference Guide for Presenting the Issues》이다. 이 안내서에는 프레젠테이션 가이드, 언론 가이드, 동원 가이드(편집장에게 보낼 서한 템플릿과 연설 도움말 등 포함), 각종 데이터와 정책 요약 등 노동조합원이 규제 완화 반대에 활용할 수 있는 자료가 매우 많이 수록되었다.

또한 여기에는 IBEW 의장 J. J. 배리의 소개말이 들어 있는

---

65 이 역사를 알려 주고 해당 캠페인 자료를 제공해 준 IBEW 2304 지부의 데이브 포클린코스키Dave Poklinkoski 명예 회장에 감사를 전한다.

데, 그중 토니 마조치의 대중 동원론에 직접 영향을 받은 것으로 보이는 내용이 있어 인용하고자 한다.

전력 산업의 규제를 완화하고 구조조정하려는 강력한 이해관계에 따라 진행되는 강한 움직임이 있습니다…. 지금 무엇이 위기에 처했는지에 관한 여론과 의식 수준을 높여야만 합니다. 탐욕스러운 기업가 몇 명이 전력 산업 내의 공정하고 적절한 이해관계의 균형을 추구하는 법을 망치는 모습을 가만히 앉아서 보고 있으면 안 됩니다. 노동조합 지도자라면 모두 조합원을 대변하고 이 문제에 관한 여론을 형성하는 데 가시적인 역할을 해야 합니다…. 이를 위해 이 자료에 수록된 내용이 조합원의 이해관계를 보호하기 위한 투쟁에서 영감을 줄 양질의 도구라는 점을 알게 되리라 굳게 믿습니다.[66]

노동조합 캠페인에서 단순히 조합원을 동원하는 것만이 핵심이 아니었다. 규제 완화에 반대하여 더 많은 대중을 모으는 것도 중요했다. 더 구체적으로 말하면, 규제 완화로 전기 요금이 오르고 정전을 더 자주 겪을 수 있는 전기 소비자를 중

66 John Barry, "A Message From President Barry," 1997년 1월, 1-1(앞서 언급한 안내서에 포함).

심으로 캠페인을 펼쳐야 했다. 이 캠페인에서 만든 〈규제 완화가 북미 전력 공급을 간소화할 것인가〉라는 팸플릿은 규제 완화가 "소비자, 발전 노동자, 기업 및 투자자"에 어떻게 부정적인 영향을 미칠지를 다룬다.[67] 즉, 이 팸플릿은 대중에게 규제 완화에 반대할 것을 요청했다. 또한 "여러분의 전기 서비스를 위협하고 삶의 질에 심각한 영향을 미칠 수 있는 전투가 지금 벌어지고 있다"[68]라고 서술하며, 규제 완화가 대중 전체에 가하는 광범위한 위협을 요약해서 설명했다. 이 메시지는 규제 완화를 단순히 노동자만의 문제가 아니라 전기를 사용하는 모두를 위협하는 문제로 만들었다.

이 캠페인은 1990년대에 정점을 달리며 멈출 수 없을 것처럼 보이던 신자유주의 자유시장의 고삐 풀린 규제 완화를 막는 데 일정한 영향력을 발휘했다. 2000년에는 19개 주에서 공공 PUC나 사법적 조사 과정[69]을 거쳐 규제 완화를 추진하려고 시도했다. 그러나 10년 후, 규제 완화 구조조정안을 통과시킨 주는 한 곳도 없었다. 확실히 이것은 부분적으로든 전적으

---

67 Committee on Electric Power Industry Restructuring, International Brotherhood of Electrical Workers, "Will Deregulation Short-Circuit North America's Electric Power Supply?" n.d., 표지.

68 Ibid., 바인더 덮개 안쪽면, 겉표지.

69 Stokes, *Short Circuiting Policy*, 92-93.

로든 캘리포니아주에서 전기 규제 완화가 처참하게 실패했던 것과 2000~2001년의 순환 정전의 여파 때문이었다.

그러나 노동조합은 이런 위기가 있기 **전부터** 목소리를 냈다. 위스콘신주의 전 IBEW 2304 지부장은 PUC의 발전소 구조조정자문위원회Advisory Committee on Electric Utility Restructuring에 발전 노동자의 참여, 피드백, 이의 제기가 쇄도하여 규제 완화 과정이 너무 복잡해져 버렸고, 이를 시행하기 어렵게 만들었다고 말했다. 이 IBEW 지부에서 독자적으로 행동에 나선 것은 아니었다. 노동자 계급 전기 사용자와 함께 현재도 활동 중인 '고객 우선Customers First'이라는 연합을 결성했던 것이다. 이 연합은 웹사이트에서 "위스콘신주의 저렴하고 안정적인 전기 공급을 보존하려는 연합"[70]으로 자신들을 설명한다. 이는 5장에서도 살펴보았던 저렴한 전기라는 객관적인 노동자 계급의 이해관계에서 출발한다. 1996년, 위스콘신주에서 규제 완화를 시행하려고 했을 때, 관계자들은 매우 복잡한 32단계 계획을 제시했다.[71] 이 노동조합 연합의 반대는 의도한 효과를 거두었고, 규제 완화 시도는 중단되었다. 노동조합 주도로 오랫동안 규제 완화 시도를 막아 왔던 가운데, 캘리포니아주의 위

---

70 customersfirst.org.

71 Jeffrey M. Fang and Paul S. Galen, "Electric industry restructuring and environmental issues," *National Renewable Energy Laboratory* (Golden, Colorado, 1996), 29.

기는 규제 완화 시도를 완전히 무위로 돌렸다.

IBEW, UWUA, 기타 발전노동조합 안에 '투쟁적인 소수' 활동가 층을 건설하는 일은 노동조합 지도부, 자원, 돈, 조직적인 권력/힘을 그린 뉴딜이나 청정에너지 전환에 관한 정치 교육 캠페인으로 끌어들일 조건을 형성할 수 있다. 청정에너지 전환이 친노동조합 정책이라는 점에서, '대중적 지지'가 없다면 청정에너지 전환은 계속해서 민간자본에 의해 주도될 것이다. 어떤 사람은 민간자본이라도 우리가 필요한 전환을 이룩한다면 괜찮지 않냐고 주장한다. 그러나 그간의 경험으로 보면 자본은 본능적으로 위험을 회피하려 하고 이윤에만 초점을 맞추는 특성이 있기에, 에너지 전환을 제대로 달성하지 못할 것이다.

생산 단계에서의 파업과 조업 중단

앞선 장에서 설명했듯이 발전 노동자는 그야말로 경제에 영향을 미칠 권력/힘을 가지고 있다. 노동조합이 단체협상과 '파업권'을 법적으로 쟁취하자마자 법학자들은 여기에 '공공의 이해관계'라는 이름으로 어떤 제한을 가할 수 있을지 논의했다. 수십 년에 걸친 노동에 대한 공격이 시작될 때, 한 법학자는 "이들이 제공하는 서비스가 중단되면 단시일 안에 모든 인간 활동의 상당 부분이 마비될 것이며 조직된 사회에 끝없는 피해를 줄 것이다"[72]라고 경고했다. 자연스럽게 "공공 서비스 부문에서 일하는 노동자의 파업권에 관한 공동체의 통제권을 부여하는 것이 현명한 일인가라는 문제가 생겨난다"[73]는, 수사적인 우려가 제기되었다. 이 모호한 '공동체 통제권'이 부여되는지 여부와 관계없이, 수많은 사람이 이용하는 전기 서비스를 중단하는 파업은 대대적인 대중의 반발을 불러일으킬 수 있다.

그렇다 하더라도 발전 부문 노동자는 여전히 놀라울 정도로 자주 파업에 나선다. 지난 20년간의 파업 활동을 추적한 온라인 데이터베이스에 따르면, IBEW가 참여한 파업이 1019건으로, 이 중 311건이 '공공 서비스' 파업이었다.[74] UWUA가 참여한 파업은 43건으로 훨씬 적었다.[75] 발전 시설에서 파업이 발생한 경우 송/배전 기업은 다른 발전 사업자로부터 전기를

---

72 O. S. B., "Public utility labor problems. Strikes 'affected with a public interest'," *University of Pennsylvania Law Review*, Vol. 97, No. 3 (1949): 410-421; 411.

73 Ibid., 412.

74 unionfacts.com/strikes/International_Brotherhood_of_Electrical_Workers[2024년 12월 30일 접속 가능]. 이 수치에서 상수도, 가스 등 부문과 전기 발전 부문을 따로 볼 수 있는 방법은 없다. 그러나 모두 다 전기와 같은 '필수' 서비스를 포함한다.

75 unionfacts.com/strikes/Utility_Workers[2024년 12월 30일 접속 가능].

빌려오기도 했다(특히 규제가 느슨한 주에는 '독립 발전 사업자'가 많다). 따라서 송/배전 측면에서 발전 노동자의 파업은 실제로 전기 공급을 중단할 힘을 **더 많이 가지고 있다.** 그런데도 1919년 시애틀 총파업 이후 미국에서는 전력 공급 중단이라는 전술은 거의 사용되지 않았다. 1919년 당시, 노동조합에서는 병원을 포함하여 도시 전체의 전력 공급을 중단하겠다고 위협했지만, 강력한 반발에 부딪혀 결국 실행되지는 못했다.[76]

반면, 발전 노동자는 그들의 노동이 전력 공급이라는 필수 서비스 유지에 얼마나 중요한지를 **보여주는** 투쟁적인 활동을 벌였다. 2012년에 UWUA 1-2 지부 조합원 8500명이 파업을 예고했으나, Con Ed 발전소가 폐쇄되어 들어가지 못했다.[77] 관리자가 조합 노동자를 대신하여 작업에 나서자 노동자들은 "우리가 나가면 불이 꺼진다When We Go Out, the Lights Go Out"[78]라는 구호가 쓰인 피켓을 들고 시위에 나섰다. UWUA 정비공인 크리스 스파다포어Chris Spadafore는 Con Ed의 임기응변식 대체 노동자 투입이 공공 안전에 위협이 된다고 말했다.

76 Nicholas Greenwood, "Electrical Workers' Unions and the Seattle General Strike." depts.washington.edu/labhist/strike/electrical_workers.shtmldepts.washington.edu/labhist/strike/electrical_workers.shtml

77 Matthew Cunningham-Cook, "'When we go out, the lights go out': workers locked out at Con Ed," *Nation*, 2012년 7월 5일.

78 Ibid.

회사에서는 관리자 5천 명을 투입하여 8500명이 하던 일을 대신하라고 했습니다. 관리자들은 우리 일을 대신할 수가 없어요. 우리가 할 수 있죠…. 관리자들이 노동조합 출신이라 해도 현업을 떠난 지 한참 되었으니까요. 작은 실수 하나만으로도 죽을 수도 있습니다. 저는 이것이 Con Ed가 직원을 전혀 생각하지 않고 위험한 일에 밀어 넣기만 하는 회사라는 점을 보여준다고 봅니다.[79]

노동조합에서 "민간 기업이 미국 노동 역사상 최대의 직장폐쇄를 단행"했다고 규정한 이후, 노동조합은 "노동의 결실에 대한 공정하고 평등하며 양질의 대가"[80]라고 부르는 계약에 합의했다. 피켓 시위와 발전 체계에서 발전 노동자의 중요성을 주장한 투쟁적인 구호는 선출직 공무원과 더 큰 대중의 지지를 끌어내기도 했다.

전 세계적으로도 발전 노동자는 높은 투쟁성을 보여준다. 최근 나이지리아에서는 국가가 요구를 들어줄 때까지 발전 노동자들이 전력 공급을 중단했다.[81] 앞서도 언급했던 프랑스

---

79   Ibid.

80   "UWUA Local 1-2 Update Tentative Agreement." uwua1-2.org.

81   Jude Egbas, "Nigeria's electricity workers suspend strike," Pulse.Ng, 2019년 12월 12일.

발전 노동자는 정부의 노동법 개악에 맞서기 위해 전략적으로 전력 공급을 중단했다.[82] 그러나 전력 공급 중단과 노동자 파업은 혼란의 스펙트럼 맨 끝부분에 해당한다. 발전 노동자는 경영진이 요구안에 귀 기울이도록 만들기 위해 파업 외에도 '준법투쟁'을 벌여 작업 속도를 늦추거나 작업을 축소하는 전술을 채택할 수도 있다.[83] 파업과 전력 공급 중단 전략의 위험성이 높아지자, 앞서 언급한 위스콘신주 IBEW 2304 지부장은 발전소에서 노동자 계급의 권력을 활용하는 훨씬 성공적인 방법이 '준법투쟁'이라고 보았다. 어느 노동조합 문건에서는 "파업은 마지막 수단이 되어야 한다…. 노동자에게는 노동을 멈추는 것 외에도 더 많은 권력이 있다"[84]라고 하기도 했다. 나중에 나온 '발전소 내에서의 전략' 문건에서는 "내부 조직은 노동조합이 고용주를 효과적으로 위협할 수 있도록 한다…. 파업에 들어가겠다고 위협하는 것은… 실제로 파업하는 것보다 훨씬 효과적인 수단이다"[85]라면서 민주적인 조합원 참

---

82   Angela Charlton and Nicolas Garriga, "Power blackout as French workers strike over labor bill," *Associated Press*, 2016년 6월 2일.

83   Samantha Winslow, "Hawaii teachers unleash work-to-rule campaign," *Labor Notes*, 2012년 11월 30일.

84   IBEW Local #2304, "Draft of strategy and proposals for 1987 contract negotiations," 1986년 12월 9일. 이 문건을 제공해 준 데이브 포클린코스키에 감사를 전한다.

85   IBEW Local #2304, "In-plant strategies: General lessons and principles to be learned from our past as well as our recent history," 1989년 2월 28일.

여의 중요성을 강조했다. 해당 문건은 고용주가 실질적인 압박에 직면하기 전까지는 노동자(또는 지구)에게 좋은 일을 하지 않는 상황에서 노동자 계급이 갖는 권력의 철학을 주장한다. 마르크스 또한 이러한 철학을 인지하고 있었다. "자본은… 사회에서 강제하지 않는 한 노동자의 건강과 수명을 고려하지 않는다."[86]

광범위한 노동운동 안에서 연대 건설하기

책에서 하나의 전략 부문에 집중해야 한다고 주장하긴 했지만, 노동운동 전체에서 더 폭넓은 연대와 권력을 건설해야 한다는 점은 명확하다. 발전 부문 노동조합이 자기 조합 내에서 권력과 투쟁성을 건설할 수 있으려면 더 광범위한 노동운동 지지 세력의 연대와 지원이 절대적으로 필요하다. 현재 반환경주의 정서가 많이 이야기되는 곳은 건설노동조합과 화석연료 산업 복합체에 속하는 부문이다. 그러나 건설노동조합 간부들도 건설 부문에서 그린 뉴딜이 어떤 의미인지 인식하고 있다. 필라델피아의 국제화물기사형제단International Brotherhood of the Teamsters 선로유지보수직원분과BMWED 3012 지부장은 "기

---

86   Marx, *Capital*, Vol. 1, 381.

후변화에 관심이 없더라도, 더 편협한 이해관계를 갖고 있더라도, 그린 뉴딜로 헤아릴 수 없이 많은 돈이 건축업에 투입될 겁니다"[87]라고 말했다. 2016년 대선에서는 석탄 노동자의 신화에 초점이 맞춰졌지만, 이제 이들은 전체 노동자 계급에서 차지하는 비율이 아주 미미해졌고, 안타깝게도 자동화와 지역에서의 생산 전환으로 석탄 노동조합의 권력 또한 대부분 분쇄되었다. 노동과 에너지 고용에 관한 최근 보고서에서는 노동조합에 가입한 석탄 노동자 853명(전체 노동력의 1퍼센트밖에 되지 않음)만이 채굴 중심의 석탄 연료 부문에 남은 것으로 나타났다.[88]

제인 매클레비는 자주 언급되는 노동조합과 환경주의자 사이의 긴장 관계를 한탄한다. 그러면서 뉴욕의 노동운동 지도자 빈센트 알바레스Vincent Alvarez의 다음 주장을 인용한다. "키스톤 파이프라인이나 수압파쇄 공법같이 서로 입장이 다른 10퍼센트의 이슈에 집중하기보다는… 환경주의자와 노동조합이 쉽게 합의할 수 있는 90퍼센트의 이슈에서 시작하는 것이 더 상식적일 것이다."[89] 알바레스는 노동조합을 기후 전략

---

87   Mindy Isser, "The Green New Deal Just Won a Major Union Endorsement. What's Stopping the AFL-CIO?" *In These Times*, 2020년 8월 12일.

88   2020 US Energy & Employment Report, 19.

89   McAlevey, *A Collective Bargain*, 107

의 핵심으로 끌어들이려는 대표적 사례인 '뉴욕기후일자리 Climate Jobs NY' 프로그램(노동조합, 주정부, 코넬 대학교 참여)에 참여한 인물이다.[90] 매클레비는 2035년까지 뉴욕주에 공급되는 전기 중 절반을 근해 풍력발전으로 충당하려는 프로젝트에서 이들 노동조합이 어떻게 모범적인 노동 합의를 끌어냈는지 설명한다.[91] 매클레비는 노동조합이 단순한 이해관계자 중 하나로 남지 않고, "공공 지원금(세금)을 과학적인 탄소 배출 감축 기준에 부합하면서도 조합원의 기대치에도 부합하고 싸울 의지를 불태울 수 있을 정도의 양질의 임금과 복지 혜택, 노동조합을 보장하는 기준까지 모두 만족시키는 결과물을 만들어 내는 **권력/힘**"[92]을 가지고 있었기에 이런 성과를 낼 수 있었다고 언급한다. 그러나 안타깝게도 기후정치에서는 이런 노동조합의 잠재력이 무시되는 경우가 너무나 많다.

건설노동조합 외에 공공운수노동조합 등 다른 노동조합도 본성적으로 환경 편익을 얻기 위해 투쟁해 왔다. 통합교통노동조합ATU은 그린 뉴딜을 가장 초반부터 대대적으로 지지했다. 미국교사연맹AFT과 북미서비스노동조합SEIU도 그린 뉴

---

90 climatejobsny.org.

91 McAlevey, *A Collective Bargain*, 109.

92 Ibid.

딜을 지지했다.[93] 더 넓게 보면 미국에서 가장 노동조합 조직률이 높은 공공 부문 노동조합도, 어떤 분석가는 "공공재로서의 노동조합주의"라고 하고 다른 이는 "공익을 위한 협상"이라고 한 것[94]이 무슨 뜻인지 본성적으로 이해하고 있으며, 이를 위해 싸울 것이다. 얼리사 바티스토니도 교육과 보건의료 같은 "재생산" 또는 "돌봄" 부문이 원래부터 이미 "저탄소" "녹색 일자리"였다고 주장했다.[95] 일례로 전미간호사연맹National Nurses United은 전 국민 건강보험과 그린 뉴딜을 지지한다.[96]

공익을 위한 협상의 가장 명확한 사례는 최근 교사들이 취한 투쟁적인 행동이다. 로스앤젤레스 교사연맹United Teachers of Los Angeles에서는 더 나은 임금과 복리후생을 위해서만이 아니라 학생의 학습 환경을 우려하여 파업을 단행했다. 이들의 요구안 중에는 학급당 학생 수 감소와 정신건강 상담사 추가 채용 등이 있었다. 더 중요한 것은 이들이 지역사회에 녹지 환경

---

93 Mindy Isser, "The Green New Deal Just Won a Major Union Endorsement. What's Stopping the AFL-CIO?" *In These Times*, 2020년 8월 12일.

94 Joseph A. McCartin, "Bargaining for the future: Rethinking labor's recent past and planning strategically for its future," *Report for the Kalmanovitz Initiative for Labor and the Working Poor*, Georgetown University, Washington, DC, 2014년 6월 18일. 추가 참조: "Bargaining for the common good": bargainingforthecommongood.org.

95 Alyssa Battistoni, "Living, not just surviving," *Jacobin*, No. 26 (2017년 여름호): 65-71.

96 Trish Kahle, "Take On the Fossil Fuel Bosses," *Jacobin*, 2019년 3월 14일.

을 조성하는 일이 건강한 역사회 전체를 위한 필수 인프라라
는 점에 동의하고 지지했다는 것이다.[97] 심지어 2019년 7월에
매사추세츠 교사협의회는 그린 뉴딜을 위한 **전국** 교사 파업
이라는 더욱 급진적인 구호를 내걸었다.[98] 물론, 전국적인 교
사 파업을 주장하는 것과 이를 **조직**하는 것은 차원이 다르지
만, 이런 대규모 행동은 청소년 기후 파업은 절대 할 수 없는
방식으로 사회를 마비시킬 수 있다.

나가며: 진정한 정의로운 전환에 필요한 것,

바로 노동조합의 권력

민주당에 깊숙이 자리 잡고 앉은 발전노동조합과 그들이
그린 뉴딜 같은 보다 급진적인 요구에 보이는 반감을 감안해
보면, 기후위기의 규모에 부합하게 이런 노동조합을 급진화
하는 일을 상상하기란 어려울 것이다. 그렇지만, **노동조합 부**

---

97 Jane McAlevey, "The Los Angeles Teachers' Strike Is a Master Class in Using Unions to Secure Progressive Wins," *Stanford Social Innovation Review*, Vol. 18, No. 1 (2020년 겨울호): 19-21.

98 "Massachusetts Teachers Union Calls for Strike for the Green New Deal," Labor Network for Sustainability. https://www.labor4sustainability.org/articles/massachusetts-teachers-union-calls-for-strike-for-the-green-new-deal/[2024년 12월 30일 접속 가능].

문 가운데 한 부문을 급진화하는 일은 흔히 말하는 사회 전체를 변혁하는 것보다 훨씬 덜 힘든 일이다. 기후위기가 심화하고 모든 것을 전기로 구동해야 한다는 기술적 주장이 더욱 확고해지고 있는 이때, '한 부문에서의 사회주의' 접근법은 공공부문 주도의 탈탄소화 프로그램의 핵심이 될 수 있다.

그렇기에 우선 노동조합은 지금처럼 미조직 노동자가 민간 재생에너지 산업에 투입되도록 하는 것이 아니라 [에너지] 전환 과정에서 노동조합이 보장되는 일자리가 포함되도록 탈탄소화 프로그램을 만들어야 한다. 노동조합 지도부는 별 걱정이 없는 듯하지만, 일반 조합원들은 자본 주도의 탈탄소화 프로그램에서 발전노동조합이 존재의 위협에 직면했다는 점을 인지해야 한다.

노동조합과 노동운동 안에서 공공 전력 생산에 대한 지지도는 다르게 나타나지만, 발전 부문 노동자는 이 부문에서 나타나는 문제 대부분이 민간의 영리 추구 경영 때문이라는 점을 알고 있다. 실제로 2015년에 UWUA 마이클 랭포드 회장은 에너지민주주의노동조합에서 발간한 공공 전력 생산 보고서에 강력한 지지를 표했다.

UWUA는 공익에 복무하기 위해 발전소와 발전 부문을 접수하는 일을 전적으로 지지한다. 미국의 (물리적, 인적) 에너지 인프라는 현재 끔찍한 상황에 직면했다. 파이프가 손상되어 강력한 온실가스인 메테인이 여기저기서 누출되고 있다. 한편, 석탄발전소 노동자는 탐욕스러운 기업 때문에 굴욕당하고 있다. 모든 공동체가 오도 가도 못하게 되었다. UWUA는 계획적이고 정의로운 에너지 전환과 공적 통제에 따른 재생에너지 확대가 양질의 일자리를 창출하고 기후변화를 해결할 수단이라고 믿는다. 그러나 우리의 핵심 이슈는 사익이 아닌 공익 주도의 민주적 통제와 의사결정이다. 우리는 우리의 집단적인 미래가 걸려 있기 때문에 이 싸움에 적극적으로 나설 것이다.[99]

이제 랭포드는 회장 자리에서 내려왔지만, 그의 성명은 노동조합 지도부가 이미 발전 부문의 혁명적 변화가 필요함을 인지하고 이에 동의함을 보여준다. 그러나 조합원 스스로의 대규모 행동이 없다면 이런 변화는 일어나지 않을 것이다.

학생들은 내게 종종 기후를 구하기 위해 자기가 무엇을 할 수 있을지 질문한다. 학생들은 전구나 전기차 따위의 이야

---

99 Trade Unions for Energy Democracy, "Unions welcome new report highlighting the need to 'reclaim' and democratize the energy system and to promote publicly owned renewable power," 2015년 6월 24일. unionsforenergydemocracy.org/power-to-the-people-toward-democratic-control-of-electricity-generation[2024년 12월 30일 접속 불가].

기를 많이 들어보았으리라. 그러나 나는 학생들이 이런 것들 말고 다른 이야기를 들어야 한다고 생각한다. 바로 **'노동조합에 가입하라'**와 같은 이야기 말이다.

나가며: 기후 갈림길에서 만들어 가는 종의 연대

> 동지들이여, 시위에 모여라
>
> 그리고 마지막 싸움에 나서자
>
> 인터내셔널로
>
> 단결하는 인류

　이것은 19세기와 20세기에 걸친 세계 사회주의 및 노동자 계급의 운동이 녹아 있는 인터내셔널가의 영국판 후렴구다. 많은 이들이 이를 구식이라 여길지 모르지만, 기후위기 시대에 접어들어 이 가사는 새로운 의미를 갖게 되었다. 인류가 '단결'하여 '마지막 싸움'에 나서야 한다고 주장하는 이들은 이제 국제 노동자 운동이 아니라 전 세계 과학자들이다.[1]

　국제 사회주의 운동의 바탕이 된 마르크스주의의 기본적 확신은 자본주의가 인간 해방을 위한 진정한 역사적 가능성을 제시했다는 것이었다. 엘런 메익신스 우드는 "사회주의는

1　기후-노동 투쟁과 관련하여 션 스위니는 인터내셔널가 미국판 가사에 나온 인류의 "최후의 결전final conflict"이라는 가사를 인용했다. Sean Sweeney, "The final conflict? Socialism and climate change," *New Labor Forum*, Vol. 29, No. 2 (2020): 16-24. 추가로 다음을 참조하라. Matt Huber, "5 Principles of a Socialist Climate Politics," *The Trouble*, 2018년 8월 16일.

역사상 처음으로 인간 해방을 가능하게 만드는 생산력뿐 아니라 특히 계급이 없는 사회의 실제적인 가능성을 담고 있는 계급을 실현했기 때문에 역사적인 의제로 자리 잡았다"[2]라고 설명했다. 마르크스와 후대 사회주의자의 이러한 신념은 자본과 노동자 계급 사이의 실제 충돌에서 생겨났다. 이러한 투쟁으로부터 계급투쟁이 진정한 역사의 원동력이며 계급 제도를 종식할 주체가 노동자 계급이라고 보는 정당, 노동조합, 기타 제도가 성장했다. 메익신스 우드는 마르크스주의적 사회주의 정치에서는 "노동자 계급을 자본주의 착취에 저항하는 데 있어 직접적인 이해관계가 있는 유일한 사회집단일 뿐 아니라 자본주의를 종식할 수 있는 집단 권력이라고 말한다"[3]라고 거듭해서 주장했다.

과거와 다르게, 오늘날 우리는 자본이 승리하고 세계 노동자 계급이 패배하여 혼란에 빠져 있는 세계에 살고 있다. 그러나 앞서 제1부에서 주장한 바와 같이, 역사의 동력은 여전히 계급투쟁으로 움직이고 있다. 이번에는 위로부터의 계급투쟁이라는 점에서 다를 뿐이다. 물질적 생산에 대한 자본가

---

2 Ellen Meiksins Wood, *The Retreat From Class: A New 'True' Socialism* (London: Verso, 1986), 90[국역:《계급으로부터의 후퇴》, 손호철 옮김, 창비, 1993].

3 Ellen Meiksins Wood, *Democracy Against Capitalism: Renewing Historical Materialism* (London: Verso, 1995), 103.

계급의 완전한 권력은 기후변화라는 세계사적 위기를 초래했다. 소련의 붕괴와 자본의 승리로 프랜시스 후쿠야마는 "역사의 종말"[4]을 선언했다. 이제는 션 스위니가 말했듯, 자본주의의 승리에서 탄생한 "역사의 종말 후속작"[5]을 보게 될지도 모르겠다. 부활한 자본주의 세계는 모든 누적 탄소 배출량의 거의 절반을 후쿠야마의 선언 이후에 배출했다.[6]

기후위기는 제3부에서 설명한 "프롤레타리아 주체"의 사회적 가능성이라는 개념을 재평가할 것을 요구한다. 프랜시스 멀헌Francis Mulhern은 이 가능성이 "노동운동의 도덕적, 정치적 변천vicissitudes으로 결정되지 않는다. 이는 자본주의의 일반적인 모순에 따라 성장한다"[7]라고 주장한다. 분명, 기후위기는 자본주의의 '일반적인 모순'을 극명하게 보여주는 사례다. 계급투쟁 노선을 주장하는 환경운동가 토니 마조치는 "자연에 대한 자본의 투쟁은 전체적인 변화를 강요하는, **그야말로 화**

---

4 Francis Fukuyama, "The end of history?" *The National Interest*, No. 16 (1989년 여름호): 3-18.

5 Sweeney, "The final conflict?" 18.

6 Paul Griffin, The Carbon Majors Database: CDP Carbon Majors Report 2017 (London: Carbon Disclosure Project, 2017), 5.

7 인용문 출처: Wood, *The Retreat From Class*, 92[국역:《계급으로부터의 후퇴》, 손호철 옮김, 창비, 1993].

해할 수 없는 모순이다"[8]라고 주장했다. 제임스 오코너가 생태 붕괴를 자본주의의 "두 번째" 모순이라고 이론화한 바 있지만, 기후변화는 엥겔스가 "사회적 생산과 자본주의적 전용 사이의 모순"[9]이라고 말한 첫 번째 사례일 것이다. 민간 화석연료 기업은 합법적으로 화석연료를 채굴해서 상품으로 팔고 그에 따른 이윤을 독점할 수 있지만, 화석 자본주의의 영향으로 지구는 점점 더 살기 어려운 곳이 되어 간다.

따라서 기후위기는 인간 사회의 **역사적 갈림길**을 만들어 냈다. 한편으로 화석연료를 기반으로 한 산업화가 전례 없는 노동 생산성이라는 조건을 만들었다. 이 생산성은 5장에서 설명한 프롤레타리아 생태학의 형태로 이어졌다. 현재 인류 대다수를 차지하는 노동자 계급은 생태적인 생계수단, 특히 토지와 **분리된** 계급이다. 이 과정은 농업 생산성이 강제로 토지에 구속되었던 노동력을 극적으로 감소시킬 정도가 되었기에 가능했다. 실제로 이것은 자본주의의 세계사적 결과다. 자연과 생계 사이의 직접적인 관계로부터 인류 대다수를 분리한

---

8   Les Leopold, *The Man Who Hated Work and Loved Labor: The Life and Times of Tony Mazzocchi* (White River Junction, VT: Chelsea Green, 2007), xiv.

9   James O'Connor, *Natural Causes: Essays in Ecological Marxism* (London: Guilford, 1998); Frederick Engels, *Socialism: Utopian and Scientific* (Chicago: Charles H. Kerr and Co., 1918), 110[국역:《공상에서 과학으로》, 나상민 옮김, 새날, 2006].

것이다. 그 대다수 인류의 생존은 이제 시장의 폭력과 부침에
달려 있다. 한편 화석연료를 사용한 생산에서 생산성은 대대
적인 생산 구조조정이 필요한 생태계의 다면적 위기(종의 사
멸, 코로나19와 같은 글로벌 팬데믹)를 발생시키고 있다.

　이 갈림길은 화해의 방향이 둘 중 하나가 될 것임을 의미
한다. 첫째, 위기는 환경운동가 사이에서 노동자 계급이 분리
되기 전에 지배적이었던 지역적 토지 관계를 "복원"하는 데
집중하자는 반응을 불러일으켰다. 토지로부터 심각하게 소외
된 많은 이들이 **탈소외**disalienation와 공동체 텃밭, 식량 주권, 에
너지 자립, 6장에서 다룬 공동체 기반 공공 전력 생산 운동 같
은 프로젝트를 통해 토지와 다시 관계를 맺기 위해 생산 및 소
비 관계의 지역화를 추구하게 되었다. 더욱이 실질적으로 토
지와 맺었던 기존 관계를 지키려는 공동체가 환경의 변화로
인한 이주에 반대하며 벌인 투쟁이 많은 주목을 받았다. 자
원 채굴에 반대하는 원주민의 투쟁, 토지 수탈에 반대하는 농
민의 투쟁, 기후 이주에 반대하는 공동체의 투쟁이 대표적이
다.[10] 또한 이는 6장에서 설명했던 생계 환경주의로 이어졌으
며, 지역에서의 토지, 자원 또는 유독물질로 인한 오염에 대한

10　Elizabeth Lunstrum, Pablo Bose, and Anna Zalik, "Environmental displacement: The common ground of climate change, extraction and conservation," *Area*, Vol. 48, No. 2 (2016): 130-133 참고.

투쟁이 환경, 기후정의, 원주민과 농민의 토지 주권 개념을 형성하게 되었다.

이 모든 투쟁은 매우 중요하다. 실제로 토지와 생계유지에 대한 통제권은 아마도 생산수단을 향한 가장 중요한 계급투쟁일 것이다. 모든 피억압 집단의 "자결권"을 옹호하는 일은 사회주의 정치의 핵심 원칙으로 남아 있다.[11] 그러나 자연과의 뿌리 깊은 지역적 관계를 회복하려는 모든 노력은 생태적 생계수단과의 직접적 연관성이 **결여된** 노동자 계급 프롤레타리아 생태학의 매우 기본적인 정의를 무시한다. 그렇다면 **이미** 토지와 분리되어 버린 대중에 대해서 무엇을 해야 할지 질문해야 한다.

랠프 레너드가 '프롤레타리아의 뿌리 없음proletarian rootlessness' 이라고 부른 것은 고전 사회주의자들이 다시 뿌리 내림re-rootedness이 필요하다고 생각했던 문제가 아니었다.[12] 이와는 반대로, 이 '뿌리 없음'은 프롤레타리아를 마이크 데이비스가 말한 '보편 계급'[13]으로 만든 요소였다. 보편 계급이 생존을 위해

11   Vladimir Lenin, "The right of nations to self-determination," *Collected Works*, Vol. 20 (Moscow: Progress Publishers, 1972), 393-454[국역: 〈민족의 자결권〉,《노동계급의 민족이론》, 이명운 편역, 형성사, 1989].

12   Ralph Leonard, "Stop apologising for cultural appropriation," *UnHerd*, 2020년 7월 1일.

13   Mike Davis, Old Gods, *New Enigmas: Marx's Lost Theory* (London: Verso, 2018), 7[국역:《인류세 시대의 맑스》, 안민석 옮김, 창비, 2020].

임금에 의존한다는 것은 전 세계 노동자 계급이 자신을 착취하는 상사에 대한, 시장을 통한 생존을 위한 공동의 투쟁을 **공유**하고 있다는 것을 의미한다. 프롤레타리아 혁명은 언제나 **보편적 해방**을 의미했고, 할 드레이퍼는 이를 "인류의 혁명"[14]이라고 불렀다. 인터내셔널가는 **인류를 하나로 단결하게 한다.**

어떤 마르크스주의 사상가들이 이를 두고 "프롤레타리아세Proletarocene"[15]라는 매우 어색한 용어로 표현하기도 했다. 현재 지구의 위기를 일컫는 지질학적 시대의 이름이 인류 모두에 죄가 있음을 시사하는 인류세Anthropocene 개념을 급진적 관점에서 수정한 자본세Capitalocene라면, 새로운 시대를 맞이할 방법이 과연 있을까? 그리고 자본의 전통적인 적대자인 노동자 계급에게 그러한 잠재력이 있을까? 프롤레타리아세 이론가들이 정확하게 지적하듯이 "전 지구적 프롤레타리아의 세계사적 확대와 함께 1990년 이후 탄소 배출량이 엄청나게 증가하고 소련이 붕괴했다."[16] 프롤레타리아의 폭발적 확대를 고려하면, 노동자 계급이라는 보편 계급만이 "전 지구에 걸친 총체적인

14 Hal Draper, *Karl Marx's Theory of Revolution Volume II: The Politics of Social Classes* (New York Monthly Review Press, 1978), 24.

15 잡지 《샐비지》 사설 모음, "The Tragedy of the Worker: Towards the Proletarocene," *Salvage Magazine*, 2020년 1월 31일. https://salvage.zone/the-tragedy-of-the-worker-towards-the-proletarocene/[2024년 12월 30일 접속 가능].

16 Ibid.

변화"를 인도할 수 있다고 볼 수 있지 않을까?[17]

결국 고전적인 사회주의의 목표는 노동자 계급과 자연을 다시 연결하는 것이 아니라 인류의 "절대 다수"가 이미 고도로 사회화되고 전 지구화된 생산체제를 **사회적으로 통제**하게 만드는 것이다. 닐 스미스가 **자본주의적** "생산의 본성"에 반대하는 날카로운 주장을 펼치면서 말했듯, **"생산**의 본성에 대한 진정한 인간적이고 사회적인 통제는… 사회주의의 실현 가능한 꿈이다."[18] 오늘날 우리는 노동자 계급의 일상적인 재생산이란 지구상에 흩어져 있는 노동으로 생산된 상품을 가지고서 근근이 살아감을 의미하는 세계에서 살아가고 있다. 그리고 여기서도 우리는 기후위기로 인한 모순에 직면한다. 바로 **지구 전체의 위기**에는 전 세계적인 생산의 사회적 조율이 필요하다는 모순. 한마디로, 지방주의로는 기후변화를 해결할 수 없다. 기후 재앙을 막으려면 전 세계적으로 생산이 사회적으로 조율되어야 한다.

따라서 기후 갈림길에서 우리가 갈 수 있는 두 번째 길(마르크스주의 노동자 계급정치 전통의 바탕이 되는 방향)은 바로 전

---

17 Ibid.

18 Neil Smith, *Uneven Development: Nature, Capital and the Production of Space* (Athens, GA: University of Georgia Press, [1984] 2008), 91[국역:《불균등발전》, 최병두 외 옮김, 한울, 2017].

세계에서 종 전체가 자연과 맺는 관계를 화해시키는 **방향으로 나아가는 것**이다. 모든 국제적 합의는 노동자 계급정치의 또 다른 핵심 개념인 '연대'를 바탕에 두어야 한다. 국제 노동자의 연대는 과거의 노동운동에 깊게 뿌리 내리고 있지만, 기후위기의 시대에 이르러 이를 다시 한번 생각해 봐야 한다. 우리에게는 종의 생존이 위기에 처했다는 것을 인식하는 **종의 연대**가 필요하다.[19] 그러나 종의 연대에 대한 마르크스주의 전망에서 종을 해방할 주체를 노동자 계급이라고 주장한다는 점이 더 중요할 것이다. 이는 노동자 계급이 가진 세계관과 더불어 노동자에게 더 이상 지역에 뿌리가 없다는 점 때문이다. 이전의 사회주의 운동과는 달리, 종의 연대는 인간 해방만이 아니라 사회와 자연 간의 기본적인 물질대사의 재건에 관한 것이기도 하다. 노동자, 농민, 원주민이 함께 모든 생계를 위한 생산양식과 [모두가] 살 수 있는 지구를 위한 조건을 조화시키는 데 공동의 이해관계가 있기 때문에, 종의 연대는 국경을 뛰어넘어 이뤄져야 한다. 토지에 기초한 투쟁이 인간 집단과 지구의 지엽적인 부분과의 **특정한 관계**를 발전시키려고 하는

---

19 나는 이를 "전 지구적 연대"라고 부른다. 그러나 조지 칼린George Carlin이 냉철하게 말했듯, "지구는 괜찮다. 망한 것은 인류다." 생물다양성과 생태계 위기가 수많은 종에 피해를 준다 해도, 더 큰 위험에 처한 것은 바로 인류의 생존이다. 생태사회주의를 인류에게 생산에 대한 모든 통제권을 주어 생물다양성과 인간 이외의 자연 전반을 더 잘 보호하자는 프로젝트로도 볼 수 있다.

반면, 노동자 계급과 자연과의 보편적 분리는 그 자체로 지구에서 살아가는 인간 사이의 단결과 관련된 **보편적인** 개념을 요구한다.

마르크스의 초기 저작을 되돌아보면 이와 같은 보편적인 아이디어를 찾을 수 있다. 바로 "유적 존재"가 그것이다. 마르크스는 "인간은 육체적 욕구에서 자유로운 상태에서도 생산하고, 이때부터 인간은 진정 자유롭게 생산한다"라고 하며 생산을 인류의 핵심으로 보았다.[20] 그는 인류의 "활동적인 유적 삶"[21]은 **생산**이라고 생각했다. 자본이 생산수단을 통제하고, 독재권력으로 절대다수가 남을 위해 생산하도록 만드는 자본주의에서 인류의 "유적 본질은 [그 자체로부터의] 소외다."[22]

따라서 종의 연대를 건설한다는 것은 기후위기 시기에 노동자 계급이 "생산수단을 장악"해야 하고, 인류 전체에 생산을 지휘하고 통제해야 할 심층적이고 보편적인 필요성이 있다는 점을 이해함을 의미한다. 마르크스의 말로 설명하면, 자본주의는 "인간이 생산과정을 지배하는 것이 아닌 그 반대

---

20 Karl Marx, "Estranged Labour." marxists.org/archive/marx/works/1844/manuscripts/labour.htm[국역:《경제학-철학 수고》, 김태희 옮김, 필로소픽, 2024].

21 Ibid.

22 Ibid.

인 사회구성체"[23]를 만든다. 마르크스는 생산의 사회적 조직이 "무정부주의적인 경쟁 체제"에 좌우되고 시장 세력의 변천에 따라 형성된다고 설명했다.[24] 이러한 생산에 대한 **통제권 부족**은 세상이 불타오르는 가운데서도 무기력함을 낳는다.

수십 년 동안 우리는 기후변화의 "비용"이 시장의 무정부주의적인 힘에 의해 가격이 매겨질 수 있다고 가정해 왔다. 그러나 의식적으로 생산을 통제하는 것만이 우리를 지속 가능한 길과 가까운 곳으로 인도할 수 있다는 것이 점점 분명해지고 있다. 마틴 해글룬드는 민주적 사회주의를 구체적으로 설명하면서 "마르크스주의적 의미에서 진정한 사회적 개인이 되기 위해서는 자본을 위한 생산의 **대상**이 아니라 우리의 목적에 따라 생산을 계획하고 지휘하는 생산의 **주체**가 되어야 한다"[25]라고 주장한다.

그러나 사회적 생산 계획은 개별적으로 일어날 수 없다. 이런 점에서 보면 기후위기를 고려할 때 **전 지구상에 걸쳐** 우리의 목적에 따라 생산을 계획하고 지휘해야만 한다는 점을 알 수 있다. 사실 이것이야말로 "전례 없는 사회적 변화를 신

23   Marx, *Capital*, Vol. 1, 175[국역:《자본/자본론》, 여러 판본이 있다].

24   Ibid., 667.

25   Martin Hägglund, *This Life: Secular Faith and Spiritual Freedom* (New York: Pantheon, 2019), 264.

속하고 광범위하며 전방위적으로"[26] 이행해야 한다는 과학자들의 주장이 의미하는 것이다. 에너지, 주택, 교통, 식량 따위 매우 기본적인 생산을 통제하여 **탈탄소화**라는 우선순위로 방향을 돌리고 생산을 계획하도록 해야 한다. 그러나 일부 마르크스주의자들이 "일국사회주의"는 상상도 할 수 없었던 것처럼, 다른 나라에서 탄소를 계속 뿜어 대는 상황에서 어느 한 나라에서만 탈탄소화를 이룩한다 해서 문제가 해결되지는 않을 것이다.

종의 연대의 가능성은 인간이 스스로 자연과 맺는 관계를 지구 차원에서도 관리할 수 있다고 보는 것을 의미한다. 환경주의자들이 세계화를 매우 부정적인 용어로 설명하는 경우도 많지만, 우리에게는 전체 종의 전 세계적 조화라는 긍정적인 전망이 필요하다. 리 필립스와 미할 로조워스키는 이를 다음과 같이 설명한다. "좋은 인류세를 계획하고… [여기서] … 지구의 공동 주권자라는 우리의 역할을 인정하고, 인류의 더 큰 번영이라는 목적과 방향을 갖고 지구의 과정에 영향을 미치고 이를 조정하기 시작한다."[27] 일부 생태 중심 환경주의자들

---

26   Intergovernmental Panel on Climate Change, "Summary for Policymakers of IPCC Special Report on Global Warming of 1.5°C approved by governments," 2018년 10월 8일.

27   Leigh Phillips and Michal Rozoworski, "Planning the Good Anthropocene," *Jacobin*, No. 26 (2017년 여름호): 133-136; 136.

이 몸서리를 칠지도 모르겠으나, 기후위기 앞에서는 에너지와 탄소 배출 체계를 전 세계적으로 통제해야 한다는 선택지밖에 없다. 홀리 진 벅이 주장하듯이 탄소 배출 현황과 탄소 예산Carbon Budget[28] 문제가 너무 심각하기 때문에, '지구공학'이라는 이름으로 세계의 기후를 조절하려는 제국주의적인 계획에 저항하면서도 동시에 더 광범위한 인류의 필요에 부합하는 대기 중 탄소를 관리하는 좌파적인 방법이 무엇일지 모색해야 한다.[29]

다시 말하지만, 지구 생물종 전체의 사회적 조화를 이룬다는 전망은 인간 해방이라는 고전 사회주의의 전망과도 맞닿아 있다. 바로 이것이 마르크스가 생각했던 계급 없는 생태 공산주의 사회의 건설이다.

더 높은 사회 경제적 구성체의 관점에서 보면, 특정한 개인의 사적인 토지 소유는 인간에 대한 인간의 사적 소유와 마찬가지로 불합리한 것으로 보일 것이다. 심지어 사회 전체, 국가, 동시에 존재하는 모든 사회도 땅의 소유자는 아니다. 그들은 다만

---

28 [옮긴이] 지구 평균 기온 상승을 특정 수준 이하로 제한하기 위해 대기 중에 추가로 배출할 수 있는 이산화탄소의 최대 허용량.

29 Holly Buck, *After Geoengineering: Climate Tragedy, Repair, and Restoration* (London: Verso, 2019).

땅의 점유자이자 수혜자일 따름이며, **선량한 가장**으로서 땅을 개량하여 다음 세대에 물려주어야 한다.[30]

***

불행하게도, 기후 재앙을 막기 위해 시간 안에 전 세계 수준에서 계급과 사적 소유가 폐지될 가능성은 없을 것이다. 그렇지만 뭐든 시작해야 한다. 좌파와 더 광범위하게는 노동자 계급 전체의 취약한 위치를 고려해 보면, 단순하게 사적 이윤보다 우선하는 **공익**의 개념을 되살리는 것부터 시작해야 한다고 생각한다.

기후변화와 연관해서 그렇게 시작하려면 기후위기 자체가 공공 부문에서의 조정과 행동이 필요한 **공적 위기**임을 주장해야 한다. 교육과 보건의료처럼 일부 사회에서 이미 이윤과 시장 조달을 수반하지 않도록 하는 부문이 있다. 이런 공공재의 대부분은 광범위한 공적 위기와 '공공'의 의미를 개척했던 사회적 투쟁의 결과로 확립되었다. 일례로, 1800년대에 수인성 질병과 부적절한 위생 서비스로 인해 발생한 광범위한 위

---

30 Karl Marx, *Capital*, Vol. 3 (London: Penguin), 911[국역: 《자본/자본론》, 여러 판본이 있다].

기로부터 공공 하수도와 수처리 체계가 탄생했다.[31] 부유층은 빈곤층의 개인행동을 문제 삼으려고 했지만, 개혁 세력은 시장이 이런 특정한 형태의 도시 오염 문제를 해결하지 못하리라는 점을 깨달았다. 이들은 시장 해결책으로 분뇨세를 도입하는 것이 아니라 비용을 사회화하는 핵심적인 공공 인프라 투자로 광범위한 공중보건 혜택을 창출했다. 지금은 도시만 물에 잠기는 것이 아니라 오염된 공기 속에서 지구 대기가 과열되고 있다. 여기에도 마찬가지로 공공 인프라가 필요하다.

공적 조달은 최소한 생산을 이끄는 다른 **논리**의 가능성을 빚어낼 수 있다. 사회주의 세력은 종종 영리를 목적으로 한 생산과 사회적 필요를 위한 생산을 비교한다. 이 둘의 차이점이 최근 코로나19 팬데믹에서 확연하게 드러났다. 각국 정부는 공공보건에서 요구하는 **사용가치**를 생산해내기 위해 전체 부문을 국유화했다.[32] 실제로 아픈 사람에게는 산소호흡기나 마스크의 영리 생산이 필요하지 않다.

오늘날의 사회적 필요가 탈탄소화한 에너지 체계임은 자명하다. 그린 뉴딜이나 기타 대규모 기후 개입 정책에 관한 가

---

31   Martin Melosi, *The Sanitary City: Environmental Services in Urban America From Colonial Times to the Present* (Baltimore: Johns Hopkins University Press, 2000).

32   Editorial Board, "Virus lays bare the frailty of the social contract," *Financial Times*, 2020년 4월 3일.

장 급진적인 제안에서는 이를 '공공사업'이라든가 '전시 비상
[사태]' 등으로 비유한다. 이런 맥락에서 사회적 필요에 부합하
는 계획과 생산이 이루어지기 때문이다.[33] 그러나 기후 재난의
강도가 더 심해졌음에도 정치권은 여전히 이윤이라는 편협한
기준을 들이대며 탈탄소화는 자본이 가장 잘 다룰 수 있는 비
상사태라고 주장한다.

6장에서 말했듯이 우리의 기후변화 전략은 (현재로서는) 전
기 한 분야에 초점을 맞춰야 한다. 공공 전력 생산은 전력을
공급할 때 이윤이 아닌 탈탄소화를 주요 목표로 삼도록 할 수
있다. 2020년에 공공 소유의 새크라멘토전력공사SMUD는 캘
리포니아주에서 요구한 것보다 훨씬 앞서 야심 찬 탈탄소화
계획을 발표했다. 그러면서 공사는 "통제되지 않는 기후변화
의 위험성을 인지하고 있으며, 시급히 더 많은 일을 할 것"[34]이
라고 밝혔다.

그러나 여전히 공공 전력 생산에 회의적인 사람도 있다.
레아 스톡스는 민간 발전 산업의 부패한 약탈에 대해 책 전체
에 걸쳐 자세히 서술하면서도 이상하게 기후운동이 "소유권에

---

33 다음은 상당히 유효한 제안이다. Andrew Bossie, J. W. Mason, "The public role in economic
    transformation: Lessons from World War II," Roosevelt Institute, 2020년 3월 26일.

34 "Sacramento utility aims higher than state on climate," *E&E News*, 2020년 7월 20일.

덜 집중해야 한다"[35]라고 조언한다. 우리가 청정에너지의 수익성이 좋아지기를 기다리는 동안, 민간 발전 사업자는 여전히 화석연료를 태워 전기를 생산하면서 얻는 이윤에 상당히 만족하고 있다. 스톡스 같은 정책 전문가는 발전소의 행동을 강제하는 복잡한 규제 체계를 더 신뢰하는 것 같다. 오늘날 많이 나오는 이야기가 일명 '청정 전기 표준Clean Electricity Standard, 이하 CES'이다. 이 표준은 시장에 기반한 체계로, 발전소가 반드시 생산해야 하는 청정 전기가 얼마나 되는지 목표치를 설정한다. 그러나 이런 기술적인 해결법은 프로그램을 수립하는 데 필요한 권력인 **대중적** 기반이라는 핵심 요소를 망각하는 경우가 많다.[36] CES 지지자들은 일부 여론조사를 근거로 CES가 '인기 있다'고 주장하지만, 이 방식이 더 저렴하거나 혹은 무상 전기가 필요한 노동자 계급에 얼마나 실질적인 이득을 안겨줄지는 미지수다. 게다가 실제로 이미 CES 정책을 펼친 일부 주에서 지지자들이 비용이 더 커질 것이라고 시인했다.[37]

　　단순히 공적 소유로 바꾼다고 해서 탈탄소화가 **보장**되지

35　Leah Stokes, *Short Circuiting Policy: Interest Groups and the Battle Over Clean Energy and Climate Policy in the American States* (Oxford, UK: Oxford University Press, 2020), 241.

36　Matt Huber, "The revenge of the plans," *The Trouble*, 2021년 4월 2일 참고.

37　Miranda Willson, "Wash. 100% clean power rules get blowback," *E&E News*, 2021년 1월 12일.

는 않는다는 스톡스의 주장은 옳다. 일례로, 네브라스카주의 전력 체계는 거의 모두 네브라스카전력공사NPPD가 공적으로 소유하지만, 여전히 전기 중 55퍼센트가 석탄발전으로 생산된다.[38] 테네시계곡개발공사TVA도 노동조합 조직률이 상당히 높지만, 석탄과 석유로 발전하는 비율이 44퍼센트에 달한다.[39] 공공 전기가 우리에게 줄 수 있는 것은 기후 과학에서 주장하는 요구에 부합하며 공공 부문이 주도하는 포괄적인 발전 부문을 변혁할 민주적인 기회뿐이다. 그 나머지는 실제 운동 세력이 채워야 한다.

문제는 어떤 사회 세력이 사회 전체를 대신하여 민간자본에 맞설 강력한 공공기관을 만들 수 있느냐이다. 1986년에 엘런 메익신스 우드는 "노동자 계급만큼 자본의 권력에 맞선 사회운동 세력이 있다고 진지하게 주장할 수 있는 사람은 없다"[40]라고 직설적으로 말했다. 물론, '새로운' 사회운동이나 '새로운' 변혁의 주체가 등장한 것에 많은 관심이 일었지만, 메익신스 우드가 그렇게 말한 이후로 부상한 사회 세력은 없었고

38 Energy Information Administration "Nebraska State Profile." eia.gov/state/?sid=NE#[2024년 12월 30일 접속 가능].

39 Tennesee Valley Authority, "Our power system," tva.com/energy/our-powersystem[2024년 12월 30일 접속 불가].

40 Wood, *The Retreat From Class*, 185[국역: 《계급으로부터의 후퇴》, 손호철 옮김, 창비, 1993].

자본의 권력만 더욱 커졌다. 누군가는 노동자 계급의 권력이 강력하게 조직되어 있는 사회라면 공공 부문이 튼튼하게 자리를 잡고 노동자 계급 전체에 복무할 것이라는 일반론을 말할 수도 있을 것이다.

미국 노동자 계급의 권력/힘이 정점이었던 시기는 1930년 대였다. 당시는 제한적이기는 했지만, 복지국가가 실현되었다. 또한 뉴딜은 전기 보급을 시골과 필요한 인구에게 확대하는 대규모 에너지 사업이었다. 야심 찬 계획이었던 만큼 결실도 컸다. 1934년에는 전기를 사용할 수 있는 농가가 11퍼센트에 불과했지만, 1950년이 되자 이 수치는 90퍼센트가 되었다.[41] 이렇게 강력한 대중 중심 사업이 프랭클린 루스벨트의 선의에 의해서 자동으로 만들어진 것은 아니었다. 실업자위원회와 노동자의 파업 등 대중 행동이 미국 행정부에서 더욱더 대담한 공공 및 노동자 계급 정책을 수립하게 했다.

기후변화 문제를 해결하는 데 있어 더 나은 환경 정책 아이디어가 필요한 것이 아니다. **필요한 것은 더 강력한 노동자 계급이다.** 우리가 더 큰 계급투쟁에서 지고 있는 한, 기후 투쟁에서도 질 수밖에 없을 것이다. 미국 노동자 계급의 힘이 비

---

41 Dianna Everett, "Rural Electrification," *The Encyclopedia of Oklahoma History and Culture,* okhistory.org.

교적 강력했던 시기에 20세기 미국사에서 환경 부문에서 거둔 가장 중요한 승리인 대기오염방지법과 수질오염방지법, 미국 환경보호청 등 환경 규제당국이 만들어진 것은 결코 우연이 아니다.

노동자 계급과 좌파 전반이 취약하다는 점을 그럴싸하게 포장할 수는 없지만, 그래도 고무적인 신호가 나타나고 있다. 버니 샌더스는 대통령 선거에 후보자로 두 번 출마해 모두 고배를 마셨지만, 부유한 '억만장자 계급'이 이기고 있기 때문에 노동자 대중이 지고 있다는 정서를 비롯한, 정치 전반에서 오래전에 사라졌던 **계급투쟁**의 언어를 되살렸다. 샌더스의 정치는 자본가 계급과의 전면전만이 우리의 오랜 문제를 해결할 수 있다는 점을 분명히 보여주었다.

기후 측면에서 보면, 샌더스는 분명하게 "화석연료 산업에 맞서야" 한다고 끊임없이 주장했고, 알렉산드리아 오카시오코르테스를 비롯해 자신의 사명이 일명 "민중 권력"[42]을 건설하는 것임을 이해한 선라이즈 운동의 청년 기후 활동가 등이 이에 영향을 받았다. 이 '민중'의 절대다수가 노동자 계급인 한, 이 운동은 제대로 된 방향으로 가고 있다고 볼 수 있다. 2020년과 2021년에는 선라이즈 운동과 미국 민주사회주의자

---

42 Sunrise Movement, "Who we are," sunrisemovement.org/about.

DSA의 지지를 받은 버니 샌더스식 사회주의자 대부분(다는 아니지만)이 전국에서 선거에 승리했다.

게다가 원자화와 체념이라는 오랜 잠에서 깨어나 조업 중단과 파업이 최근 몇 년 사이 증가했다. 2017년에 주요 조업 중단에 참여했던 노동자 수는 2만 5300명에 불과했다. 그러나 2018년에는 48만 5200명, 2019년에는 42만 5500명으로 늘어 1986년 이래로 최대치를 기록했다.[43] 물론 코로나19 팬데믹으로 대부분 공중보건을 이유로 집에 머물렀기 때문에 2020년 전체 파업 행동 건수는 줄었지만 아마존 창고, 육류 가공 공장, 식료품점의 '필수 노동자'가 벌인 주목할 만한 파업 행동이 있었다.[44] 이 책이 처음 인쇄될 시기(2021년 10월)에는 보건의료, 영화 노동자, 존 디어John Deere 공장의 노동자 1만 명 등 전국에서 상당히 투쟁적인 파업 활동이 일어났다.[45] 또한 전통적으로 노동시장은 노동자의 영향력이 전반적으로 향상되는 곳이었지만, 팬데믹으로 인해 '빡빡한' 노동시장이 조성되고 있는 것도 명백하다.

---

43   US Bureau of Labor Statistics, "25 major work stoppages in 2019 involving 425,500 workers," 2020년 2월 14일.

44   Bryce Covert, "The coronavirus strike wave could shift power to workers—for good," *Nation*, 2020년 4월 16일.

45   Hamilton Nolan, "The strike wave is a big flashing sign that we need more new union organizing" *In These Times*, 2021년 10월 14일.

더 중요한 점은, 팬데믹 이후 정치 경제에서 심각한 변동성과 경제위기가 나타날 것으로 보인다는 것이다. 연준에서 계속해서 수십억 달러의 유동성을 은행과 기업에 공급하면서, 무절제한 주식과 주택 거품이 다시 생기고 있다.[46] 공급망은 여전히 분산되어 있고 너무나 두렵게도 기후 카오스로 전 세계 농업 생산이 지장을 받고 있다.[47] 부유층과 권력층이 노동자 계급의 삶에 무관심하다는 점이 더욱더 자명해지는 상황에서, 급진성과 투쟁성이 한층 높아질 물질적 조건이 더 유리한 방향으로 성장하고 있는 것은 분명하다.

우리는 미국 노동운동이 적색 공포Red Scare[48]에 따른 국가적 탄압과 자본주의의 "오픈 숍Open Shop"[49] 전술 때문에 1920년대와 1930년대 초에 비교적 억눌렸던 과거를 기억해야 한다. 그러나 압도적인 위기, 정책 변화 그리고 무엇보다도 투쟁하는 노동자 자신의 저항이 결합되어 1933년과 1936년 사이에 극적으로 권력의 무게추가 노동자 계급 쪽으로 기울었다. 그렇게

46 Ashley Brown, "Economy's bubble—from stocks to real estate—could be about to pop, say UNC experts," *WRAL Tech Wire*, 2021년 7월 17일.

47 Associated Press, "UN chief: World hunger worsened by climate change, conflict," 2021년 7월 26일.

48 [옮긴이] 1917~1920년에 미국에서 일어난 대대적인 반공 운동.

49 [옮긴이] 노동자가 회사에 결성된 노동조합의 가입 여부를 자유의사로 결정할 수 있는 제도.

하는 데 오랜 시간이 걸리지 않았다. 그 결과 나타난 것이 20세기의 가장 중요한 자본-노동 관계의 구조조정, 즉 뉴딜이었다. 물론, 뉴딜은 자본가 계급과의 타협과 모순으로 가득했고 1947년에 노동자 계급은 다시 한번 후퇴했다. 그럼에도 2020년대에 노동자 계급 투쟁의 물결이 다시 일어난다면, 과거의 실패로부터 배울 점이 있을 것이다.

그렇게 된다면, 투쟁의 물결과 함께 대대적인 정치적 변화를 이룰 수 있는 조건이 빠르게 형성될 것이다. 이번에는 단순히 계급 관계가 아니라 말 그대로 모든 인간의 삶을 위한 지구적 조건이 걸려 있다. 노동자 계급 대중은 단순히 자기를 옥죄는 사슬뿐만이 아니라 훨씬 많은 것을 잃을 위험에 처해 있다. 우리는 세계를 쟁취해야 할 뿐만 아니라 자본가 계급이 저지른 파괴를 수복하기 위해 지구를 쟁취해야 한다. 시간이 얼마 남지 않았다.

감사의 말

책의 일부를 전 세계적 팬데믹에 따른 고립 속에서 집필했지만, 그럼에도 이 책은 많은 이들과 함께 노력한 결실이다. 미국 국립과학재단National Science Foundation이 2장(연구지원금 번호 1437248)의 연구를 지원해 준 것에 감사드리며 이를 통해 함께할 수 있게 된 연구 조교 카를로 시카Carlo Sica와 조너선 에릭슨Jonathan Erickson에게 특별한 감사를 전한다. 국립과학재단의 지원 덕택에 열정과 웃음으로 가득한 화공학자 제시 본드Jesse Bond로부터 암모니아 합성에 관한 자세한 설명을 들을 수 있었다. 이 책에서 주장하고자 한 여러 논점을 경청하고, 질문하고, 때로는 화를 내 준 스웨덴의 룬드 대학, 뉴욕주립대 버펄로 캠퍼스, 템플 대학, 클라크 대학, 미국 국립사회-환경종합센터National Socio-Environmental Synthesis Center, 예일 대학과 사우스캐롤라이나 대학의 다양한 기관 소속 학자와 학생 들께도 감사의 마음을 전한다. 이에 더해 《자본》, 인종 자본주의, 자연의 정치경제학에 대한 세미나에서 많은 가르침을 주었던 시러큐스 대학 대학원생들에게도 고마움을 전한다.

　나는 이 책이 '학구적'이기보다는 '정치적'인 책이라고 말하고 싶다. 그렇기에 미국 민주사회주의자DSA 조직에 감사를 전하며 특히 시러큐스 지부의 정치 교육 사업에 참여한 이들과 생태사회주의 위원회에 감사드린다. 이와 더불어 정치 조직과 전략에 대해 대학에서 배운 그 어떤 것보다 많은 것을 가르쳐 준 빵과 장미 코커스Bread and Roses Caucus 동지들에게도 감사를 전한다.

　전기 체계가 실제로 어떻게 작동하는지 이해하는 데 큰 영향을 준 '대화'에 참여해 준 프레드 스태퍼드Fred Stafford와 다른 모두에게 특별한 감사를 전한다. IBEW 위스콘신 2304 지부의 데이비드 포클린코스키와 조합원을 소개해 준 제인 슬로터에게도 감사를 전한다. 자기 지부의 흥미로운 정보를 보내주고 발전 산업 부문 노동자 조직에 대한 유익한 서신을 보내준 포클린코스키의 조합원에게도 감사를 표한다. 또한 나는 니키 루크Nikki Luke와 함께 《환경과 계획 E: 자연과 공간 Environment and Planning E: Nature and Space》지에 "전기 자본"에 대한 특별편을 쓰면서 많은 것을 배울 수 있었고, 내가 가장 많은 도움을 받은 것은 그의 환상적인 논문인 〈시간 찾기: 애틀랜타 전력 정치에서 노동 재생산의 가치 평가Finding the Time: Valuing The

Social Reproduction of Labor In Atlanta's Electricity Politics〉(University of Georgia, 2020)였다.

이 책의 초안에 대해 아낌없고 생산적인 조언을 해 준 안드레아스 말름과 마이클 펄스포드Michael Pulsford에게 크나큰 감사를 표한다. 또한 초안 편집 과정에서 피드백과 대화를 통해 큰 도움을 준 다이애나 오헤다Diana Ojeda에게도 감사를 전한다. 내가 일에 집중할 수 있게 해 준 버소 출판사의 모든 제작진과 세바스티안 버젠Sebastian Budgen 편집자에게도 감사를 전한다.

이렇게 야만적이고 불평등한 세상에서 부모님으로부터 이처럼 많은 사랑과 지지를 받는 것은 크나큰 행운일 것이다. 부모님이 캘리포니아 산불을 피하여 뉴욕 중부로 오실 수 있게 된 것에 깊은 감사를 느낀다. 또한 함께 즐거운 시간을 보냈을 뿐 아니라 내가 글을 쓰고 앤절라Angela가 농사를 짓는 동안 육아를 도와주신 처가에도 특별한 감사를 전하고 싶다. 저탄소 세상에서는 우리 모두에게 돌봄노동이 얼마나 중요한지 깨닫기를 바란다.

이제는 상투적으로 들릴 수도 있는 말이지만, 부모가 되고 나서 여섯 살 아이에게 어떤 미래가 올지 두려워하며 기후변화에 대한 책을 빨리 써야겠다고 생각했다. 정말 사랑한다, 로레타! 우리 세상에 필요한 불을 네가 가져다주는구나! 네가

늙을 때까지 이 지구가 안전할 수 있도록 진짜 불을 끌 수 있기를 바란다.

앤절라, 세상이 지옥으로 변했을 때, 우리가 서로를 위해 더 강해졌다는 것을 잊지 않을 겁니다. 당신의 무한한 사랑과 지지 없이는 이 책을 쓸 수 없었을 거예요. 이 지구의 작은 땅 한구석에서 당신과 함께 웃으며 살아갈 수 있다는 사실이 참 좋습니다.

옮긴이의 말

　우리나라에서 '기후변화'를 넘어 '기후위기'라는 것을 실감하는 때는 언제일까? 아마도 장을 보러 가거나, '역대급' 한파나 무더위 혹은 폭설이나 폭우를 경험할 때가 아닐까 싶다. 이전에는 한국 땅에서 나지 않던 작물들이 '국산'이 되어 진열되어 있고, 이전에는 싼값으로도 즐길 수 있던 과일과 채소가 귀하신 몸이 된 것을 쉽게 볼 수 있다. 몇 년 전에는 기록적인 폭우로 서울 시내가 물에 잠기고, 반지하에 살던 서민들이 안타깝게 목숨을 잃었던 일도 있었다. 지하철 승강장으로 이어지는 계단으로 물이 콸콸 흘러내리는 모습을 누가 상상이나 했겠는가. 그 일 이후 열린 기후정의행진에는 기후변화로 뒤틀린 자연의 막강한 힘을 경험한 사람들이 '역대급'으로 거리로 쏟아져 나왔다. 저마다 상자를 재활용한 구호 피켓과 각종 재활용 자재로 만든 상징물을 들고서 기후변화를 멈추자고 외쳤다.

　그렇게 나온 개인들은 이미 수많은 실천을 하고 있다. 생수병에 쓰이는 플라스틱을 줄이기 위해 필터형 정수기를 쓰고 필터도 재활용 업체에서 수거하도록 한다든가, 일회용 컵 사용을 줄이기 위해 텀블러를 쓴다. 꼭 필요한 때가 아니라면 운전하기보다는 대중교통을 이용하고, 분리수거도 철저하게 한다. 그리고 육식 대신 채식을 하는 사람도 많아졌다. 환경 문제에 관한 관심도 높아졌다. 그런데 왜 기후 문제는 도통 해결될 기미가 보이지 않는 것일까. 티끌 모아 태산이라는 말이 있듯이 개인의 실천이 모이면 막강한 힘을 발휘해야 하는 것 아닌가. 기후 문제를 제대로 해결하려면 사회운동은 무엇을 어떻게 해야 하는가.

이 책은 이러한 질문에 대한 통찰력을 제공한다. 이 책이 미국의 사례를 다루고 있지만 한국에서도 충분히 생각해 볼 만한 지점이 꽤 있다고 느꼈다. 한국에서도 계급과 기후위기를 연관 지을 수 있는 부분이 많기 때문이다. 내용이 어렵다거나 우리 현실과 다르다고 느낄 수 있는 부분도 있을 것이다. 발전소 노동자가 조직된 힘을 발휘하는 데서 시작해야 한다고 말한 부분에서는 한국의 전기 산업은 이미 공공 부문이라고 생각할 수도 있을 것 같다. 그렇지만 한국전력공사(한전)도 IMF 이전에는 전기의 생산, 공급, 판매를 전부 맡던 것에서 IMF 이후 민영화 계획에 따라 생산 부문이 분리되었다. 그리고 이러한 민영화 계획은 역대 정권을 포함하여 윤석열 정부에서도 계속 논의되었다. 그 외에도 가스, 석유, 통신 산업이 이미 민영화되었다. 그렇다면 미국의 사례를 보며 상상력을 더 발휘할 수도 있을 것이다.

긍정적인 의미에서 종의 연대가 필요하다는 저자의 메시지는 우리에게도 시사하는 바가 크다. 계엄과 탄핵 정국을 거치면서 거리에 나선 시민들은 연대의 힘을 경험했다. 서로가 서로에게 힘이 되어 주기 위해 서로의 투쟁 현장으로 달려가 연대했다. 이렇게 연대하는 마음이 우리가 사는 이 땅 위의 모든 생명, 그리고 지구의 모든 생명에 연대하는 마음으로 확장된다면 기후위기라는 거대한 문제를 해결하기 위한 진전을 이룰 수 있지 않을까 한다.

마지막으로 이 책을 번역할 수 있도록 기회를 주신 두번째 테제 장원 편집장님, 번역에 도움을 주신 국제전략센터를 비롯한 많은 분께 감사드린다. 많은 분의 노동이 있었기에 이 책의 번역을 무사히 마칠 수 있었다.

찾아보기